WOLFGANG WÜNSCH

HANS KÜNG IN DER THEOLOGIE
DER RELIGIONEN

Dr. Dr. Wolfgang Wünsch.
Hans Küng in der Theologie der Religionen.
Von der offenbarten dogmatischen Wahrheit zum
interreligiösen Synkretismus

Deutsche Erstausgabe
© 2020 by Edition Hagia Sophia,
Feldstr. 5, D-47669 Wachtendonk
kontakt@edition-hagia-sophia.de
www.edition-hagia-sophia.de

Korrektur: Britta Wünsch,, Dr. Jens Rosch
Satz & Gestaltung: Gregor Fernbach
1. Auflage 2020

Alle Rechte der Verbreitung, auch durch Funk,
Fernsehen und sonstige Medien, Kommunikationsmittel,
fotomechanische oder vertonte Wiedergabe
sowie des auszugsweisen Nachdrucks vorbehalten.

ISBN-978-3-96321-007-5

Hans Küng in der Theologie der Religionen

Von der offenbarten dogmatischen Wahrheit zum interreligiösen Synkretismus

von Wolfgang Wünsch

Edition Hagia Sophia

UNIVERSITATEA „1 DECEMBRIE 1918" DIN ALBA IULIA
FACULTATEA DE TEOLOGIE ORTODOXĂ
ȘCOALA DOCTORALĂ DE TEOLOGIE
DOMENIUL TEOLOGIE

TEZĂ DE DOCTORAT

Conducător de doctorat:
Pr. Prof. univ. dr. Emil JURCAN

Student-doctorand:
dr. Wolfgang WÜNSCH

Alba Iulia
2019

INHALTSVERZEICHNIS

Pfr. Prof. Dr. Ioan Emil Jurcan: Analyse einer zeitgenössischen theologischen Provokation 10

Vorwort. 20

Anmerkung zur deutschen Erstausgabe 24

BIOGRAFIE UND THEOLOGISCHE ENTWICKLUNG VON HANS KÜNG............. 25

    Methodische Vorüberlegung........................25

    Herkunft, Kindheit und Jugend....................30

    Das Studium der Philosophie und Theologie in Rom ... 38

    Die theologische Doktorarbeit 55

    Kirchliche Praxis und Wissenschaft auf dem Weg zur Professur......................................65

    Die Professur in Tübingen........................74

    Die Teilnahme des jungen Professors am Zweiten Vatikanischen Konzil..............................81

    Auf dem Weg zum Entzug der kirchlichen Lehrerlaubnis und die Folgen 95

    Ergebnis..109

DIE AUFFASSUNG HANS KÜNGS VON CHRISTENTUM UND KIRCHE..............119

    Methodische Vorüberlegungen....................119

    Quellen der Gotteserkenntnis: Bibel, Tradition und christliches Leben 125

Gottes- und Trinitätslehre 133

Christologie, Pneumatologie und Anthropologie 144

Ekklesiologie 161

Soteriologie 167

Kosmologie 170

Eschatologie 175

Ethik 177

Ergebnis 191

DIE AUFFASSUNG DER WELTRELIGIONEN BEI HANS KÜNG 197

Methodische Vorüberlegungen 197

Eine erste Annäherung: Stammesreligionen 207

Der Hinduismus als synkretistische Religion 220

Der Buddhismus als Herausforderung
für das Christentum 236

Die chinesische Religion im Dialog 258

Schwerpunkte der Judentum-Auffassung
Hans Küngs 290

Die Islam-Auffassung Küngs als Beispiel seines
interreligiösen Synkretismus 300

ERGEBNISSE, SCHLUSSFOLGERUNGEN UND KONTUREN EINER ANTWORT 309

Bibliographie 324

Analyse einer zeitgenössischen theologischen Provokation

Die hier vorgelegten Forschungen von Vater Wolfgang Wünsch im Bereich der orthodoxen Theologie sind aus der Liebe entstanden, die er seit seiner Ankunft in Rumänien neu entdeckt hat (er ist deutscher Staatsangehöriger). Hier hat er jene schönen Orte gefunden, die eine geisterfüllte starke Frömmigkeit und Tiefe auszeichnet. Im Kloster Oașa, das er mehrmals besucht hat, hat er seine Liebe zum schönen authentischen Christsein entdeckt, das für ihn der Schlüssel zu diesem tiefen christlichen Geist geworden ist. Von jenem Moment an begann er im Verborgenen, die Orthodoxie zu suchen. So sind wir uns vor vielen Jahren begegnet und zwischen uns beiden entstand eine tiefe, brüderliche Freundschaft, wobei der Altar und die Kirche, wo ich diene, für ihn ein Ort seelischer Zuflucht geworden ist. In dieser Gesinnung haben wir vor einigen Jahren die vorliegende Forschung begonnen, wobei uns Vater Wolfgang Wünsch als gebürtiger Deutscher mit gründlichen Kenntnissen des theologischen Diskurses in Deutschland authentische Zusammenhänge und eine vollständige Analyse bieten konnte. So haben wir zusammen die Untersuchung des Lebenswerks eines Konflikttheologen gewählt, und zwar von Hans Küng, der in der katholischen Theologie und weit darüber hinaus Streit und Auseinandersetzung provoziert hat. Er ist eine Persönlichkeit, die eine weitreichende Analyse verdient, weil seine Forschung mit der Frage nach einem Ökumenismus zwischen den Religionen eine Herausforderung für die theologische Welt, aber auch ein Skandal für das auf Offenbarung, Bibel und Bekenntnis bezogene Denken ist.

Die Arbeit von Vater Wünsch, *Hans Küng in der Theologie der Religionen. Von der offenbarten dogmatischen Wahrheit zum interreligiösen Synkretismus*, stellt den Versuch dar, sehr objektiv die Denkweise von Hans Küng zu erfassen, eines Theologen von Weltrang, der leider die Orientierung der katholischen Kirche verließ und für eine Ökumene arbeitete, die darüber hinaus den Sinn für die Offenbarung verliert. Es ist interessant, dass Hans Küng – obwohl er an katholischen Schulen und hauptsächlich in Rom am berühmten Kollegium Germanicum-Hungaricum, anerkannt als das beste Lehrinstitut der katholischen Theologie, eine sehr gute Ausbildung erhalten hatte – eine spannungsvolle und rebellische Haltung gegenüber dem katholischen System der Kirchenleitung verkörpert hat.

Geboren in der Ortschaft Sursee im Kanton Luzern, Schweiz (heute ist er 92 Jahre alt), ist Hans Küng wie alle Kinder jener Zeit mit der Angst vor dem Krieg aufgewachsen, die von jener schrecklichen nationalsozialistischen, von Hitler geführten Bewegung gefördert wurde und die dann den für ganz Europa so zerstörerischen Krieg begann. Dieser psychische Druck, zusammen mit der tiefen geistlichen Ausbildung des Jugendlichen, hat ihn zur Theologie geführt, mit dem Wunsch, Priester zu werden, im Bewusstsein, dass die Kraft des Altars ihm die Möglichkeit geben werde zu widerstehen.

Auf diese Weise kommt es dazu, dass er mit großem Ehrgeiz Theologie studiert, was ihn – neben Joseph Ratzinger - zu einem der besten Theologen seiner Zeit machte. Aufgrund seiner theologischen Ernsthaftigkeit wird er unter die Theologen des Zweiten Vatikanischen Konzils kooptiert, welche die Akten des Konzils analysierten und kommentierten, um sie in Einklang mit den Erfordernissen der Lehre zu bringen. Es war für ihn eine Herausforderung und Tiefe der Forschung, aber zugleich auch eine direkte Begegnung mit dem katholischen Episkopat, von dem er viel erwartete, besonders jetzt nach dem Zweiten Weltkrieg, als die Römisch-Katholische Kirche vor der Aufgabe stand, zu ihrer authentischen Mission zurückzukehren. Hans Küng wünschte sich eine vollständige Öffnung der Katholischen Kirche für den Dialog mit anderen Glaubensrichtungen und Religionen. Seine persönliche Offenheit ging jedoch zu weit, nämlich bis zur faktischen Aufhebung jedweder ursprünglichen Offenbarung, und zwar aufgrund der Erwägung, dass jede Religion Anteil an der guten Offenbarung besitze. Er begann diejenigen zu kritisieren, die eine – wie er sagte: fundamentalistische – Apologetik unterstützten, wie im Falle des Theologen Sebastian Tromp.

Für ihn war der Prozess der Kanonisierung von Papst Pius IX., der das Dogma der päpstlichen Unfehlbarkeit einführte, eigentlich ein religionspolitischer Schachzug zur Stärkung der päpstlichen Autorität. Also warf er Papst Johannes Paul II., von dem er viel erwartete, vor, dass er nicht jene Öffnung gegenüber der Welt durchgeführt habe. Küngs Stellung und die Tatsache, dass er sich in der Bewegung des Parlaments der Religionen gut zu fühlen begann, bewog ihn zu einer gewissen Distanz und zur Übernahme einer extrem ökumenistischen Theologie. Es war insgesamt nicht falsch, ein religiöses Weltethos vorzuschlagen, jedoch kommt das Ethos, was die verschiedenen Auffassungen von Moralität betrifft, zu verschwommen daher und verliert sich in einer allzu laxen Haltung. Die Moralität hat als Grund die Offenbarung und die Offenbarung ist in der Geschichte einzigartig, auch wenn wir in anderen Glaubensrichtungen wunderbare Funken der vollen Offenbarung wiederfinden. All diese Denklinien werden von Vater Wünsch mit großer Genauigkeit und mit einer sehr reichen Dokumentation untersucht.

Hans Küngs Versuch ein pan-ökumenisches Bild des Katholizismus bis zur Auflösung der Dogmen darzubieten, hat ihn vor die kirchliche Autorität des Vatikan geführt, die in der Folge Maßnahmen gegen ihn ergriff, sodaß gegen ihn ein Lehrverbot im Namen der Römisch-Katholischen Kirche ausgesprochen wurde. Küng hat sich auf diese Atmosphäre eingestellt und ungeachtet aller berechtigten Enttäuschung seine Arbeit als religiöser Synkretist, der danach trachtete, eine gemeinsame Linie aller Religionen auf ihrem Weg zur Vereinigung anzubieten, weitergeführt. Leider bedeutet eine künstliche Vereinigung, welche eine einzigartige Offenbarung nicht berücksichtigt und zu der die Religionen neigen müssen, die ganze Geschichte der menschlichen Religiosität und Frömmigkeit zu annullieren. Es geht nicht an, unberücksichtigt zu lassen, was Gott der Welt zu übermitteln wünschte. Die Welt braucht die Wahrheit, aber wenn die Wahrheit verwirrt und mit der Unwahrheit vermischt wird, dann entsteht ein Zustand ohne Sinn, ein Mangel an Orientierung bei der Entdeckung Gottes. Dieser Überlegung folgt auch die Analyse von Vater Wünsch, indem er die schwachen Punkte im Denken Hans Küngs beobachtet und fixiert, die aus dessen Bestreben erwachsen, der ganzen religiösen Welt zu Gefallen sein zu wollen. Man kann höchstens über eine universelle Moralität sprechen, aber nicht über ein universelles Dogma, das in allen Religionen entdeckt wurde, denn dieser Wunsch ist zu groß oder zu „ökumenisch".

Was Hans Küngs Analyse betrifft, stellt Vater Wünsch die Inständigkeit und Beharrlichkeit Küngs beim Thema *Heil für Nichtchristen* ans Licht, ein sehr aktuelles Thema im ökumenischen Dialog, da wir überzeugt sind, dass Gott den Tod und das Verderben keines einzigen Menschen wünscht, sei er ein Christ oder nicht, ist die Rede doch von Gottes eigener Schöpfung. Für Hans Küng ist Jesus Christus *die Substanz des Christentums*, und das ist auch nicht falsch, aber die Art und Weise, wie er Ihn präsentiert, macht aus Küngs These eine synkretistische Mischung, die zu einem Pantheismus zu führen scheint. Es ist wahr, dass Jesus Christus die Essenz der Christen ist, dass nur Einer Wurzel und Haupt aller Christen ist und damit wird jeder Mensch, der in Christus ist, aus Seinem Leib und Blut ernährt. Aber die Reduktion Jesu Christi auf etwas gleichsam Unpersönliches hat zur Folge, dass das christologische Dogma sehr stark verdünnt wird.

Was die Idee der *authentischen Religion* betrifft, zeigt Vater Wünsch, dass Küng vier Hypothesen äußert und zwar dass a) *keine Religion wahr ist* (die atheistische Variante); b) *nur eine Religion wahr ist* (die exklusivistische These); c) *jede Religion wahr ist oder Alle Religionen gleich wahr sind* (eine inklusive und allgemein ökumenische These) und schließlich d) *eine einzige Religion die wahre ist oder Alle Religionen haben Anteil an der Wahrheit der einen Religion*, eine These, der Küng selbst beipflichtet. Aber trotzdem ist diese These nicht wahr, weil Küng aus seiner ökumenistischen Perspektive der Auffassung ist, dass die Religion allein Gott zu eigen ist, während wir nur anteilmäßig an dieser großen Wahrheit teilhaben. In solcher Weise spricht Küng über die verschiedenen Akzentsetzungen bei der Wahrnehmung der unterschiedlichen Ausprägungen der Religiosität und ihrer Beziehung zueinander, und zwar: *Inklusivismus, Relativismus, Indifferentismus oder Synkretismus*. Schließlich schlägt er eine *religiöse Synthese* vor. Und wieder scheint von außen her betrachtet alles schön zu sein, aber es ist zu wenig und eine wahrhafte theologische Tiefe wird nicht erreicht.

Weiterhin übernimmt Hans Küng den Ausdruck *ecclesia semper reformanda*, weil er der Ansicht sei, dass eine ständige Reform der (Katholischen) Kirche notwendig ist. Zu jenen die Kirche betreffenden reformerischen Gedanken gehört auch der Beschluss des Zweiten Vatikanischen Konzils, in der katholischen Messe die Volkssprache zu verwenden, weil die lateinische Sprache dem Volk fremd ist. Mit anderen Worten: Küng unterstützt es, von der *katholischen Liturgie* zu *einer Volksliturgie* überzugehen. Es ist eine notwendige, wenn auch ziemlich heikle Aussage, dass die lateinische Sprache eigentlich eine der Kirche fremde Sprache sei. Nicht viele haben ihn dafür zu schätzen gewusst.

Hans Küng versucht in seinen Äußerungen die heilige Dreiheit durch einen Ausdruck zu definieren, der wieder einmal sehr verwirrend ist. Er sagt, dass *Gott, der unsichtbare Vater über uns, Jesus, der Sohn des Menschen, als Gottes Wort und Sohn mit uns und der Heilige Geist, als Gottes Kraft und Liebe in uns sei.* Diese These klingt gefällig, aber es ist eine modalistische Einteilung Gottes, die Ihn auf einige subjektive Bedeutungen reduziert. Vater Wünsch zeigt bewundernswertes Feingefühl im Offenlegen von Fehlern in Küngs Denken, wenn dieser mit Gewalt historische Spaltungen überwinden wollte. Das Problem ist, dass Küng das patristische Denken verlässt und in ein rein ökumenistisches eintritt.

Eine andere Aussage Küngs, die von Vater Wünsch dargelegt und analysiert wird, ist die bezüglich seiner Pneumatologie. Küng sieht im Heiligen Geist „*die von Gott ausgehende Kraft oder Macht… Der Heilige Geist ist kein Drittes, kein Ding zwischen Gott und Mensch, sondern die persönliche Nähe Gottes zu den Menschen*". Das klingt gut, aber es ist mehr. Der Heilige Geist ist etwas Anderes. Die Anwesenheit des Heiligen Geistes schafft und begründet eine persönliche Beziehung zwischen Mensch und Gott, wobei der Mensch durch das Ausgießen bzw. Ausströmen der Gnade zu einer vertikalen bzw. aufrecht gerichteten Person wird. Durch den Heiligen Geist empfängt der Mensch gnadenhafte Kraft zum Dialog und die Vollmacht zur Herrschaft über die Schöpfung. Er wird *Prosopon* oder *Gesicht, Antlitz vor dem Antlitz des Schöpfers*.

Was das Thema der Ekklesiologie anbetrifft, entdeckt Vater Wünsch eine Ähnlichkeit zwischen den Ideen von Karl Barth und Hans Küng, wobei Barths Gedanken wahrscheinlich eine Anregung für den Theologen aus Tübingen waren. Die Kirche überschreitet die institutionellen Rahmenvorgaben, in die sie Jahrhunderte lang eingeschrieben war. Man folgt dem Gedanken, *dass man weiß, wo die Kirche ist, aber man nicht weiß, wo sie nicht ist*. Abgeleitet aus der Ekklesiologie erscheint auch das Thema der *Soteriologie*, wo Küngs Problem die Erlösung der Nichtchristen ist. Er sucht eine Antwort, um diese dann allen anderen anzubieten, die andere Religionen angenommen haben. Hier entdeckt Vater Wünsch bei Hans Küng eine soteriologische Eigenmächtigkeit, wonach das Modell des Korans ein „Korrektiv des Paradigmas der Hellenistischen Christus-Dogmatisierung" ist. Aber es geht zu weit, aus dem Koran ein Element zur Korrektur des Christentums zu machen. Dieselbe Vorgehensweise nimmt er auch gegenüber dem Judentum ein, welches ebenfalls als etwas Komplementäres zum Christentum erscheint. Es sind Aussagen, die gegenüber diesen Religionen als etwas Gutes erscheinen, und ihre Anhänger werden dahingehend ermutigt, an ihren Wert für die christliche Welt zu glauben, indem sie als Nichtchristen der christlichen Welt etwas zu geben hätten. Es ist offensichtlich, dass jeder Mensch seinen Wert als Mensch hat, aber wir können nicht die Offenbarung korrigieren. Sie ist einzigartig und einheitlich.

Was das Problem des Weltethos anbetrifft, verläßt Küng die christliche Linie und spricht über ein Ethos aller Religionen, das von allen Glaubensrichtungen der Welt akzeptiert werden kann. Folglich führt er Wortbildungen wie *posteurozentristisch, polyzentristisch, postkolonialistisch* usw. ein. Europa könne in Zukunft nicht mehr als moralisches Vorbild für den Rest der Welt gelten, ganz im Gegenteil, sagt Küng. Für eine solche Weltmoral ist nach Küngs Meinung **eine multikonfessionelle und interreligiöse Welt** notwendig. Mit Sicherheit hat Europa im Verlauf der Geschichte nicht die Tiefe der Moral Christi geboten. Es gab Kämpfe zwischen Religionen, es gab Kolonialherrschaften und vielfach die Vernichtung von Staaten und Wirtschaften. Es gab Sklavenhandel und Handel mit Arbeitskräften. All dies musste im Namen einer Religion der Liebe korrigiert werden. Aber man kann kein Weltethos aus gemischten Denkweisen schaffen. Es ist notwendig, die unverfälschte göttliche Offenbarung wieder ans Licht zu bringen, welche zum Vorbild für den Menschen jetzt am Anfang des dritten Jahrtausends werden muss.

Was die Struktur der Religionen betrifft, entdeckt Vater Wünsch bei Hans Küng diese Loslösung von der Offenbarung und den Versuch, in jeder Religion eine glaubwürdige Quelle religiöser Begeisterung zu sehen. Auf eben diese Weise gilt in der Denkweise von Küng der Beginn oder Ursprung der jeweiligen Religionen als authentisch. Hier irrt der katholische Theologe nicht, denn jede Religion hat als Grundlage einen gemeinsamen Ausgangspunkt: die ursprüngliche Offenbarung, aus der dann die jeweiligen Glaubenslehren geflossen sind. Was die Idee der *Stammesreligionen* anbetrifft, so folgt er E.B. Tylors Linie, der ein Entwicklungsschema der Religionen vorschlägt, von der Idee der Magie über polytheistische Konzeptionen bis zum Monotheismus. Mit anderen Worten haben wir es hier mit einer Entwicklung von Religion und Offenbarung zu tun. Trotzdem ist hier ein Unterschied: Es gibt eine Offenbarung, die nicht verdorben wurde und die in einem authentischen religiösen Erlebnis eingebunden geblieben ist. Der Rest der Religionen hatte seinen eigenen Verlauf. Aber hinsichtlich der Offenbarung muss unterstrichen werden, dass sie in ihrer Einzigartigkeit in einem einzigen Glauben unversehrt gegenwärtig geblieben ist.

In der Welt der von Küng mit großer Offenheit analysierten Religionen sieht dieser ein Fortschreiten zum Theismus, der überall als eine Suche des Menschen erscheint. Alle heiligen Bücher erheben den Menschen und helfen ihm, zu dem Zustand der Begegnung mit dem betreffenden Gott zu gelangen. Sogar die seltsame Einteilung der Menschen in Kasten wird von Küng erklärt. Er geht sogar so weit, dass er im shivaistischen, vishnuistischen oder tantrischem Polytheismus eine theistische Lehre erkennt. Das Thema, welches Küng ständig im Blick hat, ist die *Suche nach einer ursprünglichen Einheit*, das er ökumenisch in diesem Dialog behandelt. Der Vergleich Christus – Krishna, welcher die Idee des Avatar oder der Verleiblichung (Fleischwerdung) als gemeinsam erweisen würde, wird – für Küng – zu einem Ausgangspunkt in der Vereinigung der Theologien. Das Thema ist trotzdem schwierig, weil es einen großen Unterschied zwischen Vishnus Avatar und der Fleischwerdung Gottes in Jesus Christus gibt. Vishnus Avatar unterscheidet sich vom fleischgewordenen Gott der Christen, denn es gab etwa zehn Avatare Vishnus und die hatten nichts zu tun mit der Wiederherstellung der menschlichen Natur. Der Avatar hat nicht die Erlösung der Schöpfung als Ziel, so wie es bei der Fleischwerdung Gottes in Jesus Christus der Fall ist. Darüber hinaus kann sich der Avatar auf verschiedene Art und Weise wiederholen, während die Menschwerdung Gottes in Jesus Christus einzigartig und nicht wiederholbar ist. Vater Wünsch bemerkt alle diese Unterschiede aus der Position eines gründlichen Theologen.

Der Buddhismus bietet noch weniger Wege zur Einheit mit der christlichen Theologie. Laut Küng existierte anscheinend ein wechselseitiger Austausch von religiösen Ideen zwischen den beiden religiösen Linien. Aber wie Vater Wünsch in seiner Analyse aufzeigt, betont Küng im Gegenteil, dass es nicht wichtig sei, ob Buddha existiert habe oder nicht (seine Doktrin bleibe sowieso), aber ohne den historischen Jesus gehe das ganze Christentum zugrunde. Es werden Ideen und Hypothesen mit dem Hinweis auf viele Ähnlichkeiten zwischen den beiden Glaubenspersönlichkeiten (Gautama Siddharta und Jesus von Nazareth) bemüht. Vater Wünsch meint zu Recht, dass verkrampfte Anstrengungen, Ähnlichkeiten zu erweisen, wo es sie nicht gibt, sinnlos sind.

Es ist besser, dass wir eine auf Verständnis und Respekt aufbauende Beziehung zu entwickeln versuchen, indem wir der Anweisung Christi folgen: „So lasst euer Licht leuchten vor den Leuten, damit sie eure guten Werke sehen und euren Vater im Himmel preisen" (Mat 5, 16). Auf Liebe gegründete Zwischenmenschlichkeit ist besser als der Versuch, gemeinsame Dogmen dort zu sehen, wo es keine gibt. Das unterstreicht wie kein anderer auch Hans Küng.

Interessant ist die Tatsache, dass Vater Wünsch bei Küng eine Neigung zur chinesischen Kultur findet, die den Marxismus bruchlos in sich aufgenommen hat. Das heißt, jene Tendenz zu Synkretismus und Harmonie war die Basis für Unterordnung und Gehorsam im kommunistischen System Chinas. Mit Sicherheit ist es so, dass die konfuzianistische Denkweise, die von der Unterordnung gegenüber dem Höhergestellten bzw. Älteren spricht, die Basis für einen chinesischen Kommunismus bildet, der Religion geworden ist. Bis heute hat China den Kommunismus nicht aufgegeben und der Konfuzianismus war der Träger der sozialen Ethik, durch welchen die Menschen in Respekt und Gehorsam gegenüber ihren Vorgesetzten verharrten.

Die ganze Argumentation der hier vorgelegten Forschungen von Vater Wolfgang Wünsch ist sehr umfassend und sehr gut strukturiert. Wir sprechen hier von hunderten erstklassiger Bücher in deutscher Sprache, die ihn als einen Theologen von großer und tiefer Seriosität erweisen. Die zahlreichen und umfangreichen bibliografischen Notizen und Erläuterungen untermauern die Tatsache, dass die vorliegende Untersuchung eine sehr kräftige Suche nach der Wahrheit ist, bei der die titanische Arbeit eines großen Theologen, Hans Küng, ans Licht gestellt wird und zwar mit allen eventuellen Ausrutschern bei dem Versuch, einen Modus der Annäherung zwischen den Religionen zu schaffen.

Pfr. Prof. Dr. Ioan Emil Jurcan

VORWORT

Im Unterschied zu meiner ersten Doktorarbeit im Bereich Kirchengeschichte, die einen äußerst begrenzten Zeitraum aus bisher nicht ausreichend in Betracht genommenen Archivalien und der zugehörigen Literatur darzustellen hatte, hat das Thema der vorliegenden Untersuchung im Bereich Religionswissenschaft (Geschichte und Philosophie der Religionen) eine Fülle unterschiedlicher, schier uferloser, kaum unter einem Hut zu vereinender Forschungsbereiche zum Gegenstand. Während also meine erste Doktorarbeit die positive Darstellung der Tätigkeit eines einzigen gelehrten (orthodoxen) Geistlichen – Dr. Ioan Lupaș – in dem knappen Zeitraum von etwa zehn Jahren zum Ziel hatte, sind in dieser Arbeit nicht weniger als sieben Weltreligionen im Blick, mit denen sich Hans Küng zeit seines Lebens, besonders aber seit dem Entzug der kirchlichen Lehrerlaubnis und der Gründung des Instituts für Ökumenische Forschung an der Universität Tübingen beschäftigt hat.

Von daher habe ich im Ergebnis dieser Arbeit eher mein Nicht-Wissen erkannt und gehe mit mehr Fragen als mit schon gefundenen Antworten aus dieser Arbeit hervor und empfinde das hier Geleistete eher als Vorarbeit für andere Fragestellungen, die sich aus den hier festgehaltenen Beobachtungen ergeben.

Nun war mir die Aufgabe gestellt, einen Zugang zur Spezifik der religionswissenschaftlichen Arbeit Hans Küngs eben von dessen Biografie her zu finden. Deshalb habe ich die Frage zu beantworten gesucht, wie es zu dem Hiatus zwischen aufrecht erhaltener römisch-katholischer Priesterexistenz, massiver und gleichzeitig als ‚loyal' apostrophierter und als solche in einem gewissen Maß doch auch ‚innerkatholisch' akzeptierter Kirchenkritik, Entzug der kirchlichen Lehrerlaubnis, ungewöhnlich umfangreicher publizistisch-journalistischer Aktivität und interreligiösem Dialog auf höchst unterschiedlichem Niveau hat kommen können. Die Antwort liegt nicht nur in schon sehr früh zutage tretenden Weichenstellungen in der Biografie Hans Küngs selbst, sondern auch in zum Teil sehr weit zurückliegenden theologiegeschichtlichen Entwicklungen und Entscheidungen, anderenteils auch am Stand des theologischen Diskurses in bestimmten Teilen von Protestantismus und Katholizismus, an welchem Hans Küng eben aufgrund seiner Biografie und seines Bildungsweges partizipiert hat. Leider korrespondiert diesem Umstand ein im Gesamtwerk des Tübinger Professors unangenehm aufstoßendes Maß an Unkenntnis oder Falschinformation über die eigene Religion, das die Arbeit an der gestellten Aufgabe z.T. sehr mühsam gemacht hat. Unerfreulich war auch das zutage getretene Maß an Dubletten und Plagiaten im Gesamtwerk von Hans Küng, das vielleicht nur aus der anderen Struktur wissenschaftlicher Arbeit jener Zeit eine Erklärung finden kann.

Auf jeden Fall war es nötig, Werke und Erfahrungen von etlichen Lehrern, Zeitgenossen und Kollegen Hans Küngs in die Betrachtungen einzubeziehen, um oberflächlichen Fehlurteilen aus dem Weg zu gehen, wie sie aus der Anwendung weit verbreiteter Denkschemata nur allzu schnell im Raum stehen. Besonders hilfreich und wichtig sind in diesem Zusammenhang die Namen von Oscar Cullmann, Louis Bouyer, Hans Urs von Balthasar, Jürgen Moltmann und nicht zuletzt Joseph Ratzinger. Das machte ein ‚Umgraben' sehr großer Teile des Gartens der Theologie des 20. Jahrhunderts erforderlich, was faktisch nur aufgrund des für diese Arbeit bewilligten Stipendiums möglich gewesen ist. Dafür danke ich von ganzem Herzen meinem verehrten Doktorvater Pfr. Prof. Dr. Ioan Emil Jurcan. Ihm, der Doktorschule und der ganzen Orthodoxen Fakultät der Universität „1. Dez. 1918" in Karlsburg (Alba Iulia) danke ich ebenso für wegweisende Impulse, die meine Aufmerksamkeit auf wesentliche Weichenstellungen im theologischen Denken gelenkt haben, auf die ich aus mir heraus nicht ohne Weiteres gekommen wäre. Neben der wissenschaftlichen Arbeit ist in diesem Zusammenhang – soweit möglich – auch auf die Teilnahme am kirchlichen Leben hinzuweisen. Wesentlich ist auch die Erfahrung der Lehrtätigkeit an unserer Fakultät in Karlsburg (Alba Iulia) im zweiten Jahr des Promotionsstudiums, die sowohl einen andern Zugang zur rumänisch-sprachigen religionswissenschaftlichen Literatur als auch intensive Kontakte zu den orthodoxen Theologiestudenten mit sich brachte. Insofern hat es im Zuge dieser Arbeit ein echtes Gespräch, einen echten ‚Dialog' gegeben, über den ich sehr froh bin. Danken möchte ich von ganzem Herzen auch meinem Lehrer, Herrn Altdekan Pfr. Prof. Dr. Dr. h.c. Hermann Pitters, der mich nicht allein schon bei meiner ersten Doktorarbeit mit schier unendlicher Geduld begleitet hat, sondern auch dieses Mal fast täglich zur vertiefenden Diskussion meiner Texte bereit war. Herrn Jens Kielhorn und seinen Mitarbeitern von der Erasmus-Buchhandlung in Hermannstadt danke ich für die Beschaffung der meisten der in dieser Arbeit verarbeiteten Bücher und Zeitschriften. Diakon Thomas Kaiser danke ich für die Diskussion vieler in der Arbeit verhandelter Themen und zugleich für die Beschaffung wesentlicher Literatur, ebenso natürlich auch den Mitarbeitern der verschiedenen Bibliotheken in Karlsburg, Hermannstadt und Rom, ebenso auch etlichen Autoren für die Zusendung von ihnen verfasster Bücher. Auch Herrn Dr. Felix Prautzsch danke ich für die Zusendung wichtiger Literatur. Besonders danke ich den Herren Professoren Dr. Gunther Wenz (München), Dr. Adolf Martin Ritter (Heidelberg) und Dr. Karl Christian Felmy (Vater Diakon Wasilij, Erlangen) für ermutigende Hinweise und Prof. Dr. Matthias Köckert (Berlin) für nüchterne Kritik. Meinen Freunden Vater Erzpriester Johannes Nothhaas (Mainz), Frau Corinna Delkeskamp-Hayes und Herrn Dr. Jens Rosch danke ich für stete Begleitung und wichtige Hinweise, dem hochwürdigen Herrn Bischof Reinhard Guib und Herrn Hauptanwalt Friedrich Gunesch für die Zustimmung, dem hochwürdigen Herrn Erzbischof Irineu für seinen Segen zu diesem Promotionsstudium, nicht zuletzt aber meinem geistlichen Vater, dem hochwürdigen Herrn Metropoliten und Erzbischof Serafim (Nürnberg), für seine unermüdlichen Gebete und seinen seelsorgerlichen Beistand. Meiner Frau und Familie danke ich für das Ertragen aller nicht selten sehr belastenden Begleitumstände dieser Arbeit, das geduldige Mitverfolgen des entstandenen Textes und zahllose, immer wieder auch in die Tiefe gehende Gespräche.

Petersdorf, den 25. Juni A.D. 2019

Dr. Wolfgang Wünsch

Anmerkung zur deutschen Erstausgabe

Für die deutsche Erstausgabe meiner am 11. September A.D. 2019 an der Orthodoxen Fakultät der Universität „1. Dezember 1918" Karlsburg (Alba Iulia), Rumänien, im Bereich „Geschichte und Philosophie der Religionen" mit dem Prädikat „magna cum laude" verteidigten Doktorarbeit zum Thema: „Hans Küng in der Theologie der Religionen. Von der offenbarten dogmatischen Wahrheit zum interreligiösen Synkretismus" wurde der Text der Arbeit ohne Veränderungen übernommen. Ein Versuch, den Fußnotenapparat gänzlich an das beim Verlag „Edition Hagia Sophia" übliche System anzupassen, musste aus Gründen der Übersichtlichkeit rückgängig gemacht werden. Für das mehrfache Korrekturlesen und die Bearbeitung des Textes in diesem Sinne danke ich von Herzen meiner lieben Frau Britta Wünsch und meinem geschätzten Verleger Gregor Fernbach. Für seinen ebenfalls wichtigen Beitrag zum Korrekturlesen danke ich zugleich meinem Freund Dr. Jens Rosch. Ergänzt wurde der Text noch durch ein Geleitwort meines hochverehrten Doktorvaters Pfr. Prof. Dr. Ioan Emil Jurcan.

Am Tag des hl. Märtyrers Justin, des Philosophen,
14. Juni A.D. 2020

Dr. Dr. Wolfgang Wünsch,
Petersdorf

BIOGRAFIE UND THEOLOGISCHE ENTWICKLUNG HANS KÜNGS

Methodische Vorüberlegungen

Hans Küng ist eine schillernde Persönlichkeit. Seine z.T. sehr umfangreichen Werke und Streitschriften füllen große Regale, ebenso die sich daran anschließende Diskussion seiner Thesen durch Freunde und Gegner, kritische und weniger kritische Stellungnahmen, Dissertationen seiner Schüler und Dissertationen, die sich mit Aspekten seines Werkes beschäftigen, Hans-Küng-Arbeitsbücher[1], schier unendliche wissenschaftliche und weniger wissenschaftliche Diskurse, Ausstellungen und Unterrichtsprojekte bezeugen zudem die Präsenz seiner Gedanken im öffentlichen Raum.[2] Das „Institut für ökumenische und interreligiöse Forschung" sowie die „Stiftung Weltethos für interkulturelle und interreligiöse Forschung, Bildung und Begegnung" führen seine Arbeit weiter und pflegen sein Erbe. Ohne Zweifel gehört Hans Küng zu den einflussreichsten Gelehrten im Zeitalter der Globalisierung, nicht zuletzt auch bei evangelischen Christen. Der Enthusiasmus, mit welchem Hans Küng anlässlich seines 65. Geburtstages von dem Katholizismus-Forscher Hubert Kirchner in der Theologischen Literaturzeitung gewürdigt wurde, ist bezeichnend.[3] Einen ähnlichen Eindruck macht die

---

[1] Hermann Häring/ Karl Josef Kuschel (Hgg.), Hans Küng. *Neue Horizonte des Glaubens und Denkens. Ein Arbeitsbuch*, Piper, München/ Zürich, 1993 (zukünftig: *Neue Horizonte. Ein Arbeitsbuch*). Eine knappe Zusammenfassung seines Denkens bietet: Hermann Häring/ Stephan Schlensog (Hgg.), Hans Küng. *Was bleibt*, Piper, München/ Zürich, 2013

[2] Vgl. zum Beispiel: *Stiftung Weltethos, Weltreligionen. Weltfrieden. Weltethos. Die Begleitbroschüre zur gleichnamigen Ausstellung*, Tübingen, 2. Auflage der überarbeiteten und ergänzten Auflage (2015), 2016

[3] Hubert Kirchner, „Hans Küngs Theologie des Dialogs. Bilanz und neuer Einsatz", in: *Theologische Literaturzeitung*, Evangelische Verlagsanstalt, Leipzig, 119. Jahrgang, Nr. 10, Oktober 1994, Sp. 867-874.

Würdigung des wissenschaftlichen Werdegangs von Hans Küng in der Einleitung zur rumänischen Übersetzung seines großen Werkes über das Judentum durch Andrei Marga.[4] Ebenso wenig darf der Einfluss von Hans Küng im Katholizismus selbst unterschätzt werden.

Dieser positiven Resonanz gegenüber den Ideen und Werken Hans Küngs steht die freundliche und entschiedene Distanz und Reserve entgegen, die viele nicht unbedeutende Zeitgenossen dem Tübinger Professor entgegenbringen. Diese offenkundig kritische Haltung muss eindeutig als ein Warnsignal wahrgenommen werden, genauer nachzufragen. Es genügt nicht, den simplen Parolen zu folgen, die Hans Küng unermüdlich der Öffentlichkeit präsentiert. Der Diskurs darf nicht an der Oberfläche steckenbleiben. Es ist falsch, die Erfahrung der Kirche einfach als „Staub und Schutt der Jahrhunderte" beiseite zu wischen.[5] Weil jedoch die hier verborgenen Probleme nicht einfach nur die Probleme einer einzelnen Person sind, sondern ihre Wurzeln in weit zurückliegenden, noch immer prägenden Entwicklungen und Gegebenheiten haben,[6] ist eine angemessene orthodoxe Antwort auf das Denken von Hans Küng dringend notwendig. Dies ist um so dringlicher, alldieweil die Orthodoxie heute nicht mehr nur in fest gegründeten nationalen Gesellschaften existiert, sondern durch die Arbeitsmigration nach dem Fall des Kommunismus unmittelbar mit den verschiedenen Gestalten des zeitgenössischen Christentums konfrontiert wird und zugleich eben auch im Kontext der Ökumene authentisch Auskunft geben muss.

---

[4] Andrei Marga, „O cotitura istorică", in: Hans Küng, *Iudaismul. Situaţia religioasă a timpului*. Cu o introducere de Andrei Marga. Traducere din limba germană de Edmond Nawrotzky-Török, Editura Hasefer, Bucureşti, 2005 (zukünftig: *Iudaismul*), S. I-XXVIII.

[5] Dieses Anliegen verfolgt Hans Küng in seinem Kampf gegen die christliche Tradition, um mit professoralem Gehabe „die ursprüngliche Praxis herauszufinden". Hans Küng, *Umstrittene Wahrheit. Erinnerungen*, Piper, München/Zürich, 2007 (zukünftig: *Umstrittene Wahrheit*), S. 286.

[6] Ich spreche hier von Entwicklungen und Gegebenheiten, weil manche Dinge eher dynamisch und andere eher statisch sind, wie z.B. Zölibat, Verständnis des Priestertums, Papsttum, Rolle der Laien in der Katholischen Kirche, etc.

Dabei zeigen sich einige Schwierigkeiten. Hans Küng selbst hat eine umfangreiche, dreibändige Autobiografie mit mehreren tausend Seiten vorgelegt.[7] Es existieren mehrere ausführliche Küng-Biografien von Freunden, Journalisten und Weggefährten.[8] Küng selbst tritt mit einem bemerkenswerten Selbstbewusstsein auf, stellt sich mit Martin Luther und Papst Johannes XXIII. in eine Reihe,[9] selbst Bischöfe müssen bei ihm „Nachhilfeunterricht" nehmen.[10] Um seine Heimatverbundenheit zu begründen, nimmt er Bezug auf das Manifest „Brücken in die Zukunft", das „unsere von UN-Generalsekretär Kofi Anan berufene ‚Group of Eminent Persons', zu der auch Richard von Weizsäcker, Jaques Delors, Nadine Gordimer, Prinz Hassan von Jordanien, Amartya Sen und ein weiteres Dutzend Persönlichkeiten gehören, zu Händen der UN-Vollversammlung" vorgelegt hat.[11] All das stellt uns vor die Herausforderung, dass wir den Lebenslauf von Hans Küng und seine theologische Entwicklung konzentriert nachzeichnen, dabei jedoch kritische Distanz und eine gewisse Nüchternheit in der Darstellung wahren.

Ein bleibendes Interesse für orthodoxe Christen darf sicherlich Hans Küngs Stellung als Kirchenkritiker beanspru-

---

[7] Hans Küng, *Erkämpfte Freiheit. Erinnerungen*, Piper, München/ Zürich, 2004 (zukünftig: *Erkämpfte Freiheit*); Hans Küng, *Umstrittene Wahrheit*; Hans Küng, *Erlebte Menschlichkeit. Erinnerungen*, Piper, München/ Zürich, 2013 (zukünftig: *Erlebte Menschlichkeit*).
[8] Hermann Häring, Hans Küng. *Grenzen durchbrechen*, Matthias-Grünewald-Verlag, 1993 (zukünftig: *Grenzen durchbrechen*); Robert Nowell, *A Passion For Truth. Hans Küng. A Biography*, Collins, St. Jame's Place, London, 1981 (zukünftig: *A Passion*), ebenso die deutsche Fassung dieses Buches: *Hans Küng. Leidenschaft für die Wahrheit. Leben und Werk*, Benziger, 2. Auflage, Zürich, 1993 (zukünftig: *Leidenschaft*).
[9] Hans Küng, *Erkämpfte Freiheit*, S. 349-352, a.a.O. S. 14 ist zur Veranschaulichung des Problems der Verhältnisbestimmung „von Strukturen und Personen, Institutionen und Mentalitäten" mit Blick auf Küngs eigene Autobiografie neben Martin Luther auch noch König David (!) genannt.
[10] Hans Küng, *Erkämpfte Freiheit*, S. 380-382.
[11] Hans Küng, *Erkämpfte Freiheit*, S. 17, mit Hinweis auf: Kofi Anan, *Brücken in die Zukunft. Ein Manifest für den Dialog der Kulturen*. Mit einem Geleitwort von Joschka Fischer. Aus dem Englischen von Klaus Kochmann und Hartmut Schickert, S. Fischer, Frankfurt/ Main, 2001 (zukünftig: *Brücken in die Zukunft*).

chen: Nachdem er zunächst als Konzilsberater am Zweiten Vatikanischen Konzil teilgenommen hatte, wurde ihm im Zuge eines langen Kampfes die kirchliche Lehrerlaubnis entzogen. Dennoch blieb er von seinem Selbstverständnis her katholisch, ja sogar römisch-katholischer Priester (und konnte es bleiben) und hat als bedeutender Ökumeniker und Anreger des interreligiösen Dialogs gewirkt. Inhalt, Ziele und Ergebnisse dieses von Hans Küng initiierten ökumenischen und interreligiösen Dialogs sorgfältig und kritisch zu prüfen, wird Aufgabe der späteren Teile dieser Arbeit sein.[12] Wir verweisen auch auf das Wort des Altmeisters des dialogischen Prinzips, Martin Buber: „Mit der Liebe ist die Dialogik nicht gleichzusetzen. Aber Liebe ohne Dialogik, also ohne wirkliches zum-Andern-ausgehen, Zum-Andern-gelangen und beim-Andern-verweilen, die bei sich bleibende Liebe ist es, die Luzifer heißt."[13] Nota bene: Buber warnt davor, Liebe und Dialog zu verwechseln. Dialog ist etwas anderes als Liebe. Hier Klarheit zu schaffen, ist eine wesentliche Aufgabe unserer Arbeit.

Uns ist sicher nur ein bescheidener Blick von außen auf die Realität der Katholischen Kirche und des Katholizismus möglich, die in sich ja schon komplex genug ist.[14] Als unschätzbarer binnenkatholischer Gesprächspartner kommt dabei insbesondere Joseph Ratzinger zum Zuge, auf den Hans Küng selbst immer wieder als Kollegen, Weggefährten, Gegner und Repräsentanten von Kurie und Hierarchie Bezug nimmt. Deshalb muss diese Beziehung einen Schwerpunkt unserer Arbeit bilden, weil sie erstens, wie gesagt, für Küng selbst so im Zentrum steht, und

---

[12] Aurel Pavel/ Ciprian Toroczkai, *Adevăratul și falsul ecumenism*, Editura Universiății „Lucian Blaga" din Sibiu Editu-ra Andreiana, Sibiu, 2010; Sfântul Iustin Popovici, *Biserica Ortodoxă și Ecumenismul*, ed. A II-a, Fundația Justin Pârvu, Suceava, 2012.

[13] Martin Buber, *Das dialogische Prinzip. Ich und Du. Zwiesprache. Die Frage an den Einzelnen. Elemente des Zwischenmenschlichen. Zur Geschichte des dialogischen Prinzips*, Verlag Lambert Schneider, 6. Auflage, Gerlingen, 1992, S. 169.

[14] Vgl. dazu das nach wie vor zutiefst beeindruckende Werk eines der Vorgänger von Hans Küng in Tübingen: Karl Adam, *Das Wesen des Katholizismus*, 9. Auflage, Mosella-Verlag, Düsseldorf, 1940 (zukünftig: *Wesen des Katholizismus*).

weil zweitens Joseph Ratzinger zweifellos zum Besten gehört, was der Katholizismus vom orthodoxen Standpunkt zu bieten hat: in Bezug auf seine Gelehrsamkeit und die Bereitschaft, sich auf die Kirchenväter einzulassen und in Bezug auf seinen Mut, dem säkularen Zeitgeist zu widerstehen.

Dabei ist, auch im Hinblick auf das Werk von Hans Küng selbst, eine Art Begriffshygiene notwendig, die uns durch die Massen des Stoffs hindurch zur Antwort auf die Frage nach einer angemessenen, ‚orthodoxen' Haltung gegenüber Hans Küng und seinem Werk hinführen soll. So kommt es implizit auch zu einer Wiederbegegnung und Auseinandersetzung mit meinen Lehrern und den großen Namen meiner Studienzeit: Eberhard Jüngel, Jürgen Moltmann, Wolfhart Pannenberg. Methodisch müssen wir die Frage stellen, was denn nun ‚evangelisch', ‚katholisch', ‚kirchlich' und ‚evangelische Katholizität' in den einzelnen Etappen und Stationen von Küngs Lebensweg bedeutet. Ebenso müssen wir auch der Protestantisierung der katholischen Theologie und des Katholizismus ins Auge sehen, welche die Theologie Hans Küngs medien- und massenwirksam befördert hat, indem er z.B. behauptete, dass das, was bisher als spezifisch protestantisch galt, eigentlich katholisch sei.

Die Nachzeichnung des Lebenswegs und der theologischen Entwicklung Hans Küngs beinhaltet daher auch eine kritische Reflexion meines eigenen Denk- und Lernweges vor dem Hintergrund meiner späteren Erfahrungen auf dem Weg zur Orthodoxie. Es ist klar, dass unsere biografischen Ausführungen zu Hans Küng sich darauf konzentrieren, die wesentlichen formativen Elemente der späteren Theoriebildung Küngs mit Blick auf unsere religionswissenschaftliche bzw. präziser religionstheologische Fragestellung verständlich zu machen. Was wir hier über seine Biografie als relevant mitteilen, wird wiederum im Blick auf unsere religionstheologische Fragestellung ausgewählt werden. Dabei ist klar, dass Theologie und Lebensweg in einem unauflösbaren Zusammenhang stehen und sich wechselseitig auslegen. Ein Schwerpunkt liegt dabei auf Küngs

Studium in Rom, da dies bisher in einschlägigen Darstellungen noch nicht entsprechend gewürdigt wurde.

Die leitende Frage für uns ist, ich sage es noch einmal, was Hans Küng als ‚katholisch' präsentiert, welchen Ort dieses ‚Katholische' im Zusammenhang der katholischen Weltkirche und des Katholizismus innehat und was dies schlussendlich im Verhältnis zur Orthodoxie und zur Orthodoxen Kirche austrägt.

Herkunft, Kindheit und Jugend

Hans Küng hat den ersten Band seiner Autobiografie unter die Überschrift „Erkämpfte Freiheit" gestellt. Er beginnt seine Erinnerungen mit einer Skizze seiner bürgerlichen Wurzeln in der Schweiz.[15] Das ist insofern wichtig, weil diese Wurzeln gleichsam das Prisma für alles bilden, was nachher kommt. Bürgerliche Freiheit, die bürgerliche Schweizer Demokratie ist der Maßstab, den Hans Küng später auch auf alle kirchlichen Belange anwenden wird.[16] Diese Freiheit steht im Kontrast zur Schreckensherrschaft der Nationalsozialisten, welche in mehreren Eskalationsstufen Europa und auch die frei bleibende Schweiz bedrohte. Küng berichtet von „drei schockierenden politischen Ereignissen seiner frühen Jahre", die ihn „in einer neuen Weise – wenn man will – ‚politischer' – hören, lesen und handeln lassen."[17]

Es ist die Rede von der Ermordung des österreichischen Bundeskanzlers und Außenministers Engelbert Dollfuss am 25. Juli 1934,[18] vom Einmarsch der deutschen Wehrmacht in

---

[15] Hans Küng, *Erkämpfte Freiheit*, S. 17-66.
[16] Die beiden Biografen Küngs, Hermann Häring, *Grenzen durchbrechen*, und Robert Nowell, *Passion/ Leidenschaft*, gehen auf diese Aspekte kaum ein. Hermann Häring, a.a.O., S. 18, mit wenigen Zeilen unter den Überschrift: „Ausbildung in Rom".
[17] Hans Küng, *Erkämpfte Freiheit*, S. 20.
[18] Hans Küng, *Erkämpfte Freiheit*, S. 20.

Österreich am 12. März 1938[19] und vom Ausbruch des Zweiten Weltkrieges am 1. September 1939[20], allesamt Ereignisse mit schwerwiegenden Auswirkungen auf das alltägliche Leben und die Politik der Schweiz, die auch in seiner Familie intensiv diskutiert wurden.

Küng beobachtet diese Entwicklungen mit wachem Auge und sieht auf diese Weise „die Grundproblematik, mit der ich später in meinem Leben so oft konfrontiert wurde, mir von der hohen Politik sozusagen in die Wiege gelegt: Sichanpassen und Mitmachen – oder Standhalten und Widerstehen?"[21] Auffällig ist dabei, dass die Fragestellung aus dem politischen Kontext ins Kirchliche hinübergenommen wird. An einer späteren Stelle seiner Autobiografie spricht Küng von seiner Bewunderung der „Intellektuellen des Widerstandes: im Nationalsozialismus etwa den Theologen Karl Barth, Dietrich Bonhoeffer und Alfred Delp oder im Kommunismus: Alexander Solschenyzin, Lew Kopelew, Mstislaw Rostropowitsch oder Andrej Sacharow".[22]

Tatsächlich sind es z.T. christliche Theologen, welche im Nationalsozialismus oder im Kommunismus Widerstand geleistet haben, die Hans Küng hier aufzählt, aber es geht ihm vom Zusammenhang her eigentlich um ein Recht zum Widerstand innerhalb der christlichen Kirche, das er für sich selbst in Anspruch nimmt und von Paulus her begründet:

> „Lieber als an das Beispiel des Erasmus halte ich mich als christlicher Theologe an jenen Apostel Paulus, der Petrus, als dieser, den manche (zu Unrecht) den ‚ersten Papst' nennen, ‚nicht richtig wandelte nach der Wahrheit des Evangeliums', öffentlich, ‚in Gegenwart aller ins Angesicht widerstand': ‚Wie darfst du da …?' (Galater 2, 11-14). Im Klartext: *widerstehen und standhalten!* Auftreten, nicht austreten! Was vielleicht ohne Bruch mit der Kirchengemeinschaft schließlich doch – über

---

[19] Hans Küng, *Erkämpfte Freiheit*, S. 20.
[20] Hans Küng, *Erkämpfte Freiheit*, S. 22.
[21] Hans Küng, *Erkämpfte Freiheit*, S. 24.
[22] Hans Küng, *Umstrittene Wahrheit*, S. 679.

temporäre loyale Opposition hinaus – zur Veränderung und Erneuerung von innen heraus führen kann."[23]

Küng weiß sich in der Schweiz mit ihrer Geschichte[24] und Natur[25] tief verwurzelt. In dem Haus am Rathausplatz in Sursee, in welchem er am 19. März 1928 als ältester Sohn von insgesamt acht Geschwistern geboren wurde, ursprünglich ein Gasthaus, datiert mit dem Jahr 1651, werden seit drei Generationen Schuhe verkauft.[26] Sein Vater, Hans Küng, war Schuhhändler, während seine Mutter, Emma Gut, aus einer Bauernfamilie vom nahen Kaltbach kam.[27] Sein Bruder Rudolf starb 1936 im Alter von einem Jahr. Sein Bruder Georg starb etwa ein Jahr nach einem Schlaganfall, den er 22-jährig auf der Fahrt zur Primiz des am 10. Oktober 1954 in der Kollegskirche des Collegium Germanicum et Hungaricum in Rom zum Priester geweihten Hans Küng erlitten hatte,[28] ein Ereignis das diesen ähnlich wie später auch das Thema „Empfängnisverhütung" noch bis ins hohe Alter stark beschäftigen wird.[29] Zur Familie gehörten weiter Küngs fünf Schwestern Marlis, Rita, Margrit, Hildegard und Irene,[30] die sich später im Konflikt mit Rom alle öffentlich in für ihren Bruder bewegender Weise einsetzen werden.[31] Hans Küng nennt es ein „unschätzbares Glück", „in *Gemeinschaft mit*

---

[23] Hans Küng, *Umstrittene Wahrheit*, S. 679. Hervorhebungen bei Hans Küng selbst. Schade nur, dass Hans Küng die Darlegungen der Kirchenväter zu Galater 2, 11-14 nicht zur Kenntnis genommen hat, z.B. Johannes Chrysostomos zur Stelle.
[24] Hans Küng, *Erkämpfte Freiheit*, S. 24-34.
[25] Hans Küng, *Erkämpfte Freiheit*, S. 34-39.
[26] Hans Küng, *Erkämpfte Freiheit*, S. 40.
[27] Hans Küng, *Erkämpfte Freiheit*, S. 43.
[28] Hans Küng, *Erkämpfte Freiheit*, S. 151. Hermann Häring, *Grenzen durchbrechen*, S. 18, weiß nur von einem Bruder Hans Küngs.
[29] Vgl. Walter Jens/ Hans Küng, *Menschenwürdig sterben. Ein Plädoyer für Selbstverantwortung*, Piper, München/ Zürich, 1995 (zukünftig: *Menschenwürdig sterben*); Hans Küng, *Erlebte Menschlichkeit*, S. 648-657. Vgl. schließlich auch: Hans Küng, *Glücklich sterben? – Mit dem Gespräch mit Anne Will*, Piper, München/ Zürich, 2014 (zukünftig: *Glücklich sterben*).
[30] Hans Küng, *Erkämpfte Freiheit*, S. 44, 58.
[31] Hans Küng, *Erkämpfte Freiheit*, S. 57f.; Hans Küng, *Umstrittene Wahrheit*, S. 395.

Mädchen aufzuwachsen, in einem unverkrampften Verhältnis zum ‚andern' Geschlecht."[32]

Diese Bemerkungen stehen schon im Kontext des Berichts seiner Entscheidung, Priester werden zu wollen, die Hans Küng im Alter von 12 Jahren traf unter dem Eindruck des „als 29-jähriger Pfarrhelfer und Jugendseelsorger 1937 nach Sursee gekommenen Franz-Xaver Kaufmann", der „1954 dann, wie in der Schweiz üblich, demokratisch von der Kirchengemeinde (genauer ‚Korporationsgemeinde') zum 65. Stadtpfarrer von Sursee gewählt" wurde.[33] Küng berichtet von einem Gespräch mit einem älteren Freund, Hans Zurkirchen, der auf die Frage nach seiner Berufswahl antwortet: „Ich möchte Priester werden, wie unser Präses."[34] Dieses Gespräch habe ihn zu seiner *„ersten grundlegenden Lebensentscheidung"* für das *„geistliche Amt"* motiviert, in welcher er „nie schwankend werden sollte".[35]

Küng macht deutlich, dass dieser von ihm erkannte „Ruf Gottes" „natürlich nicht in übernatürlich-mirakulöser Weise direkt von oben, sondern ... vermittelt durch die Stimme meines Freundes" an ihn erging und „sich im inneren Drang, im innerlichen Sich-Befähigt-Erkennen, im Getriebensein zu diesem konkreten Dienst Ausdruck verleiht". Mit dieser Berufung habe „weder ein Prälat noch ein Bischof ... das Geringste zu tun", obwohl die Kirchenleitung das Recht besitze, Kandidaten auf ihre Eignung zu prüfen.[36] Dann schreibt Küng, dass er auch gut und gerne etwas anderes hätte werden können, z.B. Architekt oder Historiker oder aufgrund seiner herausragenden Führungsqualitäten ein bedeutender Politiker oder Wirtschaftsführer, aber er sei nun einmal zu Höherem berufen, was freilich „mit der höchst schwerwiegenden Entscheidung zur

---
[32] Hans Küng, ebd. an beiden Stellen. Hervorhebung bei Hans Küng selbst.
[33] Hans Küng, *Erkämpfte Freiheit*, S. 51f.
[34] Hans Küng, *Erkämpfte Freiheit*, S. 56.
[35] Hans Küng, *Erkämpfte Freiheit*, S. 56.
[36] Hans Küng, *Erkämpfte Freiheit*, S. 56.

Ehelosigkeit gekoppelt" sei.³⁷ Küng macht sich die Entscheidung nicht einfach, er fragt „nach einigen Wochen seinen Präses um Rat, der das hübsche Mädchen auch kennt und schätzt". Aber er muss sich entscheiden, küsst das Mädchen ein einziges Mal, „zum Abschied", und nimmt das lebenslange Zölibat auf sich.³⁸

Warum diese Entscheidung? Küng schreibt tief beeindruckt über die vielen Aktivitäten seines Jugendpräses³⁹ und fragt, was denn das Geheimnis dieses Pfarrers sei, „dessen ungewöhnlich äußerer Einsatz sich doch nicht in betriebsamer Äußerlichkeit erschöpft?"⁴⁰

Denn er sei

> „kein geistlicher Routinier oder Funktionär, sondern durch und durch Seelsorger ..., der nicht gerne Hausbesuche abstattet und doch in der Begegnung von Mensch zu Mensch wirkt, in der Jugendgruppe, in der Schulklasse, höchst diskret auch im Beichtstuhl, am Krankenbett, im seelsorgerlichen Gespräch. Kein doktrinärer Verteidiger alter Bastionen, sondern ein bescheidener Vorläufer einer weltoffenen Pastoral ... Der in gewinnender Menschlichkeit für den Einzelnen wie für die Gruppen, für Jüngere und Ältere in den verschiedenen frohen wie weniger frohen Situationen den rechten Ton und das rechte Wort findet. Der Autorität verkörpert ohne versteckten Autoritarismus, ganz paulinisch nicht Herr unseres Glaubens, sondern Diener unserer Freude ... der in allem das Vertrauen der Kleineren und Größeren, der Stärkeren wie der Schwächeren genießt und der bei all seinem weltlichen Treiben ein echter ‚Geistlicher' bleibt."⁴¹

Küng schildert diesen Pfarrer im Sinne der katholischen Vielfalt weiter als einen „Seelsorger für alle und jeden, nicht für

---

[37] Hans Küng, *Erkämpfte Freiheit*, S. 57.
[38] Hans Küng, *Erkämpfte Freiheit*, S. 57
[39] Hans Küng, *Erkämpfte Freiheit*, S. 52f.
[40] Hans Küng, *Erkämpfte Freiheit*, S. 53.
[41] Hans Küng, *Erkämpfte Freiheit*, S. 53f.

einen Kreis der Frommen und Superfrommen, sondern auch für die weniger Frommen; nicht nur für die ‚Konservativen', sondern auch für die ‚Liberalen'; nicht nur für die Strenggläubigen, sondern auch für die Weltläufigen; nicht nur fürs erwachsene Kirchenvolk, sondern auch für die immer neue Generation der Heranwachsenden."[42]

Der Erfolg des „gar nicht so sehr Wundergläubigen" wiederum habe sich vor allem in denjenigen gezeigt, „die in seiner Zeit – so zahlreich wie sonst kaum irgendwo und nie mehr nachher – den Priesterberuf ergreifen, weil er ihnen durch seine Existenz ein mitreißendes Bild von diesem Beruf, dieser Berufung zu vermitteln vermag."[43]

Nachdem Küng dargelegt hat, wie gering die Karriereaussichten dieses eher zu den „Stillen im Klerus" gehörenden Geistlichen gewesen seien, kommt er auf den für uns wesentlichen Grund seiner Begeisterung zu sprechen:

> „In ihm wirkt Geist von dessen Geist, der da schon vor 2.000 Jahren auf geistliches Gewand und klerikales Getue kein Gewicht legte. Der jeden Menschen nahm, wie er nun einmal ist in seiner Schwäche und Gebrechlichkeit, und ihn ganz und gar ernst nahm als der, der er ist, Gottes so gewollte Kreatur. Der keinen einfach zu einem andern machen wollte, ihn nicht verdammte, ihm vielmehr eine neue Chance gab. Der niemand inquisitorisch nach seinem Glaubensbekenntnis befragte und beurteilte, sondern der ins Herz zu schauen vermochte. Der, aller übertriebenen Frömmigkeit abhold, keine sakrale Machtposition aufbaute, sondern im Dienst an den Menschen voranging."[44]

Es ist deutlich, dass hier ein Gegenbild gezeichnet wird zu einem überholten und aus der Sicht von Hans Küng unbedingt zu bekämpfenden Typus des Katholizismus. Dieses Gegenbild

---

[42] Hans Küng, *Erkämpfte Freiheit*, S. 54.
[43] Hans Küng, *Erkämpfte Freiheit*, S. 54.
[44] Hans Küng, *Erkämpfte Freiheit*, S. 54f.

findet seinen Verankerung im Bezug seines Seelsorgers zu Jesus:

> „Es ist schlicht der Geist dieses Jesus, von dem der Jugend-, Stadt-, und am Ende Spitalpfarrer ... so ungekünstelt, direkt und ansprechend zu reden und predigen weiß. Ja, bei seiner Totenfeier werde ich dies ganz klar aussprechen: es ist Jesu Geist, der in diesem Geistlichen unauffällig und sanft am Werke ist: das befreiend *Jesuanische*, das hinter allem menschlichen Charme und aller allzu menschlicher Grenze dieses Seelsorgers Geheimnis ist!"[45]

Zu Recht beurteilt Küng dies als eine entscheidende Weichenstellung in seiner Laufbahn: „... Die Tiefe dieses Jesuanischen ist es, was mich als jungen Menschen auf den Weg des ‚Geistlichen' ruft und mir Leitbild bleiben wird, so daß meine Schilderung hier besonders ausführlich sein musste."[46]

Später werden wir uns mit diesem Thema noch genauer auseinandersetzen müssen. Denn es führt erstens zu der Frage nach dem ‚historischen Jesus'[47] und zweitens zur Frage nach Art und Ort der Christologie[48].

Hier müssen unsere Ausführungen noch ergänzt werden durch eine kurze Skizze zum Bildungsweg von Hans Küng von der Grundschule bis zum Lyzeum.[49] Er besucht zunächst die sechs Klassen der Volks- oder Elementarschule in seinem Geburtsort Sursee, dann tritt er – ebenfalls in Sursee – in die erste Klasse des *Gymnasiums* ein. Dieser ersten Klasse war ein Vorkurs mit zehn Stunden Latein pro Woche vorgelagert, worüber sich Küng recht begeistert äußert. Weil dieser Vorkurs

---

[45] Hans Küng, *Erkämpfte Freiheit*, S. 55.
[46] Hans Küng, *Erkämpfte Freiheit*, S. 55.
[47] Vgl. James M. Robinson, *Kerygma und historischer Jesus*, Zwingli-Verlag, Zürich/ Stuttgart, 1960.
[48] Vgl. George Remete, *Dogmatică Ortodoxă*, ediția a 5-a, Tipărită cu binecuvântarea Î.P.S. Arhiepiscop Irineu al Alba Iuliei, Reîntregirea, Alba Iulia, 2012, S. 217-258.
[49] Hans Küng, *Erkämpfte Freiheit*, S. 58-61.

dann aber in Folge einer Neuregelung wegfällt, geht Küng – als einziger – an das nach seiner Auskunft „im katholischen Milieu als ‚liberal' und ‚freisinnig' verdächtigte Gymnasium der Kantonsschule nach *Luzern*."[50]

Küng interpretiert diesen Schritt als „Abschied vom Ghetto-Katholizismus", ohne dies allerdings näher zu erläutern. Sachlich verweist er auf das „humanistische Bildungsideal", mit dem er nun in Luzern „in seiner ganzen Breite konfrontiert" wurde.[51] Enthusiastisch äußert er sich über seine „Lehrer der klassischen Sprachen, wie Josef Vital Kopp", der „uns zu begeistern vermag für das Ideal der griechischen ‚kalogathía', das ‚Schöne und Gute', das Humane, das wahrhaft Menschliche."[52] Begeistert äußert er sich auch über die beiden letzten Jahre am Gymnasium, das nun „Lyzeum" heißt, indem er auf „neue Professoren und *Mädchen*" dort hinweist.[53]

Ohne Zweifel sind die Anregungen, die Küng hier erhalten hat, für seinen weiteren Lebensweg bedeutend. Er erwähnt „die Einführung in die *deutsche Literaturgeschichte* von Heinrich Bühlmann", den „Unterricht von Adolf Hüppi in *Geschichte und Kunstgeschichte*", der die Schüler in die moderne, ägyptische und griechische Kunst einführte, während sie sich – nach Auffassung des Lehrers – „die Kunst des Mittelalters und der Renaissance leicht selber aneignen könnten", was Küng dann später dazu veranlasst, seine „Mitstudenten in Rom durch eine Ausstellung von Henri Matisse im Palazzo Barberini zu führen".[54]

Weiter beschäftigt er sich mit der zeitgenössischen Sakralkunst, besonders mit dem Kirchenbau, und berührt den „anregenden, wenn auch etwas lebensfernen *Philosophie-Unterricht* Joseph Rüttimanns", als seine „erste Beschäftigung vor allem mit grie-

---

[50] Hans Küng, *Erkämpfte Freiheit*, S. 58f. Hervorhebung bei Hans Küng selbst.
[51] Hans Küng, *Erkämpfte Freiheit*, S. 60.
[52] Hans Küng, *Erkämpfte Freiheit*, S. 60.
[53] Hans Küng, *Erkämpfte Freiheit*, S. 60.
[54] Hans Küng, *Erkämpfte Freiheit*, S. 61.

chischer Philosophie", aber auch „Tao te ching" als „eine gute Vorbereitung auf das spätere Philosophiestudium".[55]

Als Fazit können wir festhalten, dass Hans Küng keineswegs in einem engstirnigen, in sich abgeschlossenen katholischen Milieu aufgewachsen ist, sondern frühzeitig wichtige Anregungen zu jesuanischer Frömmigkeit, humanistischer Bildung und religionswissenschaftlichen Fragestellungen erhalten hat. Später wird er mitteilen, dass er die Frage, ob die römisch-katholische Kirche die „allein seligmachende Kirche" sei, schon als Gymnasiast entdeckt habe.[56] Er grenzt sich in seinen Erinnerungen vom Aufbau „sakraler Macht" ab, bietet aber eigentlich konkret keine Beispiele dafür. Geschichte und Freiheitsbewusstsein der Schweiz werden für ihn zu einer Matrix, aus welcher für Hans Küng das Recht zum Widerstand in der Kirche erwächst, der langfristig zu einer Reform der Kirche in Struktur und Lehre führen kann. Für unsere Weiterarbeit ergibt sich die Frage nach den prägenden Erfahrungen beim Studium Hans Küngs in Rom.

Das Studium der Philosophie und Theologie in Rom

Die Entscheidung für das Studium in Rom hatte Hans Küng schon drei Jahre vor dem Abitur (Matura, Sommer 1948) getroffen. Er berichtet, dass er zusammen mit seinem Freund Otto Wüst und Präses Kaufmann die Luzerner Oper besuchte, wobei letzterer die beiden in einer Pause auf den ebenfalls anwesenden Professor Alois Schenker aufmerksam machte, seinerseits Moraltheologe an der Luzerner Theologischen Fakultät, der „zuvor in Rom studiert habe, am *Pontificium Collegium Germanicum*, sieben Jahre im roten Talar, alle Vorlesungen in Latein und am Ende zwei Doktorate, in

---

[55] Hans Küng, *Erkämpfte Freiheit*, S. 61f.
[56] Hans Küng, *Erkämpfte Freiheit*, S. 127.

Philosophie und Theologie. ‚Das wäre auch etwas für euch', meint er."⁵⁷

Hans Küng informiert sich in einem Lexikon näher „über das Collegium Germanicum" und ist „beeindruckt von seiner Geschichte und Bedeutung", geht kurze Zeit später mit Otto Wüst zu jenem Professor Alois Schenker, wo sie sich „eingehend über das Leben in diesem Kolleg und über die Vorlesungen an der Päpstlichen Universität Gregoriana erkundigen." Es imponiert ihnen, „wie kundig und lässig zugleich" der Professor „sich als Insider über manches Römische äußert". Zugleich verspricht er ihnen, ihre „Aufnahme gegebenenfalls zu empfehlen". Küng betont, dass er „nicht nach einem hohen kirchlichen Amt und erst recht nicht nach einer Professur schiele". Er „will Jugendseelsorger und später womöglich Stadtpfarrer werden", wofür ihm „ein Doktorat angemessen erscheint".

Deshalb schreibt er – wie Otto Wüst – an den Rektor des Collegium Germanicum und legt ihm die Gründe dar, „warum ich gerne da studieren möchte". Der Rektor wiederum habe „erstaunt" reagiert, „dass sich zwei Studenten von sich aus melden und nicht über den Bischof". Hans Küng und Otto Wüst dagegen sei „gar nicht in den Sinn gekommen, den Bischof zu fragen. Als freie Schweizer Bürger meinen wir selber darüber bestimmen zu können, wo wir zu studieren wünschen." Beide werden angenommen, der fast zwei Jahre ältere Otto Wüst ein Jahr früher, Hans Küng entsprechend später.

Das Collegium Germanicum et Hungaricum verdankt seine Entstehung den Herausforderungen durch die Reformation⁵⁸ und stand von Anfang an im Kontext von Katholischer Reform und Gegenreformation.⁵⁹ Ignatius von Loyola hatte

---

57 Hans Küng, *Erkämpfte Freiheit*, S. 64f. Ebenso die folgenden Zitate.
58 Vgl. den kurzen Überblick über seine Geschichte bei: Erwin Gatz, Art. „Kollegien und Seminarien, römische. I. Allgemein", in: *Lexikon für Theologie und Kirche (LThuK), Bd. 6: Kirchengeschichte bis Maximianus*, Herder, Durchgesehene Ausgabe der 3. Auflage 1993-2001, Sonderausgabe, Freiburg/ Breisgau, 2006, Sp. 178-179 (zukünftig: *Kollegien*).
59 Vgl. Erwin Iserloh/ Josef Gazik/ Hubert Jedin, *Handbuch der Kirchengeschichte*,

1551 das Collegio Romano der Societas Jesu (SJ), die spätere Gregoriana[60], gegründet. Daneben gründete er – unter Papst Julius III. – 1552 und auf Anregung von Kardinal Giovanni Morone[61] „das für die Unterbringung Studierender aus dem Reich bestimmte Collegium Germanicum, seit 1580 Collegium Germanicum et Hungaricum, als erstes römisches und für viele spätere Gründungen vorbildhaftes Ausländerseminar".[62] Seither steht es „faktisch Studenten des ganzen Römischen Reiches Deutscher Nation unter Habsburger Krone offen, von den Niederlanden bis zum Balkan, von Skandinavien bis nach Südtirol."[63] Seine „Alumnen besuchten durchweg die Lehrveranstaltungen des Collegio Romano und stiegen später in ihrer Heimat oft zu hohen kirchlichen Positionen auf". Sie mussten „sich in der Regel eidlich dazu verpflichten, nach Abschluss ihrer Ausbildung in die Heimat zurückzukehren, selbst wenn dies mit Lebensgefahren verbunden war."[64]

Hans Küng ist stolz auf seine Ausbildung an der Gregoriana und im Collegium Germanicum et Hungaricum.[65] Seine Bewertungen dieser Zeit sind durchweg positiv, obwohl er bisweilen auch hier – im Rückblick – seine Entwicklung zum ‚loyalen Kirchenkritiker' andeutet. Wir werden sehen, dass er viele Anregungen und Impulse dazu gerade durch sein Studium in Rom und dessen Profil empfangen hat. Das beginnt schon bei der äußeren Ordnung.

Es ist bemerkenswert, wenn Küng etwa schreibt: „Kein ‚Völkerkerker' ist dieses Kolleg, wie man das Habsburger Reich bisweilen genannt hat. Aber außer Zweifel steht,

---

Bd. IV: Reformation – Katholische Reform/ Gegenreformation, Herder, Unveränderter Nachdruck der Ausgabe von 1985 Freiburg/ Basel/ Wien, 1999.
[60] Giacomo Martina, Art. „Gregoriana", in: *LThuK*, Bd. 4: *Franca bis Hermenegild*, Herder, Durchgesehene Ausgabe der 3. Auflage 1993-2001, Sonderausgabe, Freiburg/ Breisgau, 2006, Sp. 1029-1030.
[61] Hans Küng, *Erkämpfte Freiheit*, S. 72.
[62] Erwin Gatz, *Kollegien*, Sp. 179.
[63] Hans Küng, *Erkämpfte Freiheit*, S. 72.
[64] Erwin Gatz, *Kollegien*, Sp. 179.
[65] Hans Küng, *Erkämpfte Freiheit*, S. 67-157.

dass Spiritualität und Disziplin unseres Kollegs wie die des Jesuitenordens von der Unbedingtheit, Radikalität und Praxisbezogenheit ihres Gründers Ignatius von Loyola geprägt sind."[66]

Und dann folgt ein Satz über Ignatius und seinen Orden, der vieles erklärt:

> „Auf das Chorgebet der traditionellen Orden verzichtete dieser bekanntlich um des tätigen Einsatzes willen und setzte dies auch bei den Päpsten durch. Gründet die Spiritualität der Benediktiner mit ihrer Pflege von Liturgie und Kultur (‚Bete und arbeite') historisch im 6. Jahrhundert der Kultivierung Nordeuropas, so die Spiritualität der Dominikaner im 12. Jahrhundert der Kreuzzüge, Dome und theologischen Summen, die Spiritualität der Jesuiten aber im 16. Jahrhundert des Humanismus und der missionarischen Welteroberung."[67]

Es würde zu weit führen, hier noch eine Skizze des Profils und der Geschichte dieses Ordens einzufügen, doch ist es m.E. eindeutig, dass die „Geistlichen Übungen" des Ignatius von Loyola prägend hinter der Studienregel stehen, die – immer wieder abgeändert – auch zur Studienzeit von Hans Küng 1948-1955 am Collegium Germanicum et Hungaricum in Rom in Geltung stand und das Leben dort prägte. Jedenfalls ergibt das ein Vergleich der „Exerzitien"[68], der „Principaliores Pontificii Collegii Germanici et Hungarici Regulae"[69] mit dem,

---

[66] Hans Küng, *Erkämpfte Freiheit*, S. 72f. „Ignatius von Loyola" ist im Original durch Majuskeln hervorgehoben.
[67] Hans Küng, *Erkämpfte Freiheit*, S. 73.
[68] Vgl. Ignatius von Loyola, *Die Exerzitien*. Übertragen von Hans Urs von Balthasar, Kirchliche Druckerlaubnis des Bischöflichen Ordinariates Basel vom 2. April 1946, 15. Auflage, Johannes Verlag, Einsiedeln/ Freiburg, 2016 (zukünftig: *Die Exerzitien*).
[69] Ich danke Herrn Pater Stefan Dartmann SJ, dem Rektor des Pontificium Collegium Germanicum et Hungaricum, Via S. Nicola de Tolentino, 13, I-00187 Roma, Italien, für das Scannen und die elektronische Zusendung eines maschine-schriftlichen Exemplars der „Principaliores Pontificii Collegii Germanici et Hungarici Regulae (Magna ex parte ex Constitutionibus et Regulis ab ipso S. Patre Ignatio conditis depromptas)" am 18. Juli A.D. 2017. Auf dem

was Hans Küng selbst über Struktur, Tagesablauf, Ziele und Gestaltung seines Studiums am genannten Kollegium berichtet. Erwähnenswert sind hier vor allem die täglich mehrmals vorgesehenen Gewissensprüfungen, die auch ein wesentliches Strukturelement in den Exerzitien des Ignatius von Loyola bilden,[70] die verschiedenen Formen des kontemplativen Gebets, die Meditationen, die gemeinsame Messe, die Schrift- und Tischlesungen sowie die Mahlzeiten, welche den Tagesablauf strukturieren. Es ist sicher nicht belanglos, dass Ignatius wichtige Teile seiner „Geistlichen Übungen" besonders auf die Betrachtung und Meditation des Lebens Jesu, des Ortes und der Plätze der Wirksamkeit des irdischen Jesu ausgerichtet und zugleich Wert darauf gelegt hatte, dass daraus jeweils konkret und effektiv ein geistlicher Nutzen erwachse. Bei Hans Küng sehen wir, wie diese Prinzipien sich dann in einer „genauen geistlichen Buchführung"[71] (sic!) auswirken. So entfaltet Küng – mit einem Seitenblick „auf das heute meist eher dürftige geistliche Training insbesondere evangelischer Theologiestudenten"[72] – die quantitative Dimension seiner weit über reine Askeseleistungen[73] hinausreichenden spirituellen Vorbereitung. So habe er „in den sieben Jahren seines Studiums

---

Manuskript ist die Zahl 1966 eingetragen, es stammt demnach wohl aus dem Jahre 1966, also aus einer erheblich späteren Zeit als Küngs Studienjahren. Es haben sich immer wieder auch Veränderungen ergeben, so z.B. mit Blick auf das **„religiöse Schweigen"** („silentium religiosum"), das gemäß dem uns vorliegenden Manuskript, S. 9, von 12.30 Uhr bis 12.35 Uhr mit einer empfohlenen Gewissensprüfung einhergeht („Examen conscientiae (commendatur). Silentium") und am Abend von 21.00 Uhr bis 21.15 Uhr verbunden mit der empfohlenen Komplet in der Kirche oder einer Anbetung („Silentium religiosum - Completorium in Ecclesia (comendatur) vel Adoratio"), nach Hans Küng, *Erkämpfte Freiheit*, S. 75, jedoch die ganze Nacht hindurch anzudauern hatte. Vgl. Daniel Deckers, *Der Kardinal. Karl Lehmann. Eine Biographie*, Knaur, München, 2004 (zukünftig: *Kardinal Lehmann*), S. 109.

[70] Ignatius von Loyola, *Die Exerzitien*, S. 19-37.
[71] Der Begriff der „geistlichen Buchführung" findet sich tatsächlich bei: Hans Küng, *Erkämpfte Freiheit*, S. 95.
[72] Hans Küng, *Erkämpfte Freiheit*, S. 94f.
[73] Als Abiturient habe er – Hans Küng – „manchmal 12-stündige Hungerkuren durchexerziert", aber in Rom habe man „eine Askese um der Askese willen" nicht empfohlen. Hans Küng, *Erkämpfte Freiheit*, S. 93.

mehr als 2.500 morgendliche *Meditationen* und ungefähr gleich viele halbe Stunden am Abend zur Gewissenserforschung, geistlichen Lesung und Vorbereitung der morgendlichen Betrachtung absolviert".[74]

> „Dazu jedes Jahr am Ende der San Pastore-Ferien acht volle Tage ignatianische ‚Übungen' oder *Exerzitien* immer unter strengem Stillschweigen. Die ersten Exerzitien, die uns nach einer Generalbeichte sehr entschieden in die Nachfolge Jesu rufen (Gebet des Ignatius)[75], für uns Erstjährige schon in den letzten drei Tagen des Jahres 1948. Ebenso mehrtägige Exerzitien vor der ‚Tonsur' (‚Scheren'), wo uns zur rechtlichen Aufnahme in den Klerikerstand ein kreisrundes Büschel Haar herausgeschnitten wird (abgeschafft 1973). Mehrtägige Exerzitien auch vor den vier ‚niederen Weihen'. Exerzitien dann erst recht vor den drei höheren Weihen: vor dem Subdiakonat, wo man Zölibat und regelmäßiges Breviergebet verspricht, dem Diakonat und (mit den großen Exerzitien zusammenfallend) vor der Priesterweihe."[76]

Dazu kommt neben manchem anderen „der tägliche Rosenkranz, und schon vor dem Subdiakonat das kleine ‚Stundengebet' (‚Brevier'), nach der Priesterweihe das große

---

[74] Hans Küng, *Erkämpfte Freiheit*, S. 93.
[75] „Seele Christi, heilige mich.
Leib Christi, rette mich.
Blut Christi, berausche mich.
Wasser der Seite Christi, wasche mich.
Leiden Christi, stärke mich.
O guter Jesus, erhöre mich.
In Deinen Wunden verberge mich.
Von Dir laß nimmer scheiden mich.
Vom bösen Feind beschütze mich.
Und zu Dir kommen heiße mich,
Daß ich mit Deinen Heiligen lobe Dich,
Von Ewigkeit zu Ewigkeit. Amen." – Das Gebet ist widergegeben bei: Ignatius von Loyola, *Die Exerzitien*, S. 5.
[76] Hans Küng, *Erkämpfte Freiheit*, S. 93.

Stundengebet von etwa einer Stunde über den Tag verteilt".[77] Küng berichtet weiter, dass er sich angewöhnt habe, „eine Stunde vor den anderen aufzustehen, um Meditation und andere Gebetspflichten in aller Frühe zu vollziehen und statt an der Kommunitätsmesse an der stillen ‚Frühmesse für Jesuitenbrüder und italienische Angestellte teilzunehmen."[78] Er erwähnt große und festliche Gottesdienste, um dann zu resümieren: „Bis heute habe ich mir die Abneigung gegen allzu lange und pompöse Liturgien bewahrt, für die ja auch Ignatius von Loyola wenig übrig hatte."[79]

Denn entscheidend sei „alles das, was wir *innerlich* mitbekommen". „Den *Geistlichen Übungen* (nicht geistigen Theorien) des Ignatius" verdanke er viel für seine „Besinnung auf die Grundlagen eines Christenlebens". Von manchen zeitgeschichtlichen Betrachtungen[80] des Ignatius („etwa den ‚zwei Bannern' oder Lagern des Satans und seiner Hölle und des Königs Christus und seines Reiches")[81] müsse man sich zwar verabschieden. Andererseits seien die Exerzitien oder die christliche Meditation doch etwas anderes als das „Entleeren des Geistes", wie er „es später in der bildlosen buddhistischen Meditation üben werde". Denn es gehe „um höchste Konzentration auf Gott, auf Szenen und Worte aus dem Leben Jesu, um die ganz praktische Ausrichtung auf seine Nachfolge",[82] immer „zur größeren Ehre Gottes", „ad maiorem Dei gloriam".[83]

---

[77] Hans Küng, *Erkämpfte Freiheit*, S. 93.
[78] Hans Küng, *Erkämpfte Freiheit*, S. 94.
[79] Hans Küng, *Erkämpfte Freiheit*, S. 94.
[80] Küng drückt sich hier etwas gewunden aus: „Vom nicht mehr nachvollziehbaren geistesgeschichtlichen Kontext mancher ignatianischer Betrachtungen muß man abstrahieren." Ist die Rede von „Christus, dem König" und vom „Teufel und seinem Heer" heute geistesgeschichtlich im Unterschied zur Zeit des Ignatius von Loyola und zur Zeit des Neuen Testaments nicht mehr nachvollziehbar? Der Autor reflektiert diese Fragen hier nicht. Hans Küng, *Erkämpfte Freiheit*, S. 94.
[81] Ignatius von Loyola, *Die Exerzitien*, S. 47-49.
[82] Hans Küng, *Erkämpfte Freiheit*, S. 94.
[83] Hans Küng, *Erkämpfte Freiheit*, S. 94.

"Angeregt von der Meditation des Lebens, Leidens und Sterbens Jesu, nach diesem Vorbild (streben – WW) und sich ihm angleichen. Das zentrale Gebot: *Aus Liebe zu Gott Liebe zum Nächsten.* Die Nächstenliebe als Gradmesser der Gottesliebe. ‚Vollkommenheit' biblisch nicht durch den Gang ins Kloster, sondern durch den Gang in die Welt. Eine weltoffene, aktive Religiosität, die Gott nicht nur in der Kirche, sondern in allen Dingen findet ..."[84]

Eine Schwierigkeit bei diesen Ausführungen Hans Küngs besteht allerdings darin, dass bei der so formulierten Problemstellung die Liebe zu Gott auch weggelassen werden kann, weil sie nicht wirklich wichtig ist, trotz aller Beteuerungen des Autors, dass er kein ‚Naturmystiker' sei, der „Gott im Wald" oder auf dem See findet.[85] Darüber hinaus kann Nächstenliebe die Gottesliebe nicht ersetzen, so sehr es richtig ist, dass Gott uns auch im (bedürftigen) Nächsten begegnet (vgl. die Rede beim Weltgericht, Mat 25).

Natürlich muss an dieser Stelle noch gesagt werden, dass der ganze Tagesablauf konsequent auf das Studium ausgerichtet war: „studium per totum diem",[86] untermauert von den skizzierten religiösen Übungen sollten die Alumnen auf höchstem Niveau zunächst Philosophie und dann katholische Theologie studieren. Die Pausenzeiten, sogenannte ‚Rekreationen', waren vorgeschrieben, der Rest war diesem großen Ziel zugeordnet. Üblich waren Spaziergänge „in spontan gebildeten Gruppen aus drei bis fünf Alumnen, wobei einer oder zwei – um eine Unterhaltung von Angesicht zu Angesicht zu ermöglichen – einfach rückwärts gehen. Vielleicht 70 Meter bis zum Ende der Terrasse, wo die Vorwärtsgehenden zu Rückwärtsgehenden werden."[87] Radio und Grammophon auf den Zimmern waren nicht erlaubt, die Musik im Kolleg war in der Regel auf

---

[84] Hans Küng, *Erkämpfte Freiheit*, S. 95.
[85] Hans Küng, *Erkämpfte Freiheit*, S. 37.
[86] Hans Küng, *Erkämpfte Freiheit*, S. 75.
[87] Hans Küng, *Erkämpfte Freiheit*, 75.

den Gottesdienst ausgerichtet. Vom gregorianischen Choral zeigt sich Hans Küng nicht begeistert. Er sang „schon lieber einmal bei einer russischen Liturgie mit, wo Königsbässe die Hauptrolle haben".[88] Es wären noch viele Details zu erwähnen, wir beschränken uns auf die Hauptdaten seines Studiums in Rom.

Anfang Oktober 1948 trifft Hans Küng in Rom ein, die Alumnen legen die Zivilkleidung ab und werden als Germaniker eingekleidet: „mit dem *roten Talar*, mit schwarzem Zingulum (Gürtel), Hut und Birett. Dazu für das Haus eine rote ‚Domestica' und für den Ausgang ein ebenfalls roter ärmelloser römischer Mantel, ‚Scholastica' genannt, alles ... bis zum Boden reichend."[89] Am 10. und 11. Oktober 1948 werden die Neuankömmlinge, mit dem roten Talar bekleidet, in die Kommunität aufgenommen,[90] am 15. Oktober 1948 ist der erste Studientag.[91] Nach den ersten Jahresexerzitien unter Leitung von Pater Fritz Vorspel legt Hans Küng am 11. April 1949 gemeinsam mit seinen Kurskollegen den Eid (das ‚Jurament') ab, „nicht Jesuit zu werden", sondern „sich satzungsgemäß in den Dienst" seiner „Heimatdiözese Basel zu stellen."[92] Am 3. April 1954 folgt die Subdiakonatsweihe und die Verpflichtung zum Zölibat,[93] am 9. Mai 1954 die Diakonatsweihe[94] sowie am 10. Oktober 1954 die Priesterweihe in der Kollegskirche. Am 11. Oktober 1954 feiert Küng seine Primiz in den Grotten der Petersbasilika, unter Assistenz seines ‚geistlichen Vaters' Franz Xaver Kaufmann, mit seinem „Surseer Freund Otto Wüst als Zeremoniar, als Prediger der Benediktiner Pater (Anselm – WW) Günthör in Vertretung des im letzten Moment verhinderten Abtprimas (Bernard – WW) Kälin."[95] Schon vor sei-

---

[88] Hans Küng, *Erkämpfte Freiheit*, S. 87.
[89] Ebd., S. 71. Hervorhebung im Original bei Hans Küng.
[90] Hans Küng, *Erkämpfte Freiheit*, S. 73.
[91] Hans Küng, *Erkämpfte Freiheit*, S. 80.
[92] Hans Küng, *Erkämpfte Freiheit*, S. 96f.
[93] Hans Küng, *Erkämpfte Freiheit*, S. 149.
[94] Hans Küng, *Erkämpfte Freiheit*, S. 150.
[95] Hans Küng, *Erkämpfte Freiheit*, S. 150f.

ner Priesterweihe hatte Küng sich „am 9. November 1952 als *Vorbeter* für die ‚Dienermesse'" zur Verfügung gestellt, „dem durchaus traditionellen Sonntagsgottesdienst der italienischen Angestellten". Nach seiner „Priesterweihe wird er zum ‚Dienerkaplan' ernannt".[96]

Die drei Jahre des Philosophiestudiums sollten dem Aufbau eines soliden rationalen Fundaments für das spätere Theologiestudium dienen, gemäß „der von Thomas von Aquin durchgeführten Unterscheidung zwischen den beiden Erkenntnisvermögen (natürliche Vernunft – übernatürlicher Glaube)" und den verschiedenen „Erkenntnisebenen (natürliche Vernunftwahrheit – übernatürliche Offenbarungswahrheit)", wobei die Philosophie der Theologie als „ancilla theologiae" („Magd der Theologie") zu- bzw. untergeordnet ist.[97]

Er berichtet, dass er die Philosophie liebt und das erste öffentliche Examen, den „Actus publicus", Anfang Dezember 1948, bei dem Logikprofessor Francesco Morandini und dem Psychologieprofessor Georges Delannoye zusammen mit den anderen auf Latein absolviert habe. Die ‚Logik' wiederum sei „nur Vorbereitung auf die allgemeine *Metaphysik* oder Seinslehre", in die sie „vom Rektor der Greogoriana, P. PAOLO DEZZA, in perfektem Latein und großer Klarheit eigeführt werden", sodann „folgen ... auf der ‚natürlichen Ebene' Erkenntnistheorie, Psychologie, Kosmologie und Ethik, die weniger befriedigen, und schließlich die streng rationale Gotteslehre des Franzosen RENÉ ARNOU", den Küng „nicht weniger" hochschätzt. Küng betont, dass der ihnen präsentierte „römische Thomismus" nicht einfach nur Thomas-von-Aquin-Exegese war, sondern dass die Studenten – besonders in der Philosophiegeschichte bei Alois Naber und in Spezialkursen bei Arnou – „eingeladen wurden", sich auch

---

[96] Hans Küng, *Erkämpfte Freiheit*, S. 153. Hervorhebung im Original bei Hans Küng.
[97] Hans Küng, *Erkämpfte Freiheit*, S. 81.

„mit modernen und zeitgenössischen Denkern auseinanderzusetzen". Küng belegt bei „Naber einen Sonderkurs über Hegelsche Philosophie" und schreibt später bei ihm auch seine „philosophische Lizentiatsarbeit über den existentialistischen Humanismus Jean-Paul Sartres".[98]

Auf Anregung von Gustav Grundlach, einem Schüler Werner Sombarts und päpstlicher Sozialexperte, beschäftigt sich Hans Küng schwerpunktmäßig mit Sozialphilosophie und wird darauf aufmerksam gemacht, dass „es einen ‚dritten Weg' gibt zwischen Individualismus und Kollektivismus, Kapitalismus und Sozialismus", den sogenannten „Solidarismus", der „durch das Persönlichkeits-, das Solidaritäts- und das Subsidiaritätsprinzip reguliert" wird.

Reflektiert werden 1949/50 „die Staatsidee im Wandel der Zeiten ...", 1951/52 „die verschiedenen Sozialismen von Proudhon, Bernstein, Lassalle, Natorp", 1952/53 die „berufständige Ordnung", 1953/54 nennt Küng das Thema „Demokratie". Weiter arbeitet er „über den revolutionären Syndikalismus des französischen Sozialphilosophen Georges Sorel", „die Interdependenz der drei Funktionsträger jeder sozialen Ordnung, Familie, Eigentum und Staat ..." u.a.[99]

Unter dem Eindruck „des starken Kommunismus in Italien und Frankreich interessiert" ihn „der Sowjetmarxismus". Küng organisiert „selber einen Arbeitskreis über die *Sowjetphilosophie*, vor allem Lenins und Stalins", den der Rektor des päpstlichen Collegium Russicum, Pater Gustav Wetter, moderiert. Küng erarbeitet in dieser Arbeitsgemeinschaft „ein Referat über die Marxsche und Stalinsche Geschichtsauffassung, verglichen mit der christlichen". Am kommunistischen Manifest des jungen Karl Marx leuchtet ihm vieles „zumindest theoretisch" ein, gegenüber Stalins kommunistischem System empfindet er nur Abscheu.[100]

---

[98] Hans Küng, *Erkämpfte Freiheit*, S. 82.
[99] Hans Küng, *Erkämpfte Freiheit*, S. 85.
[100] Hans Küng, *Erkämpfte Freiheit*, S. 86.

Später wird Hans Küng an das Buch von Gustav Wetter über den „Dialektischen Materialismus" anknüpfen, wenn er die „unübersehbaren *phänotypischen Ähnlichkeiten"* zwischen ‚Katholizismus' und ‚Kommunismus', zwischen dem „heiligem Offizium" und dem „unfehlbare Lehramt" der kommunistischen Partei schroff hervorhebt.[101]

Im Resümee über sein Philosophiestudium schreibt Hans Küng:[102] „Ich habe mir ... eine gründliche Kenntnis der klassischen ‚Philosophie perennis' angeeignet, in Auseinandersetzung mit den Modernen, vor allem Kant, Hegel, Sartre und den Marxisten in West und Ost. Und somit kann ich überzeugt sein: Ich habe mir auf diese Weise, mühselig genug, ein sicheres, ja *unerschütterliches rationales Fundament* erarbeitet."

Verwirrend ist dann allerdings die Tatsache, dass Hans Küng nur wenige Seiten später, innerhalb seines Berichts über ein Feriendiakonat in Berlin vom 7. bis 28. August 1953 anlässlich eines Gesprächs mit einem jungen Künstler über den Sinn des Lebens feststellt:

---

[101] Hans Küng, *Umstrittene Wahrheit*, S. 110f. mit Seite S. 688 Anm. 9), wo sich Küng bezieht auf Gustav A. Wetter, *Der dialektische Materialismus*, Wien, 1952, S. 574-580. Mir war nur zugänglich die Ausgabe: Gustav A. Wetter, *Der dialektische Materialismus. Seine Geschichte und sein System in der Sowjetunion*, 5. Auflage, Herder, Wien, 1960. Der Autor spricht dort (Wetter, a.a.O., S. 627-641) über Strukturähnlichkeiten zwischen dem russischen (S. 631ff.) und später dem christlichen (S. 633ff) Denken auf der einen Seite und der Sowjetphilosophie auf der anderen Seite. Die Reflexionen Wetters über die genannten Strukturähnlichkeiten haben allerdings im Blick, auch die Gegner für Christus zu gewinnen, während Küng hier vor allem die Arbeitsweise des „heiligen Offizium" mit dem „unfehlbaren Lehramt der Partei" identifiziert. Zusammenhang und Unterschied des russischen (christlichen) und des sowjetischen Denkens selbst werden sehr tief reflektiert bei: Wladimir Weidle, *Russland. Weg und Abweg*, Deutsche Verlags-Anstalt, Stuttgart, 1956.

[102] Schon die Überschrift zu diesem Abschnitt stellt das Folgende allerdings in Frage: „Ein unerschütterliches rationales Fundament?" – Hans Küng, *Erkämpfte Freiheit*, S. 101-103. Ebenda die folgenden Zitate. Hervorhebungen im Original bei Hans Küng. Die Begründung des Fragezeichens wird allerdings – unvermittelt – erst einige Seiten später nachgetragen.

"Nie ist mir vorher so deutlich geworden, dass meine scheinbar unerschütterliche philosophische Basis letztlich nicht trägt: dass ein Sinn des Lebens und meiner Freiheit sich rational offensichtlich nicht begründen lässt. Wenn ich ehrlich mit mir selber sein will, so stellt das den ganzen als sicher angenommenen rationalen Unterbau meines Glaubens in Frage."[103]

Solche Widersprüche im Denken von Hans Küng müssen wir zur Kenntnis nehmen. Er selbst reflektiert sie durch die Unterscheidung der „rein intellektuellen Ebene", wo „alles kristallklar" scheint und der „existentiellen Ebene", wo „eine Ungewissheit blieb", „die sich während der ersten theologischen Semester erneut aufdrängte und mir zeigte, dass letztendlich doch nicht alles so einleuchtend, beweisbar und abschätzbar ist, wie in der uns gelehrten Philosophie angenommen."[104] Die Lösung dieses Problems findet Küng auf dem Weg über die „Selbstannahme" zum „Grundvertrauen".[105]

Das ist der Ausgangspunkt des sich nunmehr anschließenden Theologiestudiums, das Mitte Oktober 1951 beginnt. Küng schildert die Vorlesungen, die der Holländer Sebastian Tromp SJ, im allgemeinen als der eigentliche Autor der Enzyklika Pius' XII., „Mystici corporis" (1943) bekannt,[106] in Fundamentaltheologie hält, „ganz logisch und transparent aufgebaut", „über die Möglichkeit einer Offenbarung, über das Faktum der Offenbarung in Christus (Wunder,

---

[103] Hans Küng, *Erkämpfte Freiheit*, S. 129.
[104] Hans Küng, *Erkämpfte Freiheit*, S. 129.
[105] Hans Küng, *Erkämpfte Freiheit*, S. 129-134. Vgl. weiter Hans Küng, „Grundmisstrauen oder Grundvertrauen", in: Hans Küng, *Existiert Gott? Antwort auf die Gottesfrage der Neuzeit*, Piper, München/ Zürich, 1978 (zukünftig: *Existiert Gott?*), S. 490-528.
[106] Vgl. Otto Hermann Pesch, *Das Zweite Vatikanische Konzil (1962-1965). Vorgeschichte. Verlauf – Ergebnisse. Nachgeschichte*, Echter, 2. Auflage, Würzburg, 1994 (zukünftig: *Das Zweite Vatikanische Konzil*), S. 139; Stefano Alberto, Art. „Tromp, Sebastian SJ", in: *LThuK, Bd. 10: Thomaschristen bis Żytomyr*, Durchgesehene Ausgabe der 3. Auflage 1993-2001, Sonderausgabe, Freiburg/ Breisgau, 2006, Sp. 268.

Propheten, Auferstehung) und über die Angemessenheit der Offenbarung ... ."[107] Offensichtlich bezieht sich Küng dabei auf das Buch seines Professors „De revelatione Christiana"[108], da seine Inhaltsangaben einer deutschen Übersetzung der drei „libri" entsprechen, aus denen das Buch aufgebaut ist: „Liber primus: De revelatione in genere"[109], „Liber secundus: De Facto Revelationis Christianae"[110], und als letzter Teil dieses „liber secundus" die „Sectio ultima: De Revelationis Christianae convenientia ac necesitate"[111], und besonders interessant für uns am Schluss ein religionswissenschaftlicher „Exkurs über Mysterienreligionen und Synkretismus" („De religionibus mysteriorum et syncretismo")[112], den Küng in seinen Ausführungen nicht erwähnt. Es ist klar, dass uns dieses Buch bei der Analyse von Küngs eigener Konzeption von Religion, Kirche und Christentum noch beschäftigen muss.

In seinen Erinnerungen kritisiert Küng im Rückblick an Tromp, dass dessen „Fundamentaltheologie ganz im Dienste antimoderner Apologetik" stünde und „nichts so sehr fürchte wie eine historisch-kritischen Untersuchung der Bibel und der Kirchen- und Dogmengeschichte". Als Student verteidigt er freilich noch Tromps Lehrsätze, so zehn Thesen „De revelatione" am 29. April 1952 in einer öffentlichen Disputation „vor den Professoren und Studenten der Theologischen Fakultät im halbrunden Auditorium Maximum der Gregoriana". Im Vorfeld habe er Tromp lediglich gefragt, ob er dessen Thesen wörtlich wiedergeben, oder auch seine Erkenntnisse aus der Lektüre von Autoren wie Karl Adam, Michael Schmaus und

---

[107] Hans Küng, *Erkämpfte Freiheit*, S. 106. Auslassungszeichen (...) im Original bei Hans Küng.
[108] Sebastian Tromp SJ, *De Revelatione christiana*, Editio altera aucta et emendata. Ad usum auditorum, Romae, Apud Aedes Universitatis Gregorianae, Piazza della Pilotta, 1931 (zukünftig: *De Revelatione*).
[109] Sebastian Tromp SJ, *De Revelatione*, S. 4-125.
[110] Sebastian Tromp SJ, *De Revelatione*, S. 126-281.
[111] Sebastian Tromp SJ, *De Revelatione*, S. 266-281.
[112] Sebastian Tromp SJ, *De Revelatione*, S. 282-310.

Matthias Joseph Scheeben einspeisen dürfe, was ihm Tromp „unwirsch" zugestanden habe.¹¹³ Zum Schluss seiner diesbezüglichen Ausführungen hält Küng fest, dass Tromps Thesen zur Offenbarung später, im Kontext des Zweiten Vatikanischen Konzils, zum Gegenstand heftiger Debatten geworden sind.¹¹⁴ Otto Hermann Pesch wiederum macht in seinem Buch über das Zweite Vatikanische Konzil auf den Hintergrund und die Vorgeschichte dieser Debatten aufmerksam.¹¹⁵ Hans Küng hat sich – besonders in den ersten Jahren seiner Tübinger Professur – die Kritik an Tromps Thesen zu eigen gemacht und kann sie im Rückblick nicht mehr verteidigen. Auch dieses Thema wird uns noch beschäftigen.

Der nächste wichtige Gegenstand, den Küng anspricht, ist die Lehre über die Kirche (Ekklesiologie), welche der Spanier Timotheus Zapelena SJ„so präzise zusammenfasst, dass ich sie auf Latein genau mitschreibe – wie immer in kleiner Schrift mit eigenen Kürzeln, alles ganz systematisch, zwei Ringhefte voll, die ich noch heute besitze."¹¹⁶ Zapelena zeichnet die Kirche „ganz und gar römisch" „als das auf Erden beginnende Reich Gottes, von Christus selber eingesetzt als eine von allem Anfang an hierarchisch-monarchische und keinesfalls demokratische oder charismatische Kirche."¹¹⁷ Insbesondere die später so heftig vorgetragene Hierarchiekritik Küngs hat hier eine wesentliche Wurzel. Sie richtet sich nicht zuletzt gegen die traditionelle katholische Ekklesiologie und bedarf im weiteren Verlauf unserer Arbeit einer sorgfältigen und kritischen Betrachtung.¹¹⁸

---

¹¹³ Hans Küng, *Erkämpfte Freiheit*, S. 106f. Ebenso die vorigen Zitate.
¹¹⁴ Hans Küng, *Erkämpfte Freiheit*, S. 107.
¹¹⁵ Vgl. dazu Otto Hermann Pesch, *Das Zweite Vatikanische Konzil*, S. 272-283.
¹¹⁶ Hans Küng, *Erkämpfte Freiheit*, S. 107. Vgl. Timotheus Zapelena SJ, *De Ecclesia Christi. Pars Apologetica*, Romae, Apud Aedes Universitatis Gregorianae, 1940 (zukünftig: *De Ecclesia Christi*). Über ihn: Karl J. Becker, Art. „Zapelena y Subízar, Timoteo SJ", in: *LThuK*, Bd. 10: Thomaschristen bis Žytomyr, Herder, Durchgesehene Ausgabe der 3. Auflage 1993-2001, Sonderausgabe, Freiburg/ Breisgau, 2006, Sp. 1384.
¹¹⁷ Hans Küng, *Erkämpfte Freiheit*, S. 108.
¹¹⁸ Timotheus Zapalena SJ, *De Ecclesia Christi*, S. 116-148. Hans Küng, *Wozu Priester? Eine Hilfe*, Benziger, Zürich/ Einsiedeln/ Köln, 1971, S. 29f. (zukünftig:

Daran knüpft sich ein letzter Themenkomplex, der sich auf höchst unterschiedlichen Ebenen mit Stichworten wie Gehorsam versus Ungehorsam[119], unfehlbares Lehramt (Papst und Lehramt der Bischöfe, kirchliches Lehramt)[120], Gewissensfreiheit[121] und schließlich Küngs Verständnis von Katholizität sowie der schon während des Abiturs entdeckten Frage nach dem Heil für Nichtchristen[122] verbindet.

Seinen „ersten völlig eigenständigen theologischen Essay, bestehend aus 16 eng maschinengeschriebenen Seiten" erarbeitet Hans Küng im Kontext der Frage nach der ‚Rechtfertigung des Sünders' über „das katholische Extradogma ‚Extra ecclesiam nulla salus – Außerhalb der Kirche kein Heil'" unter dem Titel „Über *den Glauben*. Ein Versuch".[123] Küng erwähnt, dass das von Pater Domenico Grasso angebotene Seminar „über das Heil der Nicht-Christen" „zwar sehr viel Interessantes aus der Theologiegeschichte", doch keine ihn „überzeugende Lösung" geboten habe.[124] Die aus seinem ersten theologischen Versuch wiedergegeben Gedankenkonstruktionen überzeugen allerdings auch nicht. Denn demnach sei das „Heil der Ungläubigen seit den Anfängen des Christentums ein Kreuz der Theologie", und zwar in dem Sinn, dass der „absolute Heilswille Gottes"

Wozu Priester?). Küng hat seine dortige Hierarchiekritik und insbesondere den Gedanken, dass der Begriff „Hierarchie" bei Dionysius Areopagita unbiblisch sei, der Ausarbeitung entnommen: Heinrich Fries/ Wolfhart Pannenberg, „Das Amt in der Kirche", in: *Una Sancta. Zeitschrift für Ökumenische Bewegung*, Kyrios-Verlag, Meitingen, 25. Jahrgang, 1970, S. 107-115 (zukünftig: *Das Amt in der Kirche*), hier S. 109.

[119] Hans Küng, *Erkämpfte Freiheit*, S. 83 und 115-118.
[120] Hans Küng, *Erkämpfte Freiheit*, S. 107-113. Auslöser ist hier die Definition des neuen Mariendogmas am 1. November 1950, bei welcher Küng zunächst „mit Begeisterung dabei" ist: Hans Küng, *Erkämpfte Freiheit*, S. 112f. „Mit zunehmender Kenntnis der kritischen Exegese" wird sich Küng dem neuen Mariendogma gegenüber „immer mehr distanzieren". Ebd.
[121] Hans Küng, *Erkämpfte Freiheit*, S. 118-120. Küng entfaltet das Thema hier anhand der Frage, ob er zum Besuch der Vorlesungen verpflichtet sei.
[122] Hans Küng, *Erkämpfte Freiheit*, S. 127.
[123] Hans Küng, *Erkämpfte Freiheit*, S. 126ff. Hervorhebungen bei Hans Küng im Original.
[124] Hans Küng, *Erkämpfte Freiheit*, S. 127.

und „die absolute Notwendigkeit des Glaubens" „eher einem Kontradiktorium als einem Mysterium" gleichen würde.

Vieles wirkt hier sehr unausgegoren. Aber jenes Hauptthema von Hans Küng, nämlich das „Heil für die Heiden (als Heiden)", das seine Zuspitzung und Vollendung im „Projekt Weltethos" in dem Sinn finden wird, dass jeder auf der Basis eines auszuhandelnden Minimalkonsensus (Menschenrechte) bleiben kann, was er ist, ist hier im Keim bereits angelegt. Hans Küng wird unter Leitung von Mauricio Flick SJ[125] seine 220 Seiten zählende theologische „*Lizentiatsarbeit* (sic! – WW) *über die Rechtfertigungslehre Karl Barths* (und des Konzils von Trient)"[126] schreiben, eine wesentliche Grundlage für sein theologisches Doktorat.[127]

Im Fazit halten wir fest, dass Hans Küng sich bis zum Ende seines Philosophiestudium „zu so etwas wie einem ‚Mustergermaniker' geworden" sieht,[128] der sich im Zuge seines anschließenden Theologiestudiums zu einer Haltung „kritischer Katholizität" durchringt,[129] wobei er nicht nur auf großes Verständnis bei seinem Spiritual Pater Wilhelm Klein, sondern meist auch bei seinen sonstigen Vorgesetzten stößt, so sehr Küng bisweilen eben durchaus Konfliktbereitschaft zeigt.[130] Diese „kritische Katholizität" umfasst eine „*Katholizität in der Zeit*" und eine „*Katholizität im Raum*", die ihn, so Hans Küng, „von Anfang an vom noch immer verbreiteten Provinzialismus und Partikularismus mancher protestantischer Kirchenmänner und Theologen unterscheidet, deren Horizont die Landeskirche oder bestenfalls die Nation ist." Auf die Frage, „Warum katholisch sein und bleiben?" weiß Küng daher schon jetzt die Antwort: „Ich bin und bleibe katho-

---

[125] Hans Küng, *Erkämpfte Freiheit*, S. 113.
[126] Hans Küng, *Erkämpfte Freiheit*, S. 153. Hervorhebungen bei Hans Küng im Original.
[127] Hans Küng, *Erkämpfte Freiheit*, S. 160-203.
[128] Hans Küng, *Erkämpfte Freiheit*, S. 98.
[129] Hans Küng, *Erkämpfte Freiheit*, S. 148-150.
[130] Hans Küng, *Erkämpfte Freiheit*, S. 83. 97. 99. 116.

lisch, weil mir an der *ganzen*, allgemeinen, umfassenden, eben katholischen Kirche gelegen ist ... an der in allen Brüchen sich durchhaltenden *Kontinuität* und der alle Gruppen, Nationen und Regionen umfassenden *Universalität* von Glauben und Glaubensgemeinschaft."[131]

Die Wahl des Themas für Küngs theologische Doktorarbeit über „Karl Barths Rechtfertigungslehre" ist im Sinne der Aufmerksamkeit fürs Ganze der westlichen Christenheit ganz sicher ein großer Schritt nach vorne. In dieser Arbeit werden wir mit Weichenstellungen konfrontiert, die sich auf Küngs Lebensweg und sein gesamtes literarisches Werk auswirken werden und das Verständnis des ‚Katholischen' nachhaltig verändern.

Die theologische Doktorarbeit[132]

Hans Küng hat seine 220 Seiten umfassende theologische Lizenzarbeit über die Rechtfertigungslehre Karl Barths und des Konzils von Trient fertiggestellt[133] und ist auf der Suche nach einem Promotionsthema.[134] Schon frühzeitig habe er sich entschlossen, „nach Paris umzuziehen und dort in Theologie zu promovieren". Nach reiflichen Erwägungen, die auch das Gebiet der Sozialwissenschaften betrafen, eröffnete er am 3. November 1952 seinem Spiritual den Plan, nach seinem theologischen Lizentiat im Herbst 1955 nach Paris zu übersiedeln, und erst ein halbes Jahr später, „nachdem alles schon abgemacht ist", auch dem Rektor.

Hans Küng berichtet darüber: „Er findet das gut, überzeugt mich jedoch, dass ich meine Dissertation nicht der

---

[131] Hans Küng, *Erkämpfte Freiheit*, S. 149. Hervorhebungen bei Hans Küng im Original.
[132] Vgl. Christa Hempel, *Rechtfertigung als Wirklichkeit. Ein katholisches Gespräch: Karl Barth – Hans Küng – Rudolf Bultmann und seine Schule*, Peter Lang, Frankfurt/ Main, Herbert Lang, Bern, 1976 (zukünftig: *Rechtfertigung als Wirklichkeit*). Dort auch weitere Literatur.
[133] Hans Küng, *Erkämpfte Freiheit*, S. 153.
[134] Hans Küng, *Erkämpfte Freiheit*, S. 160-163.

Geschichtstheologie (über diese Thematik hatte ich gerade eine gut aufgenommene Probepredigt gehalten), sondern der Theologie meines Landsmannes Karl Barth widmen solle."[135] Er verliert keine Zeit und schreibt „noch im selben November 1952 an das Institut Catholique"[136] in Paris, eine

> „der (im Zuge der 1875 staatlich gewährten Hochschulfreiheit) 1875-1878 gegründeten ‚freien' katholischen Hochschulen (Universitäten) in Frankreich …, die neben theologischen auch philosophische, geistes-, natur-, und rechtswissenschaftliche Fakultäten (einschließlich einer Vielzahl angegliederter Institute) umfassen und sich seit ihrer Gründung aus der Einsicht in die produktive Wechselbeziehung von Religion, christlichem Glauben und Theologie und der Ausbildung kritischer Vernunft als Lern- und Lebensräume interdisziplinärer Forschung und Lehre verstehen."[137]

Küng bereitet sich auf ein Gespräch mit Guy de Broglie SJ vor, der seinerseits „semesterweise sowohl an der Gregoriana als auch am Institut Catholique doziert", und zwar durch die Lektüre von Broglies „Buch über das letzte Lebensziel" (‚De fine ultimo vitae humanae'), ein Gespräch, das am 1. Dezember 1952 dann auch stattfindet, wobei dieser einerseits Unterstützung verspricht, andererseits aber Hans Küng an Henri Bouillard SJ verweist, der schon längere Zeit an einem großen Buch über Karl Barth arbeitet. Küng fragt nach längerem Überlegen bei ihm an und erhält als vorläufiges Thema den Vorschlag: „Die Natur der Kirche bei Karl Barth". Da Bouillard[138] aber infolge der Enzyklika „Humani generis" Lehrverbot hat, verweist er

---

[135] Hans Küng, *Erkämpfte Freiheit*, S. 161.
[136] Hans Küng, *Erkämpfte Freiheit*, S. 161.
[137] Martina Splonskowski, Art. „Institut Catholique", in: *LThuK*, Bd. 5: *Hermeneutik bis Kirchengemeinschaft*, Durchgesehene Ausgabe der 3. Auflage 1993-2001, Sonderausgabe, Freiburg/ Breisgau, 2006, Sp. 544.
[138] Joseph Doré, Art. „Bouillard, Henri, SJ", in: *LThuK*, Bd. 2: *Barclay bis Damodos*, Durchgesehene Ausgabe der 3. Auflage 1993-2001, Sonderausgabe, Freiburg/ Breisgau, 2006, Sp. 615f.

ihn auf den Oratorianer Louis Bouyer[139], „einen Konvertiten aus dem Luthertum und hervorragenden Kenner der christlichen Spiritualität", der „als Professor am Institut Catholique ... ,Directeur de thèse'" Küngs Dissertation betreuen könne. Küng erhält im April 1954 den Brief, in welchem er ihn als Doktoranden annimmt.[140]

Der Bischof von Basel, Franz von Streng, in dessen Jurisdiktionsbereich Hans Küng gehört, erteilt seine Zustimmung und der Doktorand „beginnt nun ernsthaft das *Barth-Studium* ... mit den kleineren Schriften ... über Kirche und Theologie, Barths berühmtem ,Römerbrief', ... ausgewählten Kapiteln (etwa über die natürliche Gotteserkenntnis) der ... bereits zehnbändigen Kirchlichen Dogmatik". Er macht sich mit „Schlüsselwerken bisheriger katholischer Barthrezeption" bekannt, u.a. mit der Interpretation von Hans Urs von Balthasar[141] und lernt diesen Anfang Juli 1953 auch persönlich kennen.

Wenig später spricht Küng mit Henri Bouillard über das Thema der Doktorarbeit, der ihm „jetzt drei Themenvorschläge macht: 1. Rechtfertigung des Sünders, 2. Der Mensch als Abbild Gottes, 3. Christliche Ethik". Am 12. Juli 1953 trifft er schließlich auch Louis Bouyer, der „unbedingt die Rechtfertigung vorzieht", nachdem Küng „schon so intensiv über das Rechtfertigungsdekret von Trient gearbeitet" hat.[142] Bouyer gibt ihm noch einige Literaturhinweise und nach weiteren Rücksprachen steht nun fest, dass Küng über Karl Barth schreiben wird.

Küng nennt mehrere Gründe, warum er sich für Barth entschieden hat: Zuerst ist Barth sein „*Landsmann,* und wohnt wie Balthasar in Basel, eine knappe Stunde Fahrt von Sursee

---

[139] Vgl. Albert Raffelt, Art. „Bouyer, Louis, Or.", in: *LThuK*, Bd. 2: *Barclay bis Damodos*, Durchgesehene Ausgabe der 3. Auflage 1993-2001, Sonderausgabe, Freiburg/ Breisgau, 2006, Sp. 620.
[140] Hans Küng, *Erkämpfte Freiheit*, S. 162.
[141] Hans Küng, *Erkämpfte Freiheit*, S. 162. Vgl. Hans Urs von Balthasar, *Karl Barth. Darstellung und Deutung seiner Theologie*, Verlag Jacob Hegner, Köln, 1951.
[142] Hans Küng, *Erkämpfte Freiheit*, S. 166.

entfernt ...". Zum zweiten „schreibt dieser Schweizer ein glänzendes *Deutsch* ... Es ist ein richtiges Erlebnis, nicht einfach nur theologisches Deutsch, wie etwa das Karl Rahners, sondern Theologie in gutem Deutsch zu lesen." Am wichtigsten aber ist ihm Barths Theologie: „Ich weiß: Kein protestantischer Theologe dieses Jahrhunderts verfügt aufgrund seines Kampfes gegen den Nazismus über eine größere Autorität, keiner aufgrund seines Ingeniums und seiner unermüdlichen Arbeit über ein weiteres und tieferes Œuvre."[143]

Küng „imponiert, wie Barths Theologie, im biblischen Zeugnis gegründet, sich ständig vor der Geschichte verantwortet und sich zugleich energisch und manchmal polemisch konfrontiert mit der Gegenwart ... Keine römische Thesentheologie, welche die Schrift nur als Steinbruch benützt. Vielmehr eine ganz von der Schrift durchdrungene Theologie, ausgerichtet auf die eine Mitte Jesus Christus."

Diese Konzentration auf Jesus Christus wird zum eigentlich verbindenden Element, wie Küng mit Dankbarkeit für das Barth-Buch seines Basler Landsmanns Hans Urs von Balthasar ausführt:

> „Das Katholische und das Evangelische werden gerade dort versöhnbar, wo beide am folgerichtigsten sie selbst sind. Ich kann Balthasar beistimmen, dass Karl Barth, gerade weil er die konsequenteste Durchbildung der evangelischen Theologie verkörpert, so auch der katholischen am nächsten kommt: evangelisch ganz und gar ausgerichtet auf die Christus-Mitte und gerade deshalb katholisch universal ausgreifend. Hier erkenne ich die Möglichkeit einer neuen schrift- und zeitgemäßen ökumenischen Theologie!"[144]

Dass hier freilich ‚Schrift- und Zeitgemäßheit' der Theologie[145] einfach in eins genommen werden, darf dem

---
[143] Hans Küng, *Erkämpfte Freiheit*, S. 167.
[144] Hans Küng, *Erkämpfte Freiheit*, S. 168.
[145] Vgl. den klarsichtigen Aufsatz: Joseph Ratzinger, „Wer verantwortet die

aufmerksamen Auge freilich nicht entgehen, liegt doch nicht zuletzt in einer solchen Ineinssetzung ein hermeneutisches Hauptproblem, das wir im Fortgang der Arbeit sorgfältig mitbedenken müssen.

Was seine Doktorarbeit anlangt, ist sich Hans Küng der Bedeutung seines Themas klar bewusst. „Ich habe es zu tun mit dem ‚Articulus stantis et cadentis ecclesiae', dem Glaubensartikel, mit dem nach Luther die Kirche steht und fällt."[146] Wir übergehen hier die Problematik, dass diese Wendung sich bei Luther gar nicht findet,[147] richtet sich der Fokus der Arbeit Küngs ja gar nicht auf Luther, sondern auf Karl Barth und dessen Lehre über den Glaubensartikel von der Rechtfertigung. Da Barth zu jener Zeit im evangelischen Raum über eine nahezu unangefochtene Autorität verfügte, konnte seine Lehre über die Rechtfertigung gewissermaßen als *die* evangelische Lehre von der Rechtfertigung betrachtet werden. Wie wir gesehen haben, musste die Rechtfertigungslehre als „das grundlegende Hindernis für eine Verständigung zwischen Katholiken und Protestanten" angesehen werden. Wenn es hier gelang, eine Konvergenz zwischen Barth und Trient nachzuweisen, war das von erheblicher ökumenischer Bedeutung. Küng schreibt, dass er am Anfang nicht gewagt habe zu hoffen, über eine solche „Annäherung (Konvergenz) hinaus gar eine Übereinstimmung (Konsens) zwischen Trient und Barth aufzuzeigen."[148] Aber schon als Fazit seiner theologischen Lizenzarbeit im Sommersemester 1955 hält er fest: „In der Rechtfertigungslehre besteht, aufs Ganze gesehen, eine *grundsätzliche Übereinstimmung* zwischen der Lehre Barths

---

Aussagen der Theologie. Zur Methodenfrage", in: Hans Urs von Balthasar/ Alfons Deissler/ Alois Grillmeier u.a. (Hgg.), *Diskussion über Hans Küngs „Christ sein"*, Matthias-Grünewald-Verlag, Mainz, 3. Auflage, Mainz, 1976 (zukünftig: *Diskussion „Christ sein"*), S. 7-18.

[146] Hans Küng, *Erkämpfte Freiheit*, S. 169, ohne Zitatnachweis.
[147] Gunther Wenz, *Grundfragen ökumenischer Theologie, Bd. 1: Gesammelte Aufsätze*, Vandenhoeck & Ruprecht, Göttingen, 1999, hier S. 75.
[148] Hans Küng, *Erkämpfte Freiheit*, S. 169.

und der Lehre der katholischen Kirche."¹⁴⁹ Von daher ergeben sich für Küng in der Doktorarbeit zwei Ziele:

> „Barths eigene Intentionen und Perspektiven noch deutlicher zu machen, ohne mich im Kleingestrüpp der Fragen zu verlieren. Und andererseits auf katholischer Seite eine ‚große Wolke von Zeugen' (Hebräer 12,1) aufzutreiben, die dokumentiert, dass es sich in umstrittenen Lehren wie etwa der Rechtfertigung ‚durch den Glauben allein' oder das ‚gleichzeitig Gerechter und Sünder' um auch in der katholischen Theologie vertretene Lehren handelt."¹⁵⁰

Das erste ist Küng hervorragend gelungen, hat ihm doch kein geringerer als Karl Barth selbst in einem „Brief an den Verfasser" bescheinigt:

> „Ich gebe Ihnen gerne und dankbar das Zeugnis, dass Sie alles Wichtige, was den bisher erschienenen 10 Bänden der ‚Kirchlichen Dogmatik' zum Thema ‚Rechtfertigung' zu entnehmen ist, nicht nur vollständig gesammelt und nicht nur korrekt, d.h. meinem Sinn gemäß, wiedergegeben, sondern wie durch Ihre bei aller Kürze genaue Darstellung im Einzelnen, so auch durch Ihre zahlreichen geschickten Hinweise auf die größeren Zusammenhänge schön zum Leuchten gebracht haben. Ihre Leser dürfen sich also zunächst (bis sie mich vielleicht auch selbst lesen werden) daran halten, dass Sie mich sagen lassen, was ich sage, und dass ich es so meine, wie Sie es mich sagen lassen."¹⁵¹

Festzustellen, inwieweit nun diese von Hans Küng richtig erfasste und dargestellte Lehre Karl Barths über die Rechtfertigung mit der ‚katholischen' Lehre übereinstimmt,

---

¹⁴⁹ Hans Küng, *Erkämpfte Freiheit*, S. 170.
¹⁵⁰ Hans Küng, *Erkämpfte Freiheit*, S. 169.
¹⁵¹ Hans Küng, *Rechtfertigung. Die Lehre Karl Barths und eine katholische Besinnung.* Mit einem Geleitbrief von Karl Barth, Piper, München/ Zürich, Taschenbuchausgabe, 1986, 2004 (zukünftig: *Rechtfertigung*), S. 11-14, hier S. 11.

überlässt dieser in seinem Geleitbrief den „Sachverständigen" der katholischen Seite. Genau hier aber zeigt sich ein sehr tief sitzendes Problem der bahnbrechenden Doktorarbeit von Hans Küng. Zwar lässt sich das Ergebnis durchaus als Erfolgsgeschichte beschreiben, die bis zur „Gemeinsamen Erklärung zur Rechtfertigungslehre" reicht, die am 31. Oktober 1999 vom Präsidenten des Päpstlichen Rates zur Förderung der Einheit der Christen, Kardinal Edward Idris Cassidy, und dem Präsidenten des Lutherischen Weltbundes, Bischof Christian Krause, in Augsburg unterzeichnet wurde.[152] Andererseits fällt nicht nur die lange Frist bis zum Zustandekommen dieser Erklärung, sondern vor allem auch der Widerspruch auf, den diese von einer Reihe evangelischer Theologen und nicht zuletzt von Küngs Tübinger Kollegen Eberhard Jüngel erfahren hat.[153] Man darf diesen Widerspruch keineswegs als gegen Hans Küng gerichtet verstehen. Jüngel selbst geht es um das Anliegen der Rechtfertigungslehre und um deren praktische Konsequenzen, die Küng mit bemerkenswerter Deutlichkeit in seinem Vorwort zur Taschenbuchausgabe von 1986 benennt.[154]

Das Problem wird besonders im folgenden Zitat sichtbar, wo Küng in kurzen Stichworten Luthers Anliegen und die daraus erwachsende Rechtfertigungslehre skizziert:

> „In beispielloser Radikalität ging" Luther „daran, nach anderthalbtausend Jahren höchst komplexer Kirchen- und Theologiegeschichte erneut nach dem *Ursprung* zu fragen, nach dem *ursprünglich Christlichen, dem Evangelium*: um so gegen alle Zweifel und Anfechtungen des mittelalterlichen Menschen eine neue Gewissheit zu begründen,

---

[152] Vgl. Lutherischer Weltbund (LWB), Udo Hahn/ Friedrich Hauschildt (Hgg.), *Die Gemeinsame Erklärung zur Rechtfertigungslehre. Dokumentation des Entstehungs- und Rezeptionsprozesses*, Göttingen, 2009 (zukünftig: *Gemeinsame Erklärung- Dokumentation*).
[153] Vgl. Eberhard Jüngel, *Das Evangelium von der Rechtfertigung des Gottlosen als Zentrum des christlichen Glaubens. Eine theologische Studie in ökumenischer Absicht*, Mohr Siebeck, Tübingen, 6. Auflage, 2011.
[154] Hans Küng, *Rechtfertigung*, S. II.

> die nicht aus frommen Werken und Gebräuchen, sondern allein aus dem Glauben kommt: Eine Gewissheit des Gewissens, eine echte Heilsgewissheit, begründet – extra nos – im Evangelium Jesu Christi selber – *wenn es denn in Gottes Namen sein muss: auch gegen kirchliche Traditionen und Autoritäten!*"[155]

Küng geht hier – im Anschluss an Luther – von einem ‚Ideal des Ursprungs' aus, nach welchem zurückzufragen sei, implizit verbunden mit der Vorstellung, dass es dann (recht bald) zu einem Abfall von diesem Ideal des Ursprungs gekommen sei, hier angedeutet in der knappen Bezugnahme auf den mittelalterlichen Menschen und dessen religiöse Lebenswelt. Das Übel dieses Abfalls vom Ideal des Ursprungs aber ist zu überwinden – so Küng – durch die Rückkehr zum ursprünglich Christlichen, d.h. durch Rückkehr zum Evangelium, und nun folgt der entscheidende Punkt: „wenn es denn in Gottes Namen sein muss: *auch gegen kirchliche Traditionen und Autoritäten*".

Im Hintergrund steht hier eine besonders mit dem Namen von Josef Rupert Geiselmann verbundene Auseinandersetzung um den Begriff der Tradition, bzw. das Verhältnis von Offenbarung, Schrift und Tradition,[156] die wir im Fortgang unserer Arbeit ebenfalls noch beachten werden müssen, die sich bereits in Küngs Doktorarbeit über die Rechtfertigung wiederfindet. Küng tendiert hier dahin, als „das Wort Gottes im strengsten Sinn allein ... die Heilige Schrift" zu betrachten, während die Tradition dann eigentlich nur Entfaltung des in der Schrift Offenbarten wäre.[157]

Diese grundsätzlich traditionskritische Haltung Küngs verbindet sich sodann mit seiner Kritik an der Gruppe der „fromm-moralisierenden Traditionalisten", die sich nicht am

---

[155] Hans Küng, *Rechtfertigung*, S. II. Hervorhebungen – WW.
[156] Josef Rupert Geiselmann, *Die Heilige Schrift und die Tradition. Zu den neueren Kontroversen über das Verhältnis der Heiligen Schrift zu den nichtgeschriebenen Traditionen*, Herder, Freiburg/ Basel/ Wien, 1962 (zukünftig: *Heilige Schrift und Tradition*).
[157] Hans Küng, *Rechtfertigung*, S. 105-127, bes. 116.

Glauben allein genügen lassen und „das religiöse Ritual, ... Gesetz und Ordnung, ... moralische Leistungen, fromme Werke, Autoritäten" brauchen, „um mit Gott ins Reine zu kommen."

Mit Blick auf den Gekreuzigten sei es jedoch die „entschiedene Überzeugung des Paulus", dass „es keine dem Gesetz, Ritual, religiösen Konventionen und Autoritäten blind unterworfenen Menschen mehr geben darf, sondern nur *wahrhaft freie Christenmenschen*, die sich und ihr ganzes Geschick Gott anvertrauen, ‚in Christus', das heißt ‚christlich' leben: ‚Zur Freiheit hat Christus befreit' (Gal 5,1)." Das „Gesetz Christi", das „neue Gesetz, das das alte abgelöst hat", beinhalte „keine Heteronomie mehr, sondern die wahre Autonomie; keine Fremdbestimmung", sondern sei „ein Raum der Freiheit, in dem der Mensch in Glauben und Leben seine Identität verlangt ..."[158] So versuche „Paulus gerade ‚in Christus' Freiheit und Bindung zum Wohl des Menschen zusammen zu deuten." Inwieweit diese Gedanken Küngs tatsächlich die Gedanken des hl. Paulus reflektieren und sich insofern von der modernen Idee der ‚Selbstverwirklichung' unterscheiden, muss allerdings noch geklärt werden.[159]

Weiter setzt Küng unreflektiert jüdisches Ritual (dazu gehört doch ganz sicher z.B. die Beschneidung und das jüdische Ritualgesetz), Gesetz und Ordnung mit dem Kirchlich-Christlichen (wie z.B. dem christlichen Gottesdienst) gleich, ohne auf deren historisch-geistesgeschichtlich-religionsgeschichtlichen Hintergrund einzugehen.

Bei allen diesen Punkten, ebenso wie bei der Behauptung, das königliche Priestertum der glaubenden Menschen schließe ein besonderes Priestertum in der Kirche aus,[160] stellt sich allerdings tatsächlich die von Barth eingebrachte Frage, in-

---

[158] Hans Küng, *Rechtfertigung*, S. IV.
[159] Siehe das Loblied der innerweltlichen Selbstverwirklichung: Hans Küng, *Erkämpfte Freiheit*, S. 101.
[160] Küng meint, „dass es keinen inneren Unterschied zwischen Priestern und Laien geben darf – außer dem des Dienstes von Bischöfen und Pfarrer an den Gemeinden." Hans Küng, *Rechtfertigung*, S. VIII.

wieweit wir es hier tatsächlich mit „katholischer Lehre" zu tun haben.

Noch einmal, es ist das unbestreitbare Verdienst der Doktorarbeit Küngs, die Konvergenz bzw. sogar Übereinstimmung der Rechtfertigungslehre Karl Barths mit derjenigen des Konzils von Trient aufgewiesen zu haben. Aber es ist doch sehr problematisch, daraus zu folgern, dass deshalb von nun an grundsätzlich als ‚katholisch' zu gelten habe, was bisher – und selbst innerhalb des Protestantismus nicht einmal unumstritten – als protestantisch galt.

‚Katholisch' im Sinne der etymologischen Bedeutung dieses Wortes als ‚Zuwendung zum Ganzen' ist allerdings die Anfrage nach dem Ganzen der Schöpfung, die Küng am Schluss seines Aufsatzes „Exkurs III: Karl Barths Lehre vom Wort Gottes als Frage an die katholische Theologie"[161] an Karl Barth richtet,[162] indem er darauf hinweist, dass der Kosmos auch als gefallene Schöpfung immer noch Schöpfung Gottes ist und als solcher Bestand hat, und dass auch der gefallene Mensch immer noch von Gott und auf Gott hin geschaffener Mensch bleibt, der als solcher Gottes Wort „wahrhaftig hören" kann, „das an ihn gerichtet ist", woher dann auch „mehr Licht auf die Heidenwelt außerhalb und innerhalb unseres alten Europa und auf den universalen Heilsplan Gottes in Jesus Christus fällt".[163]

Auch wenn an dieser Stelle das Verhältnis von Sünde und Christusleib ganz sicher nicht präzise bestimmt ist, so sehen wir doch hier – zeitlich dicht an der Doktorarbeit – eine wesentliche Weichenstellung im Denken von Hans Küng, dessen universaler Horizont allemal ernst zu nehmen bleibt.

---

[161] Hans Küng, *Rechtfertigung*, S. 320-345.
[162] Hans Küng, *Rechtfertigung*, S. 341-345.
[163] Hans Küng, *Rechtfertigung*, S. 343.

Kirchliche Praxis und Wissenschaft auf dem Weg zur Professur

Hans Küng hat am 21. Februar 1957 seine theologische Doktorarbeit mit dem Prädikat „summa cum laude"[164] erfolgreich verteidigt und wurde „so ohne weitere Umstände zum Doctor theologiae" promoviert. Schon am Gymnasium hatte sich Küng für Philosophie und in Rom, angeregt durch seinen Spiritual Wilhelm Klein und den schon erwähnten Spezialkurs von Alois Naber, besonders für Georg Friedrich Wilhelm Hegel interessiert. Weitere Anregungen zum Hegelstudium habe er u.a. von seinen „ausgezeichneten Repetitoren", den späteren Philosophieprofessoren Emerich Coreth, Peter Henrici und Walter Kern bekommen.

Küng begründet sein Vorhaben so: „Dieser Philosoph scheint mir bei aller notwendigen Kritik eine große Vision zu bieten: Einige Fragen bezüglich Weltlichkeit und Geschichtlichkeit Gottes beantwortet er tiefgründiger als die neuscholastische Philosophie und Theologie."[165] Küng bearbeitet das Thema auf einer Reise nach Spanien,[166] die er Ende Februar 1957 „mit schwerem Bücherkoffer" beginnt und die ihn per Schiff oder Bahn durch verschiedene Städte wie Barcelona, Zaragoza und Madrid, auf dem Weg durch Frankreich auch nach Lourdes führt.[167] Dann reist er nach London,[168] wo er im Lesesaal des „British Museum" „intensiv wie lange zuvor Karl Marx" arbeitet, „der hier regelmäßig am selben Platz an seinem ‚Kapital' geschrieben hat."[169] Er ist beeindruckt von Thomas More, dem er später ein kleines Büchlein widmen wird,[170] und noch mehr von der „Church of England", an welcher „ich nämlich studieren

---
[164] Hans Küng, *Erkämpfte Freiheit*, S. 185-192.
[165] Hans Küng, *Erkämpfte Freiheit*, S. 203.
[166] Hans Küng, *Erkämpfte Freiheit*, S. 205-210.
[167] Hans Küng, *Erkämpfte Freiheit*, S. 210-214.
[168] Hans Küng, *Erkämpfte Freiheit*, S. 214-217.
[169] Hans Küng, *Erkämpfte Freiheit*, S. 214.
[170] Hans Küng, *Freiheit in der Welt. Sir Thomas More*, Benziger Verlag, 2. Auflage, Einsiedeln, 1965 (zukünftig: *Sir Thomas More*).

kann, wie die katholische Kirche auf dem Kontinent hätte aussehen können, wenn sich Rom und der deutsche Episkopat den Anliegen Luthers nicht von vornherein verschlossen hätten." Er besucht einen anglikanischen Gottesdienst, in welchem er „ganz lebendig" erfährt, „wie die anglikanische Kirche bis hin zu den liturgischen Kleidern, Bildern und Kreuzen eine *katholische, aber reformierte Kirche* ist. Reform der Lehre: Einbeziehung der Rechtfertigung des Sünders. Reform der Liturgie: Volkssprache. Reform der Disziplin: Priester- und Bischofsehe. Aber alles ohne Preisgabe der traditionellen Ämterstruktur: Bischofsamt."[171] Abschließend besucht Küng Amsterdam und die Niederlande und nimmt die dortige Kirche wahr zwischen „katholischer Tradition und Erneuerung".[172]

Im Juli 1957 ist Küng wieder zurück in Sursee und diktiert seinem jüngeren Mitbruder aus dem Germanicum, Leonz Gassmann, den ersten Entwurf seiner Studie zur „Christologie Hegels" unter dem Titel „Menschwerdung Gottes" Kapitel um Kapitel in die Maschine, der nach einer entsprechenden Überarbeitung an der Sorbonne als philosophische Dissertation eingereicht werden soll, was dann jedoch nicht geschieht. Küng erwähnt, dass die Studie erst nach mehreren Überarbeitungen, zwölf Jahre später, zu Hegels 200. Geburtstag, im Druck erschienen ist.[173]

Es ist nicht möglich, den Inhalt dieses Buches hier wiedergeben zu wollen. Nur dieses eine führen wir an, was Küng bei seiner Hegellektüre entdeckt hat und wiederum große Linien seiner Theologie verstärkt und erklärt, nämlich dass Gott einen *„Lebenslauf"* habe, zu welchem nun eben auch dies gehört, dass

---

[171] Hans Küng, *Erkämpfte Freiheit*, S. 216. Ohne dass Küng dies näher ausführt, notiert dieser hier auch: „Dass die Kirche alles andere als voll ist, gibt mir freilich zu denken. Woran fehlt es?"
[172] Hans Küng, *Erkämpfte Freiheit*, S. 217-219.
[173] Hans Küng, *Menschwerdung Gottes. Eine Einführung in Hegels theologisches Denken als Prolegomena zu einer zukünftigen Christologie.* Mit einem Vorwort zur Taschenbuchausgabe, Piper, (Erstausgabe 1970), München/ Zürich, 1989 (zukünftig: *Menschwerdung Gottes*).

Gott stirbt.[174] Küng notiert: „Entäußerung, Bildung, des abstrakten Wesens ist eben, dass das Göttliche *sich aufopfert*, jenes *abstrakte* Wesen. Es ist nicht dieser Mensch, der stirbt, sondern das *Göttliche*; eben dadurch wird es Mensch." Ohne Zweifel haben wir es hier zu tun mit einer Tür zur Rede vom Tode Gottes, welche die Theologie des 20. Jahrhunderts so stark geprägt hat.[175] Als eine Art Quintessenz seiner diesbezüglichen Überlegungen müssen hier die Betrachtungen zur „Geschichtlichkeit Jesu" am Schluss des Hegel-Buches erwähnt werden.[176] Wir werden bei unserer Skizze der Christologie Küngs auch darauf zu achten haben.

In Sursee erhält Küng die „Nachricht vom Bischof von Basel", dass er „zum Vikar (Pfarrhelfer) an die *Hofkirche zu Luzern* bestellt" worden sei.[177] Sein vorgesetzter Pfarrer, Joseph Bühlmann, ebenfalls promoviert in katholischer Theologie,[178] der Verständnis hat für die wissenschaftliche Arbeit seines Pfarrhelfers, „tut alles, um die Seelsorge dieser großen Pfarrei ... zu erneuern."[179] Aber auch Hans Küng stürzt sich nun mit Eifer in die praktische Arbeit: Taufen, Eheunterricht, Beerdigungen, kleinere Artikel für das Pfarrblatt, die tägliche Eucharistiefeier, die Messe am Sonntag, Predigten, der Religionsunterricht, Arbeit mit der Jugend ..., was der künftige Professor dann so resümiert:

> „Meine Erfahrung in der praktischen Seelsorge – von meiner Tätigkeit als römischer Dienerkaplan und Pariser

---

[174] Hans Küng, *Menschwerdung Gottes*, S. 229-239, hier s. 230f. Die Hervorhebungen bei Küng.
[175] Eberhard Jüngel, *Gott als Geheimnis der Welt, Zur Begründung der Theologie des Gekreuzigten im Streit zwischen Theismus und Atheismus*, J.C.B. Mohr (Paul Siebeck), Tübingen, 6. Auflage, Tübingen, 1992 (zukünftig: *Gott als Geheimnis der Welt*), S. 84-137, S. 101.
[176] Hans Küng, *Menschwerdung Gottes*, S. 557-610.
[177] Hans Küng, *Erkämpfte Freiheit*, S. 221. Hervorhebungen bei Hans Küng. Leider nennt er hierfür kein konkretes Datum.
[178] Joseph Bühlmann, *Christuslehre und Christusmystik des Heinrich Seuse*, Stocker, Luzern, 1942.
[179] Hans Küng, *Erkämpfte Freiheit*, S. 221.

Mädchenseelsorger abgesehen – beträgt nur anderthalb Jahre. Aber diese waren in jeder Hinsicht so intensiv und konstruktiv, dass sie mich für mein ganzes Leben prägen. Ich werde immer recht genau einschätzen können, wie sich die eine oder andere Lehre oder Reformmaßnahme in der Praxis auswirken wird."[180]

Freilich hat er es sich auch nicht nehmen lassen, in seiner Pfarrhelferzeit, die Gedanken seiner Doktorarbeit weiter bekannt zu machen. „Man wundert sich, wie ich als Präses des ‚Blaurings' katholischer Mädchen mit all den Führerinnenrunden und Gruppenstunden, mit Waldweihnacht und Elternabend und einem erfolgreichen mehrwöchentlichen Ferienlager im Wallis noch Zeit habe für wissenschaftliche Arbeiten." Er nennt[181] die beiden Aufsätze über „Rechtfertigung und Heiligung nach dem Neuen Testament" (Festschrift Otto Karrer)[182] und über „Karl Barths Lehre vom Wort Gottes als Frage an die katholische Theologie", letzterer veröffentlicht in der Festschrift für Gottlieb Söhngen, seinerseits der Doktorvater Joseph Ratzingers.[183] Auf Einladung Karl Barths hält Hans Küng am 19. Januar 1959 eine Gastvorlesung an der protestantischen Theologischen Fakultät Basel zum

---

[180] Hans Küng, *Erkämpfte Freiheit*, S. 242.
[181] Hans Küng, *Erkämpfte Freiheit*, S. 223.
[182] Die Festschrift für Otto Karrer wurde mir bisher leider nicht zugänglich. Hans Küng beschreibt Otto Karrer als eine für ihn wegweisende Persönlichkeit, die „schon früh eine konstruktive Auseinandersetzung mit den Weltreligionen betreibt und sich intensiv für die christliche Ökumene einsetzt". Hans Küng, *Erkämpfte Freiheit*, S. 226. Vgl. dazu Otto Karrer, *Das Religiöse in der Menschheit und das Christentum*, Herder, Freiburg im Breisgau, 1934 (zukünftig: *Das Religiöse in der Menschheit*). Ein Text mit dem Titel des in der Otto-Karrer-Festschrift abgedruckten Aufsatzes: „Rechtfertigung und Heiligung nach dem Neuen Testament" ist allerdings schon in der Doktorarbeit als Exkurs II abgedruckt: Hans Küng, *Rechtfertigung*, S. 296-319.
[183] Hans Küng, „Karl Barths Lehre vom Wort Gottes als Frage an die katholische Theologie", in: Joseph Ratzinger/ Heinrich Fries (Hgg.), *Einsicht und Glaube: Gottlieb Söhngen zum 70. Geburtstag am 21. Mai 1962*, Herder, 2. Auflage, Freiburg/ Basel/ Wien, 1962, S. 91-113. Derselbe Text findet sich – im Wortlaut identisch! – ebenfalls schon in der Doktorarbeit: Hans Küng, *Rechtfertigung*, S. 320-345.

Thema „Ecclesia semper reformanda", wobei er u.a. darauf insistiert, dass zum einen eben *die Kirche* reformiert werden und *nicht nur die (sündigen) Glieder der Kirche* (Buße tun – WW) müssen,[184] und dass zum anderen die Reform nicht nur eine Reform des Lebens der Kirche, *„sondern gerade auch ihrer Lehre"* sein müsste.[185] Darüber hinaus hielt er eine erste Vorlesung in Deutschland „über Rechtfertigung" am 29. Januar 1959 an der Regensburger Theologischen Hochschule.[186] Besonders wichtig aber ist eine durch Karl Rahner vermittelte Einladung „zu einer Tagung der *Arbeitsgemeinschaft der deutschsprachigen Dogmatiker und Fundamentaltheologen"* im Oktober 1957 in Innsbruck, wo Heinrich Fries „von einem Seminar der evangelischen Professoren Hermann Diehm und Hanns Rückert" über Küngs Buch „Rechtfertigung" berichtet, nach dessen Plänen für die Zukunft fragt und ihm vorschlägt, „gleich nach *Deutschland* zu kommen, um hier eine Habilitation anzustreben".[187] Karl Rahner wiederum sei ähnlicher Meinung gewesen.

So fragt Küng noch in Innsbruck Professor Hermann Volk, ob er ihn als Habilitanden annehmen würde, der im Prinzip zustimmt und ihm für „den Lebensunterhalt eine wissenschaftliche Assistentenstelle" in Aussicht stellt. Am 23. Dezember 1957 erhält Küng die Nachricht, dass seiner „Habilitation nach

---

[184] Hervorhebungen – WW. Der Gedanke der Buße der sündigen Kirchenglieder findet sich bei Küng eher nicht, wohl aber bei Karl Rahner, dessen Buch *Die Kirche der Sünder* eine der Quellen von Küngs Gedanken sind. Vgl. Karl Rahner SJ, *Die Kirche der Sünder*, Herder, Freiburg im Breisgau, 1948 (zukünftig: *Kirche der Sünder*), bes. S. 28ff. Der Text ist nochmals abgedruckt in: Karl Rahner, *Schriften zur Theologie, Band VI: Neuere Schriften*, Benziger, Einsiedeln/ Zürich/ Köln, 1965, S. 301-320. Die Überlegungen zur Notwendigkeit der Buße: a.a.O., S. 317ff. Bei Küng geht das Thema der ‚sündigen Kirche' zurück auf den Abschnitt seiner theologischen Doktorarbeit „simul iustus et peccator", in: Hans Küng, *Rechtfertigung*, S. 231-242, wo zum Abschluss auch noch weitere vertiefende bzw. Impuls gebende Literatur genannt ist.
[185] Hans Küng, *Erkämpfte Freiheit*, S. 227-229, das Zitat S. 228. Hervorhebung bei Hans Küng im Original.
[186] Hans Küng, *Erkämpfte Freiheit*, S. 225.
[187] Hans Küng, *Erkämpfte Freiheit*, S. 240f. Hervorhebungen bei Hans Küng im Original.

der Besprechung der Fakultät (auch wegen Nationalität und Bildungsgang) nichts im Wege stehe". Im Januar 1958 folgt sodann von Hermann Volk „die Zusage einer Assistentenstelle mit dem recht schönen Monatsgehalt von DM 700,00". Im März 1958 sendet er ihm sein „vorläufiges Manuskript von 320 Seiten über die Christologie Hegels" zu, das Küng „zur Habilitationsschrift ausbauen möchte".[188]

Am 24. April 1959 trifft Hans Küng in Münster ein,[189] wo er „ zum Wissenschaftlichen Assistenten bestellt werden" und sich „im Fach Dogmatik für die Dozentur ‚habilitieren'" soll. Gleichzeitig übernimmt er am *„Thomas Morus-Kolleg"*, eine seelsorgerliche Aufgabe als Heimleiter für die dort wohnenden 50 Studenten aller Fakultäten, für die er in Zusammenarbeit mit dem Studentenpfarrer „einmal im Monat einen gemeinsamen Gottesdienst mit Predigt" hält und „einmal in der Woche einen Arbeitskreis über Kirche und Sozialismus" durchführt, das Thema sei „von den Studenten gewünscht" worden.[190] Am 1. August 1959 erfolgt schließlich „die formelle Bestellung zum *Wissenschaftlichen Assistenten*" mit „Berufung in das Beamtenverhältnis auf Widerruf".[191] Küng steht in Kontakt mit dem Historiker August Nitschke, lernt Persönlichkeiten wie Ernst-Wolfgang Böckenförde, Arno Borst, Golo Mann, Günther Rohrmoser und Robert Spaemann kennen.[192] Er berichtet von einem Seminar bei Hermann Volk zum Thema *Firmung*, das ihn dazu angeregt habe, sich intensiv mit der „historischen Jesus-Forschung"[193] zu beschäftigen. Er unterhält sich mit Hans Urs von Balthasar, trifft Yves Congar („Konzil und Ökumene") und

---

[188] Hans Küng, *Erkämpfte Freiheit*, S. 241.
[189] Hans Küng, *Erkämpfte Freiheit*, S. 242.
[190] Hans Küng, *Erkämpfte Freiheit*, S. 243.
[191] Hans Küng, *Erkämpfte Freiheit*, S. 244. Laut Hans Küng, *Konzil und Wiedervereinigung. Erneuerung als Ruf in die Einheit* (zukünftig: *Konzil und Wiedervereinigung*), „Biografischer Kontext", in: Hans Küng, *Gesammelte Werke*, Bd. 2: *Konzil und Ökumene*, Herder, Freiburg/ Basel/ Wien, 2015 (zukünftig: *Konzil und Ökumene*), S. 61-212, hier S. 61, trat Küng die Stelle am 1. Mai 1959 an.
[192] Hans Küng, *Erkämpfte Freiheit*, S. 245.
[193] Hans Küng, *Erkämpfte Freiheit*, S. 246.

Gérard Philipps („Laien in der Kirche"), die zu Gastvorträgen nach Münster gekommen waren und nimmt am 10. Juli 1959 in Münster an Gesprächen mit Jan Willebrands, Franz Thijssen und Hermann Volk zur Vorbereitung der „6. Katholischen Konferenz für Ökumenische Fragen" teil,[194] die dann vom 27. September bis 1. Oktober 1959 unter Leitung von Msgr. Willebrands in Paderborn stattfand. Themen sind „die Spannungen zwischen ‚Einheit und Mission' und ‚unsere Erwartungen an das angekündigte Konzil' … Die bedeutendsten katholischen Ökumeniker aus ganz Europa … diskutieren unter Ausschluss der Öffentlichkeit."[195]

Natürlich standen alle dieser Ereignisse bereits unter dem Eindruck der von Papst Johannes XXIII. im Anschluss an eine Messe in der Abteikirche St. Paul vor den Mauern (San Paolo fuori le mura) am 25. Januar 1959 vor den dort anwesenden 17 Kardinälen öffentlich gemachten Ankündigung einer „Diözesansynode der Stadt Rom und *eines Ökumenischen Konzils für die Gesamtkirche*".[196] Hans Küng reagierte auf diese Ereignisse mit seinem Plan, auf der Basis seines Basler Vortrags *„ein Buch über Konzil und Reform"* auszuarbeiten.[197] Die Arbeit an diesem Buch begann er auf der langen Zugfahrt am 16. Juli 1959 nach Sursee in die freien Semesterwochen, wo es „eine als Sekretärin arbeitende Schulkameradin professionell und praktisch fehlerfrei aufs Papier bringt. So wird es ein Manuskript ‚aus einem Guss'."[198]

Unter Berufung auf John Henry Newmann[199] und Karl

---

[194] Hans Küng, *Erkämpfte Freiheit*, S. 249.
[195] Hans Küng, *Erkämpfte Freiheit*, S. 260.
[196] Hermann Otto Pesch, *Das Zweite Vatikanische Konzil*, S. 21-49, bes. S. 46f. Hier auch das Zitat.
[197] Hans Küng, *Erkämpfte Freiheit*, S. 250-262, die Ankündigung, das Buch zu schreiben, S. 250. Hervorhebung von Hans Küng im Original.
[198] Hans Küng, „Biografischer Kontext", in: Hans Küng, *Konzil und Ökumene*, S. 61-64, das Zitat S. 62, fast wörtlich auch: Hans Küng, *Erkämpfte Freiheit*, S. 250.
[199] Vgl. Kardinal John Henry Newmann, *Die Kirche*. Übertragung und Einführung von Otto Karrer, Band 1, Benziger, Einsiedeln, 1945, Band 2, Einsiedeln, 1946, bes. Band 2, S. 319. Zitiert bei Hans Küng, *Konzil und Ökumene*, S. 84 mit Anm. 17).

Adam[200], Augustinus[201] und Thomas von Aquino[202], die betonen, „dass diese Kirche aus Menschen auch eine Kirche aus Sündern ist, ja, eine ‚sündige Kirche' (Karl Rahner)[203] ist", entwickelt Küng den Gedanken der Notwendigkeit der ständigen ‚Reform' oder ‚Erneuerung' der Kirche. Dies könne geschehen durch ‚Leiden', ‚Beten', ‚Kritik Üben' und ‚Handeln', was Küng sodann geschichtlich vertieft[204] und mit Blick auf die „*Verwirklichung der berechtigten evangelischen Anliegen*, in Hoffnung auf eine Realisierung der katholischen Anliegen durch die Protestanten – nach der Norm desselben Evangeliums"[205] konkretisiert.

Küng geht es dabei konkret, wie auch schon in der praktischen Arbeit in seinem Vikariat in Luzern, um die „Aufwertung der Bibel in Theologie und Frömmigkeit, Entwicklung einer katholischen Volksliturgie mit Volkssprache und Volksgesang, Sinn für das allgemeine Priestertum der Laien in Theologie und Praxis, vermehrte Anpassung der Kirche an die Kulturen, Verständnis für die Reformation, Konzentration der Volksfrömmigkeit, … Entpolitisierung des Papsttums und Beginn einer Kurienreform."[206]

Karl Barth, dem Küng sein Manuskript unter dem Titel „Konzil, Reform und Wiedervereinigung" zugeschickt hatte, wird ihm bei einem Treffen in Basel im Oktober 1959 den dann übernommenen Titel: „Konzil und Wiedervereinigung. Erneuerung als Ruf in die Einheit" vorschlagen.[207] Ausführlich schildert der Autor, wie die Arbeit an dem Buch und der Kampf

---

[200] Karl Adam, *Wesen des Katholizismus*, S. 248. 254-256. Zitiert bei Hans Küng, *Konzil und Ökumene*, S. 77 mit Anm. 15). S. 85 mit Anmerkung 18).
[201] Hans Küng, *Konzil und Ökumene*, S. 86 mit Anm. 21).
[202] Hans Küng, *Konzil und Ökumene*, S. 87 mit Anm. 22).
[203] Karl Rahner SJ, *Kirche der Sünder*, bes. S. 14f. Zitiert bei Hans Küng, *Konzil und Ökumene*, S. 89 mit Anm. 24).
[204] Hans Küng, *Konzil und Ökumene*, S. 110-132.
[205] Hans Küng, *Erkämpfte Freiheit*, S. 252. Hervorhebung bei Hans Küng im Original. Vgl. Hans Küng, *Konzil und Ökumene*, S. 132-171.
[206] Hans Küng, *Erkämpfte Freiheit*, S. 252.
[207] Hans Küng, *Konzil und Ökumene*, S. 63.

für seine erfolgreiche Rezeption noch bis in die Tübinger Zeit hineinreichen, für uns ist nun der Moment für ein kurzes Fazit gekommen.

Demnach ist für Hans Küng, nicht zuletzt unter dem Eindruck des kommenden Konzils, aber vor allem als Ergebnis der Rezeption protestantischer Theologie in seiner Doktorarbeit über Karl Barth, die Reform der Kirche in Lehre (*sic!*) und Praxis ein wichtiges Anliegen geworden. Seine Überlegungen bewegen sich dabei von der ‚Kirche der Sünder' zur ‚sündigen Kirche' und haben nicht so sehr im Blick, dass die Sünder – seien es nun Laien, Mönche oder Kleriker – Buße tun sollen, sondern gehen dahin, dass wir – als die sündigen Christen, die wir nun einmal sind – ‚leiden', ‚beten', ‚Kritik üben' und ‚handeln' sollen, damit die ‚sündige' Kirche und ‚ihre Lehre' erneuert und reformiert werde, wobei es, wie gesagt, wesentlich um ‚protestantische Anliegen' geht.[208] Diese Anliegen werden Hans Küng auch als Professor weiter beschäftigen.

---

[208] ‚Protestantische Anliegen' werden von Hans Küng stets ausführlich dargelegt, die katholischen werden in der Regel dort expliziert, wo er sein „katholisch-Sein" bzw. sein „katholisch-Bleiben" begründet. Inwieweit Küngs ‚protestantische Anliegen' freilich das ganze Spektrum des Protestantismus abdecken, ist wiederum eine andere Frage, insofern seine Kenntnis desselben sich tatsächlich doch als äußerst lückenhaft erweist. Darauf wird später insbesondere sein Lehrer Louis Bouyer aufmerksam machen. Vgl. Louis Bouyer, „Enttäuschte Sympathie", in: Hermann Häring/ Josef Nolte (Hgg.), *Diskussion um Hans Küng „Die Kirche"*, Herder, Freiburg/ Basel/ Wien, 1971, S. 43-57 (zukünftig: *Enttäuschte Sympathie* bzw. *Diskussion um Hans Küng „Die Kirche"*). Es hätte schon geholfen, wenn Küng wenigstens die Werke des ihm doch von seiner Studienzeit durchaus bekannten Lehrers Oscar Cullmann zur Kenntnis genommen hätte. Vgl. Hans Küng, *Erkämpfte Freiheit*, S. 7. 178. 186. 230. 294. 367; dazu u.a. Oscar Cullmann, *Urchristentum und Gottesdienst*, Zwingli-Verlag, 2. Auflage, 1950.

Die Professur in Tübingen

Küng berichtet von einem vertraulichen Gespräch, das er noch in seiner Luzerner Zeit mit Joseph Möller gehabt habe, seinerseits ordentlicher Professor für scholastische Philosophie in Tübingen, in dessen Verlauf Möller ihn gefragt habe, ob er – Küng – „Interesse an einem Lehrstuhl für Fundamentaltheologie in Tübingen" habe.[209] In Münster wird er sodann – auf vertraulichem Weg – über den Stand des Berufungsverfahrens informiert, das die verschiedenen, dafür nötigen Instanzen durchläuft:

Zuerst die Katholisch-Theologische Fakultät, wo man sich schließlich – nach Bernhard Welte und Hans Urs von Balthasar – „auf die Person des zum Münsteraner Assistenten Avancierten" Hans Küng einigt, der sich allerdings „noch nicht, wie allgemein üblich, für die Dozentur ‚habilitiert' hat."[210]

Sodann musste Küng schon am 8. November 1959 sein „in Münster überarbeitetes und mit neuen Abschnitten ergänztes Manuskript ‚Menschwerdung Gottes. Die Christologie Hegels' (circa 400 Seiten) an Professor Möller nach Tübingen schicken, ebenso die philosophische Lizentiatsarbeit über den existentialistischen Humanismus J. P. Sartres." Sodann teilt er Professor Möller mit, dass er „in den langen Sommer- und Herbstmonaten" an seinem Buch über Konzil und Wiedervereinigung gearbeitet habe, nun aber einen baldigen Abschluss der Arbeit über Hegel ins Auge gefasst habe.

Weiter geht die Berufungsliste der Katholisch-Theologischen Fakultät, auf welcher unterdessen allein (anstelle der üblichen Dreierliste) der Name Dr. Küng steht, von der Fakultät „an den Rektor der Universität", „der als Berichterstatter für den Großen Senat, dem die etwa 100 ordentlichen Professoren angehören, den Altphilologen Ernst Zinn bestellt."[211]

---

[209] Hans Küng, *Erkämpfte Freiheit*, S. 270.
[210] Hans Küng, *Erkämpfte Freiheit*, S. 271. Ebenso die folgenden Zitate.
[211] Hans Küng, *Erkämpfte Freiheit*, S. 271.

Das Gutachten fällt positiv aus, ebenso verläuft die Senatsdiskussion am 19. Dezember 1959, „nur die fehlende Habilitation wird bemängelt". Auch im Rückblick noch staunt Hans Küng: „Mit 31 Jahren vom Assistenten ohne Habilitation zum Ordinarius aufzurücken, kommt kaum je vor."[212] Allerdings muss das Berufungsverfahren noch die Instanzen des Kultusministeriums, Kultusminister Dr. Gerhard Storz, und das Bischofsamt, Dr. Carl Joseph Leiprecht, Bischof von Rottenberg durchlaufen. Bischof Leiprecht jedoch kann erst, nachdem er auch von Seiten der römischen Kurie grünes Licht erhalten hat, das „nihil obstat" erteilen, da beim Heiligen Offizium bereits seit zwei Jahren ein Dossier der Indexabteilung unter der Nr. 399/57i auf den Namen von Hans Küng angelegt worden war.[213]

Nachdem jedoch wichtige Persönlichkeiten wie Kardinal Augustin Bea bereit sind, „gegebenenfalls für Küng einzutreten" und Küng den Verlag Herder bittet, „die Auslieferung des Konzilsbuches zu verzögern",[214] kommt es schließlich doch dazu: Am Osterdienstag, den 19. April 1960, erhält Hans Küng

> „den *Ruf nach Tübingen* durch einen Brief des Kultusministers Storz vom 12. April: ‚Der Große Senat der Universität hat Sie in Übereinstimmung mit der Kath.-Theol. Fakultät für die Wiederbesetzung des Ordentlichen Lehrstuhls für Fundamentaltheologie in Vorschlag gebracht. Ich erlaube mir, Ihnen hiervon Kenntnis zu geben und bitte Sie um Mitteilung, ob Sie grundsätzlich gewillt sind, den Ruf nach Tübingen anzunehmen.'"[215]

Küng zögert nicht. Die Zustimmung seines Bischofs zur dauernden Übersiedlung nach Tübingen hatte er noch in Sursee erbeten. Er nimmt planmäßig vom 25. bis 28. April 1960 an einer ökumenischen Konferenz in Holland teil und fährt am 3. Mai

---

[212] Hans Küng, *Erkämpfte Freiheit*, S. 272.
[213] Hans Küng, *Erkämpfte Freiheit*, S. 192-195, bes. S. 195. 272f.
[214] Hans Küng, *Erkämpfte Freiheit*, S. 273.
[215] Hans Küng, *Erkämpfte Freiheit*, S. 274.

nach Tübingen, „um noch am selben Abend die Verhandlungen mit Dekan Möller und am nächsten Tag im Stuttgarter Kultusministerium zu führen."[216] Küng will seine Lehrtätigkeit erst im Herbst beginnen, aber der Dekan besteht darauf, dass er noch im Sommersemester anfängt, da „der Lehrstuhl für Fundamentaltheologie so lange vakant geblieben sei." Im Kultusministerium wird ihm „neben einer Assistentenstelle eine Halbtagssekretärin" und „ein Grundgehalt von DM 1.150 pro Monat (plus Zuschlägen und beinahe ebenso vielen Abzügen)" zugebilligt. Bei der Abschiedsfeier vom theologischen Seminar und den Küng besonders verbundenen Professoren treffen die ersten Exemplare seines Buches „Konzil und Wiedervereinigung" ein, versehen mit dem mühsam errungenen Geleitwort Kardinal Franz Königs.[217] Die förmliche Ernennung „zum Ordentlichen Professor mit Berufung in das Beamtenverhältnis *auf Lebenszeit* (unterschrieben vom damaligen Ministerpräsidenten Kurt Georg Kiesinger, später Bundeskanzler)" erfolgt mit dem Datum vom 20. Juli 1960.[218] Seine Vorlesungen in Tübingen beginnt Küng jedoch schon am 1. Juni 1960.[219]

Demnach führt Küng seine „noch von keiner Schultheologie verdorbenen Studenten in ihren vier Anfangssemestern in die grundlegenden Fragen nach der Offenbarung, nach Gott, Jesus Christus, Kirche, also in die *Fundamente des Glaubens*" ein.[220] Er behandelt

> „in der ‚Fundamentaltheologie' genau jene Themen, die mich als Studenten in meiner *persönlichen Erfahrungsgeschichte* zur Fundierung meines Glaubens und Denkens jahrelang beschäftigt haben. Welche Freude, das in Rom Erfahrene und Gelernte, in Paris Erweiterte

---

[216] Hans Küng, *Erkämpfte Freiheit*, S. 274.
[217] Hans Küng, *Erkämpfte Freiheit*, S. 275; Hans Küng, *Konzil und Ökumene*, S. 65.
[218] Hans Küng, *Erkämpfte Freiheit*, S. 281.
[219] Hans Küng, *Erkämpfte Freiheit*, S. 275.
[220] Hans Küng, *Erkämpfte Freiheit*, S. 283. Hervorhebung bei Hans Küng im Original.

und Vertiefte und in Luzern wie Münster praktisch Verarbeitete ganz neu zu durchdenken, in historischer Perspektive aufzuarbeiten und die Ergebnisse den Tübinger Studenten zu vermitteln."[221]

So beginnt Hans Küng 1960 die turnusgemäße Vorlesung über die „Lehre von der Offenbarung" „mit einem langen ersten Teil über ‚die Frage nach der menschlichen Existenz'", ganz in der Linie seines bisherigen theologischen Weges „*von unten nach oben*".[222] D.h., Küng fragt „ausgehend von der Ungewissheit der menschlichen Existenz nach einer Grundgewissheit, die alles zu tragen vermag. Erst von daher stelle ich die Frage nach Glaube und Offenbarung", und zwar „nicht im Kontext des Mittelalters, sondern der *Moderne*". Er behandelt das Verhältnis von ‚Glaube' und ‚Vernunft' und kommt sodann auf dem Wege über eine Betrachtung jener „Aussagen des Alten und des Neuen Testaments, die eine Art von ‚Glauben' auch bei den Heiden voraussetzen" zur Unterscheidung „verschiedener ‚Stufen' der Offenbarung" bzw. „*verschiedener ‚Gestalten' des Glaubens*... , die alle ihre eigene Dignität haben: den Glauben des Gutgläubigen, des Gottgläubigen, des Christusgläubigen, des Kirchengläubigen." Küng expliziert diese Unterscheidungen nicht weiter und verweist im übrigen auf sein Buch „Existiert Gott. Antwort auf die Gottesfrage der Neuzeit", das achtzehn Jahre später erscheinen wird.[223]

Küng lebt sich rasch in Tübingen ein. Er kommt in eine Fakultät mit eigener Tradition,[224] knüpft Kontakte zu den neuen Kollegen (Hermann Diem, Ernst Käsemann, Otto Michel, Hanns Rückert), im Großen Senat der Universität auch über die Grenzen der Theologie hinaus.[225] Für seine theologische

---

[221] Hans Küng, *Erkämpfte Freiheit*, S. 283. Hervorhebung bei Hans Küng im Original.
[222] Hans Küng, *Erkämpfte Freiheit*, S. 284.
[223] Hans Küng, *Existiert Gott?*
[224] Vgl. Max Seckler, Art. „Tübinger Schule. I. Katholische Schule", in: *LThuK*, Bd. 10: *Thomaschristen bis Žytomir*, Durchgesehene Ausgabe der 3. Auflage 1993-2001, Sonderausgabe, Freiburg/ Breisgau, 2006, Sp. 287-290.
[225] Hans Küng, *Erkämpfte Freiheit*, S. 288f.

Entwicklung besonders wichtig werden Karl August Fink, von dem Küng viel über „die konziliare Bewegung" und das „Reformkonzil von Konstanz" lernt, der Neutestamentler Karl Hermann Schelkle und der Alttestamentler Herbert Haag, den Küng „bis zu seinem Tod 2001 meinen engsten und treuesten Freund unter den katholischen Theologieprofessoren" nennt.[226] In Tübingen steht damals, in den frühen 60er Jahren, im Zentrum des Interesses „die ‚Hermeneutik', die ‚Kunst des Verstehens' ... der biblischen Texte".[227]

Der Bericht über seine Auseinandersetzung mit dem Thema macht allerdings einen eher autodidaktischen, wenig systematischen und keinesfalls tiefgründigen Eindruck.

So habe er die *„fundamentalistische* Methode, die alles wortwörtlich nimmt", an der Gregoriana praktiziert: „die Bibel als Steinbruch für die vorgefertigten Schulthesen der neuscholastischen Dogmatik".

Die *„geistig-symbolische Interpretation"* dagegen habe er bei seinem römischen Mentor Wilhelm Klein kennengelernt, dem es darum gegangen sei, „hinter dem tötenden Buchstaben der Schrift den lebendigen Geist zu suchen."[228] Bei aller Wertschätzung dieser Art von Exegese, die auch Vertreter der „Nouvelle Théologie" wie Henri Lubac und dessen Schüler Hans Urs von Balthasar „propagierten", „die sich allesamt von der symbolisch-allegorischen Auslegungsmethode des Hellenisten Origines und des Lateiners Augustinus inspirieren ließen", seien „auf diese Weise der persönlichen Willkür des Bibelauslegers kaum Grenzen gesetzt", was Hans Küng allerdings „erst mit der Zeit aufging".[229] Von dem, was Augustinus

---

[226] Hans Küng, *Erkämpfte Freiheit*, S. 290f.
[227] Hans Küng, *Erkämpfte Freiheit*, S. 291.
[228] Hans Küng, *Erkämpfte Freiheit*, S. 292.
[229] Hans Küng, *Erkämpfte Freiheit*, S. 292. Vgl. dazu Wolfgang Wünsch, „Grundlagen einer christlichen Kultur. Anmerkungen zu einem Büchlein von Augustinus von Hippo", in: Christoph Klein/ Stefan Tobler (Hgg.), *Spannweite. Theologische Forschung und kirchliches Wirken. Festgabe für Hans Klein zum 65. Geburtstag*, Bukarest, 2005, S. 138-150.

als Aufgabe und Verantwortung des Exegeten ansieht – es geht dabei letztendlich um das Seelenheil derer, die mit ‚Exegese' und Predigt konfrontiert werden – ist Küng hier offensichtlich nicht sehr bewegt. Ihm geht es vielmehr um historisch-kritische Exegese, um ein Verstehen der Bibel als historisches Dokument, das mit den Mitteln und Instrumenten dieser Methode erfasst werden muss, um die Frage nach dem historischen Jesus.

Im Kontext der historisch-kritischen Exegese ist eine Stellungnahme von Hans Küng im Zusammenhang einer Grundlagendiskussion über das Verständnis der Heiligen Schrift unter dem Titel: „Der Frühkatholizismus im Neuen Testament als kontroverstheologisches Problem" sehr aufschlussreich.[230] Wir können nicht auf Einzelheiten eingehen und halten nur das Problem fest:

Demnach war der Tübinger Neutestamentler Ernst Käsemann zu der Überzeugung gelangt, dass „das Neue Testament aufgrund seiner Vielfalt, Fragmentarität und Komplexität kein einheitliches irrtumsfreies Lehrsystem bietet, wie dies auch noch die lutherische und reformierte Orthodoxie zur Abwehr des katholischen Traditionsprinzips annahm."[231] Nun enthält, wie zweifelsfrei feststeht, schon der neutestamentliche Kanon, z.B. in den sogenannten „Pastoralbriefen" „frühkatholische" Elemente. Diese Tatsache führte den Tübinger Neutestamentler Heinrich Schlier[232] dazu, zum Katholizismus zu konvertieren, während Käsemann – im Anschluss an Luther[233] – nach dem „Kanon im

---

[230] Hans Küng, „Grundlagendiskussion über das Verständnis der Heiligen Schrift: ‚Der Frühkatholizismus im Neuen Testament als kontroverstheologisches Problem'", in Hans Küng, *Sämtliche Werke, Band 2: Konzil und Ökumene*, Herder, Freiburg/ Basel/ Wien, 2015 (zukünftig: *Frühkatholizismus*), S. 258-292.
[231] Hans Küng, *Frühkatholizismus*, S. 259. 265-269.
[232] Jacob Kremer, Art. „Schlier, Heinrich", in: *LThuK, Bd. 9: San bis Thomas*, Durchgesehene Ausgabe der 3. Auflage 1993-2001, Sonderausgabe, Freiburg/ Breisgau, 2006, Sp. 164.
[233] Martin Luther, „Aus der Bibel 1546. Vorrede auf die Epistel S. Jacobi und Jüde", in: D. Martin Luthers Werke, *Kritische Gesamtausgabe, Die Deutsche Bibel*, Band 7, Hermann Böhlaus Nachfolger, Weimar 1931, S. 385.

Kanon",²³⁴ „nach dem, was Christum treibet", der Mitte des Neuen Testaments fragte, für den Lutheraner Käsemann zweifellos der Artikel der Rechtfertigung. Küng will sich jedoch auf eine Auswahl (‚Haireris' – Häresie) nicht einlassen, beharrt „auf ‚Katholizität' im Schriftverständnis"²³⁵, einer „‚katholischen' Haltung", die versucht, „sich die volle Offenheit und Freiheit für das *Ganze* des Neuen Testaments zu bewahren"²³⁶. Der ebenfalls an der Diskussion beteiligte Hermann Diehm, seinerseits Professor der evangelischen Theologie in Tübingen, habe sich theoretisch diese Offenheit bewahrt, praktisch aber würden die ‚katholischen' Elemente in seiner Theologie doch nicht berücksichtigt.²³⁷ Wir erwähnen das, weil ein solcher pragmatischer Umgang mit dem Problem im protestantischem Raum wahrscheinlich am ehesten anzutreffen ist. Küng selber schlägt eine Lösung vor, die bei den Adepten der historisch-kritischen Exegese zwar sehr beliebt ist, aber keineswegs überzeugt: Er will nach den jeweils ursprünglicheren, älteren Dokumenten fragen und so jeweils der Priorität des höheren Alters der Dokumente Rechnung tragen.²³⁸ Es ist evident, dass eine sol-

---

[234] Hans Küng, *Frühkatholizismus*, S. 279.
[235] Hans Küng, *Frühkatholizismus*, S. 275.
[236] Hans Küng, *Frühkatholizismus*, S. 279.
[237] Hans Küng, *Erkämpfte Freiheit*, S. 302.
[238] Wie hohl der diesbezügliche Lösungsvorschlag von Küng ist, zeigt sich am Beispiel des kirchlichen Leitungsdienstes. Die Professoren Heinrich Fries und Wolfhart Pannenberg haben sich im Wintersemester 1969/70 mit dem Thema „Das Amt in der Kirche" beschäftigt. Im Rahmen der „methodologischen und sachlichen Vorfragen" untersuchen sie zuerst den „exegetischen Sachverhalt" und stellen dabei u.a. fest, dass zeitliche Priorität einer gegebenen Amtsstruktur noch keine sachliche Normativität derselben beinhalten muss und rekurrieren demgegenüber wieder auf die „Sache" bzw. die „Mitte der Schrift". Wer ihren Text genau liest, wird auch leicht feststellen, dass sie die Unvereinbarkeit der verschiedenen biblischen Amtsverständnisse keineswegs mit der Ausschließlichkeit behaupten, wie Hans Küng im obengenannten Text. In dem Buch: Hans Küng, *Wozu Priester? Eine Hilfe*, Benziger; Einsiedeln, 1971, das im wesentlichen eine Abschrift des genannten Aufsatzes darstellt, wird nun aus der Priorität des höheren Alters der jeweiligen biblischen Dokumente mit Blick auf die Kriterienfrage hinsichtlich des kirchlichen Leitungsdienstes „die Verpflichtung auf das apostolische Urzeugnis". a.a.O., S. 40. Vgl. Heinrich Fries / Wolfhart Pannenberg, *Das Amt in der Kirche*,

che Schultheologie zwar ihre faszinierenden Momente aufweisen kann, tatsächlich aber meilenweit vom Leben der Kirche entfernt ist, weil sie ein zutiefst ungeistliches Wächteramt, das allein den verschiedenen Moden ‚zeitgemässer Geistigkeit' unterworfen ist, neben oder über der Kirche zu etablieren bestrebt ist. Dieses Phänomen werden wir im folgenden Abschnitt über Küngs Teilnahme am Zweiten Vatikanischen Konzil noch in extenso beobachten können.

Die Teilnahme des jungen Professors am Zweiten Vatikanischen Konzils

Wir haben gesehen, dass seine schon in der Kindheit in der Schweiz angelegte Neigung zu einer Haltung der „loyalen Opposition" während seines Theologiestudiums eine gewisse Vertiefung erfahren hat („kritische Katholizität"), die sich durch die Übernahme einer bestimmten antihierarchischen bzw. antiautoritären Haltung im Gefolge seiner Doktorarbeit über Karl Barth verstärkt und in seinem Basler Vortrag vom 19. Januar 1959 „de ecclesia semper reformanda" erste Konturen gewinnt, den er dann zu dem Buch „Konzil und Wiedervereinigung. Erneuerung als Ruf in die Einheit" ausbaut. Weiterhin beschäftigen ekklesiologische Fragestellungen wie die Frage nach dem „Heil für Nichtchristen" schon den Abiturienten Hans Küng. Eine weitere Zuspitzung und thematische Konkretion

---

die zitierten Passagen, S. 107f. – Was sollen wir nun dazu sagen? – Die Lösung der in Küngs Büchlein angesprochenen Sachprobleme, die Frage nach den normativen Charakterzügen des christlichen Pfarrers bzw. Priesters hat Viorel Ioniță schon 1973 in seiner diesbezüglichen Rezension ausgesprochen: „Imaginea preotului activ, în și prin comunitate, așa cum îl prezintă Hans Küng, este o încercare de regăsire a chipului adevăratului preot creștin, preot pe care Biserica Ortodoxă l-a păstrat de-a lungul istoriei sale." „Das Bild des aktiven Priesters, wie ihn Hans Küng in und durch die Gemeinschaft darstellt, beschreibt einen Versuch, das Antlitz (die Charakterzüge) des wahren christlichen Priesters wiederzufinden, wie es die Orthodoxe Kirche im Laufe ihrer ganzen Geschichte bewahrt hat." Vgl. Viorel Ioniță, „Recenziunea Hans Küng, Wozu Priester? Eine Hilfe", in: *Studii Teologice*, Jahrgang XXV, NR. 5-6, Mai-Juni 1973, S. 442f., das Zitat S. 443.

erfährt Küngs ekklesiologische Reflexion durch seine Tübinger Antrittsvorlesung über „Das theologische Verständnis des ökumenischen Konzils" vom 24. November 1960,[239] wo er ausführt, dass „die Kirche selbst ökumenisches Konzil" sei, und zwar als „die aus der ‚ganzen bewohnten Erde' (= ‚oikumene') zusammengerufene Versammlung der Glaubenden, die Gott selbst durch Jesus Christus im Heiligen Geist berufen hat" – aus göttlicher Berufung,[240] während das ökumenische Konzil Küng gemäß die Aufgabe habe, aus menschlicher Berufung die „Ecclesia una sancta catholica apostolica" zu repräsentieren,[241] mit besonderem Akzent darauf, wie diese Aufgabe würdig zu verwirklichen sei, wie die Laien dort vertreten sind[242] und wie schließlich die kirchliche Ämterstruktur dort reflektiert werde[243]. Während in der Antrittsvorlesung die kirchlichen Ämter bis zum Bischofsamt und zum Papst noch gewissermaßen auf harmonische Weise in das ekklesiologische Konzept des Konzils integriert werden, behauptet Küng unter dem maßgeblichen Einfluss von Ernst Käsemann, wie wir gesehen haben, bereits zwei Jahre später das Auseinanderfallen, die Unvereinbarkeit und prinzipielle Nichtharmonisierbarkeit der verschiedenen neutestamentlichen Konzeptionen des kirchlichen Amtes bei gleichzeitig bleibender Offenheit für das Ganze des neutestamentlichen Kanons, die sich im Eruieren der zeitlich ältesten Konzeptionen zeige. Käsemann hatte den Kanon für den Ursprung der „Vielzahl der Konfessionen"[244] gehalten, Heinrich

---

[239] Hans Küng, „Das theologische Verständnis des ökumenischen Konzils" (Antrittsvorlesung Universität Tübingen) (zukünftig: *Antrittsvorlesung*), in: Hans Küng, *Sämtliche Werke, Band 2: Konzil und Ökumene*, Herder, Freiburg/Breisgau, 2015, S. 235-257.

[240] Hans Küng, *Antrittsvorlesung*, S. 235f. 242-245.

[241] Hans Küng, *Antrittsvorlesung*, S. 235f. 245-250.

[242] Hans Küng, *Antrittsvorlesung*, S. 236. 250-252. Küng basiert seine Argumentation hier auf einschlägige Äußerungen Martin Luthers (*Adelsschrift 1520, Von den Konziliis und Kirchen, 1539*).

[243] Hans Küng, *Antrittsvorlesung*, S. 236f. 252-257.

[244] Ernst Käsemann, „Begründet der neutestamentliche Kanon die Einheit der Kirche?", in: Ernst Käsemann, *Exegetische Versuche und Besinnungen*, Vandenhoeck & Ruprecht, Band 1, Göttingen, 1960, S. 214-223 (zukünftig: *Kanon*), das Zitat S. 221, wiedergegeben bei Hans Küng, *Frühkatholizismus*, S. 267 mit

Schlier war um des Ganzen dieses Kanons willen katholisch geworden. Hans Küng wird – wie andere Theologieprofessoren auch – Berater beim Zweiten Vatikanischen Konzil und hat sich vor, während und nach dem Konzil immer wieder und auf verschiedenen Ebenen zu den bestimmenden Themen des Konzils vernehmlich zu Wort gemeldet.[245] Seine beiden Bücher über „Strukturen der Kirche"[246] und „Die Kirche"[247] knüpfen an die Aufsätze über „die Theologie des ökumenischen Konzils" und den „Frühkatholizismus" an und ziehen die dort entfalteten Linien seines ekklesiologischen Denkens aus. In *Strukturen der Kirche* befasst sich Küng im vorletzten Kapitel mit dem „Petrusamt in Kirche und Konzil" aus der Perspektive des Konzils von Konstanz[248] und im letzten Kapitel dieses Buches klingt das Problem der Fallibilität bzw. Infallibiltät (von Papst bzw. Konzilien) aus der Perspektive Luthers und Calvins an,[249] gefolgt von einigen Betrachtungen u.a. über „Eingrenzungen der Infallibilität auf dem Vatikanum I".[250] Es ist klar, dass die zuletzt genannten Überlegungen im Fortgang unserer Arbeit

---

Anm. 26).
[245] Neben anderen akademischen Publikationen gehören hierher die Gründung einer marktorientierten, internationalen, katholischen, wissenschaftlich-theologischen Zeitschrift mit dem Namen *Concilium* (Hans Küng, *Erkämpfte Freiheit*, S. 394) und die Publikation von Taschenbüchern zur Verbreitung seiner Gedanken. Vgl. etwa: Hans Küng, *Damit die Welt glaube. Briefe an junge Menschen*, Verlag J. Pfeifer, München, 1962; Hans Küng, *Kirche im Konzil. Mit einem Bericht über die zweite Session*, Herder, Taschenbuch, 2. Auflage, Freiburg im Breisgau, 1963. Vgl. auch noch einmal Hans Küng, *Sämtliche Werke, Band 2: Konzil und Ökumene*, Herder, Freiburg/ Basel/ Wien, 2015. Zu erwähnen bleibt schließlich noch die folgende von Hans Küng mitbesorgte Textausgabe: Yves Congar/ Hans Küng/ Daniel O'Hanlon (Hgg.), *Konzilsreden. Was sagten sie? Wie wird die Kirche morgen sein? Die authentischen Texte geben Auskunft*. Übersetzung von Christa Hempel, Einsiedeln, 1964 (zukünftig: *Konzilsreden*).
[246] Hans Küng, *Strukturen der Kirche*. Mit einem Vorwort zur Taschenbuchausgabe und einem Epilog 1987, Piper, München/ Zürich, 1987 (zukünftig: *Strukturen*).
[247] Hans Küng, *Die Kirche*, Piper, 3. Auflage, München/ Zürich, 1992 (zukünftig: *Die Kirche*).
[248] Hans Küng, *Strukturen*, S. 206-308.
[249] Hans Küng, *Strukturen*, S. 309-316.
[250] Hans Küng, *Strukturen*, S. 317-339.

noch eine Rolle spielen müssen. Hinsichtlich des Buches von Küng über „Die Kirche" jedoch verdient vor allem die grundsätzliche Kritik seines wohlwollenden theologischen Doktorvaters Louis Bouyer unsere Aufmerksamkeit,[251] die allein deshalb nicht einfach der Situation seines vom Luthertum zum Katholizismus konvertierten Lehrers zuzuschreiben ist,[252] weil Bouyer – mit vollem Recht – die Tatsache kritisiert, dass Küng die Orthodoxie und die Orthodoxe Kirche fast vollständig ignoriert und sich durch solchen wohlgemeinten Hinweis von dieser penetranten Ignoranz kaum abbringen lässt.[253]

---

[251] Louis Bouyer, *Enttäuschte Sympathie*, S. 43-57.

[252] So Küng in seiner einführenden Note unmittelbar vor der Stellungnahme seines Doktorvaters, Hermann Häring/ Josef Nolte (Hgg.), *Diskussion um Hans Küng „Die Kirche"*, S. 43.

[253] Als dies kaum ändernde Ausnahmen können, so weit ich sehe, drei Momente angesehen werden: 1. Eine Russland-Reise, über welche Küng im Zusammenhang einer für seine religionswissenschaftliche Arbeit überhaupt wichtigen Weltreise in Band 2 seiner Erinnerungen berichtet: Hans Küng, *Umstrittene Wahrheit*, S. 240-298, über die Russlandreise, a.a.O., S. 249-256; 2. Seine Kontakte zum sowjetischen Untergrund sowie zu Evgenij Barabanov, den er der Katholisch-Theologischen Fakultät für ein Doktorat honoris causa vorschlägt. Vgl. Evgenij V. Barabanov, „Ästhetik des Frühchristentums", in: *Theologische Quartalsschrift (ThQ)*, Tübingen, 156. Jahrgang, 1976, S. 259-276; Evgenij V. Barabanow, *Das Schicksal der christlichen Kultur*, Benziger Verlag, Zürich/ Einsiedeln/ Köln, 1977; Evgenij Barabanow, „'Christ sein' im Untergrund. Russische Erfahrungen", in: Hermann Häring/ Karl Josef Kuschel, *Neue Horizonte. Ein Arbeitsbuch*, S. 736-746; Hans Küng, *Umstrittene Wahrheit*, S. 481-483, vgl. dazu auch: Hans Küng, „Dialog mit der östlichen Orthodoxie ohne Ergebnisse", in: Hans Küng, *Erlebte Menschlichkeit*, S. 101-103; 3. Die Wertschätzung, die Hans Küng den vier ihm persönlich bekannt gewordenen russischen Theologen: George Florowsky, John Meyendorff und Alexander Schmemann entgegenbringt: Hans Küng, *Umstrittene Wahrheit*, S. 251, sowie besonders Alexander Men: Hans Küng, *Erlebte Menschlichkeit*, S. 102. Die Präsenz der Orthodoxie beim Zweiten Vatikanum durch russische Konzilsberater hat bei Küng kaum sichtbaren Spuren hinterlassen. Eine Auseinandersetzung mit der Orthodoxie und den orthodoxen Kirchen bietet dann allerdings das umfangreiche Buch: Hans Küng, *Das Christentum. Wesen und Geschichte*, Piper, München/ Zürich, 1994 (zukünftig: *Das Christentum. Wesen und Geschichte*). Dieses wird mit Gegenstand unserer Untersuchungen zu Küngs eigener Konzeption von Kirche und Christentum sein. Weitere Bezugnahmen auf die Orthodoxie werden wir im Fortgang der Arbeit notieren.

Bouyer spricht zuerst von seiner Sympathie angesichts von Küngs Versuch, „die protestantischen Bedenken" in der Ekklesiologie anzugehen, bringt dann aber seine Kritik bemerkenswert deutlich zur Sprache. Weil dies für unsere Arbeit wichtig ist, geben wir diese Kritik – in aller Kürze – dennoch verhältnismäßig ausführlich wieder:

> „Ich meine, Hans Küng hat – großzügig wie wenige vor ihm – den Versuch unternommen, die Entwürfe der modernen katholischen Ekklesiologie zu verlassen, die sich aus der Opposition zum Protestantismus herausgeschält hat. Das Unglück besteht darin, dass er, indem er gegenüber einer Reaktion reagierte, nicht wirklich den Theologien der Reaktion entgangen ist – die nicht notwendigerweise die einzigen ‚reaktionären' Theologien sind. *Es ist ein konstantes Merkmal seines Denkens, dass in ihm die östliche Orthodoxie vernachlässigt, ja völlig außer acht gelassen wird; der Anglikanismus wird dabei nur in einer ebenso ökumenischen wie polemischen Perspektive, wie sie in der katholischen Theologie leider nur zu gewohnt ist, ins Auge gefasst – eine Sicht, die man nur als* völlig illusorisch bezeichnen kann ... Eine Theologie der Kirche jedoch, die völlig an dem alleinigen Gegenüber protestantisch-katholisch entworfen ist, wird, mag sie auch noch so ökumenisch eingestellt sein, Aussöhnungen immer nur auf dem Papier erreichen."[254]

Was Louis Bouyer hier einfordert, ist ein tatsächliches Eingehen auf die Orthodoxie, das Küng selbst leider gar nicht

---

[254] Louis Bouyer, *Enttäuschte Sympathie*, S. 44f. – Hervorhebungen – WW. Dass aus Bouyer wirklich nicht die extreme Haltung eines Konvertiten spricht, sondern eine profunde Auseinandersetzung mit dem Thema „Ekklesiologie" – selbstverständlich aus katholischer Sicht – zeigt das Buch: Louis Bouyer, *Die Kirche I. Ihre Selbstdeutung in der Geschichte*, Johannes Verlag, Einsiedeln, 1977 (zukünftig: *Die Kirche I. Selbstdeutung in ihrer Geschichte*). Zum Problem der Relativierung der Äußerungen von Louis Bouyer als eines Konvertiten vgl. die diesbezügliche, nicht zuletzt auch vom Thema unserer Arbeit bedeutsame – allgemeine – Stellungnahme in: Louis Bouyer, *Der Verfall des Katholizismus*, Kösel, München, 1970, S. 88-104.

im Blick hatte, das aber ein wesentliches Anliegen unserer eigenen Arbeit ist. Darüber hinaus haben wir es für nötig gehalten, diese Skizze der ekklesiologischen Probleme voranzustellen, damit wir Küngs Art seiner Beteiligung am Zweiten Vatikanischen Konzil in rechter Weise würdigen können.

Konkret ging das dann so vor sich: Am 17. Juni 1962 hatte Hans Küng

> „im Hohen Dom zu Frankfurt vor Jugendlichen einen Vortrag über das Konzil gehalten …". „Am Freitag darauf, am 22. Juni, erhalte ich einen Telefonanruf vom bischöflichen Sekretariat aus Rottenburg, Bischof Leiprecht würde mich gerne am Nachmittag in meiner Wohnung besuchen. Ob ich fragen dürfe, aus welchem Grund? Ja, er wolle mich bitten, ihn als seinen persönlichen *Peritus*, Experten, Sachverständigen ins Konzil zu begleiten."[255]

Küng zögert, lässt sich aber doch recht schnell überzeugen. Am 4. Oktober 1962 fährt er mit dem Auto über Sursee und Florenz nach Rom, wo er am 6. Oktober eintrifft und mit dem Bischof von Rottenburg, Carl Joseph Leiprecht, und dem Apostolischen Nuntius in Deutschland, Corrado Bafile, in der von Schwestern geleiteten Villa San Francesco in der Via dei Monti Parioli in den nächsten Wochen wohnen wird, soweit nicht auswärtige Verpflichtungen anderes verlangen.[256] Am 20. November 1962 wird Hans Küng auf Vorschlag von Bischof Leiprecht und Nuntius Bafile zum *„offiziellen Peritus des Konzils"*.[257]

Küng schildert ausführlich die eindrucksvolle Eröffnung des Konzils am 11. Oktober 1962 und kann es sich nicht verkneifen, den ‚Byzantinismus' der Veranstaltung zu kritisieren.[258] Wir können hier nicht in Einzelheiten eintreten, müssen aber einen wesentlichen Akzentunterschied bei der Wiedergabe

---

[255] Hans Küng, *Erkämpfte Freiheit*, S. 341.
[256] Hans Küng, *Erkämpfte Freiheit*, S. 357.
[257] Hans Küng, *Erkämpfte Freiheit*, S. 358.
[258] Hans Küng, *Erkämpfte Freiheit*, S. 361.

der berühmten Eröffnungsrede Papst Johannes XXIII. festhalten, der Küngs Zusammenfassung des springenden Punktes von der italienischen Rede und ihrer (offiziellen) lateinischen Übersetzung, aber auch von anderen Zusammenfassungen dieser Rede unterscheidet.

So fasst Metropolit Nikodim (Rotov) in seinem Buch über Johannes XXIII. die Eröffnungsrede des Papstes folgendermaßen zusammen: „Однако во всех частях этой речи чувствовалось равновесие между всецелой верностью традицией и твердо выраженной обращенностью ко всему миру сегодняшнего дня."[259]

Der Kirchengeschichtler Hubert Jedin wiederum resümiert:

> „In seiner Eröffnungsrede wiederholte der Papst das Bekenntnis, dass die Konzilsberufung auf Eingebung von oben erfolgt sei, und wies dem Konzil seine Richtung: das heilige Überlieferungsgut in möglichst wirksamer Weise, unter Berücksichtigung der veränderten Lebensverhältnisse und Gesellschaftsstrukturen an die Menschen heranzubringen; nicht Irrtümer zu verurteilen, sondern ‚die Kraft der kirchlichen Lehre ausgiebig zu erklären' (doctrinae vim uberius explicando). Dem Konzil ist aufgegeben, der von Christus gewollten

---

[259] Митрополит Никодим (Ротов), „Иоанн XXIII, папа Римский", in: *Богословские Труды (БТ), Сборник Двадцатый* (Nr. 20), Издание Московской Патриархии, Москва, 1979, S. 83-240, das Zitat S. 187; beide deutschen Übersetzungen geben diese Zusammenfassung ähnlich wieder: „Dennoch spürte man in allen Teilen dieser Rede ein absolutes Gleichgewicht zwischen einer vollkommenen Treue zur Tradition und einer kräftig betonten Hinwendung zu unserer Welt von heute." Nikodim. Metropolit von Leningrad und Nowgorod, *Johannes XXIII. Ein unbequemer Optimist.* Mit einem Geleitwort von Franz Kardinal König. Aus dem Russischen übertragen von Heinz Gstrein Robert Hotz SJ, Benziger, Zürich/ Einsiedeln/ Köln, 1978, S. 375; „Dennoch spürte man in allen Teilen der Rede ein vollkommenes Gleichgewicht zwischen einer absoluten Treue zur Tradition und einer stark betonten Hinwendung zur Welt von heute." Nikodim. Metropolit von Leningrad und Nowgorod. *Johannes XXIII. Papst einer Kirche im Aufbruch.* Herausgegeben und eingeleitet von Hans-Dieter Döpmann. Aus dem Russischen übersetzt von Gisela Schröder, Union Verlag, ohne Jahr, Berlin, S. 293.

Einheit in der Wahrheit näherzukommen (conferre operam ad magnum complendum mysterium illius unitatis). Von der Größe des Augenblicks überwältigt, schloss der Papst mit einem Gebet um göttlichen Beistand."[260]

Unter dem Gesichtspunkt dessen, was der Papst in dieser Rede sagen wollte und tatsächlich gesagt hat, haben Metropolit Nikodim und Hubert Jedin den springenden Punkt vollkommen richtig zusammengefasst. Johannes XXIII. sprach mit Hochachtung von der kirchlichen Tradition als einem „kostbaren Schatz, den wir aber nicht allein so bewahren sollen, als ob es sich um Altertümer handeln würde; sondern voll Eifer und ohne Furcht wollen wir das Werk anpacken, das uns unsere Zeit auferlegt, und setzen so den Weg fort, den die Kirche im Verlauf von fast zwanzig Jahrhunderten gegangen ist."[261]

Im Hintergrund steht hier zuerst die Erfahrung der Kirche von fast zwanzig Jahrhunderten und das Bewusstsein einer lebendigen Tradition, dann aber vor allem das Bewusstsein der pastoralen Aufgabe, wie dieser Schatz der gesamten kirchlichen Überlieferung in die Gegenwart einzubringen sei. Roncalli führt mit Blick auf diese pastorale Aufgabe die Unterscheidung des Glaubensschatzes und der Art und Weise, wie dieser Glaubensschatz verkündet wird, als „den springenden Punkt" ein: „Est enim aliud ipsum depositum fidei, seu

---

[260] Hubert Jedin, „Das Zweite Vatikanische Konzil. Johannes XXIII. Berufung und Vorbereitung des Konzils", in: Hubert Jedin/ Konrad Repgen (Hgg.), *Handbuch der Kirchengeschichte, Band VII: Die Weltkirche im 20. Jahrhundert*, Herder, Unveränderter Nachdruck der Auflage von 1985, Freiburg/ Basel/ Wien, 1999, S. 97-151, das Zitat S. 110.

[261] „Attamen nostrum non est pretiosum hunc thesaurum solum custodire, quasi uni antiquitati studeamus; sed alacres, sine timore, operi, quod nostra exigit aetas, nun insistamus, iter pergentes, quod Ecclesia a viginti fere saeculis fecit." Papst Johannes XXIII. (Angello Roncalli), „Ansprache zur Eröffnung des Zweiten Vatikanischen Konzils" (11. Oktober 1962), in: Ludwig Kaufmann/ Nikolaus Klein, *Johannes XXIII. Prophetie im Vermächtnis*, Edition Exodus, 2. Auflage, Friborg/ Brig., 1990 (zukünftig: *Eröffnungsansprache ZV*), 116-150, das Zitat S. 134, die Übersetzung aus dem Lateinischen (unter Berücksichtigung der dort abgedruckten Übersetzungen aus dem Italienischen und Lateinischen) – WW.

veritates, quae veneranda doctrina nostra continentur, aliud modo, quo eaedem enuntiantur, eodem ... sensu eademque sententia."[262] Diese Unterscheidung von „depositum fidei" und „Verkündigung" berührt ein zentrales Thema unserer Arbeit und wird uns folglich noch intensiv beschäftigen.[263] Es muss hier genügen, dass wir noch einmal auf unsere Anmerkungen zur Verantwortung christlicher Hermeneutik verweisen, wie sie bei Augustinus von Hippo reflektiert wird.[264] Zugleich ist klar, dass es bei Johannes XXIII. in keiner Weise darum geht, das ‚depositum fidei' zu verringern oder irgendwie abzuändern. Das, was Roncalli betont, ist allein die pastorale Aufgabe.

Küng hat das verstanden, aber wenn er Roncalli mit seiner Warnung vor „weitschweifiger Wiederholung der Lehre der Kirchenväter, der alten und modernen Theologen" zitiert, dann ist die Tendenz doch wohl die, dass die Tradition zugunsten der ‚modernen Nöte, Herausforderungen und Arbeitsweisen' verloren gehen wird. Zum Forderungskatalog Küngs gehört ja, wie wir gesehen haben, seit seinem Basler Vortrag vom 19. Januar 1959 eben auch die „Reform der Lehre". Zugleich müssen wir daran erinnern, dass Bouyer Küngs Buch über „Die Kirche" – völlig zu Recht – als einen „an wertvollem Material reichen Steinbruch" bezeichnet hat.[265] Sicher, Küng spricht in seiner Studienzeit von ‚Katholizität in Raum und Zeit'[266] und ist beeindruckt von der Versammlung des Weltepiskopats beim Konzil: „Wie in alter Zeit erscheint der Episkopat der Welt wirklich als

---

[262] Johannes XXIII. (Angello Roncalli), *Eröffnungsansprache ZV*, S. 137.
[263] Basilius von Cäsarea, *De Spiritu Sancto. Über den Heiligen Geist*. Griechisch. Deutsch. Übersetzt und eingeleitet von Hermann Josef Sieben SJ, Fontes Christiani, Bd. 12, Herder, Freiburg/ Basel/ Wien, 1993, Kap. 66, S. 271-280.
[264] Wolfgang Wünsch, *Augustinus*, S. 138-150. Mit Blick auf Roncallis Rede selbst und die daraus sich entfaltende Dynamik im Verhältnis der Kirche zur modernen Welt halten wir fest, dass das Verhältnis von Form und Inhalt bei der Weitergabe des Glaubens einander entsprechen muss. Dies wird nicht zuletzt bei der Erarbeitung einer orthodoxen Antwort auf Hans Küng zu beachten sein.
[265] Louis Bouyer, *Enttäuschte Sympathie*, S. 57.
[266] Hans Küng, *Erkämpfte Freiheit*, S. 148-151.

ein Kollegium der Solidarität der Ortskirchen."[267] Aber er meint nun eben auch, „Nachhilfeunterricht für Bischöfe" erteilen zu müssen,[268] für eine „Reform der Liturgie" – sehr ähnlich seiner oben skizzierten ‚Priorisierung der ältesten Dokumente' – im Sinne einer Rückkehr zum Ursprung zu kämpfen, den er bei der Messe in einer schlichten ‚Danksagungsfeier' sieht, d.h. einer „*Mahlfeier mit Dankgebet* = ‚*Eucharistia*', in deren Zentrum der Bericht vom Abendmahl Jesu steht. Die ganze Form sehr locker, nur in wesentlichen Umrissen festgelegt. Jeder Bischof oder Priester gestaltet seine Liturgie weithin nach Gutdünken, natürlich in der *Sprache des Volkes*".[269] Küng kritisiert die „verhängnisvolle *Entfremdung zwischen Altar und Volk*: eine unverständliche Liturgie, noch weitere Verfeierlichung durch Vermehrung der Kniebeugen, Kreuzzeichen, Inzense, schließlich gar eine räumliche Abtrennung des Klerikerchores vom Schiff des Volkes, oft durch eine Scheidewand (‚Lettner'), später Chorgitter", die Feier der (nicht mehr verstandenen) Messe „nicht mehr gegen das Volk, sondern zum Teil flüsternd gegen die Wand hin". [270]

Wir können auf die Einzelheiten nicht eingehen, doch das Problem dürfte deutlich geworden sein. Zu behaupten, dass ein geradezu zwinglianisch anmutendes Eucharistieverständnis[271] nun eben katholisch sei und dann den ‚durchschnittlichen' Bischöfen vorzuwerfen, diesbezüglich einen kaum höheren Wissensstand als den einfacher Gemeindeglieder zu haben, ist doch sehr bemerkenswert.

---

[267] Hans Küng, *Erkämpfte Freiheit*, S. 372.
[268] Hans Küng, *Erkämpfte Freiheit*, S. 380: „Der Wissensstand eines Durchschnittsbischofs ist diesbezüglich (hinsichtlich der Liturgiegeschichte – WW), stelle ich fest, nicht sehr viel höher als der einfacher Gläubiger."
[269] Hans Küng, *Erkämpfte Freiheit*, S. 379f. Das Zitat S. 380. Hervorhebungen bei Hans Küng im Original. Die Liturgie in der Muttersprache ist natürlich aus orthodoxer Perspektive zu begrüßen. Eine Diskussion dieses wichtigen Themas ist hier jedoch nicht möglich.
[270] Hans Küng, *Erkämpfte Freiheit*, S. 381. Hervorhebungen bei Hans Küng im Original.
[271] Vgl. diesbezüglich auch die eindrückliche Schilderung von Küngs erster Messe am 11. Oktober 1954. Hans Küng, *Erkämpfte Freiheit*, S. 151.

So macht sich Küng stark für die „Realisierung evangelischer Anliegen"[272] wie die Verwendung der Muttersprache im Gottesdienst, eine Abkehr von der Gegenreformation durch Konzentration auf die Heilige Schrift als Offenbarungsquelle in Anknüpfung an Josef Rupert Geiselmann.[273]

Zwischen der ersten und zweiten Konzilssession macht Küng eine äußerst erfolgreiche Vortragsreise[274] mit Vorträgen vor allem über „Kirche und Freiheit",[275] wo ihn das erste Lehrverbot – an der „Catholic University of America"[276] – ereilen wird, wo er in Boston anlässlich eines seiner Vorträge „mit dem orthodoxen Metropoliten Athenagoras ... in das ‚Gymnasium' (Sporthalle) von Boston College" einziehen wird.[277] Es würde zu weit führen, diese Reise in ihren Einzelheiten noch weiter zu schildern.

Wir erwähnen hier nur noch einen

> „von der katholischen Universität Boston, ‚Boston College', am 15. April 1963 veranstalteten öffentlichen interkonfesionellen ‚Theological Dialogue' über Kirche, Schrift und Tradition mit dem französischen Jesuiten Daniélou, mit dem ich die katholische Seite vertreten darf, während die brillanten Amerikaner Jaroslav Pelikan, Theologiehistoriker in Yale und Robert McAfee Brown, reformierter, auch politisch aktiver Systematiker in Stanford, für die protestantische Theologie sprechen."[278]

Sodann erhielt Küng „an der University of St. Louis" sein erstes Ehrendoktorat,[279] wurde vom amerikanischen Präsidenten

---

[272] Was das Thema ‚Muttersprache' angeht, ist das sicher recht verstanden. Aber wieso der Kampf für ein faktisch zwinglianisches Abendmahlsverständnis mit entsprechender Praxis ‚evangelisch' sein soll, verstehe ich nicht.
[273] Hans Küng, *Erkämpfte Freiheit*, S. 388-392, bes. S. 390.
[274] Hans Küng, *Erkämpfte Freiheit*, S. 399.
[275] Vgl. Hans Küng, *Kirche in Freiheit*, Benziger, Einsiedeln, 1964.
[276] Hans Küng, *Erkämpfte Freiheit*, S. 399-401.
[277] Hans Küng, *Erkämpfte Freiheit,*, S. 404.
[278] Hans Küng, *Erkämpfte Freiheit,*, S. 412.
[279] Hans Küng, *Erkämpfte Freiheit*, S. 411.

John F. Kennedy empfangen,[280] und nahm sich „die nicht sehr wohlwollende Kritik des Rabbi Arnold Jacob Wolf" zu Herzen, er „hätte in seinem Konzilsbuch der Frage des *Judentums* nicht die nötige Aufmerksamkeit geschenkt".[281] An anderer Stelle erwähnt Küng weiter, dass ihm „*die brennende Aktualität der Frauenfrage* in der Kirche erst im Konzil richtig aufgegangen ist"[282], der er später ein Buch gewidmet hat.[283]

In der zweiten Konzilssession befasst sich Küng mit der Frage der Unfehlbarkeit der Bibel.[284] Er gibt den Impuls und arbeitet zusammen mit Max Zerwick „die mutige Rede des Wiener Kardinal Königs über die *Unfehlbarkeit (Ineranz) der Bibel* vom 24. September 1964" aus, die, „obwohl von verschiedenen weiteren Rednern positiv aufgenommen", „domestiziert" wird. Zur Begründung seiner Argumentation, warum die Bibel fehlbar sei, führt Hans Küng zwei Bibelstellen an, die beide für diese Beweisführung nicht taugen. Er nennt Mat 27, 9, wo tatsächlich Jeremia 32, 9 und Sacharja 11, 12.13 zitiert werden. Küng aber behauptet, es werde nur der Prophet Sacharja zitiert. Ein bisschen mehr Bibellektüre oder auch ein bisschen Kenntnis rabbinischer Hermeneutik hätte dem jungen Konzilsperitus, welcher immerhin der Heiligen Schrift gegenüber der heiligen Tradition den Vorzug zu geben geneigt war, ganz gewiss nicht geschadet. Die zweite von Küng angegebene Stelle aber ist ebenso wenig geeignet, einen solchen Angriff zu starten.[285] Später wird Küng es dann zwecks Lösung der Problematik der päpstlichen Unfehlbarkeit ein ökumenisches Anliegen sein, dass die Katholiken auf die „Unfehlbarkeit des Papstes",

---

[280] „Am 30. April 1963 kann ich im Weißen Haus Präsident John F. Kennedy persönlich begrüßen." Hans Küng, *Erkämpfte Freiheit*, S. 416.
[281] Hans Küng, *Erkämpfte Freiheit*, S. 410.
[282] Hans Küng, *Erkämpfte Freiheit*, S. 475. Hervorhebung bei Hans Küng im Original.
[283] Hans Küng, *Die Frau im Christentum*, Piper, München/ Zürich, 2001.
[284] Hans Küng, *Erkämpfte Freiheit*, S. 481-483.
[285] Mk 2,26. Ein Blick in die Väterliteratur zur Stelle hätte auch hier völlig genügt, um von dem unsinnigen Vorhaben der beiden Professoren Abstand zu nehmen, das dem inneren Reichtum der Schrift so gar nicht Rechnung trägt.

die Evangelischen auf die „Unfehlbarkeit der Heiligen Schrift" („Ineranz") und die Orthodoxen auf die „Unfehlbarkeit der ökumenischen Konzilien" verzichten.[286] Dabei ist klar, dass das argumentative Schwergewicht dieser Aussage natürlich bei Küngs eigenem – innerkatholischen – Problem der „Unfehlbarkeit des Papstes" liegt. Diese zuletzt genannte Thematik wird uns auch im folgenden Abschnitt der Arbeit noch weiter beschäftigen.

Betreffend die dritte Konzilsperiode[287] streifen wir nur kurz das Thema der ‚Kollegialität der Bischöfe', weil Küng erwähnt, dass er „jene Rede für die Kollegialität, die von Bischof Rusch (Innsbruck) im Namen des österreichischen Episkopats vorgetragen" wurde, von ihm – Küng – erarbeitet worden sei.[288] Der Inhalt dieser Rede ist als Korrektur zu den bisweilen erstaunlichen ekklesiologischen Eingebungen des Tübinger Professors klar im Auge zu behalten.

Mit Blick auf die Zielsetzung unserer Arbeit müssen wir erwähnen, dass während der vierten Tagungsperiode des Konzils (14. September bis 8. Dezember 1965) u.a. „die Dekrete über die Hirtenaufgabe der Bischöfe, die Priesterausbildung, die Erneuerung des Ordenslebens, die christliche Erziehung, die Erklärung über das Verhältnis zu den nicht-christlichen

---

[286] Hans Küng, *Umstrittene Wahrheit*, S. 234. Er offenbart dabei allerdings ein solches Maß an Ignoranz und Dreistigkeit im Umgang mit den historischen Quellen, dass einem geradezu der Mund offen steht. Vgl. Joseph Ratzinger, „Widersprüche im Buch von Hans Küng", in: Karl Rahner (Hg.), *Zum Problem Unfehlbarkeit. Antworten auf die Anfrage von Hans Küng*, Herder, Freiburg/ Basel/ Wien, 1971 (zukünftig: *Zum Problem Unfehlbarkeit*), S. 97-116, bes. S. 100-103. Die hanebüchene Argumentation Küngs betreffend die innere Widersprüchlichkeit und die Nichtaufeinanderbezogenheit der Ökumenischen Konzilien z.B. bei Hans Küng, *Unfehlbar? Eine Anfrage*, 1. Auflage 1970, Ullstein Verlag, Frankfurt/ Berlin/ Wien, Benziger, 1980 (zukünftig: *Unfehlbar?*), S. 163-171.
[287] Joseph Ratzinger, *Ergebnisse und Probleme der dritten Konzilsperiode*, Verlag J.P. Bachem, Köln, 1965.
[288] Hans Küng, *Erkämpfte Freiheit*, S. 477. Die Rede ist abgedruckt: Paulus Rusch (Bischof von Innsbruck (Österreich)), „Die Kollegialität im Neuen Testament", in: Yves Congar/ Hans Küng/ Daniel O'Hanlon (Hgg.), *Konzilsreden*, S. 43-45.

Religionen", „die Konstitution über die Göttliche Offenbarung ...", „... das Dekret über den Laienapostolat", „... die Pastoralkonstitution über die Kirche in der Welt von heute", „... die Dekrete über Dienst und Leben der Priester, die Missionstätigkeit" und „die Erklärung zur Religionsfreiheit" verabschiedet wurden.[289] Dies ist als lehramtlicher Hintergrund für den weiteren Weg von Hans Küng wichtig.

Insgesamt aber dürfte unschwer deutlich geworden sein, wie sich die Linien der theologischen Entwicklung Küngs im Zuge seiner aktiven Teilnahme am Zweiten Vatikanischen Konzil als offizieller Konzilsberater (peritus) erweitert, vertieft und verstärkt haben. Der Vorwurf, den er der römischen Schultheologie gemacht hat, nämlich die Bibel als „Steinbruch für die vorgefertigten Thesen der Schultheologie" zu verwenden, hat ihn nun von Seiten seines Lehrers Louis Bouyer selbst erreicht, der ihm zudem vorhält, naiv gegenüber dem Anglikanismus und ignorant gegenüber der Wirklichkeit der Orthodoxen Kirche zu sein. Immer wieder hat sich Küng auch mit Strukturfragen der Kirche beschäftigt, aber auch hier müssen wir bekennen, dass wir bisher keine Stelle gefunden haben, die eine Begegnung mit dem lebendigen Geheimnis der Kirche bezeugte. Dieses Geheimnis ist ersetzt durch den historischen Jesus, den der Fachtheologe immer wieder neu zu rekonstruieren hat.[290] Vielleicht ist das auch der Hintergrund für die nun in knappen Strichen nachzuzeichnende Entwicklung bis zum Entzug der kirchlichen Lehrerlaubnis.

---

[289] Otto Hermann Pesch, *Das Zweite Vatikanische Konzil*, S. 96.
[290] In diesem Zusammenhang stehen auch seine Vorträge, Referate und Seminare, die Hans Küng zum Thema „Die christliche Botschaft" im Vorfeld und im Kontext von *Christ sein* gehalten hat. Vgl. Hans Küng, *Umstrittene Wahrheit*, S. 70. 215 und 398. Vgl. dann Hans Küng, *Christ sein*, 2. Auflage, Piper, München, 1974 (zukünftig: *Christ sein*), S. 148-153, bes. S. 151 und dazu: Joseph Ratzinger, „Wer verantwortet Aussagen der Theologie. Zur Methodenfrage", in: Hans Urs von Balthasar/ Alfons Deissler/ Alois Grillmeier u.a. (Hgg.), *Diskussion „Christ sein"*, S. 7-18 (zukünftig: *Methodenfrage*), hier S. 11.

Auf dem Weg zum Entzug der kirchlichen Lehrerlaubnis und die Folgen

Die Problemlage, die den Hintergrund für die Entwicklung bildet, welche bis zum schlussendlichen Entzug der kirchlichen Lehrerlaubnis von Hans Küng geführt hat, ist durchaus vielschichtig. Das kann man auch daran ersehen, dass schon im Gefolge seiner Doktorarbeit beim Heiligen Offizium ein Dossier der Indexabteilung unter der Nr. 399/57i auf den Namen von Hans Küng angelegt worden war,[291] das allerdings damals eben noch kein Lehrbeanstandungsverfahren oder gar irgendwelche Disziplinarmaßnahmen nach sich zog, nicht zuletzt deshalb, weil sich seine Lehrer Franz Hürth SJ und Sebastian Tromp SJ für ihn einsetzten.[292] Auch das aber hat seinen guten Grund, insofern Hans Küng sich bestimmte Anliegen der Schule, die er in Rom durchlief, prinzipiell zu seinen eigenen gemacht hat. Es ist auch kein Zufall, dass der Hans Küng gegenüber ganz bestimmt nicht negativ eingestellte Robert Nowell in einem der Kapitel, die sich mit dem hier zu besprechenden Thema befassen, die Arbeit Hans Küngs unter der Überschrift „Apologetik für das 20. Jahrhundert"[293] zusammenfasst. Aufschlussreich in diesem Sinne ist schon der erste Satz im Lehrbuch von Sebastian Tromp SJ über die christliche Offenbarung:

„Theologia fundamentalis apologetica est disciplina theologica, qua fundamenta proxima fidei divinae i.e. *credibilitas, credentitas et appetibilitas revelationis Christianae et Ecclesiae* 1) e luce fidei explicantur et definiuntur; 2) sub luce fidei, ... prealucente et dirigente ecclesia, *ex lumine rationis philosophice et historice demonstrantur et defenduntur.*"[294]

Es ist evident, dass Tromp hier einer modernen *kirchlich-(römisch-)katholischen* Apologetik das Wort redet, wobei mo-

---

[291] Hans Küng, *Erkämpfte Freiheit*, S. 192-195, 272f.
[292] Robert Nowell, *Leidenschaft*, S. 62f.
[293] Robert Nowell, *Leidenschaft*, S. 238-255.
[294] Sebastian Tromp SJ, *De Revelatione*, S. 7-14, das Zitat, S. 7. Hervorhebungen – WW.

dern an dieser Stelle bedeutet, dass eine Reihe eben moderner bzw. neuzeitlicher Zugänge zur Begründung bzw. Verteidigung des christlichen Glaubens angeführt werden, die freilich z.T. ihre Wurzeln auch schon bei den Kirchenvätern haben.[295] Das Moment der Selbstkritik – kritische Loyalität – ist bei Tromp nicht unbedingt betont. Aber die entscheidenden Stichworte sind schon da, insofern „die *Glaubwürdigkeit*, die Notwendigkeit zu glauben und *die Anziehungskraft der christlichen Offenbarung und der Kirche ... aus dem Licht der philosophischen und historischen Vernunft bewiesen und verteidigt werden*" sollen. Genau das ist der Hintergrund dafür, warum trotz aller (schlussendlich bis zum Entzug der kirchlichen Lehrerlaubnis führenden) Kritik an Hans Küngs Lehrmeinungen – eben auch von seinen Gegnern – immer wieder die guten Intentionen Küngs, die Berechtigung seiner seelsorgerlichen Anliegen und der schließlich damit verbundene Publikumserfolg hervorgehoben werden.[296]

Gerade deshalb aber ist es notwendig, sich klarzumachen, worum es in dem Streit eigentlich geht, und es ist evident, dass wir dabei zwischen spezifischen, nur dem Katholizismus und seiner Kirchlichkeit eigenen Problemen, und solchen Problemen unterscheiden müssen, welche die Natur der ‚einen, heiligen, apostolischen und katholischen Kirche'[297] und ihre Tradition als solche tangieren. Das Problem der „Unfehlbarkeit des Papstes" als solches z.B. existiert in der Orthodoxen Kirche nicht, die Kirche wird jedoch trotzdem „Feste und Grundpfeiler der Wahrheit" (1.

---

[295] Sebastian Tromp SJ, *De Revelatione*, S. 8-11, wo u.a. verschiedene ‚praktische Methoden der Apologetik' aufgezählt werden: a) Methodus aestheticus, b) Methodus scientifico-empirica, c) Methodus historicus-religiosa, d) Methodus archaeologicus, e) Methodus auctoritatis, f) Methodus psychologicus-moralis, g) Methodus immanentiae.

[296] Hermann Häring/ Josef Nolte (Hgg.), *Diskussion um Hans Küng „Die Kirche"*; Karl Rahner (Hg.), *Zum Problem Unfehlbarkeit*; Hans Urs von Balthasar/ Alfons Deissler/ Alois Grillmeier u.a. (Hgg.), *Diskussion „Christ sein"*. Vgl. stellvertretend für viele etwa: Walter Kasper, „Christ sein ohne Tradition?", in: Hans Urs von Balthasar/ Alfons Deissler/ Alois Grillmeier u.a. (Hgg.), *Diskussion „Christ sein"*, S. 19-34, bes. S. 19, 32-34.

[297] ‚Katholisch' meint hier nicht ‚römisch-katholisch', sondern ‚katholisch' im Sinne des Glaubensbekenntnisses.

Timotheus 3, 15) genannt. An bestimmten Stellen wird es deshalb durchaus Berührungen der diesbezüglichen Auffassungen Küngs mit der Lehre der Orthodoxen Kirche geben, zumal die lehramtliche Position des Vatikans auch einige deutliche Spitzen gegen die nicht in Obödienz gegenüber dem Papst stehenden Kirchen und ‚kirchlichen Gemeinschaften' enthält, worauf Ioan Ică in dankenswerter Klarheit hingewiesen hat.[298]

Darüber hinaus ist es klar, dass Hans Küng natürlich versucht, die Orthodoxen mit ins Boot zu ziehen, wenn er – in äußerst grobschlächtig anmutender Manier – unter den Irrtümern des kirchlichen Lehramts (Rom) auch „die Exkommunikation des ökumenischen Patriarchen Photios und der griechischen Kirche aufzählt, welche die nun bald tausendjährige Kirchenspaltung mit der Ostkirche formell machte".[299] Es ist unmöglich, hier auf Einzelheiten eingehen oder gar in die Tiefe gehen zu wollen, eine einfache Problemanzeige muss genügen.[300]

---

[298] Ioan Ică jr., „Conciliul Vatican II, reforma Bisericii și dilemele epocii postconciliare. Reflecțiile unui teolog ortodox", in: *Studia theologica*, Anul II, Numărul 4/2004, S. 209-228.

[299] Hans Küng, *Unfehlbar?*, S. 25. Zum historischen Hintergrund vgl. Hans-Dieter Döpmann, *Die Orthodoxen Kirchen*, Verlagsanstalt Union, Berlin, (zukünftig: *Die Orthodoxen Kirchen*), S. 42-47, bes. S. 51-54. Auf Küngs in noch viel größerem Umfang ungenauen, inkorrekten Umgang mit den Quellen und seine unpräzise, fehlerhafte kirchengeschichtliche Arbeitsweise hat – an vielen Stellen völlig zu Recht – Walter Brandmüller hingewiesen. Auch in dieser Hinsicht ist das Buch von Küng eine kaum erträgliche Zumutung. Vgl. Walter Brandmüller, „Hans Küng und die Kirchengeschichte", in: Karl Rahner (Hg.), *Zum Problem Unfehlbarkeit*, S. 117-133, der abschließend resümiert: „Schon an Hand der angeführten mehr oder minder zufällig aufgegriffenen Beispiele wird ... sichtbar, dass Küng die elementaren Forderungen nach Sorgfalt und Gewissenhaftigkeit bei der Feststellung historischer Tatsachen – aus welchen Gründen auch immer – grob missachtet hat" (S. 132), um dann auf derselben Seite in Fußnote 33) – ebenfalls völlig zu Recht – hinzuzufügen: „Damit macht sich ein Autor der Irreführung der meisten seiner Leser schuldig, die sich mangels einer speziellen kirchengeschichtlichen Ausbildung auf die Autorität des Universitätsprofessors verlassen müssen." "

[300] Vgl. Boris Bobrinskoy/ Olivier Clément/ John Meyendorff (Hgg.), *Der Primat des Petrus in der orthodoxen Kirche*, EVZ-Verlag, Zürich, 1961 (zukünftig: *Der Primat des Petrus*), vgl. aber mehr noch die in der vorigen Fußnote benannte Problematik.

Was jedoch mehr ins Gewicht fällt, ist die Beobachtung, dass die übrigen strittigen Fragen der Lehre Hans Küngs sehr wohl die Identität der kirchlichen Lehrüberlieferung und des Bekenntnisses der „una sancta apostolica et catholica ecclesia" betreffen. Diese Fragen beziehen sich auf die Ekklesiologie, die Christologie, die Gotteslehre, die christliche Moral und Ethik sowie Küngs Gedanken über Maria, wie sie der Autor in seinen Büchern „Die Kirche", „Unfehlbar? Eine Anfrage", „Christ sein" und „Existiert Gott. Antwort auf die Gottesfrage der Neuzeit", „Kirche – gehalten in der Wahrheit" sowie in seinen Worten „Zum Geleit" in dem Buch von August Bernhard Hassler „Wie der Papst unfehlbar wurde" dargelegt hat.[301] Der Streit zog sich fast zehn Jahre hin und hat tausende Seiten bedrucktes Papier hervorgebracht.[302]

Daniel Deckers, der Biograf Karl Kardinal Lehmanns,[303] gibt die Einschätzung des späteren Vorsitzenden der Deutschen

---

[301] „Erklärung der Kongregation für die Glaubenslehre über einige Hauptpunkte der theologischen Lehre von Professor Hans Küng (15. Dezember 1979)", in: Norbert Greinacher/ Herbert Haag (Hgg.), *Der Fall Küng. Eine Dokumentation*, Piper, München/ Zürich, 1980 (zukünftig: *Der Fall Küng*), S. 87-91. In den Kreis der hier im Blick stehenden Veröffentlichungen Küngs gehört auch noch dessen Buch: Hans Küng, *Wahrhaftigkeit. Zur Zukunft der Kirche*, Herder-Bücherei, Freiburg im Breisgau, 1968.

[302] Neben den erwähnten, vom Lehramt beanstandeten Veröffentlichungen Küngs selbst sind zu erwähnen: Norbert Greinacher/ Herbert Haag, *Der Fall Küng*; Hans Küng (Hg.), *Fehlbar? Eine Bilanz*, Benziger, Zürich/ Einsiedeln/ Köln, 1973; Walter Jens (Hg.), *Um nichts als die Wahrheit. Deutsche Bischofskonferenz contra Hans Küng. Eine Dokumentation* herausgegeben und eingeleitet von Walter Jens, Piper, München/ Zürich, 1978 (zukünftig: *Um nichts als die Wahrheit*); Robert Nowell, *Leidenschaft*; Hermann Häring, *Grenzen durchbrechen*, S. 207-232; und die etwas kritischeren Stimmen: Karl Rahner (Hg.), *Zum Problem Unfehlbarkeit*; Hans Urs von Balthasar/ Alfons Deissler/ Alois Grillmeier u.a. (Hgg.), *Diskussion „Christ sein"*; Leo Scheffczyk, *Kursänderung des Glaubens? Theologische Gründe zur Entscheidung im Fall Küng. Im Anhang: Die amtlichen Stellungnahmen der Kongregation für die Glaubenslehre und der Deutschen Bischofskonferenz*, Christiana-Verlag, 2. Auflage, Stein am Rhein, 1980; Adolf Kolping, *Unfehlbar? Eine Antwort*, Verlag Gerhard Kaffke, Bergen-Enkheim bei Frankfurt am Main, 1971; sowie einige weitere, mir bisher nicht zugängliche Titel (insbesondere: Leo Scheffczyk, *Aufbruch oder Abbruch des Glaubens*, Stein am Rhein, 1976).

[303] Daniel Deckers, *Karl Lehmann*.

Bischofskonferenz so wieder: „Küng hat damit zweifellos die kirchliche Autorität überreizt (...) In gewisser Weise hat Küng die Entscheidung selbst herbeigezwungen. Überblickt man das Potential der Möglichkeiten zur Konfliktlösung, dann muss man wohl feststellen, dass diese nach zehnjährigen Bemühungen faktisch ausgeschöpft waren."[304] Für Lehmann sei „der ‚Fall Küng' kein Streit um dogmatische Wahrheiten, sondern das Scheitern eines Versuchs, Theologie und Lehramt in einem spannungsvollen Dialog zu halten". Genau dieser Dialog aber ist für Lehmann die sich nun stellende Hauptaufgabe. Es ist aufschlussreich, wie Lehmann diese Aufgabe in der Situation nach dem Entzug der kirchlichen Lehrerlaubnis für Hans Küng beschreibt:

> „Der Trümmerhaufen ist groß. Die nachkonziliare Entspannung zwischen Theologie und Lehramt scheint zusammengebrochen zu sein. Viele wittern den Einzug reaktionärer Methoden. Keiner hat mehr erreicht als Küng. Weil er das Augenmaß für das Erreichbare verloren hat (nicht nur im taktischen Sinn), ist er für eine mögliche Klimaverschlechterung mitverantwortlich ... Hans Küng ist letztendlich über seinen Sendungsanspruch gestolpert."[305]

Lehmann hält es ausdrücklich für möglich, dass der Konflikt schon 1975 „theologisch durchaus unter vernünftigen Bedingungen hätte ausgetragen werden können", was damit zusammenhängt, dass Hans Küng nach Auffassung der Kongregation für die Glaubenslehre „in seinem Brief vom 4. September 1974 keineswegs ausschließt, dass er in einer angemessenen Zeit vertieften Studiums seine eigenen Auffassungen

---

[304] Daniel Deckers, *Karl Lehmann*, S. 219ff. Ebenso das folgende Zitat. Die Stellungnahme (des gewiss nicht überspitzt argumentierenden) Lehmanns selbst ist abgedruckt: Karl Lehmann, „Küng hat die kirchliche Autorität überreizt" (21. Dezember 1979) (zukünftig: *Küng hat die kirchliche Autorität überreizt*), in: Norbert Greinacher/ Herbert Haag (Hgg.), *Der Fall Küng*, S. 309-313, das Zitat S. 311-312.
[305] Karl Lehmann, *Küng hat die kirchliche Autorität überreizt*, S. 312. Ebenso das folgende Zitat.

in eine Übereinstimmung mir der authentischen kirchenamtlichen Lehre bringen könne".[306]

Da dies jedoch nicht geschehen ist, resümiert Lehmann: „Der ganze Vorgang hat gezeigt, dass eine mehr dialogisch orientierte Konfliktlösung außerordentlich anspruchsvoll ist und von beiden Seiten hohe Qualitäten verlangt. Unnachgiebigkeit ist der Erzfeind des Dialogs. Dies wird eine der Lehren aus der Tragödie sein."[307]

Ausgewogen in Stil und Inhalt weist er einseitige Schuldzuweisungen gegenüber dem Papst zurück:

> „Ich glaube nicht, dass jetzt eine Theologenhatz in der Kirche ausbrechen wird. Es wäre auch zu einfach, alles auf den polnischen Papst abzuwälzen. Wenn Johannes Paul II. – sicher im Auftrag der ihn wählenden Kardinäle – etwas mehr Festigkeit und Zuverlässigkeit in die nachkonziliare Kirche bringen möchte, dann muss dies nicht schon mit Reaktion und Restauration gleichgesetzt werden. Der schmale Grad dazwischen ist freilich mehr als gefährlich."

Das ist interessant: Trotz Entzug der kirchlichen Lehrerlaubnis ist die Aufgabe gestellt, dass der Dialog des Lehramts mit den ‚Theologen' (also in diesem Fall mit Hans Küng) weitergehen muss.[308] Dialogabbruch, die Schaffung „klarer Zustände" in der

---

[306] Franjo Kardinal Šeper, Präfekt und † P. Jérôme Hamer o.p., Sekretär, „Text der Erklärung zum Abschluß der Lehrverfahren gegen ‚Die Kirche' und ‚Unfehlbar'", in: Walter Jens (Hg.), *Um nichts als die Wahrheit*, S. 142-145, das Zitat S. 143; der erwähnte Brief Hans Küngs findet sich ebd., S. 124-132, die von der Glaubenskongregation angesprochenen Gedanken bes. S. 131.

[307] Karl Lehmann, *Küng hat die kirchliche Autorität überreizt*, S. 312. Ebenso das nachfolgende Zitat.

[308] Vgl. in dieser Hinsicht z.B. die sehr umfangreichen Bände: Wolfhart Pannenberg/ Theodor Schneider, *Verbindliches Zeugnis, Band 1: Kanon – Schrift – Tradition*, Herder, Freiburg im Breisgau, Vandenhoeck & Ruprecht, Göttingen, 1992; Wolfhart Pannenberg/ Theodor Schneider, *Verbindliches Zeugnis, Band 2: Schriftauslegung – Lehramt – Rezeption*, Herder, Freiburg im Breisgau, Vandenhoeck & Ruprecht, Göttingen, 1995; Wolfhart Pannenberg/ Theodor Schneider, *Verbindliches Zeugnis, Band 3: Schriftverständnis und Schriftgebrauch*,

Theologie, ist möglicherweise – so Lehmann – eine Versuchung für „kleine Geister".[309] Anzumerken ist auch, dass der Tübinger Professor gemäß der „Stellungnahme des Vorsitzenden der Deutschen Bischofskonferenz zum Entzug der kirchlichen Lehrerlaubnis Prof. Dr. Hans Küngs (18. Dezember 1979)" zwar „die Beauftragung, im Namen der Kirche und als von der Kirche anerkannter Lehrer katholische Theologie zu unterrichten" verliert, aber „nicht aus der Kirche ausgeschlossen ist und Priester bleibt".[310] Damit war für Hans Küng zwar eine dramatische, persönlich sehr unangenehme, aber durchaus nicht ausweglose Lage entstanden.

Er selbst ist ja verbeamteter Universitätsprofessor[311] und so wird „in mehreren Gesprächen mit Universitätspräsident Adolf Theiss und seinen Mitarbeitern eine universitätsinterne Lösung ausgearbeitet".[312] Hans Küng hatte seine Lehrtätigkeit an der Universität Tübingen ja zunächst als Ordinarius für Fundamentaltheologie begonnen, dann war im Wintersemester 1963/64 der Lehrstuhl für dogmatische und ökumenische Theologie errichtet und das Institut für ökumenische Forschung gegründet worden. Hans Küng „übernimmt als Direktor die Verantwortung für Lehre und Forschung in diesem Bereich der Theologie. 1971 ist das Institut maßgeblich an der Gründung der ‚Arbeitsgemeinschaft ökumenischer Universitätsinstitute' beteiligt", außerdem ist es „Gründungsmitglied der Europäischen Gesellschaft für

---

Herder, Freiburg im Breisgau, Vandenhoeck & Ruprecht, Göttingen, 1998.

[309] Vgl. Karl Lehmann, *Küng hat die kirchliche Autorität überreizt*, S. 312.
[310] Joseph Kardinal Höffner, „Stellungnahme des Vorsitzenden der Deutschen Bischofskonferenz zum Entzug der kirchlichen Lehrerlaubnis Prof. Dr. Hans Küngs" (18. Dezember 1979), in: Norbert Greinacher/ Herbert Haag (Hgg.), *Der Fall Küng*, S. 92-98, das Zitat S. 98.
[311] Am 20. Juli 1960 war seine Ernennung zum ordentlichen Professor auf Lebenszeit erfolgt. Hans Küng, *Erkämpfte Freiheit*, S. 281.
[312] Hans Küng, *Umstrittene Wahrheit*, S. 658. Die folgenden Informationen und Zitate sind der Webseite entnommen: http://www.uni-tuebingen.de/fakultaeten/katholisch-theologische-fakultaet/lehrstuehle/institut-fuer-oekumenische-und-interreligioese-forschung/container/institut/geschichte.html. Gesehen am 24. August A.D. 2017.

Ökumenische Forschung: Societas Oecumenica'." Bis 1980 arbeitet das Institut „innerhalb des theologischen Fachs Dogmatik" mit einem Schwerpunkt bei der „innerchristlichen ökumenischen Forschung". Nach dem Entzug der kirchlichen Lehrerlaubnis von Hans Küng

> „…wird nach langen Verhandlungen zwischen Universität, Ordinariat, Ministerium und Küng ein historischer ‚Tübinger Kompromiss' erzielt: Lehrstuhl und Institut für Ökumenische Forschung werden aus der Katholisch-Theologischen Fakultät ausgegliedert. Das Institut erhält den Status einer fakultätsunabhängigen Universitätseinrichtung und gewinnt dadurch (– im Rückblick geurteilt – WW) für theologische und universitäre Forschungseinrichtungen einzigartige Möglichkeiten."

Diese auf der offiziellen Webseite des Instituts wiedergegebene Beurteilung der Entwicklung des Instituts nach dem Entzug der kirchlichen Lehrerlaubnis von Hans Küng überschneidet sich mit der Einschätzung, die Robert Nowell hinsichtlich der persönlichen Situation des gemaßregelten Professors vorträgt:

> „Der Schritt Roms scheint Küngs Ruf innerhalb und außerhalb der katholischen Kirche weniger geschadet zu haben als ursprünglich zu befürchten. Vor allem im deutschen Sprachraum kaufen und lesen Katholiken begierig seine Bücher: Die Tatsache, dass Küng hinter dem Schleier offizieller Missbilligung lebt, war möglicherweise sogar von Vorteil für ihn in einer Kirche, in der die einfachen Gläubigen zu der Erkenntnis gelangt sind, dass sie bei vielen Themen, die sie direkt angehen, ihre eigene Entscheidung treffen müssen und von den Kirchenoberen keine Führung erwarten können."[313]

Tatsache ist jedenfalls, dass Hans Küng und seine Theologie auf diese Weise zu einer Institution geworden sind, mit der

---

[313] Robert Nowell, *Leidenschaft*, S. 340.

man leben und mit der man sich auseinandersetzen muss. Das galt auf seine Weise auch für das Verhältnis Hans Küngs zu Joseph Ratzinger,[314] für dessen Berufung nach Tübingen sich Küng einst als Dekan der Katholischen Fakultät sehr stark eingesetzt hat[315] und dem er u.a. in seiner Autobiografie immer wieder seine Aufmerksamkeit zuwendet, bisweilen mit maßlos überzogenen, eitlen, selbstgefälligen und polemischen Äußerungen.[316] Wir können uns mit dieser Polemik hier nicht befassen und müssen uns mit einer simplen Problemanzeige begnügen. Interessant für uns ist, dass Küng – im Kern zusammengefasst – bei sich und Ratzinger zwei verschiedene Weisen des ‚Katholischseins‘ sieht: bei Ratzinger eine *„historisch-organische Theologie"*, während er – Küng – eine *„historisch-kritische Theologie"* vertritt, welche „wie die Bibel, so auch die Dogmengeschichte kritisch untersucht und sich an der ursprünglichen Botschaft, Gestalt und Geschick Jesu misst."[317] Wesentlich ist in diesem Zusammenhang, dass Küng sein ‚Katholischsein‘ auch gegenüber seinen Tübinger evangelischen Professorenkollegen (Jürgen Moltmann und Eberhard Jüngel) verteidigte und keineswegs ‚Protestant‘ werden woll-

---

[314] Vgl. die knappe, freundliche und die zunehmende Distanz schildernde Beschreibung ihres Verhältnisses bei Joseph Kardinal Ratzinger, *Aus meinem Leben. Erinnerungen*, Deutsche Verlagsanstalt, München, 1998, S. 137.
[315] Hans Küng, *Erkämpfte Freiheit*, S. 591-594. Hans Küng, *Umstrittene Wahrheit*, S. 28-32.
[316] Vgl. Küngs Einlassungen über die ländlich-provinzielle Herkunft Joseph Ratzingers, vgl. Hans Küng, *Umstrittene Wahrheit*, S. 20-28, dann die Behauptung, Joseph Ratzinger habe neben Dissertation, Habilitation und seiner ‚*Einführung in das Christentum*' nur ein einziges Buch geschrieben (die ‚*Eschatologie*') und kulminierend seine zahllosen antihierarchischen Polemiken. Vgl. auch Hans Küng, *Sieben Päpste. Wie ich sie erlebt habe*, Piper, München/ Berlin/ Zürich, 2015 (zukünftig: *Sieben Päpste*), S. 242-312. Dass sein Auftreten bei andern als „eitel", „maßlos" und „selbstgefällig" ankommen kann, scheint Hans Küng begriffen zu haben, vgl. seine Anmerkungen zum Thema: „Was ist Eitelkeit?" am Schluss seiner Autobiografie, in: Hans Küng, *Erlebte Menschlichkeit*, S. 623-625.
[317] Hans Küng, *Umstrittene Wahrheit*, S. 33f. Hervorhebungen bei Hans Küng im Original. Vgl. dazu auch: Hans Küng, *Jesus*, Piper, München/ Zürich, 2. Auflage, 2013 (zukünftig: *Jesus*).

te.³¹⁸ Was das Verhältnis zu Joseph Ratzinger angeht, so ist wohl Vorgeschichte, Ablauf und Inhalt des Gesprächs bezeichnend, das Hans Küng nach einer entsprechenden Bitte auf Einladung von Papst Benedikt XVI. mit diesem am 24. September 2005 in Castel Gandolfo hatte.³¹⁹

Demnach wird ein „Disput über Lehrfragen, die zwischen Hans Küng und dem Lehramt der katholischen Kirche strittig sind", aus dem Gespräch ausgeklammert, das gemäß dem im Anschluss veröffentlichten Kommuniqué in einer freundschaftlichen Atmosphäre stattfindet, mit einem Fokus auf dem „Projekt Weltethos", „dem Dialog mit den Religionen", auf der „Begegnung mit den säkularen Vernunft" und dem „Dialog zwischen *Glaube und Naturwissenschaft*".³²⁰ Für unseren Zusammenhang ist nicht unwichtig, dass Professor Küng am Schluss dieses Kommuniqués „seinerseits seine Zustimmung zu dem Mühen des Papstes um den Dialog der Religionen wie um die Begegnung mit den unterschiedlichen Gruppen der modernen Welt ausdrückte".³²¹ Das ist für uns von Bedeutung, insofern sich Joseph Ratzinger immer wieder in relevanter Weise zu Fragen des Verhältnisses des Christentums zu den Weltreligionen geäußert hat.³²²

Im Grunde ist damit nun auch die Richtung angedeutet, in der sich die Tätigkeit von Küng nach dem Entzug der kirchlichen Lehrerlaubnis entwickeln sollte. Es ist klar, dass Küng

---

³¹⁸ Vgl. dazu die Ausführungen bei Jürgen Moltmann, *Weiter Raum. Eine Lebensgeschichte*, Gütersloher Verlagshaus, 2006 (zukünftig: *Weiter Raum*), S. 354-357, bes. S. 355.
³¹⁹ Hans Küng, *Erlebte Menschlichkeit*, S. 550-563; Hans Küng, *Sieben Päpste*, S. 258-274.
³²⁰ Hans Küng, *Der Anfang aller Dinge. Naturwissenschaften und Religion*, Piper, München/ Zürich, 4. Auflage, 2005 (zukünftig: *Naturwissenschaften und Religion*).
³²¹ Hans Küng, *Erlebte Menschlichkeit*, S. 561; Hans Küng, *Sieben Päpste*, S. 271f.
³²² Joseph Kardinal Ratzinger, *Glaube. Wahrheit. Toleranz. Das Christentum und die Weltreligionen*, Herder, Freiburg/ Basel/ Wien, 3. Auflage, 2004 (zukünftig: *Glaube, Wahrheit, Toleranz*). Küng versucht in dem Kommuniqué den Vorwurf der mangelnden Konkretion, den Ratzinger gegenüber seinem „Projekt Weltethos", ebd., S. 203, erhebt (Joseph Kardinal Ratzinger, *Glaube, Wahrheit, Toleranz*, S. 203), zurückzuweisen.

dabei an seine frühere Arbeit anknüpft. Robert Nowell schreibt in diesem Sinn:

> „Auf der Grundlage seiner theologischen Werke der sechziger und siebziger Jahre kann Küng ... seine Arbeit in ganz verschiedenen Forschungsgebieten fortsetzen. Sein theologisches Oeuvre bekommt eine Entfaltung, die im Kontext der Gegenwartstheologie ihresgleichen sucht. Die theologischen Arbeitskomplexe sind verschieden, werden aber doch durch die in *Christ sein* und *Existiert Gott?* niedergelegte Konzeption zusammengehalten. Ein *erster Themenschwerpunkt* ist dabei: Auslegung von *Grundfragen christlichen Glaubens für Menschen von heute.* Was Küng mit *Christ sein* und *Existiert Gott?* begonnen hatte, setzte er mit *Ewiges Leben?* und *Credo. Das apostolische Glaubensbekenntnis – Zeitgenossen erklärt* (1992) fort."[323]

Hier ist der Hinweis wichtig, dass in diesen Werken die in „Christ sein" und „Existiert Gott" formulierte Konzeption das sie verbindende Element ist, weil dies für unsere Arbeit noch einmal die Frage nach dem Verhältnis von Küngs Vorstellung von Christentum und Kirche zu seinem Verständnis der Weltreligionen hervorruft.

Als weiteren Arbeitsschwerpunkt Küngs seit den achtziger Jahren benennt Nowell eine „*Analyse der religiösen Situation der Zeit*"[324], was zunächst „eine Auseinandersetzung *mit der modernen Kultur* beinhaltete: mit Musik, Kunst und Kultur."[325] Schon

---

[323] Robert Nowell, *Leidenschaft*, S. 340f. Hans Küng, *Ewiges Leben?*, Taschenbuchausgabe, 6. Auflage, Piper, München/ Zürich, 1996 (zukünftig: *Ewiges Leben?*); Hans Küng, *Credo. Das Apostolische Glaubensbekenntnis – Zeitgenossen erklärt*, Piper, 5. Auflage, München/ Zürich, 1995 (zukünftig: *Credo*). In den Zusammenhang von ‚Ewiges Leben' gehören auch die Bücher: Walter Jens/ Hans Küng, *Menschenwürdig sterben. Ein Plädoyer für Selbstverantwortung.* Mit Beiträgen von Dietrich Niethammer und Albin Esser, Piper, München/ Zürich, 1995; Hans Küng, *Glücklich sterben.*
[324] Robert Nowell, *Leidenschaft*, S. 343-346.
[325] Robert Nowell, *Leidenschaft*, S. 343.

in „Christ sein" widmet Küng einen Abschnitt dem „Jesus der Literaten"³²⁶. Vorträge, Ausstellungseröffnungen, die Wiederbelebung des „studium generale" an der Universität Tübingen, letzteres zusammen mit Walter Jens, bildeten willkommenen Anlass und Gelegenheit, sich mit den genannten Themen auseinanderzusetzen,³²⁷ wobei natürlich eben auch hier Küngs Auffassung vom Christentum und den Weltreligionen mit einfließen. Sodann befasste sich Küng mit der Beförderung von Anliegen der Frauenforschung³²⁸ und begann, die Paradigmentheorie Thomas S. Kuhns zu rezipieren, zuerst in „Existiert Gott"³²⁹, dann 1983 in Form eines Symposions über Kuhns Theorie des Paradigmenwechsels³³⁰, aus welchem das Buch „Das neue Paradigma von Theologie" hervorging³³¹, dessen Gedanken dann breit in der „Theologie im Aufbruch"³³² appliziert werden. Das Buch hat für uns insofern eine besondere Bedeutung, weil Küng hier auf der Basis der Paradigmentheorie Kuhns eine Art Kriteriologie für seine eigene Konzeption von Christentum und Kirche, das Verhältnis zu den Weltreligionen und für eine Theologie der Weltreligionen überhaupt vorlegt.³³³ Es ist klar, dass wir

---

[326] Hans Küng, *Christ sein*, S. 130-136.
[327] HAns Küng, *Kunst und Sinnfrage*, Benziger, Zürich/ Köln, 1980; Hans Küng, *Mozart – Spuren der Transzendenz*, Piper, München/ Zürich, 3. Auflage, 1998; Walter Jens/ Hans Küng, *Dichtung und Religion. Pascal. Gryphius. Lessing. Hölderlin. Novalis. Kierkegaard. Dostojewski. Kafka*, Piper, München/ Zürich, 2. Auflage, 1992, 1998; Hans Küng, *Musik und Religion. Mozart – Wagner – Bruckner*, Piper, München/ Zürich, 3. Auflage, 2007.
[328] Robert Nowell, *Leidenschaft*, S. 344.
[329] Hans Küng, *Existiert Gott*, S. 133-143.
[330] Robert Nowell, *Leidenschaft*, S. 346. Thomas S. Kuhn, *Die Struktur wissenschaftlicher Revolutionen*, Suhrkamp Verlag, Frankfurt/ Main, 1967, 24. Auflage, 2014 (zukünftig: *Die Struktur wissenschaftlicher Revolutionen*).
[331] Hans Küng / David Tracy, *Das neue Paradigma von Theologie. Strukturen und Dimensionen*, Benziger Verlag/ Gütersloher Verlagshaus Gerd Mohn, Zürich/ Köln, 1991 (zukünftig: *Das neue Paradigma von Theologie*).
[332] Hans Küng, *Theologie im Aufbruch. Eine ökumenische Grundlegung*, Piper, München/ Zürich, 1987 (zukünftig: *Aufbruch*).
[333] Vgl. bes. Hans Küng, „Gibt es die eine wahre Religion. Versuch einer ökumenischen Kriterilogie", in: Hans Küng, *Aufbruch*, S. 274-306; und auch schon: Hans Küng, *Christ sein*, S. 81-108.

darauf im Fortgang der Arbeit noch eingehen müssen. Hier sei nur ein knappes Zitat festgehalten, welches bezeugt, wie Küng subjektiv die Wahrheit des christlichen Glaubens festhalten will, sie dann aber in einen sozusagen interreligiösen Gottesbegriff hinein entlässt: „*Für mich* als Glaubenden, *für uns* als Glaubensgemeinschaft, ist das Christentum, *sofern* es von Gott in Christus zeugt, gewiss die *wahre* Religion. Aber: die *ganze* Wahrheit hat keine Religion, die *ganze* Wahrheit hat nur *Gott allein*, da hatte Lessing schon recht. Nur Gott *selbst* – wie immer genannt – *ist die* Wahrheit!"[334]

Damit ist auch schon die Marschrichtung für seine großen Arbeiten über die Weltreligionen und zum Dialog mit diesen Weltreligionen im wesentlichen festgelegt,[335] ebenso die großen geschichtlichen Synthesen[336], ergänzt durch geschichtli-

---

[334] Hans Küng, *Aufbruch*, S. 305. Robert Nowell bringt dieses Zitat auch, sieht allerdings neben der Offenheit zum Dialog und dem Bemühen um ein Verständnis der anderen Religionen „die Wahrheit des Christentums festgehalten". Hervorhebungen bei Hans Küng im Original. Hans Küng, *Leidenschaft*, S. 349.

[335] Hans Küng/ Josef van Ess/ Heinrich von Stietencron/ Heinz Bechert, *Christentum und Weltreligionen. Hinführung zum Dialog mit Islam, Hinduismus und Buddhismus*, Piper, München/ Zürich, 1984 (zukünftig: *Hinführung zum Dialog*); Hans Küng/ Heinz Bechert, *Christentum und Weltreligionen. Buddhismus*, Piper, München/ Zürich, 5. Auflage, 2007 (zukünftig: *Buddhismus*); Hans Küng/ Julia Ching, *Christentum und Weltreligionen. Chinesische Religion*, Piper, München/ Zürich, 2000 (zukünftig: *Chinesische Religion*); Hans Küng, *Spurensuche. Die Weltreligionen auf dem Weg*, Band 1: *Stammesreligionen, Hinduismus, chinesische Religion*, Buddhismus, Piper, München/ Zürich, Ungekürzte Taschenbuchausgabe, November 2005 (zukünftig: *Spurensuche 1*); Hans Küng, *Spurensuche. Die Weltreligionen auf dem Weg*, Band 2: *Judentum, Christentum, Islam*, Piper, München/ Zürich, Ungekürzte Taschenbuchausgabe, 2. Auflage, Dezember 2007 (zukünftig: *Spurensuche 2*); Hans Küng/ Pinchas Lapide, *Jesus im Widerstreit. Ein christlich-jüdischer Dialog*, Calwer, Stuttgart, Kösel, München, 2. Auflage, 1981. Vgl. noch: Walter Jens/ Karl-Josef Kuschel, *Dialog mit Hans Küng. Mit Hans Küngs Abschiedsvorlesung*, Piper, München/ Zürich, 1996 (zukünftig: *Abschiedsvorlesung*).

[336] Hans Küng, *Das Christentum. Wesen und Geschichte*; Hans Küng, *Das Judentum. Die religiöse Situation der Zeit*, Piper, München/ Zürich, Ungekürzte Taschenbuchausgabe, 2. Auflage, 2001 (zukünftig: *Das Judentum*); vgl. die rumänische Übersetzung dieses Buches: Hans Küng, *Iudaismul*; Hans Küng, *Der Islam. Wesen und Geschichte*, Piper, München/ Zürich, Sonderausgabe,

che[337], biografisch-synthetische[338] oder auch autobiografisch-zeitgeschichtliche[339] Zusammenfassungen. Die Arbeiten zu den großen Weltreligionen sind wiederum schon Teil seines Forschungsprojektes ‚Kein Weltfriede ohne Religionsfriede'[340], das dann in das ‚Projekt Weltethos' und die Arbeit der 1995 gegründeten ‚Stiftung Weltethos' einmündete,[341] das auf UN-Ebene breit rezipiert worden ist.[342] Hans Küng hat damit viel erreicht. In dem Kommuniqué über seine Begegnung mit Papst Benedikt XVI. vom 24. September 2005 unterstreicht er, dass „es bei dem ‚Projekt Weltethos' keineswegs um eine abstrakte intellektuelle Konstruktion gehe. Es werden vielmehr die moralischen Werte ins Licht gesetzt, in denen die großen Religionen der Welt bei allen Unterschieden konvergieren und die sich von ihrer überzeugenden Sinnhaftigkeit her auch der säkularen Vernunft als gültige Maßstäbe zeigen können."[343] Von einer inneren Überzeugungskraft von Christentum und Kirche für andere ist hier bei Hans Küng allerdings keine Rede mehr. Joseph Ratzinger hatte an der Stelle, gegen die sich der Tübinger Professor zur Wehr setzt, von mangelnder Konkretion des ‚Projekts Weltethos' gesprochen.[344] Inwieweit freilich ein

---

2007 (zukünftig: *Der Islam. Wesen und Geschichte*).

[337] Hans Küng, *Kleine Geschichte der katholischen Kirche*, Berliner Taschenbuchverlag, Berlin, April 2002.

[338] Hans Küng, *Große christliche Denker*, Piper, München/ Zürich, 1994 (zukünftig: *Große christliche Denker*).

[339] Hans Küng, *Sieben Päpste*.

[340] Robert Nowell, *Leidenschaft*, S. 355. Hans Küng/ Karl Josef Kuschel (Hgg.), *Weltfrieden durch Religionsfrieden. Antworten aus den Weltreligionen*, Piper, Originalausgabe, München/ Zürich, 1993.

[341] Hans Küng, *Projekt Weltethos*, Piper, Zürich/ München, 1990 (zukünftig: *Projekt Weltethos*); Hans Küng, *Weltethos für Weltpolitik und Weltwirtschaft*, Piper, München/ Zürich, ungekürzte Taschenbuchausgabe, August 2000; Hans Küng, *Handbuch Weltethos*, Piper, München/ Zürich, Originalausgabe, Oktober 2012. Vgl. http://www.weltethos.org/geschichte/. Gesehen am 28. August A.D. 2017.

[342] Vgl. Kofi Anan, *Brücken in die Zukunft*. Vgl. weiter http://www.weltethos.org/weltethos_bei_den_vereinten_nationen/. Gesehen am 28. August A.D. 2017.

[343] Hans Küng, *Erlebte Menschlichkeit*, S. 561; Hans Küng, *Sieben Päpste*, S. 272.

[344] Joseph Kardinal Ratzinger, *Glaube, Wahrheit, Toleranz*, S. 203.

solches Kommuniqué das vom Papst benannte Problem beseitigen kann, ist eine andere Frage.

Ausgegangen sind wir in diesem Abschnitt von Küngs Lehrern, welche „*die Anziehungskraft der christlichen Offenbarung und der Kirche ... aus dem Licht der philosophischen und historischen Vernunft bewiesen und verteidigt*" wissen wollten.[345] Das ‚Projekt Weltethos' ist letztendlich so etwas wie ein Diskurs der säkularen Vernunft unter Zuhilfenahme der verschiedenen Religionen. Die bei Küngs Lehrern noch festgehaltene Notwendigkeit, – im kirchlichen Sinne – zu glauben (‚credentitas'), ist auf dem Wege über die schlussendlich bestrittene Möglichkeit grundsätzlich infallibler Sätze zu Fall gekommen. Zwar hält Hans Küng subjektiv am christlichen bzw. katholischen Glauben fest. Die Öffnung gegenüber den anderen Religionen aber ist gerade darin begründet, dass diese, „sofern sie der christlichen Botschaft im Entscheidenden nicht widersprechen, die christliche Religion durchaus ergänzen, korrigieren und bereichern können."[346] Die Aufgabe des Theologieprofessors ist es, die christliche Botschaft zu rekonstruieren. Der Gedanke der Mission der Kirche fällt weg.

Ergebnis

Hans Küng ist in einem keineswegs engstirnigen, in sich abgeschlossenen katholischen Milieu in Sursee aufgewachsen. Er nahm frühzeitig wichtige Anregungen zu jesuanischer Frömmigkeit auf, erhält eine humanistische Bildung und ist schon auf dem Lyzeum mit religionswissenschaftlichen Fragestellungen befasst („Ist die römisch-katholische wirklich die ‚einzig wahre', die ‚alleinselig-machende Kirche'?"[347]). Er grenzt sich in seinen Erinnerungen vom Aufbau „sakraler Macht" ab. Geschichte und Freiheitsbewusstsein der Schweiz

---

[345] Vgl. Sebastian Tromp SJ, *De revelatione*, S. 7.
[346] Hans Küng, *Aufbruch*, S. 305.
[347] Hans Küng, *Erkämpfte Freiheit*, S. 127.

werden für ihn zu einer Matrix, aus welcher das Recht zum Widerstand in der Kirche erwächst, der langfristig zu einer Reform der Kirche in Struktur und Lehre führen kann. Seine Entscheidung für den Priesterberuf trifft Hans Küng schon im Alter von 12 Jahren unter dem Eindruck des damaligen Jugendpräses Franz-Xaver Kaufmann in Sursee und dessen ‚jesuanischer' Frömmigkeit und hat diese Entscheidung nie bereut. Gemeinsam mit dem späteren Bischof von Basel, Otto Wüst, trifft er schon 1945 (drei Jahre vor Küngs Abitur) die Entscheidung für ein Studium am Collegium Germanicum et Hungaricum und der Gregoriana in Rom, wo er von Oktober 1948 zunächst drei Jahre Philosophie und weitere vier Jahre Theologie studieren wird. Das Philosophiestudium sollte dem Aufbau eines soliden rationalen Fundaments für das Theologiestudium dienen, seine philosophische Lizentiatenarbeit ist dem existentialistischen Humanismus Jean Paul Sartres gewidmet.[348] Schon während des Philosophiestudiums beschäftigt sich Küng auf Anregung seiner Lehrer intensiv mit Georg Friedrich Wilhelm Hegel, mit der Frage nach einem ‚dritten Weg' zwischen Individualismus und Kollektivismus, Kapitalismus und Sozialismus. Unter dem Eindruck des „starken Kommunismus in Italien und Frankreich" interessiert ihn besonders der „Sowjetmarxismus" und die „Sowjetphilosophie", was ihn später zu schroffen Vergleichen zwischen „Heiligem Offizium" bzw. dessen Nachfolgeeinrichtungen und dem „unfehlbaren Lehramt" der kommunistischen Partei verleiten wird. Ein Gespräch mit einem jungen Künstler in Berlin nach Abschluss des Philosophiestudiums stellt ihm sodann die Brüchigkeit des von ihm erarbeiteten ‚rationalen Fundaments' seines Glaubens vor Augen. Die Lösung dieses Problems findet Küng auf dem Wege über die ‚Selbstannahme' zum ‚Grundvertrauen'.

Im Theologiestudium in Rom befasst sich Küng mit den Themen Natur und Übernatur, Offenbarung, Ekklesiologie, Gehorsam versus Ungehorsam, Heil für Nichtchristen und

---

[348] Hans Küng, *Erkämpfte Freiheit*, S. 82.

schreibt schließlich unter Leitung von Mauricio Flick SJ seine theologische Lizentiatsarbeit über „die Rechtfertigungslehre Karl Barths (und des Konzils von Trient)", die er später in Paris bei Louis Bouyer zu einem theologischen Doktorat ausbauen wird. Wir haben in unsere Darstellung von Küngs Theologiestudium das, was dessen Lehrer Sebastian Tromp SJ und Timotheus Zapelena SJ zu den Themen ‚Offenbarung' und ‚Ekklesiologie' vorgetragen haben, besonders in unsere Untersuchung einbezogen, weil auf diese Weise Küngs eigenes Profil und das Spezifische der Prägung durch sein Studium in Rom klarer zum Vorschein kommen. Auch wenn Hans Küng am 11. April 1949 gemäß der Gepflogenheit gemeinsam mit seinen Kurskollegen den Eid (das ‚Jurament') ablegt, nicht Jesuit zu werden, so ist doch nicht zu übersehen, in welchem Maß die Ausbildung eben jesuitisch geprägt war. Bei Küng selbst zeigt sich dies z.B. an seinem sich immer stärker vertiefenden Interesse am ‚historischen Jesus', am Thema der ‚geistlichen Buchführung'[349] und seiner „Abneigung gegen allzu lange und pompöse Liturgien ... , für die ja auch Ignatius von Loyola wenig übrig hatte"[350]. Ebenso tauchen bei seinen Lehrern bestimmte Begriffe schon auf (‚credibilitas ... apetibilitas revelationis christianae et ecclesiae'), die in Küngs Biografie später noch unter den Stichworten der ‚Unfehlbarkeit' von Papst und Kirche, ihrer ‚Glaubwürdigkeit' und ‚Wahrhaftigkeit' noch eine große Rolle spielen werden, so dass es nicht ganz falsch ist, selbst die kirchenkritischen bzw. häretischen Werke Küngs noch irgendwie als ‚katholische Apologetik' einzuordnen. Küng selbst nimmt für sich eine ‚Katholizität im Raum' und eine ‚Katholizität in der Zeit' in Anspruch, verbunden mit der Tatsache, dass er in Rom als dem Zentrum der ‚Katholischen Weltkirche' studiert und auf diese Weise dort viele bedeutende Persönlichkeiten kennengelernt hat.

Sein theologisches Doktorat führt ihn nach Paris, wo ihn Louis Bouyer als Doktoranden annimmt. Als Thema wird in einem Gespräch am 12. Juli 1953 „die Rechtfertigung des Sünders" ver-

---
[349] Hans Küng, Erkämpfte Freiheit, S. 95.
[350] Hans Küng, Erkämpfte Freiheit, S. 94.

abredet[351], und nach weiteren Rücksprachen steht fest, dass Küng über Karl Barth arbeiten wird. Wir müssen hier ergänzen, dass Louis Bouyer in seinem Buch „Vom Handwerk des Theologen" seine Konversion vom Luthertum zum Katholizismus mit seiner als lutherischer Pfarrer „im Amt zunehmend gemachten Erfahrung" begründet, „dass es unmöglich" sei, „in den im 16. Jahrhundert entstandenen protestantischen Kirchen die damals neuentdeckten spirituellen Prinzipien ... die Rechtfertigung durch den Glauben an Gottes Gnade, die Unterwerfung unter das Wort Gottes als höchster Autorität, und, aus beidem sich ergebend, der personale Charakter der Religion, auf die Dauer durchzuhalten oder wiederzubeleben", weil „diese Prinzipien die authentische, von Christus gewollte und gegründete Kirche voraussetzen."[352] Wir können diese Stellungnahme Bouyers jetzt nur zur Kenntnis nehmen, werden sie aber im Auge behalten müssen. Zweifellos aber ergibt sich schon hier, dass Bouyer am Nachweis, dass die reformatorische Rechtfertigungslehre (das ist verkürzt gesagt, denn Küng beschäftigt sich ja mit der Rechtfertigungslehre in der Fassung von Karl Barth) eigentlich katholisch sei, ein vitales Interesse haben musste. Küng gelang dann das Meisterstück, von Barth in dessen Geleitwort zu seinem Rechtfertigungsbuch bescheinigt bekommen zu haben, dass er

> „alles Wichtige, was den bisher erschienenen 10 Bänden der ‚Kirchlichen Dogmatik' zum Thema ‚Rechtfertigung' zu entnehmen ist, nicht nur vollständig gesammelt und nicht nur korrekt, d.h. meinem Sinn gemäß, wiedergegeben, sondern wie durch Ihre bei aller Kürze genaue Darstellung im Einzelnen, so auch durch Ihre zahlreichen geschickten Hinweise auf die größeren Zusammenhänge schön zum Leuchten gebracht" habe.[353]

---

[351] Hans Küng, *Erkämpfte Freiheit*, S. 166.
[352] Louis Bouyer, *Das Handwerk des Theologen. Gespräche mit Georges Daix*, Johannes Verlag, Einsiedeln, 1980, S. 13, das Zitat S. 19.
[353] Hans Küng, *Rechtfertigung*, S. 11.

Damit war dann nur noch nachzuweisen, dass Barths Rechtfertigungslehre mit der Rechtfertigungslehre von Trient übereinstimme und insofern auch katholisch sei, was 42 Jahre später durch die Unterzeichnung der „Gemeinsamen Erklärung" dann sozusagen auch – trotz alles gleichwohl nicht verstummten Protestes der Theologengilde – kirchenamtlich bestätigt wurde.[354] Dieser mit der Doktorarbeit erbrachte Erfolg verleitete Küng – in der Annahme, damit ‚protestantischen Anliegen' entgegenzukommen – mehr und mehr in die Struktur nicht nur der Ekklesiologie der römisch-katholischen Kirche, sondern auch der „una sancta apostolica ecclesia" einzugreifen, indem er die Rückkehr zum „ursprünglich Christlichen", „dem Evangelium" auch ohne oder gegen kirchliche Traditionen und Autoritäten zu vollziehen aufrief, z.B. Abendmahlsfeiern ohne Priester.[355]

Nach Abschluss seiner theologischen Doktorarbeit beginnt er auf einer Reise eine große Studie über Hegel,[356] deren ersten Entwurf er unter dem Titel „Christologie Hegels" im Juli 1957 einem Mitbruder aus dem Germanicum in die Maschine diktieren wird. Nach seinem Vikariat (Pfarrhelferzeit) in Luzern wird er 1959 in Münster zum Wissenschaftlichen Assistenten bestellt, um diese Arbeit zur Habilitationsschrift auszubauen. Dazu sollte es jedoch nicht mehr kommen, da Küng zuvor schon zum ordentlichen Professor nach Tübingen berufen worden war. Eine wesentliche Entdeckung der Hegel-Studie Küngs war die Feststellung, dass Gott nach Hegel eine Geschichte, „einen Lebenslauf"[357] hat. Die Betrachtungen zur „Geschichtlichkeit Jesu" am Schluss der 1970 unter dem Titel „Menschwerdung Gottes. Eine Einführung in Hegels theologisches Denken als Prolegomena zu einer künftigen Christologie" erschienenen Studie haben daher für Küngs theologischen Denkweg ein

---

[354] Lutherischer Weltbund (LWB), Udo Hahn/ Friedrich Hauschildt (Herausgeber), *Gemeinsame Erklärung - Dokumentation*.
[355] Hans Küng, *Die Kirche*, S. 449.
[356] Hans Küng, *Erkämpfte Freiheit*, S. 203-219.
[357] Hans Küng, *Menschwerdung*, S. 229-230.

besonderes Gewicht.[358] Die anderthalb Jahre als Pfarrvikar in Luzern beurteilt Küng als „so intensiv und konstruktiv, dass sie mich mein ganzes Leben prägen. Ich werde immer genau einschätzen können, wie sich die eine oder andere Lehre oder Reformmaßnahme in der Praxis auswirken wird."[359]

Noch in Luzern erhält Hans Küng von Karl Barth eine Einladung zu einer Gastvorlesung an der protestantischen Theologischen Fakultät Basel, die Küng dort am 19. Januar 1959 unter dem Titel „Ecclesia semper reformanda" hält. Er insistiert hier auf dem Gedanken, dass nicht nur die (sündigen) Glieder der Kirche (Buße) tun müssen, sondern eben die Kirche, nicht nur das Leben der Kirche, „sondern gerade auch ihre Lehre".[360] Unter dem Eindruck der Konzilsankündigung durch Papst Johannes XXIII. will Küng den Basler Vortrag zu einem Buch über Konzil und Reform ausbauen, das dann auf Vorschlag von Karl Barth unter dem Titel „Konzil und Wiedervereinigung. Erneuerung als Ruf in die Einheit" erscheinen wird. Das argumentative Schwergewicht liegt auf dem Gedanken, dass die Kirche reformiert werden muss, nicht auf der Buße der einzelnen Kirchenglieder.

In seiner Tübinger Professur führt Küng die bisherigen Linien weiter und treibt „Theologie von unten". Er befasst sich, besonders seit seiner Münsteraner Zeit und mehr noch in Tübingen, mit „historisch-kritischer Exegese", bleibt dabei jedoch tragischerweise nur auf der Oberfläche und verstrickt sich in eklatante Widersprüche, indem er in allem nach den ältesten Dokumenten und Zeugnissen fragt und so alles andere faktisch – grob willkürlich – relativiert, als ob der Geist nur durch die ältesten Texte sprechen würde. In der Auseinandersetzung mit Ernst Käsemann will er zwar ‚katholisch' bleiben, d.h. am Ganzen des Neutestamentlichen Kanons als verbindender und verbindlicher Einheit festhalten. Aber es ist doch klar, das die

---

[358] Hans Küng, *Menschwerdung*, S. 557-610.
[359] Hans Küng, *Erkämpfte Freiheit*, S. 242.
[360] Hans Küng, *Erkämpfte Freiheit*, S. 227-229, bes. S. 228.

jeweiligen Antworten auf die Frage nach dem von Küng konzipierten ‚urapostolischen Zeugnis' sehr stark der Willkür der Fachexegeten ausgeliefert und letztendlich vom Geist der Zeit diktiert werden.

Für Küngs Lebensweg wichtig ist seine Berufung zum persönlichen Berater des Bischofs von Rottenburg, Carl Joseph Leiprecht (Juni 1962) beim Zweiten Vatikanischen Konzil,[361] und etwas später zum *„offiziellen Peritus des Konzils"*[362]. Wenn freilich Metropolit Nikodim (Rotov) in seinem Buch über Johannes XXIII. ähnlich wie – mit anderen Worten – der Kirchengeschichtler Hubert Jedin bezüglich der berühmten Eröffnungsansprache des Papstes „ein vollkommenes Gleichgewicht zwischen einer absoluten Treue zur Tradition und einer stark betonten Hinwendung zu unserer Welt von heute" beobachtet, so geht es Hans Küng in zunehmendem Maß eben um eine Veränderung (Reform) der Lehre der Kirche als solcher. Ausgangspunkt war die – richtige – Beobachtung einer grundsätzlichen Übereinstimmung in der Rechtfertigungslehre, über das Ziel hinausgeschossen die Behauptung, dass nun alles, was man im Protestantismus entdecken zu können meinte, deshalb auch schon ein gesamtprotestantisches Anliegen und schlussendlich katholisch sei.

Hierher gehört das Thema „Heilige Schrift und Tradition", ein wichtiges Thema im Zusammenhang der Konstitution über die „Offenbarung",[363] wir haben auf die Arbeiten von Josef Rupert Geiselmann verwiesen.[364] Für Küng ist die Heilige Schrift – gut protestantisch –„norma normans", doch legt er noch als Konzilsperitus eine Ausarbeitung vor (die Vorlage einer Kurzansprache von Franz Kardinal König), wo er – unter Zuhilfenahme völlig untauglicher Argumente – sich anschickt, die sogenannte ‚Ineranz' der Heiligen Schrift zu bestreiten. Später wird er dann – bei Behauptung eines grundsätz-

---

[361] Vgl. Hans Küng, *Erkämpfte Freiheit*, S. 340-342.
[362] Hans Küng, *Erkämpfte Freiheit*, S. 358.
[363] Vgl. dazu Otto Hermann Pesch, *Das Zweite Vatikanische Konzil*, S. 272-283.
[364] Josef Rupert Geiselmann, *Heilige Schrift und Tradition*.

lichen Gehaltenseins der Kirche in der Wahrheit – gegen die Unfehlbarkeit des Papstes, der Kirche und der Ökumenischen Konzilien zu Felde ziehen, was ihm dann zusammen mit seinen in „Christ sein" vorgetragenen christologischen Häresien nach zehnjährigen Auseinandersetzungen mit dem römisch-katholischen Lehramt im Dezember 1979 den Entzug der kirchlichen Lehrerlaubnis einbringen wird. Die Sache ist deshalb kompliziert, weil Küng nicht nur gegen römisch-katholische Sonderlehren streitet (z.B. Unfehlbarkeit des Papstes, römisch-katholische Spezialdogmen über Maria, Zölibat des Weltklerus usw.), sondern auch die Lehre der „una, sancta, apostolica et catholica ecclesia" verkürzt, verfälscht oder gar falsch darbietet, besonders gravierend in der Gotteslehre, der Christologie, der Ekklesiologie, der Mariologie und der Ethik. Dabei darf jedoch nicht verkannt werden, wie tief Hans Küng gleichwohl in der katholischen Theologie verwurzelt ist, was aus einem Vergleich der Lehrbücher seines Studiums mit seinem theologischen Ansatz unschwer hervorgeht.

Nach dem Entzug der kirchlichen Lehrerlaubnis wird 1980 sein 1963/64 aus dem Lehrstuhl für Fundamentaltheologie in einen Lehrstuhl für dogmatische und ökumenische Theologie umgewandelter Lehrstuhl sowie das von ihm geleitete „Institut für ökumenische Forschung" aus der Katholisch-Theologischen Fakultät ausgegliedert. „Bis zu einer möglichen Wiedererteilung der Missio canonica sollen Lehrstuhl und Institut direkt dem Präsidenten und Senat der Universität unterstellt werden."[365] Küngs „Recht, an Promotionen und Habilitationen" seiner „Schüler und Mitarbeiter uneingeschränkt mitzuwirken," bleibt „garantiert". „Auch sollen die im Institut für ökumenische Forschung erworbenen Seminarscheine wie bisher von der Fakultät anerkannt bleiben."[366]

Nach dem Entzug der kirchlichen Lehrerlaubnis richtet sich seine Aufmerksamkeit – in Kontinuität zu der in ‚Christ sein'

---

[365] Hans Küng, *Umstrittene Wahrheit*, S. 658.
[366] Hans Küng, *Umstrittene Wahrheit*, S. 659.

und ‚Existiert Gott' erarbeiteten Konzeption (einer ‚Theologie von unten' – WW) – auf „Grundfragen christlichen Glaubens für Menschen von heute".[367] Seit den achtziger Jahren befasst sich Küng mit einer „Analyse der religiösen Situation der Zeit",[368] mit Kunst und Kultur, Förderung von Frauenforschung und schließlich den großen Weltreligionen, wobei Küng seit ‚Existiert Gott' immer stärker die Paradigmentheorie Thomas S. Kuhns in seine Reflexion einbezieht, besonders in dem Buch „Theologie im Aufbruch", wo Küng auf dieser Basis eine Art Kriteriologie für seine eigene Konzeption von Christentum und Kirche, das Verhältnis zu den Weltreligionen und für eine Theologie der Weltreligionen überhaupt vorlegt. Die Werke über die Weltreligionen wiederum gehören z.T. schon in sein großes ‚Projekt Weltethos'.

Im Ganzen ergibt sich daraus die Frage, welchen Einfluss die Konzeption, die Hans Küng von Kirche und Christentum darlegt, auf sein Verständnis der verschiedenen Weltreligionen hat. Deshalb werden wir im folgenden Kapitel unserer Arbeit unsere Aufmerksamkeit Küngs eigener Konzeption von Kirche und Christentum im Detail zuwenden, um sodann sein Verständnis der Weltreligionen im Dialog mit dem Christentum in den Blick zu nehmen.

---

[367] Robert Nowell, *Leidenschaft*, S. 340f.
[368] Robert Nowell, *Leidenschaft*, S. 343-346.

DIE AUFFASSUNG HANS KÜNGS VON CHRISTENTUM UND KIRCHE

Methodische Vorüberlegungen

Wie wir gesehen haben, sind die Weichen für das Interesse Hans Küngs an der globalen Welt der Religionen schon früh gestellt worden. Schon als Abiturient hatte ihn die Frage nach dem „Heil für Nichtchristen" bewegt.[369] Von daher ist der Radius von vornherein universal angelegt, in welchen sich seine Konzeption und Lehrauffassung bezüglich Christentum und Kirche einschreibt. Diesem universalen Horizont steht eine Konzentration auf den historischen Jesus gegenüber, welche eine lange Vorgeschichte im westlichen Christentum hat und die auf Küng selbst von seiner Jugend an durch die z.T. jesuanische Frömmigkeit seiner Seelsorger und dann durch die jesuitische Gestalt seiner Ausbildung und seines Studiums in Rom zutiefst prägend eingewirkt hat. Eine weitere wesentliche Weichenstellung ergab sich infolge seiner tatsächlich meisterhaften Doktorarbeit über die Rechtfertigungslehre Karl Barths,[370] insofern er von nun an auch für sein Denken – den ‚garstigen Graben der Geschichte' etablierend – die Rückkehr zum Evangelium, d.h. zum ‚ursprünglich Christlichen' fordert. Kriterien für dieses ‚ursprünglich Christliche' sind nun allerdings faktisch nicht der Kanon der Heiligen Schrift und das Glaubensbekenntnis der Kirche, sondern der ‚historische Jesus' und das ‚apostolische Urzeugnis', welches sich durch Heranziehung der ältesten Quellen bzw. Quellenfragmente und organische Verknüpfung mit den ‚Erfordernissen der Gegenwart' andererseits eruieren lässt. Zwar insistiert Küng auf der Heiligen Schrift als erstrangiger Offenbarungsquelle[371] und ‚norma

---
[369] Vgl. Hans Küng, *Erkämpfte Freiheit*, S. 126ff.
[370] Vgl. Hans Küng, *Rechtfertigung*, S. 105-127.
[371] Vgl. Hans Küng, *Erkämpfte Freiheit*, S. 388-392.

normans' aller christlichen Theologie und Frömmigkeit,[372] tatsächlich aber hat die Heilige Schrift in Küngs Argumentation keineswegs die Stellung eines normativen Kriteriums, sondern wird durch die Perspektive seiner Paradigmenanalyse ersetzt. Die Ineranz der Bibel beginnt Küng zwar erst zur Zeit des Zweiten Vatikanischen Konzils zu bestreiten, aber schon in seinem Basler Vortrag vom 19. Januar 1959 „de ecclesia semper reformanda"[373] hatte Küng nicht nur die Buße des Sünders, sondern eine Reform der kirchlichen Lehre gefordert. Berechtigt ist diese Forderung sicherlich insoweit, als dass sie sich auf bestimmte Sonderentwicklungen der römisch-katholische Lehre bezieht, die nicht mit der Lehre und Praxis der einen, heiligen, apostolischen und allumfassenden Kirche übereinstimmen. Küng schießt allerdings weit über das Ziel hinaus, wo er seine Reformforderungen aus der Perspektive seiner ‚Paradigmenanalyse' auch gegenüber der letzteren erhebt. Das positive Anliegen der Paradigmenanalyse besteht sicherlich darin, ein Kriterium für die Unterscheidung der unveräußerlichen, unveränderlichen Substanz des Christentums und seinen – veränderlichen und ablösbaren – geschichtlichen Gestaltwerdungen und Ausformungen im Laufe der Jahrhunderte zu finden. Zweifellos hat Küng recht,[374] wenn er sagt, dass Jesus Christus die Substanz des Christentums sei, aber in seiner umfänglichen Schilderung des Wesens des Christentums mit über tausend Seiten Paradigmenanalyse bleibt die Beschreibung dieser ‚Substanz' doch eigentümlich blass, widersprüchlich, beinahe konturenlos und inhaltsleer. Demgegenüber werden Romano Guardini[375] und Michael

---

[372] Vgl. nur Hans Küng, *Erkämpfte Freiheit*, S. 252.
[373] Hans Küng, „Ein vorkonziliares Reformprogramm ‚Ecclesia semper reformanda'" (zukünftig: *Ecclesia semper reformanda*), in: *Konzil und Ökumene*, S. 19-50, bes. S. 48ff.
[374] Hans Küng, *Das Christentum. Wesen und Geschichte*, bes. S. 72-88, 123f.
[375] Romano Guardini, *Das Wesen des Christentums*, Werkbund-Verlag Würzburg, Abt. die Burg, Burg Rothenfels am Main, 1938.

Schmaus[376], die Küng als „vorkonziliar"[377] abkanzelt,[378] zumindest im Rahmen ihrer römisch-katholischen Perspektive, der Bedeutung der Person Jesu Christi sehr viel eindeutiger und klarer gerecht, indem sie ihn als Wesen und Substanz explizit und unreduziert auf Christentum und Kirche beziehen. Obwohl Küng die Übernahme[379] und Einführung der Methode der Paradigmenanalyse[380] mit einem aufwendigen Kongress vorbereitet hat, der vom 23. bis 26. Mai 1983 an der Universität Tübingen stattfand und in zwei umfangreichen Tagungsbänden dokumentiert wurde,[381] geht gerade aus diesen Tagungsbänden hervor, dass das Paradigmenschema keineswegs so überzeugend und seine Anwendung daher keineswegs so zwingend ist wie Küng das fortlaufend suggerieren möchte. Eberhard Jüngel z.B. beteiligt sich in seiner „Antwort an Josef Blank"[382] zwar an der Diskussion,[383] warnt aber sehr deutlich vor dem ideologischen Beigeschmack,[384] den die Applikation

---

[376] Michael Schmaus, *Vom Wesen des Christentums*, Buch-Kunstverlag, 3. Auflage, Ettal, 1954.
[377] Hans Küng, *Das Christentum. Wesen und Geschichte*, S. 40.
[378] Gemäß Michael Seybold, Art. „Michael Schmaus", in: *Lexikon für Theologie und Kirche (LThuK)*, Bd. 9: San bis Thomas, Sp. 172f., war Schmaus „Konsultor und Peritus des Vaticanum II". Auch in solchen Seitenhieben zeigt sich die ideologisch festgelegte Herangehensweise des Tübinger Professors.
[379] Grundlegend zuerst: Thomas S. Kuhn, *Die Struktur wissenschaftlicher Revolutionen*.
[380] Zuerst in: Hans Küng, *Existiert Gott?*, S. 133ff.
[381] Hans Küng/ David Tracy, *Theologie – Wohin? Auf dem Weg zu einem neuen Paradigma*, Benziger Verlag/ Gütersloher Verlagshaus Gerd Mohn, Zürich/ Köln, 1984 1984 (zukünftig: *Theologie – Wohin?*); Hans Küng/ David Tracy, *Das neue Paradigma*.
[382] Josef Blank, „Secundum Scripturas. Ursprung und Struktur der theologischen Hermeneutik", in: Hans Küng/ David Tracy, *Theologie – Wohin?*, S. 35-52 (zukünftig: *Secundum Scripturas*).
[383] Eberhard Jüngel, „Antwort an Josef Blank", in: Hans Küng/ Josef Tracy, *Theologie – Wohin?*, S. 66-71 (zukünftig: *Antwort an Josef Blank*).
[384] Eberhard Jüngel, *Antwort an Josef Blank*, S. 68: „Die Theologie teilt, wenn auch auf durchaus kritische Weise, das *allgemeine Wahrheitsbewußtsein* und die Plausibilitätsstrukturen ihrer Zeit, und insofern partizipiert sie an den – vorzüglich in der Philosophie formulierten – übergreifenden Paradigmen des Verstehens, partizipiert sie folglich auch am das allgemeine Wahrheitsbewußtsein und seine Plausibilitätsstrukturen verändernden Paradigmen-

des Paradigmenschemas bei Hans Küng dann tatsächlich haben wird, während Blank sehr zu Recht darauf hinweist: „Die Bibel ist ein widerspenstiges Buch, das man, wenn man es ernst nimmt, in keinen systematischen Käfig einsperren kann."[385] Es drängt sich in der Tat der Eindruck auf, besonders im Umgang mit dem Evangelium nach Johannes, dass Küng lieber seine Vorurteile kultiviert als sich den Texten wirklich zu stellen. Oftmals scheint der Autor zudem lediglich seinen Vorlagen aus der (nicht selten veralteten) Sekundär- oder Tertiärliteratur zu folgen, ohne mit den behandelten Quellen jemals in Kontakt gekommen zu sein. Dass seine Abhandlungen dann auch noch als kaum verborgene Plagiate[386] daherkommen, macht die Lektüre dieser „the-best-of-Hans-Küng-Texte"[387] doppelt unerfreulich. Das Schema des Paradigmenwechsels, wie es in „Das Christentum. Wesen und Geschichte" eingebaut ist, erinnert jedenfalls in starkem Maße an das Ordnungsprinzip, welches dem Kompendium der Kirchengeschichte von Karl Heussi zugrunde liegt. Dass dieses Schema mehr zu leisten imstande sein könnte, ist zu bezweifeln. Küngs grundsätzliche Zuordnung bestimmter Kirchen wie z.B. der Orthodoxen Kirche zu eigentlich „veralteten" Paradigmen im ökumenischen Diskurs macht deutlich, dass es das (seinerseits nicht reflektierte) Interesse an

---

wechsel. Theologie darf sich jedoch durch keinen Paradigmenwechsel davon abhalten lassen, die Intentionen der in ‚veralteten' Paradigmen denkenden Verfasser biblischer Texte – und sei es denn unzeitgemäß – zur Geltung zu bringen (Blank)."

[385] Josef Blank, *Secundum Scripturas*, S. 35.

[386] Vgl. z.B. Hans Küng, *Wozu Priester? Eine Hilfe*, und dazu: Heinrich Fries/Wolfhart Pannenberg, *Das Amt in der Kirche*, vor allem aber: Hans Küng, *Das Christentum. Wesen und Geschichte*, S. 908 (Ende der Seite 907 beginnenden Anmerkung 1), wo Küng freimütig berichtet: „Für die historische Orientierung halfen mir immer wieder K. Heussi, *Kompendium der Kirchengeschichte*, Tübingen, 1956, 12. Auflage, 1960", und in diesem Zusammenhang das zitierte Werk von Heussi, § 106 g-k.

[387] Zum Begriff der „the-best-of-Hans-Küng-Texte" vgl. Friedrich Wilhelm Graf, Hans Küng: „Was ich glaube". Alles Hinterwäldlerische ist diesem Bergführer fremd, in: http://www.faz.net/aktuell/feuilleton/buchmesse-2009/buecher/hans-Kueng-was-ich-glaube-alles-hinterwaelderische-ist-diesem-bergfuehrer-fremd-1868813.html. Gesehen am 29. November A.D. 2016.

jenem (von ihm sehr spezifisch auf synkretistische Vereinigung hin bejahten) Diskurs ist, dem sein „analytisches Instrument" dienen soll. Eine weitere wesentliche Prämisse im Denken von Hans Küng ist die Kriteriologie der wahren Religion,[388] die er im zweiten Teil innerhalb seiner Darlegungen zum „Aufbruch zu einer Theologie der Weltreligionen"[389] nach seinen Ideen zum Thema ‚Paradigmenwechsel' in „Theologie im Aufbruch" vorträgt. Die hier anzutreffende Wort- und Gedankenakrobatik bringt zielsicher zum Ausdruck, worauf es Küng letztendlich ankommt, nämlich die Begründung des „Humanum als allgemein ethisches Kriterium"[390] für die Wahrheit einer Religion.

Küng erörtert im Vorfeld die aus seiner Sicht möglichen verschiedenen Varianten, wonach a) *„keine Religion wahr ist"*,[391] b) *„nur eine Religion wahr ist"*,[392] die freilich „viele *protestantische* Theologen selbst heute noch zögern" aufzugeben, während das Zweite Vatikanische Konzil und damit auch die römisch-katholische Theologie diesen Schritt in der „Konstitution über die Kirche" sowie in der „Erklärung über die nicht-christlichen Religionen" vollzogen haben,[393] c) *„jede Religion wahr ist"* bzw. *„alle Religionen gleich wahr sind"*[394]. Diese Position weist Küng als „lähmenden Relativismus" mit dem Argument zurück, dass sich Religionen zum ersten geschichtlich verändern können und dass zum zweiten auch im religiösen Bereich „Irrtumsfähigkeit" und „moralische Fehlbarkeit des Menschen" postuliert werden muss. Besonderes Gewicht für unseren Zusammenhang hat die vierte Position, da sie von Küng favorisiert wird, wonach d) *„eine einzige Religion*

---

[388] Hans Küng, *Aufbruch*, S. 274-306.
[389] Hans Küng, *Aufbruch*, S. 251-306.
[390] Hans Küng, „Das Humanum: allgemein ethisches Kriterium", in: Hans Küng, *Aufbruch*, S. 288-295.
[391] Hans Küng, *Aufbruch*, S. 278f. Hervorhebung von Hans Küng.
[392] Hans Küng, *Aufbruch*, S. 279-282. Küng identifiziert diese Position mit der „traditionell katholischen" und meint damit wohl die römisch-katholische Position vor dem Zweiten Vatikanischen Konzil. Hervorhebung von Hans Küng.
[393] Hans Küng, *Aufbruch*, S. 280f. Hervorhebung von Hans Küng.
[394] Hans Küng, *Aufbruch*, S. 282f. Hervorhebung von Hans Küng.

die wahre ist. Oder: *Alle Religionen haben Anteil an der Wahrheit der einen Religion!"*[395]. Nach der Zurückweisung eines christlichen Inklusivismus, wie ihn etwa Karl Rahner vertreten hat, als Anmaßung, formuliert Küng eine seiner charakteristischen Forderungen, deren Gehalt der Leser leicht selbst erfassen kann: „Statt eines Indifferentismus ... mehr Indifferenz ... ; statt eines Relativismus ... mehr Sinn für Relativität ... (angesichts des Absoluten – WW) ; statt eines Synkretismus, wo alles mögliche und unmögliche ‚zusammengemischt', verschmolzen wird: mehr Wille zur *Synthese* ... damit zwischen den Religionen statt Krieg, Hass und Streit *Friede* herrsche."[396] Von hier aus schreitet Küng nun zur Wahrheitsfrage weiter,[397] indem er alle möglichen und unmöglichen Vorwürfe der Weltreligionen gegen das Christentum aufgreift: Es wirke „auf Angehörige anderer Religionen" „vielfach exklusiv, intolerant und aggressiv." Es wirke „auf andere Religionen nicht ganzheitlich, sondern wegen seiner Jenseitsbezogenheit, Welt- und Leibfeindlichkeit – innerlich zerrissen." „Es übertreibe beinahe krankhaft das Sünden- und Schuldbewusstsein des im Kern angeblich verdorbenen Menschen, um dann dessen Erlösungsbedürftigkeit und Gnadenabhängigkeit nur um so wirkungsvoller ins Spiel zu bringen." „Es verfälsche obendrein durch seine Christologie die Gestalt Jesu, die in den anderen Religionen fast durchgängig positiv gesehen werde, zu einer exklusiven göttlichen Gestalt (Gottessohn)."

Aus diesen Zitaten geht hervor, dass Küng bei seiner Frage nach einem Kriterium für die Wahrheit des Christentums methodisch die Vorurteile und das Selbstverständnis der anderen Religionen gegenüber dem Christentum zum Ausgangspunkt seiner Überlegungen macht, ohne beides allerdings angesichts der Wirklichkeit von Christentum und Kirche (welche ja nicht nur das römisch-katholische Christentum umfasst) kri-

---

[395] Hans Küng, *Aufbruch*, S. 283-285.
[396] Hans Küng, *Aufbruch*, S. 284f; Hervorhebungen von Hans Küng.
[397] Hans Küng, „Die heikle Frage nach einem Kriterium für Wahrheit", Hans Küng, *Aufbruch*, S. 286-288. Dort auch die folgenden Zitate.

tisch und sachgerecht zu überprüfen. Wenn Küng dann weiter „das Authentische oder Kanonische" als „allgemein religiöses Kriterium" beschreibt, so wird damit auf subtile Weise das eigene Vorurteil zur Norm erhoben. Denn ‚kanonisch' ist ja in dieser Sicht das, was ‚authentisch' ist, also mithin das ‚Ursprüngliche', das der Professor eruiert und mit publizistischem Geschick der Öffentlichkeit präsentiert. Dabei ist allerdings zu berücksichtigen, dass Küng auf wissenschaftliche Vorlagen und den Stand der Forschung seiner Zeit zurückgreift, soweit er ihm zugänglich geworden ist bzw. er sich damit tatsächlich beschäftigt und auch verstanden hat, worum es eigentlich geht.

Quellen der Gotteserkenntnis: Bibel, Tradition und christliches Leben

Die Heilige Schrift nimmt in Küngs Reformforderungen an die Adresse seiner eigenen römisch-katholischen Kirche von Anfang an einen hervorragenden Platz ein, zuerst in seinem oben erwähnten Basler Vortrag „de ecclesia semper reformanda" vom 19. Januar 1959,[398] dann mit anderem Druckbild, aber fast im selben Wortlaut, auch in seinem Buch „Konzil und Wiedervereinigung. Erneuerung als Ruf in die Einheit".[399] Er entfaltet hier vor allem, was auf katholischer Seite schon alles zur „Aufwertung der Heiligen Schrift" getan worden ist. Im Ergebnis geht es um die Etablierung der historisch-kritischen Exegese im römisch-katholischen Raum und deren weitgehende Gemeinsamkeiten mit der Exegese im Protestantismus, eine Priorisierung des Urtextes (was hier freilich nicht genauer reflektiert wird)[400] gegenüber allen Übersetzungen, welche dennoch päpstliche Förderung erfahren (haben), so dass

---

[398] Hans Küng, *Ecclesia semper reformanda*, S. 44f.
[399] Hans Küng, *Konzil und Ökumene*, S. 140-142. Die folgenden Zitate hier.
[400] Nur als Problemanzeige: Was ist hier mit ‚Urtext' genau gemeint: die hebräische Bibel, die Septuaginta, die ältesten Handschriften des Alten und des Neuen Testamentes, der byzantinische Mehrheitstext?

„Bibelübersetzungen heute in allen Kultursprachen in großer Anzahl vorhanden sind".

Weiterhin werden erwähnt: „zahlreiche päpstliche und bischöfliche Ermahnungen zur privaten Lesung der Heiligen Schrift (Empfehlung der täglichen Bibellesung durch Pius X.); die Verbreitung der Bibel im Volk, die – nicht zuletzt durch die Arbeit des katholischen Bibelwerks bis hinunter nach Spanien und Südamerika – gewaltig zugenommen hat"; darüber hinaus: „weitverbreitetes Interesse ... für Bibelkurse, Bibelkreise, Bibelpredigten; Anerkennung der Bestrebungen der Bibelbewegung durch Pius XII. im Gegensatz zur Ablehnung der Bibelgesellschaften durch Pius IX."[401] Was hier auffällt, ist die Tatsache, dass der Akzent auf historisch-kritischer Bibelexegese liegt und – durch die Priorisierung des Urtextes immer damit verbunden – fürs Volk dann auch auf Bibellektüre und sonstigen Beschäftigungen mit der Heiligen Schrift. Was jedoch nicht reflektiert wird, ist der Zusammenhang von Bibel und Gottesdienst bzw. der Liturgie, obwohl sich Küng im nächsten Abschnitt seines Vortrags mit der „Entwicklung der katholischen Liturgie zu einer Volksliturgie" befasst.[402] Wichtig ist hier für uns vor allem das Thema der ‚Liturgie in der Volkssprache', das Küng sowohl im Basler Vortrag als auch in „Konzil und Wiedervereinigung" anspricht.[403] Dieses Problem hat zum Teil geschichtlich weit zurückliegende Wurzeln. So weist Küng in ‚Das Christentum. Wesen und Geschichte' im Kontext seiner Beschreibung der „Verpflanzung der römischen Liturgie ins Frankenreich" daraufhin, „dass zum ersten Mal in der Kirchengeschichte gegen Ende des ersten Jahrtausends die Liturgie von den Germanen (anders von den Slawen!)[404] statt in der Volkssprache in der allein sanktionierten **lateinischen**

---

[401] Hans Küng, *Konzil und Ökumene*, S. 45 und S. 142. Vgl. zu der Thematik insgesamt: Gottfried Maron, „Die Liturgische Bewegung und die katholische Bibelbewegung", in: Hans Küng, *Die römisch-katholische Kirche von 1870 bis 1970*, Vandenhoeck & Ruprecht, Göttingen, 1972, S. 295-299, bes. S. 298-299.
[402] Hans Küng, *Konzil und Ökumene*, S. 46-47; S. 142-143.
[403] Hans Küng, *Konzil und Ökumene*, S. 146 und 143.
[404] Hier ist an das Werk der hl. Slawenapostel Kyrill und Method zu denken.

Fremdsprache gefeiert wurde, da es angeblich nur ‚drei heilige Sprachen' gäbe: Hebräisch, Griechisch und Latein. Und da praktisch nur noch der Klerus Latein (zunächst die einzige Schriftsprache) verstand, wurde die Liturgie, was ihr sprachliches Verständnis betrifft, zum Reservat der Kleriker. Eine deutschsprachige Liturgie gab es nicht."[405] Leider bricht damit die Reflexion zu dem Thema ab, auf die Bibelübersetzung Luthers kommt Küng nicht im gewünschten Maß zu sprechen. Lediglich bei der Beschreibung der Unterschiede des ‚reformatorisch-protestantischen Paradigmas' zum ‚römisch-katholischen Paradigma des Mittelalters'[406] berührt Küng die drei ‚soli' der Reformation (sola scriptura, solus Christus, sola gratia), um dann abschließend zu resümieren:

> „Nein, neuscholastische Schultheologie, Trient, Hochscholastik, Patristik sind nun einmal alle nur sekundäre Kriterien gegenüber diesem primären, grundlegenden und bleibend verbindlichen Kriterium: der Schrift, der ursprünglichen christlichen Botschaft, auf die sich sowohl die griechischen und lateinischen Väter wie die mittelalterlichen Theologen, die Väter von Trient wie die neuscholastischen Schultheologen berufen und vor der natürlich sich auch Luther zu verantworten hat. Das heißt: Entscheidend ist nicht, ob diese oder jene Aussage Luthers in dieser oder jener Form sich auch schon bei einem Papst, bei Thomas von Aquin, bei Bernhard von Clairvaux oder bei Augustin findet, sondern ob sie die ursprüngliche christliche Botschaft, an der alle kirchliche Tradition der Folgezeit, auch die Konzilien, hängt, hinter sich hat oder nicht." [407]

Es ist klar, dass gemäß diesem Zitat in der Vision von Hans Küng die Heilige Schrift und die kirchliche Tradition einander gegenüberstehen. In eine ähnliche Richtung weist der von Küng manchmal gebrauchte Begriff der ‚großen katholischen

---
[405] Hans Küng, *Das Christentum. Wesen und Geschichte*, S. 417.
[406] Hans Küng, *Das Christentum. Wesen und Geschichte*, S. 616; Derselbe Text ist nochmals abgedruckt in: Hans Küng, *Große christliche Denker*, S. 167.
[407] Hans Küng, *Große christliche Denker*, S. 174.

oder christlichen Tradition'[408]. Bei allen Paradigmenwechseln bleibt innerhalb der ‚katholischen' oder ‚christlichen Tradition' die Substanz dieselbe, nämlich Jesus Christus, der immer wieder aus den ältesten Urkunden eruiert werden muss. Eine wesentliche Weichenstellung für die Gegenüberstellung von Schrift und Tradition, verbunden mit einer Priorisierung der Heiligen Schrift, waren die Arbeiten des Tübinger Professors Josef Rupert Geiselmann,[409] die Küng seit seiner Dissertation bekannt waren.[410] Die zugrundeliegende und für uns relevante Idee ist hier, dass die Offenbarung vollständig in der Heiligen Schrift enthalten sei, sodass die Tradition eigentlich nur Entfaltung des in der Schrift enthaltenen sein kann. Nun ist eine Analyse der Werke Geiselmanns nicht unsere Aufgabe. Es ist aber notwendig, an dieser Stelle innezuhalten und ein wenig genauer hinzuschauen, weil dabei ein Problem in der Arbeitsweise Küngs, aber zugleich auch ein allgemeineres Problem sichtbar wird.

Wir kehren dazu noch einmal an den Anfang der wissenschaftlichen Arbeit Küngs zurück. Einer der Gründe, warum er sich für Karl Barth als Thema seiner Dissertation entschieden hatte, war ja dessen Konzentration auf Jesus Christus. Ihm „imponiert, wie Barths Theologie, im biblischen Zeugnis gegründet, sich ständig vor der Geschichte verantwortet und sich zugleich energisch und manchmal polemisch konfrontiert mit der Gegenwart … Keine römische Thesentheologie, welche die Schrift nur als Steinbruch benützt. Vielmehr eine ganz von der Schrift durchdrungene Theologie, ausgerichtet auf die eine Mitte Jesus Christus."[411] Ohne auf Einzelheiten eingehen zu können, sind in Küngs Dissertation nämlich manche

---

[408] Hans Küng, *Christ sein*, S. 118 und S. 299. Daneben etwa auch noch der Begriff der ‚großen konziliaren Tradition', in: Hans Küng, *Christ sein*, S. 124.
[409] Joachim Drumm, Art. „Geiselmann, Josef Rupert", in: *LThuK, Bd. 4: Franca bis Hermenegild*, Durchgesehene Ausgabe der 3. Auflage 1993-2001, Sonderausgabe, Freiburg/ Breisgau, 2006, Sp. 366-367; sowie vor allem: Josef Rupert Geiselmann, *Heilige Schrift und Tradition*.
[410] Hans Küng, *Rechtfertigung*, S. 105-127.
[411] Hans Küng, *Erkämpfte Freiheit*, S. 168.

Einsichten noch festgehalten oder wenigstens angedeutet, die in der Polemik dann später gerne übersprungen werden, was allerdings nur deshalb möglich ist, weil die Begriffe unklar, ungenau und unpräzise verwendet werden. Der Ausgangspunkt für diese Begriffsverwirrung findet sich allerdings schon in der Dissertation, indem behauptet wird, dass die Offenbarung vollständig in der Heiligen Schrift enthalten sei: „Die Quelle, aus der die katholische Lehre und Theologie schöpft, ist das Wort Gottes. Das Wort Gottes ist im *strengsten Sinne* allein die *Heilige Schrift*. Das tridentinische ‚pari pietatis affectu ac reverentis suscipit et veneratur' (D 783) ... nimmt die Tradition mit vollem Recht gegen die Reformatoren in Schutz. Auch im evangelischen Raum besinnt man sich heute wieder darauf."[412]

Das, was Küng hier nicht erfasst hat und zu der gleich näher zu betrachtenden Begriffsverwirrung geführt hat, findet sich in dem von ihm gleich im Anschluss genannten Buch von Oscar Cullmann über „Die Tradition als exegetisches, historisches und theologisches Problem"[413], auf das wir im Folgenden nur insoweit eingehen können, als das für unseren Zusammenhang von Belang ist. Zwar nennt Küng das Buch als Beispiel dafür, dass „man sich heute auch im evangelischen Raum wieder" auf die Tradition besinnt, aber das Thema des Buches ist nicht allgemein die ‚kirchliche Tradition', sondern die ‚apostolische Tradition'. Die ‚apostolische Tradition' ist nach Cullmann nämlich von der ‚nachapostolischen' bzw. ‚kirchlichen' Tradition zu unterscheiden.[414] Das weiß prinzipiell auch Hans Küng. Denn nur wenige Seiten vorher bemerkte er: „Die Kirche hält daran fest: Schon die Predigt der Apostel schloss die ganze christliche Offenbarung in sich, und später sind für die Kirche keine neuen Offenbarungen hinzugekommen."[415] Küng nimmt hier auf einen Satz der von Pius X. verurteilten Irrtümer der Modernisten

---

[412] Hans Küng, *Rechtfertigung*, S. 116.
[413] Oscar Cullmann, *Die Tradition als exegetisches, historisches und theologisches Problem*, Zwingli-Verlag, Zürich, 1954 (zukünftig: *Tradition als Problem*).
[414] Oscar Cullmann, *Tradition als Problem*, S. 7ff., 52ff.
[415] Hans Küng, *Rechtfertigung*, S. 107.

Bezug, wo es heißt: „Revelatio, obiectum fidei catholicae constituens, non fuit cum Apostolis completa."[416] Ähnlich steht es auch in dem Lehrbuch von Sebastian Tromp S.J. „De Sacrae Scripturae Inspiratione"[417], das Küng während seines Studiums in Rom kennenlernte: „Post mortem ultimi apostoli clausum est depositum fidei." Nach römisch-katholischer Auffassung, der Küng in unserem Zusammenhang durchaus folgt, „wurden nicht alle Glaubenswahrheiten schon immer und jederzeit *ausdrücklich* geglaubt, vielmehr ist eine *Dogmenentwicklung* im Sinne der Explikation (nicht im Sinne des Modernismus ...) möglich und wirklich; wie diese Auseinanderfaltung des Impliziten unter Einwirkung des Heiligen Geistes auch immer erklärt werden mag."[418] Das Problem bei diesen Ausführungen besteht darin, dass Küng die Sache und den Begriff der ‚apostolischen Überlieferung' nicht wirklich erfasst hat. Er schreibt: „Will man die Tradition als *Offenbarungsquelle* richtig bestimmen, so muss man alle rein menschlich-kirchliche (apostolische wie nachapostolische) Tradition ausscheiden. Es geht im Tridentinum nur um die göttliche Tradition, die von Jesus Christus oder vom Heiligen Geiste geoffenbart wurde ... . Von diesen göttlichen Worten glaubt die katholische Kirche, dass sie nicht wirkungslos verhallt sind. Es ist offenkundig, dass damit die Tradition als Glaubensquelle gewaltig eingeschränkt wird."[419]

Zum einen werden hier die ‚apostolische' und die ‚nachapostolische Tradition' unterschiedslos als rein menschlich-kirchliche Traditionen bezeichnet. Eine solche Sicht des urkirchli-

---

[416] Henrici Denzinger, *Enchiridion Symbolorum, Definitionum et Declarationum de Rebus Fidei et Morum*, hg. Karl Rahner S.J., 28. vermehrte Auflage, Herder, Freiburg/ Breisgau, 1952 (zukünftig: *Enchiridion*), S. 566, hier Nr. 2021: „Die Offenbarung, welche den Gegenstand des katholischen Glaubens bildet, war mit den Aposteln nicht vollständig."
[417] Sebastian Tromp, *De Sacrae Scripturae Inspiratione. Ad usum privatum, Romae, Apud Aedes Universitatis Gregorianae*, 1930, das Zitat S. 13: „Nach dem Tode des letzten Apostels ist der Schatz des Glaubens abgeschlossen worden."
[418] Hans Küng, *Rechtfertigung*, S. 107.
[419] Hans Küng, *Rechtfertigung*, S. 119.

chen Apostolats aber wird dem historischen Sachverhalt der Berufung und Beauftragung der Jünger und späteren Apostel nicht gerecht. Vor allem aber wird der daraus folgende, normative, kirchenkonstitutive Charakter der apostolischen Tradition verkannt.

Die apostolische Tradition aber bezieht sich nach Cullmann auf 1) die Kanonbildung des Neuen Testaments, 2) die Formulierung der Glaubensregel und ist schließlich verbunden 3) mit dem sakramentalen Leben der Kirche. Die Heilige Schrift ist gemäß Cullmann: „Die Vergegenwärtigung des apostolischen Zeugnisses, so wie die Sakramente die Vergegenwärtigung des Erlösungswerkes Christi sind."[420]

Wenn Küng also schon in seiner Dissertation die „apostolische Tradition" ebenso wie die „nachapostolische Tradition" als „rein menschlich-kirchliche Tradition" einstuft, so haben wir es schon hier mit einem Umbau der Grundlagen des christlichen Glaubens zu tun, der nicht folgenlos bleiben kann. Denn der mit Bezug auf das tridentinische „Dekret über die Annahme der heiligen Bücher und der Überlieferungen"[421] von Küng gebrauchte Begriff der „göttlichen Tradition"[422] wird auf diese Weise seines spezifischen Zusammenhangs und damit seines konkreten Inhalts beraubt und kann dann durch Eruierung ‚des historischen Jesus' oder des ‚apostolischen Urzeugnisses' neu gefüllt werden.

Gewiss kann da manches von der Fachwissenschaft auch richtig ‚eruiert werden', aber inwieweit sich auf dieses ‚Eruieren' hin der Glaube der kommenden Generation entfachen wird, ist allemal die Frage. Da bleibt dann als letzte Quelle der Gotteserkenntnis allein das praktische Christentum der vielen berühmten und noch viel zahlreicheren namenlosen Christen, für das Hans Küng am Ende

---

[420] Oscar Cullmann, *Tradition als Problem*, S. 56.
[421] Henrici Denzinger, *Enchiridion*, S. 279, Nr. 783.
[422] Hans Küng, *Rechtfertigung*, S. 119.

seines Buches über das Christentum[423] viele lobende Worte findet, und zwar gerade angesichts all dessen, was hier nicht so ist, wie es sein sollte.

Fragen wir nun nach der Essenz dessen, was aus der Sicht Hans Küngs über die Quellen der Gotteserkenntnis zu sagen wäre, so wird nochmals der große Einfluss der Theologie Karl Barths auf das Denken Hans Küngs sichtbar. Es ist sein Aufsatz über „Karl Barths Lehre vom Wort Gottes als Frage an die katholische Theologie"[424], der darauf Antwort gibt. Faktisch repetiert Küng hier einige Aspekte aus Karl Barths Lehre vom Wort Gottes in den „Prolegomena zu seiner Kirchlichen Dogmatik",[425] besonders die Abschnitte, die sich mit dem „Wesen des Wortes Gottes"[426] und dem „Wort Gottes in seiner dreifachen Gestalt"[427] als dem „verkündigten"[428], dem „geschriebenen"[429] und dem „offenbarten Wort Gottes"[430] befassen.

Die Alternative ‚Vernunft' (katholisch) – ‚Glaube' (evangelisch) als Wege zur Gotteserkenntnis und das Denken in Stockwerken (‚Natur' – ‚Übernatur') lehnt Küng ab.[431]

Gotteserkenntnis aber kommt nach Hans Küng durch Anrede Gottes zustande, für Christen durch Jesus Christus, das eine Wort Gottes, für Nicht-Christen durch „die anderen Wörter Gottes".[432]

---

[423] Hans Küng, *Das Christentum. Wesen und Geschichte*, S. 900-906.
[424] Hans Küng, „Karl Barths Lehre vom Wort Gottes als Frage an die katholische Theologie", in: Hans Küng, *Rechtfertigung*, S. 320-345.
[425] Karl Barth, *Die Kirchliche Dogmatik*, Band I/1: *Die Lehre vom Wort Gottes. Prolegomena zur kirchlichen Dogmatik*, 8. Auflage, EVZ-Verlag, Zürich, 1964 (zukünftig KD, Bd. I/1).
[426] Karl Barth, *KD*, Bd. I/1, S. 128-194.
[427] Karl Barth, *KD*, Bd. I/1, S. 89-128.
[428] Karl Barth, *KD*, Bd. I/1, S. 89-101.
[429] Karl Barth, *KD*, Bd. I/1, S. 101-113.
[430] Karl Barth, *KD*, Bd. I/1, S. 114-124.
[431] Hans Küng, *Existiert Gott?*, S. 561-582.
[432] Hans Küng, „Karl Barths Lehre vom Wort Gottes als Frage an die katholische Theologie", in: Hans Küng, *Rechtfertigung*, S. 341-345.

Gottes- und Trinitätslehre

Hans Küng hat sich auf vielen tausend Seiten in verschiedenen Perspektiven und Zusammenhängen mit dem Thema der Gotteslehre befasst. Während er die Trinitätslehre als ein Element der sogenannten (und als solche zurückzunehmenden) Hellenisierung des Christentums begreift, die obendrein den Dialog mit Juden und Muslimen von vornherein blockiere, nähert er sich der christlichen Gotteslehre über eine Auseinandersetzung mit dem Verhältnis von Vernunft und Glaube auf dem langen Weg neuzeitlicher Religionsphilosophie und Religionskritik: Georg Friedrich Wilhelm Hegel, Ludwig Feuerbach, Karl Marx, Sigmund Freud, Friedrich Nietzsche, Ernst Bloch, Max Horkheimer, Martin Heidegger, Ludwig Wittgenstein, Hermann Kant, dann noch einmal ein Durchgang durch die Welt der nichtchristlichen Religionen, um dann zum ‚Gott der Bibel' und dem ‚Gott Jesu Christi' durchzustoßen. Einzelne Aussagen erscheinen dabei durchaus als widersprüchlich. Demnach würden Philosophie und Theologie zwar auf unterschiedliche Weise, aber doch vom selben Gott sprechen,[433] „der in der Vernunft ergreifbare Gott des Thomas von Aquino oder Hegels" jedoch sei „von dem ins Unnennbare sich entziehenden Gott des Dionysios Areopagita oder des Nicolaus von Cues verschieden."[434] Andererseits „ist immer und überall unter dem Namen ‚Gott' etwas Verwandtes gedacht: das, was alle Wirklichkeit, als durchwaltendes oder überragendes Prinzip, bestimmt."[435] Schlussendlich aber diskutiert Küng die Möglichkeit religiöser Doppelbürgerschaft, um dann noch einmal zu betonen, worum es letztendlich immer geht: *„die Inkulturation des Geistes Jesu Christi zum Wohle des Menschen."*[436]

---

[433] Hans Küng, *Das Christentum. Wesen und Geschichte*, S. 486.
[434] Hans Küng, *Existiert Gott?*, S. 683.
[435] Hans Küng, *Existiert Gott?*, S. 683, mit Hinweis auf Wilhelm Weischedel, *Der Gott der Philosophen. Grundlegung einer Philosophischen Theologie im Zeitalter des Nihilismus*, Bd. 1, Darmstadt, 1971, S. 494f.
[436] Hans Küng / Julia Ching, *Christentum und Chinesische Religion*, Piper, München/ Zürich, 1988, S. 307 (Hervorhebung Hans Küng).

Grundsätzlich aber habe die Auseinandersetzung mit der atheistischen Religionskritik gezeigt, dass sowohl „Nein als auch Ja zu Gott möglich" sei.[437]

„Wenn Gott ist, ist er die Antwort auf die radikale Fraglichkeit der Wirklichkeit. Dass Gott ist, kann angenommen werden, nicht stringent aufgrund eines Beweises oder Aufweises der reinen Vernunft (Natürliche Theologie), nicht unbedingt aufgrund eines moralischen Postulates der praktischen Vernunft (Kant), nicht ausschließlich aufgrund des biblischen Zeugnisses (Dialektische Theologie). Dass Gott ist, kann nur in einem – in der Wirklichkeit selbst begründeten – Vertrauen angenommen werden."[438]

Doch „es ist nicht gleichgültig, ob man Ja oder Nein zu Gott sagt: *Der Preis, den der Atheismus für sein Nein zahlt, ist offenkundig!* Er setzt sich der Gefährdung durch eine letzte Grundlosigkeit, Haltlosigkeit, Ziellosigkeit aus: der möglichen Zwiespältigkeit, Sinnlosigkeit, Wertlosigkeit, Nichtigkeit der Wirklichkeit überhaupt."[439]

Andererseits „*bedeutet das Ja zu Gott ein letztlich begründetes Grundvertrauen zur Wirklichkeit: Der Gottesglaube als das radikale Grundvertrauen vermag die Möglichkeit der fraglichen Wirklichkeit anzugeben. Wer Gott bejaht, weiß, warum er der Wirklichkeit vertrauen kann.*"[440]

So gelangt Küng zu seiner Auffassung vom Glauben, der rational verantwortet werden muss,[441] vertrauend gewagt wird und dennoch Geschenk bleibt.[442] Der Weg zur Gotteserkenntnis führt hier allerdings nicht über die Bibel, da „angesichts des

---

[437] Hans Küng, *Existiert Gott?*, S. 624f. Derselbe Text noch einmal: Hans Küng, *Was bleibt*, S. 19f.
[438] Hans Küng, *Existiert Gott?*, S. 626 und Hans Küng, *Was bleibt*, S. 20.
[439] Hans Küng, *Existiert Gott?*, S. 628 und Hans Küng, *Was bleibt*, S. 23.
[440] Hans Küng, *Existiert Gott?*, S. 628 (Hervorhebungen bei Küng) und Hans Küng, *Was bleibt*, S. 24 (hier ist nur der letzte Satz des Zitates von Hans Küng hervorgehoben).
[441] Hans Küng, *Existiert Gott?*, S. 629ff.; und Hans Küng, *Was bleibt*, S. 25ff.
[442] Hans Küng, *Existiert Gott?*, S. 632f; Hans Küng, *Was bleibt*, S. 29f.

Nihilismus die Fundamentalproblematik der Fraglichkeit der Wirklichkeit überhaupt und des menschlichen Daseins nicht mit Hilfe der Bibel übersprungen werden" und „angesichts des Atheismus die Wirklichkeit Gottes nicht mit Hilfe der Bibel bloß behauptet werden darf."[443] Küng beschreibt den Erkenntnisweg vielmehr so:

> „Also alles in allem keine ‚Praeambula fidei' als rationalen Unterbau der Dogmatik, erstellt durch rationale Argumentation der reinen Vernunft. Sondern ein Aufsuchen ‚des' heutigen Menschen an dem Ort, wo er tatsächlich lebt, um die Kunde von Gott in Beziehung zu setzen zu dem, was ihn bewegt."[444]

Damit ist es nun einerseits möglich, „dem *Primat Gottes* theologisch gerecht zu werden: In der Wirklichkeit der Welt wird Gott als wirklich erfahren, weil er sich selber erschließt und sich nur dem glaubenden Vertrauen öffnet. Andererseits können wir auch den verschiedenen ‚weltanschaulichen' *Positionen der Nichtchristen* kritisch gerecht werden: Die verschiedenen Positionen des Nihilisten, des Atheisten, des Agnostikers, aber auch des nichtchristlichen Gottgläubigen (in den Weltreligionen oder in säkularem Kontext) werden ernstgenommen ohne theologische Umdeutung."[445]

Auf dem Weg über das ‚Grundvertrauen' wird zugleich eine „theologisch begründete Autonomie" in der Ethik möglich. Auf der Grundlage dieses ‚Grundvertrauens'

> „kann auch ein Atheist ein echt menschliches, also humanes und in diesem Sinn moralisches Leben führen. Gerade darin manifestiert sich die innerweltliche Autonomie des Menschen: seine Selbstgesetzgebung und Selbst-Verantwortung für seine Selbst-Verwirklichung und Welt-Gestaltung."[446]

---

[443] Hans Küng, *Existiert Gott?*, S. 634; Hans Küng, *Christ sein*, S. 75.
[444] Hans Küng, *Existiert Gott?*, S. 634 (Hervorhebungen von Hans Küng) und Hans Küng, *Christ sein*, S. 76.
[445] Hans Küng, *Existiert Gott?*, S. 635; Hans Küng, *Christ sein*, S. 76.
[446] Hans Küng, *Existiert Gott?*, S. 635.

Das Problem dabei ist lediglich, dass auf diese Weise die „Unbedingtheit der Verpflichtung kaum zu begründen ist".

„Die Unbedingtheit des ethischen Anspruchs, die Unbedingtheit des Sollens, lässt sich nur von einem Unbedingten her begründen: von einem Absoluten, das einen übergreifenden Sinn zu vermitteln vermag und das nicht der Mensch als Einzelner, als Menschennatur oder als Gemeinschaft sein kann, sondern allein Gott selbst."[447] Daher *„muss die allerletzte-allererste Wirklichkeit, Gott, vorausgesetzt werden, sofern der Mensch letztlich sinnvoll sittlich leben will: Gottes Wirklichkeit ist die Bedingung der Möglichkeit einer sittlichen Autonomie des Menschen in der säkularen Gesellschaft."*[448]

Freilich:

„Gut, sittlich, ist nicht einfach das abstrakt Gute oder Richtige, sondern das für diesen Menschen oder diese Gruppe konkret Gute oder Richtige: das Angemessene."[449]

„Die Annahme autonomer Normen des Menschlichen mit unbedingtem, also theologisch begründetem Anspruch ist der ethische Ausdruck jenes Grundvertrauens in die Wirklichkeit (und das menschliche Dasein), das von einem letzten Urgrund, Ursinn, Urziel bestimmt ist: der ethische Ausdruck also des Gott-Vertrauens, des Gottesglaubens. Ohne dieses vernünftig verantwortete Vertrauen auf Gott kann ein unbedingter Anspruch irgendwelcher autonomer ethischer Normen nicht als letztlich begründet angenommen werden."[450]

Am Schluss seiner Ausführungen über die ‚Existenz Gottes' freilich meint Küng, dass dies „*alles – das muss man einfach zugeben – sehr, sehr abstrakt tönt. ... Eine Konkretisierung lässt sich nur erreichen, wenn wir uns nun erneut vom Gott der Philosophen zum Gott der Bibel wenden ...*"[451]

---

[447] Hans Küng, *Existiert Gott?*, S. 635f. (Hervorhebungen bei Hans Küng).
[448] Hans Küng, *Existiert Gott?*, S. 639 (Hervorhebung von Hans Küng).
[449] Hans Küng, *Existiert Gott?*, S. 640 (Hervorhebungen von Hans Küng).
[450] Hans Küng, *Existiert Gott?*, (Hervorhebungen von Hans Küng).
[451] Hans Küng, *Existiert Gott?*, S. 640.

Um den Zusammenhang des ‚Gottes der Philosophen' mit dem ‚Gott der Bibel' zu erläutern, fragt Hans Küng, ob „Gott nicht auch für die Bibel der 1) *Urgrund* ... , 2) der *Urhalt* ... , und 3) das *Urziel* aller Wirklichkeit ist."[452]

Dann erklärt er:

> „*Ja, Gott ist der Urgrund der Wirklichkeit, in welchem Welt, Mensch und alle Dinge ihren Grund haben. Er ist kein Anderer! Dagegen nein: Gott ist der ganz Andere! Gott ist nicht ein naturhaftes Urprinzip, ist kein Weltengrund, keine abstrakte Kausalität des Universums. Er ist erst recht kein dunkler Abgrund. Vielmehr: Gott ist der alles transzendent begründende und immanent bestimmende Schöpfer von Welt und Mensch! Das heißt: Der biblische Gott ist nicht ein Gott der Einsamkeit, sondern ein Gott der Partnerschaft, des Bundes: ein Gott, der im Zeit-Raum menschlicher Geschichte handelt, der sich in weltlichen Geschehnissen zu erkennen gibt, der sich in menschlicher Weise zeigt, Begegnung, Umgang, Verkehr mit ihm ermöglicht – ein Gott* **geschichtlicher Offenbarung**."[453]

Und weiter:

> „*Ja: Gott ist der Urhalt der Wirklichkeit, in welchem Welt, Mensch und alle Dinge ihren Halt haben. Er ist kein Anderer! Dagegen nein: Gott ist der ganz Andere! Gott ist nicht eine anonyme Urmacht, ist kein Weltgesetz, keine abstrakte Normativität des Universums. Er ist erst recht kein täuschender Scheinhalt. Vielmehr: Gott ist der alles transzendent bestimmende und immanent haltende Lenker von Welt und Mensch! Das heißt: Der biblische Gott ist nicht ein Gott, der sich aus allem heraushält und erhaben in einer vom Leid der Welt und des Menschen unberührten Transzendenz verharrt, sondern ist ein Gott, der lebendig Anteil nimmt und sich verborgen in der dunklen Geschichte engagiert – ein Gott* **anhebender Versöhnung**."[454]

---

[452] Hans Küng, *Existiert Gott?*, S. 726f. (Hervorhebung bei Hans Küng).
[453] Hans Küng, *Existiert Gott?*, S. 726 (Hervorhebung bei Hans Küng).
[454] Hans Küng, *Existiert Gott?*, S. 726f.

Und schließlich:

> „Ja: Gott ist das Urziel der Wirklichkeit, in welcher Welt, Mensch und alle Dinge ihr Ziel haben. Er ist kein Anderer! Dagegen nein: Gott ist der ganz Andere! Gott ist nicht eine stumme, nur äußerlich anziehende Gewalt, ist keine Weltkraft, keine abstrakte Finalität des Universums. Er ist erst recht kein frustrierendes Endziel. Vielmehr: Gott ist der alles transzendent haltende und immanent erfüllende Vollender von Welt und Mensch! Das heißt: Der biblische Gott ist nicht ein affektloser, leidensunfähiger, dem ungeheuren Leid von Welt und Mensch gegenüber apathischer Gott, sondern ein sym-pathischer, mit-leidender Gott, der, in Zukunft alles verändernd, durch Befreiung von Schuld, Leid und Tod zur endlichen Gerechtigkeit, zum ungebrochenen Frieden und zum ewigen Leben führt – ein Gott endgültiger Erlösung."[455]

Küng ist tatsächlich der Meinung, dass auf diese Weise der „Gott der Philosophen im Gott der Bibel im besten, dreifachen Sinn des Wortes, ‚aufgehoben' – affirmiert, negiert und in einem transzendiert" worden sei.[456] Nun, der Professor weiß eben Bescheid, und so können wir uns nun seinen Darlegungen über die Trinitätslehre zuwenden.

Küng geht das Thema von zwei Seiten an. Zum einen bringt er alle möglichen und unmöglichen Einwände von jüdischer und vor allem muslimischer Seite gegen die Trinitätslehre,[457] um dann als zweiten Schritt vorzutragen, was in seinem Denken von der Trinitätslehre heute vor dem Forum von Schrift und Vernunft[458] nach der Sezierung durch sein ‚Instrument' der Paradigmenanalyse gewissermaßen noch übriggeblieben ist. Von geringfügigen Nuancierungen abgesehen, sind seine

---

[455] Hans Küng, *Existiert Gott?*, S. 727. Der letzte Satz des Zitats auch in: Hans Küng, *Christ sein*, S. 298.
[456] Hans Küng, *Existiert Gott?*, S. 728. Vgl. dazu: Hans Küng, *Menschwerdung Gottes*, S. 522-556, bes. S. 556.
[457] Hier geht es hauptsächlich um den Vorwurf, die Trinitätslehre begünstige in irgendeiner Weise den Polytheismus und sei letztendlich ein Produkt der ‚Hellenisierung des Christentums'.
[458] Hans Küng, *Der Islam. Wesen und Geschichte*, S. 606.

Texte zur Trinitätslehre seit „Christ sein" mehr oder weniger identisch. Wesentliche Weichenstellungen finden sich allerdings schon in den sehr instruktiven „Prolegomena zu einer künftigen Christologie" und den sich daran anschließenden fünf Exkursen in seinem ursprünglich als Habilitationsschrift konzipierten Buch über „die Menschwerdung Gottes"[459]. Von daher können wir hier einfach auf die wohlwollend-kritische Zusammenfassung und Sichtung der Gedanken Küngs zur Trinitätslehre verweisen, die Theodor Schneider vor mehr als 40 Jahren im Anschluss an „Christ sein" erstellt hat.[460] Dass die Trinitätslehre für Juden und Nichtchristen laut Küng eine ähnliche Provokation darstellen würde, wie die – hypothetische – Forderung, „um des gemeinsamen Glaubens an den auch im Koran bezeugten Gottes willen, die islamische Scharia für mich als verbindlich anzuerkennen",[461] spricht m.E. für sich. Zwar steht Hans Küng nach Theodor Schneider in „Christ sein" „bewusst auf dem Boden der kirchlichen Trinitätslehre und gibt diese in aller Kürze auch inhaltlich korrekt wieder",[462] doch sind für Küng unter Berufung auf Walter Bauer die Grenzen zwischen „Rechtgläubigkeit und Ketzerei"[463] methodisch unklar geworden, was m.E. als die Ursache dafür zu benennen wäre, warum Küng selbst letztendlich eben nicht ‚kirchliche Trinitätslehre', sondern eine mit Hilfe seines ‚Instruments' der Paradigmenanalyse gewonnene, in sich widersprüchliche, wenig stringente, im Ganzen kaum überzeugende Spezialanschauung zu diesem Thema vorträgt, so sehr hie und da auch wesentliche und richtige Teileinsichten aufblitzen. Vielleicht wäre es allerdings richtiger zu sagen, dass Küng gar

---

[459] Hans Küng, *Menschwerdung Gottes*, S. 522-556.
[460] Theodor Schneider, „Zur Trinitätslehre" (zukünftig: *Zur Trinitätslehre*), in: Hans Urs von Balthasar/ Alfons Deissler/ Alois Grillmeier u.a. (Hgg.), *Diskussion über Hans Küngs „Christ sein"*, S. 95-104.
[461] Hans Küng, *Der Islam. Wesen und Geschichte*, S. 617.
[462] Theodor Schneider, *Zur Trinitätslehre*, S. 97.
[463] Walter Bauer, *Rechtgläubigkeit und Ketzerei im ältesten Christentum*, J.C.B. Mohr, Tübingen, 1934, erwähnt bei Hans Küng, *Das Christentum, Wesen und Geschichte*, S. 192.

keine ‚Trinitätslehre' entwickeln möchte,[464] sondern einfach auf die hebräische Bibel und (sic!) den Koran zurückzugehen fordert,[465] weil man sich sonst im Anflug zur Sonne die Flügel verbrennen könnte.[466]

Im Schlussakkord zu „Existiert Gott?" schreibt Küng: „Das Dogma von der Dreieinigkeit, Dreifaltigkeit, Trinität – das Wort stammt aus dem dritten und die klassische Formulierung der Lehre aus dem vierten Jahrhundert – wird von den einen als das Zentralgeheimnis des Christentums herausgestellt und von den anderen als schriftfremde Spekulation abgelehnt."[467] Dabei ist klar, wo der Autor sich selber verortet, der seine diesbezüglichen Grundsätze schon in „Christ sein" in hinreichender Klarheit dargelegt hatte. Wir geben diese deshalb im Folgenden fast vollinhaltlich wieder:

> „Die Schlüsselfrage *zur Trinitätslehre ist nicht die als undurchdringliches ‚Geheimnis' deklarierte trinitarische Frage, wie drei eins sein können, sondern die christologische Frage, wie vernunft- und schriftgemäß das Verhältnis Jesu zu Gott zu bestimmen ist. Historisch wie sachlich war das christologische Problem Anlass zur Entstehung des oft missverstandenen trinitarischen Problems.*
>
> *Der von Israel übernommene und mit dem Islam gemeinsame Ein-Gott-Glaube darf in keiner Trinitätslehre aufgegeben werden: Es gibt außer Gott keinen anderen Gott!*
>
> *Über Zuordnung von Gott, Jesus (Wort, Sohn, Christus) und Geist nachzudenken und dabei ihre wahre Verschiedenheit und ungetrennte Einheit herauszuheben, ist vom Neuen Testament her aufgegeben. Darin liegt die legitime Grundintention der traditionellen Trinitätslehre.*
>
> *Die auf* hellenistischen Vorstellungen *beruhenden Deutungsversuche und die daraus hervorgegangenen dogma-*

---

[464] Hans Küng, *Christ sein*, S. 468.
[465] Hans Küng, *Das Christentum. Wesen und Geschichte*, S. 238f.
[466] Hans Küng, *Der Islam. Wesen und Geschichte*, S. 606.
[467] Hans Küng, *Existiert Gott?*, S. 764.

> *tischen Formulierungen dieser Zuordnung sind jedoch zeitbedingt und mit dieser Grundintention nicht einfach identisch:*

> „Eine Trinitätslehre darf freilich nicht deshalb abgelehnt werden, weil sie hellenistische Kategorien verwendet. Aber es darf auch nicht jede künftige Trinitätslehre auf die Verwendung solcher Kategorien verpflichtet werden. Die traditionellen Formeln der hellenistisch bestimmten Trinitätslehre, so hilfreich sie waren, können nicht als zeitlose Glaubensverpflichtung allen Gläubigen aller Zeiten auferlegt werden."[468]

Das, woran alle Trinitätslehre sich nach Küng messen lassen muss, ist die im ‚judenchristlichen Paradigma' (‚schriftgemäß') festgehaltene Zuordnung von Vater, Sohn und Geist, wie sie folgendermaßen umschrieben werden kann:

> „– Gott, der unsichtbare Vater **über** uns,
> – Jesus, der Sohn des Menschen, als Gottes Wort und Sohn **mit** uns,
> – der Heilige Geist, als Gottes Kraft und Liebe **in** uns."[469]

Bemerkenswert ist hier, dass Küng als ‚Prinzip der Einheit' der drei göttlichen Personen den Vater nennt:

> „**Das Prinzip der Einheit** ist dem Neuen Testament zufolge eindeutig nicht die eine, mehreren Größen gemeinsame göttliche ‚Natur' (‚phýsis'), wie man sich dies seit der neu-nizänischen Theologie des vierten Jahrhunderts denken wird. Das Prinzip der Einheit ist für das Neue Testament wie für die Hebräische Bibel eindeutig **der eine Gott** (ho theós: der Gott = der Vater), aus dem alles und auf den hin alles ist."[470]

Für unsern Zusammenhang ist weiter wichtig, wenn Küng zu bedenken gibt:

---

[468] Hans Küng, *Christ sein*, S. 467f. (Hervorhebungen bei Hans Küng).
[469] Hans Küng, *Das Christentum. Wesen und Geschichte*, S. 127f. (Hervorhebungen bei Küng).
[470] Hans Küng, *Das Christentum. Wesen und Geschichte*, S. 128f. (Hervorhebungen bei Hans Küng).

> „Während auf dem Konzil von Nikaia 325 von einer einzigen Substanz oder Hypostase in Gott die Rede war, geht man im Konzil von Konstantinopel 381 von drei Hypostasen aus: Vater, Sohn und Geist. Man hat in der Dogmengeschichte viel darüber diskutiert, ob es bei dem Übergang von der Ein-Hypostasen-Theologie zur Dreihypostasen-Theologie um nur eine terminologische Veränderung oder – wahrscheinlicher (wie schon das zeitweilige Schisma in Antiochien zwischen Alt- und Neuorthodoxen zeigt) – auch um eine sachliche Veränderung des Vorstellungsmodells geht. Sicher ist jedenfalls, dass man erst nach dem Zweiten Ökumenischen Konzil von Konstantinopel von einem Trinitätsdogma sprechen kann. … Dabei war das Prinzip der Einheit, die ‚arché', aber wieder deutlicher als in Nikaia die Monarchie des Vaters. Aus ihm allein als dem Wurzelgrund der Gottheit geht auch der Geist hervor."[471]

Auf weitere Einzelheiten zur Trinitätslehre von Hans Küng müssen wir verzichten. Allerdings kommen wir nicht umhin, auf die – später besonders auch in der Christologie – zutage tretende Zurückhaltung und sogar Ablehnung gegenüber allen Präexistenzaussagen und Lehren über die ‚immanente Trinität' hinzuweisen:

> „Bei Vater, Sohn und Geist geht es somit dem Neuen Testament zufolge nicht um metaphysisch-ontologische Aussagen über Gott an sich und seine innerste Natur: über ein statisches, in sich ruhendes, uns gar offen stehendes inneres Wesen eines dreieinigen Gottes. Es geht vielmehr um soteriologisch-christologische Aussagen, wie **Gott selbst sich** durch Jesus Christus in dieser Welt **offenbart**: um Gottes dynamisch-universales Wirken in der Geschichte, um sein Verhältnis zu den Menschen und um des Menschen Verhältnis zu ihm. Es gibt also bei aller Verschiedenheit der ‚Rollen' durchaus eine Einheit von Vater, Sohn und Geist, nämlich als

---

[471] Hans Küng, *Das Christentum. Wesen und Geschichte*, S. 230, 232.

Offenbarungsgeschehen und Offenbarungseinheit: Gott selbst wird durch Jesus Christus offenbar im Geist. Dies also ist die Denkstruktur, wie sie im Rahmen des judenchristlichen Paradigmas geprägt wurde und wie sie als Struktur – anders als die von einem ‚drei-einigen Gott' – auch einem Juden bis heute nicht unbedingt fremd sein müsste."[472]

Theodor Schneider kritisierte in seiner Zusammenfassung der Trinitätslehre von Hans Küng eine unzureichende Verarbeitung der Themenbereiche Ontologie, Metaphysik und immanente Trinitätslehre. Ontologie, Metaphysik und immanente Trinitätslehre müssen nicht statisch gefasst sein. In seinen Literaturangaben zur orthodoxen Theologie und Kirche[473] listet Hans Küng auch die ersten beiden Bände der „Orthodoxen Dogmatik" von Dumitru Stăniloae[474] auf, deren erster Band ein wichtiges Kapitel über die „Heilige Dreieinigkeit, die Struktur der höchsten Liebe" enthält.[475] Die Lektüre dieses von ihm selbst zitierten Buches hätte dem Tübinger Professor gewiss nicht geschadet. Aber manche Dinge brauchen eben ihre Zeit, und das gilt auch für die Besinnung auf die ‚Heilige Schrift', wie sie Hans Küng ja immer wieder fordert. Das wird auch im Kapitel zu den Auffassungen Hans Küngs im Bereich „Christologie, Pneumatologie und Anthropologie" deutlich werden, dem wir uns im Folgenden zuwenden.

---

[472] Hans Küng, *Das Christentum. Wesen und Geschichte*, S. 129. (Hervorhebungen bei Hans Küng).
[473] Hans Küng, *Das Christentum. Wesen und Geschichte*, S. 956.
[474] Dumitru Stăniloae, *Orthodoxe Dogmatik*, Bd. I, Gütersloh, 1984; Bd. II, Gütersloh, 1990.
[475] Dumitru Stăniloae, *Orthodoxe Dogmatik*, Bd. I, S. 256-289.

Christologie, Pneumatologie und Anthropologie

Die Christologie des Tübinger Professors folgt einer bereits früh getroffenen Entscheidung für eine sogenannte ‚Christologie von unten', [476] die ihrerseits – wie sich noch zeigen wird – tief im nicht-orthodoxen, von der Scholastik geprägten, westlichen Christentum verwurzelt ist. Im biographischen Teil haben wir gesehen, dass Küng schon in Kindheit und Jugend wichtige Anregungen jesuanischer Frömmigkeit aufgenommen hat, die sich in Rom mit der jesuitischen Prägung seiner dortigen Ausbildung verbanden. Dies ist der Wurzelboden für seine persönliche Auseinandersetzung mit einem Teil des theologischen Diskurses seiner Zeit in Exegese und antiker Kirchengeschichte, die seine spezifische, besonders in „Christ sein" entwickelte ‚Christologie' prägen wird. Nur am Rande sei bemerkt, dass Küngs „Jesus-Buch"[477] lediglich einen Auszug aus „Christ sein" darstellt, während die christologischen Gedanken in „Was bleibt"[478] wiederum einen Auszug aus dem „Jesus-Buch" darstellen.

Um den christologischen Ausführungen von Hans Küng gerecht werden zu können, müssen wir den Ausgangspunkt seines Denkens klar ins Auge fassen. Auf diese Weise werden dann auch grundlegende Weichenstellungen seiner Christologie schärfer zutage treten. Gewiss können damit nicht alle Verirrungen, Widersprüche und Absurditäten erklärt werden, welche die mitunter weitschweifigen und wenig bei der Sache bleibenden, dafür aber stark ideologischen und in bestimmter Hinsicht auch von gehässigen Vorurteilen durchsetzten Darlegungen des Tübinger Professors weithin prägen. Wir wollen dabei durchaus nicht übergehen, dass Hans Küng immer wieder durchaus wichtige und richtige Aspekte des Glaubens und der Lehre der Kirche zur Sprache bringt, können aber eben

---

[476] Hans Küng, „Prolegomena zu einer künftigen Christologie", in: Hans Küng, *Menschwerdung Gottes*, S. 503-610.
[477] Hans Küng, *Jesus*.
[478] Hans Küng, *Was bleibt*.

auch nicht unseren Ärger über seine Voreingenommenheit und Blindheit gegenüber den Quellen und die daraus resultierende Einseitigkeit in der Beweisführung verschweigen.[479]

Bisweilen lässt sich auch eine schrittweise Verschärfung des Tons und damit verbunden eine Verfestigung von Vorurteilen beobachten. Bei der Beschreibung der Stellung Jesu im gesellschaftlichen Kontext unter Berufung auf Mk 12, 33f. formuliert Küng noch vorsichtig:

> „Nicht nur *scheint* Jesus bezüglich des Opferkultes bestimmte Reserven gehabt zu haben … . Er hat offensichtlich mit der Zerstörung des Tempels bei der bevorstehenden Endzeit gerechnet[480], und mit dem Gesetz kam er schon bald in einer Weise in Konflikt, dass er vom jüdischen Establishment als eine ungemein gefährliche Bedrohung seiner Herrschaft angesehen wurde. Wird hier, so mussten sich die Hierarchie und ihre Hoftheologen sagen, nicht faktisch die Revolution gepredigt?"[481]

Jesus *scheint* hier – nach Küng – bezüglich des Tempelkultes „bestimmte Reserven gehabt zu haben". Weiter rechnet er – Jesus – im Zusammenhang seiner apokalyptischen Naherwartung mit der Zerstörung des Tempels und kommt mit dem (jüdischen) Gesetz so in Konflikt, dass „Hierarchie" und „Hoftheologen" ihre Herrschaft bedroht sehen.

Was Küng allerdings nicht in Betracht genommen hat, ist die Tatsache, dass Mk 12, 33 ein Schriftgelehrter zu Wort kommt, der Jesu Antwort auf die Frage nach dem höchsten Gebot zustimmend zur Kenntnis nimmt und dabei die Bedeutung der Liebe zum Nächsten durch ein Zitat mit Anklängen an 1. Samuel

---

[479] Der Heidelberger Kirchenhistoriker Adolf Martin Ritter hat mich, was z.B. die ‚Hellenisierungsfrage' angeht, per E-Mail vom 20. Juni A.D. 2018 in diesem Eindruck bestärkt, zugleich aber auf das Alter von Hans Küng (Jahrgang 1928) verwiesen, der eben darum in allem einen anderen, älteren bzw. veralteten Forschungsstand voraussetzte.
[480] Hans Küng, *Christ sein*, S. 174 mit Fußnote 11). Hier Verweis auf Mk 13,2 par.
[481] Hans Küng, *Christ sein*, S. 174 (Hervorhebung – WW).

15, 22 und Hosea 6, 6 unterstreicht. Die Besonderheit der Stelle bei Markus ist ja gerade die Übereinstimmung Jesu mit dem Schriftgelehrten. Einen Gegensatz Jesu zu den Schriftgelehrten zu konstruieren, die Küng ‚Hoftheologen' nennt, ist von dieser Stelle aus gerade nicht möglich, so kritisch sich Jesus auch sonst gegenüber Schriftgelehrten, Sadduzäern und Pharisäern äußert. Das Problem an dieser Stelle ist die sich im Schubkastendenken ausdrückende ideologische Verblendung, die Hans Küng in *allen* Vertretern von ‚Establishment und Hierarchie' von vornherein ‚machtbesessene Feinde' sehen lässt. Das bedeutet nicht, dass Küng den Grundkonflikt zwischen Jesus, der damaligen jüdischen und indirekt dann auch mit der römischen Obrigkeit nicht richtig beschrieben haben kann.

Die Gesetzeskritik Jesu konkretisiert sich nach Küng im Umgang des Heilands mit den ‚Überlieferungen der Väter', der ‚mündlichen Tora' sowie dem ‚mosaischen Gesetz' (dem alttestamentlich-jüdischen Gesetz, besonders dem ‚Dekalog'), mit den Bestimmungen der Tora über reine und unreine Nahrung, mit dem Sabbatgebot, ganz besonders aber in Jesu Verbot der Ehescheidung,[482] und wird dann vor allem in der Bergpredigt[483] (Verbot des Schwures, Verbot der Vergeltung und im Gebot der Feindesliebe) deutlich, die letztendlich Jesu messianischen Anspruch zum Ausdruck bringt. Wir müssen hier auch erwähnen, dass Küng den Gedanken ablehnt, Jesus habe ein ‚neues Gesetz' gebracht und sei deshalb auch kein ‚Gesetzgeber', noch wolle er ein solcher sein.[484] Vielmehr messe „er den Buchstaben des Gesetzes am Willen Gottes selbst" und stelle „den Menschen damit in befreiender und beglückender Weise unmittelbar vor Gott",[485] der seinerseits den Menschen und sein Herz (und deshalb auch den Willen des

---

[482] Mit Aufzählung der entsprechenden biblischen Referenztexte sind diese Punkte alle genannt bei Hans Küng, *Christ sein*, S. 231f.
[483] Hans Küng, *Christ sein*, S. 235-238.
[484] Hans Küng, *Christ sein*, S. 232-235, bes. S. 234.
[485] Hans Küng, *Christ sein*, S. 234.

Menschen) nicht nur halb, sondern ganz beansprucht.[486] Das aber wiederum hat damit zu tun und ist deshalb möglich, weil „*Gottes Sache* nicht der Kult ist, sondern *der Mensch!*"[487] Das Kriterium für Küngs Kritik an Kult und Ritus ist sein Humanismus:

> „... *Versöhnung und der alltägliche Dienst am Mitmenschen* haben die *Priorität vor dem Gottesdienst* und der Einhaltung des Kulttages. Auch der Kult, die Liturgie, der Gottesdienst dürfen nicht absolut gesetzt werden. Nie darf der Mensch einem angeblich absolut verpflichtenden Ritus oder frommen Brauch geopfert werden. Kult und Liturgie werden nicht einfach abgeschafft oder aufgehoben. Aber aller Kult und alle Liturgie, Riten und Bräuche, Übungen und Zeremonien, Feste und Feiern stehen unter dem Kriterium, ob sie für den Menschen da sind oder nicht. **Der Mensch ist das Maß auch des Gottesdienstes.** ... So tritt der Mensch selber an die Stelle einer verabsolutierten Liturgie: *Humanität* anstelle von Formalismus, Ritualismus, Liturgismus, Sakramentalismus. Zwar ersetzt der Menschendienst nicht den Gottesdienst. Aber der Gottesdienst entschuldigt nie vom Menschendienst: er bewährt sich im Menschendienst."[488]

Wenn hier sicher auch Verschiedenes richtig gesehen ist, so gehen diese Gedanken doch nicht in die nötige Tiefe. Küng kommt mit einer grundsätzlich kritischen Haltung „gegen kirchliche Traditionen und Autoritäten" schon von seiner Dissertation her,[489] hat in seiner Abschrift des Aufsatzes von Heinrich Fries und Wolfhart Pannenberg über das „Amt in der Kirche"[490], die er 1971 unter dem Titel „Wozu Priester?

---

[486] Sehr schön ausgeführt in dem Abschnitt über den „Sinn der Bergpredigt", in: Hans Küng, *Christ sein*, S. 235-238.
[487] Hans Küng, *Christ sein*, S. 243 (Hervorhebung bei Hans Küng).
[488] Hans Küng, *Christ sein*, S. 243f. (Kursive Hervorhebungen bei Hans Küng, fettgedruckte Hervorhebungen – WW).
[489] Hans Küng, *Christ sein*, S. II.
[490] Wolfhart Pannenberg/ Heinrich Fries, *Das Amt in der Kirche*, S. 107-115. Der Aufsatz wiederum ist teilweise von Ausführungen angeregt, die Küng in sei-

(Eine Hilfe)" als Buch herausbrachte,[491] den von Fries und Pannenberg im Kontext von Ausführungen zum Konzil von Trient als „unbiblisch" apostrophieren Begriff der ‚Hierarchie'[492] als „irreführend" bezeichnet und darum aufzugeben gefordert. Was dies bedeutet, werden wir später noch sehen. In unserem Zusammenhang ist es jedenfalls nicht zufällig, dass Küng ebenfalls in „Christ sein" die „traditionell-protestantische, von Calvin ausgestaltete und später von der katholischen Theologie übernommene Drei-Ämter-Lehre", wonach Christus „Prophet, Priester und König sei", als „für den Menschen unserer säkularisierten Gesellschaft" nicht mehr verständlich hinstellt.[493] Faktisch bleibt bei Küng von dieser ‚Drei-Ämter-Lehre', die freilich nicht erst auf die altprotestantische Orthodoxie und Calvin zurückgeht,[494] sondern auf Eusebius von Cäsarea,[495] nicht viel mehr übrig, als dass Jesus eben Prophet ist,[496] was damit zusammenhängt, dass er sich eigentlich nicht die Mühe macht, verstehen zu wollen, worum es eigentlich geht. Freilich dürfen wir nicht übersehen, dass für Küng, wie aus einem von Friedrich Heiler abgeschriebenen Text hervorgeht,[497] das Christentum keine mystische, sondern eben eine prophetische Religion ist, so wie Judentum und Islam auch. Wir werden darauf zurückkommen müssen.

Vor diesem Hintergrund erhält die von Küng bei Jesus ausgemachte „revolutionäre Relativierung heiligster Traditionen

---

nem Buch über die Kirche vorgelegt hat; vgl. Hans Küng, *Die Kirche*, S. 492ff.

[491] Hans Küng, *Wozu Priester?*.
[492] Wolfhart Pannenberg/ Heinrich Fries, *Das Amt der Kirche*, S. 109.
[493] Hans Küng, *Christ sein*, S. 124. Gewiss kleidet Küng diese Aussage vornehm in Frageform. Aber die Infragestellung dieser Lehre hat ihre Wurzeln eher in der Gesamtanschauung Küngs als anderswo.
[494] So Wilfried Joest, *Dogmatik, Bd. 1: Die Wirklichkeit Gottes*, Vandenhoeck & Ruprecht, Göttingen, 4. durchgesehene Auflage, 1995, S. 214f.
[495] Eusebius von Cäsarea, *Kirchengeschichte* (KG), I, 3.
[496] Hans Küng, *Das Christentum. Wesen und Geschichte*, S. 143.
[497] Hans Küng, *Das Christentum. Wesen und Geschichte*, S. 518. Der ordentlich zitierte und abgeschriebene Text findet sich bei: Friedrich Heiler, *Das Gebet. Eine religionsgeschichtliche und religionspsychologische Untersuchung*, Ernst Reinhardt, 5. Auflage, München, 1969, (zukünftig: *Das Gebet*), S. 255-258.

und Institutionen" und das „ganz auf der Linie der alttestamentlichen Propheten"[498] zu Jesus gehörige „*Kämpferische*"[499] ihr spezifisches Kolorit. Denn wenn wir nun auf die eingangs zitierte Überlegung Küngs zurückkommen, wonach Jesus bezüglich des Opfer- bzw. Tempelkultes eine gewisse Zurückhaltung gehabt zu haben *scheint*,[500] so ist hier aus dem „Jesus scheint Reserven gehabt zu haben", schon ein ‚allgemeines' Urteil Jesu über die Bedeutung des Kultes geworden, wobei zur Begründung der spezifischen Haltung Jesu ausgerechnet die Aussage eines – sicherlich hier in Übereinstimmung mit Jesus sich äußernden – Schriftgelehrten (Mk 12, 33) herangezogen wird.

Ob da nicht doch ein wenig genauere Reflexion hilfreich gewesen wäre? Es drängt sich nämlich der Eindruck auf, dass Küng aus einer grundsätzlichen, pauschalisierend *allem* Kult und Gottesdienst kritisch bis ablehnend gegenüber stehenden Haltung heraus schreibt, welche bei der Beschreibung Jesu schon genau weiß, was heute an „Kult und … Liturgie, Riten und Bräuchen, Übungen und Zeremonien, Festen und Feiern" zu kritisieren ist, wobei diese Kritik auf die Grundlage der Jesus von Küng zugeschriebenen Verwerfung „ritueller Korrektheit und Tabuisierung" gestellt wird. Küng kommt hier zu der Schlussfolgerung: „Hier rüttelt einer, insofern er Gesetzesordnung und Kultordnung relativiert, an den

---

[498] Hans Küng, *Christ sein*, S. 244.
[499] Hans Küng, *Christ sein*, S. 244, mit Anm. 22), wo der Autor hinweist auf: Karl Jaspers, *Die massgebenden Menschen*, Piper, München/ Zürich, 9. Auflage, 1986, S. 178-180.
[500] Hans Küng, *Christ sein*, S. 174. Ähnlich, aber doch schon deutlich akzentuierter, noch einmal a.a.O., S. 232, wo Küng schreibt: „Die Gesetzeskritik verstärkt sich durch seine Kultkritik. Für Jesus ist der Tempel nicht ewig wie für die meisten seiner Volksgenossen. Er rechnet mit seinem Abbruch (Anmerkung 10: Mk 13,2 par.); der neue Gottestempel stehe schon bereit, der in der Heilszeit den alten ersetzen werde (Anmerkung 11: Mk 14,58 par.). **In der Zwischenzeit betont Jesus nicht nur allgemein die untergeordnete Bedeutung des Opferkultes** (Anmerkung 12: Mk 12, 33). Vor dem Opfer wird Versöhnung gefordert (Anmerkung 13: Mat 5, 23f.)."

Grundlagen der *Hierarchie*."[501] Gemäß der hermeneutischen Verknüpfung des ‚historischen Jesus' mit dem ‚Christus des Kerygma' oder gemäß der Küng'schen Terminologie, zwischen dem vom Historiker (Fachwissenschaftler) zu rekonstruierenden ‚historischen Jesus' und dem „Jesus, wie er uns *hier und heute* begegnet", „dem Christus des Glaubens", der „uns im gegenwärtigen Horizont von Mensch und Gesellschaft maßgebend was zu sagen hat",[502] wissen wir nun schon, wohin hier der Hase läuft. Die Front ist eröffnet zu dem bei Küng allgegenwärtigen Kampf gegen „Traditionen, Autoritäten und Institutionen". Hermeneutisch gesehen, stehen wir hier allerdings vor einem Problem. Denn hier rächt sich nun, dass der Tübinger Professor den Unterschied zwischen ‚apostolischer' und ‚nachapostolischer' bzw. ‚kirchlicher' Tradition nicht erfasst hat, wie ihn sein Lehrer Oscar Cullmann aufgezeigt hatte. Denn damit hat er sich der entscheidenden hermeneutischen Norm beraubt, welche die kirchliche Theologie und Praxis vor Willkür, Verfall und – wie Joseph Ratzinger vornehm bemerkt – dem Abgleiten in die „Parteilichkeit der Schulgemeinschaft"[503] bewahrt.

Dieses Problem wirkt sich an mehreren markanten Stellen im Denken Hans Küngs aus, zuerst – auch religionswissenschaftlich relevant – in der Christologie, wie wir gleich sehen werden, dann aber, was ja auch naheliegend ist, in der Ekklesiologie, und natürlich verändert sich der Umgang mit der Heiligen Schrift insgesamt.

Wie wir im biographischen Teil gesehen haben, hatte sich Küng der von Käsemann vorgetragenen These über „das Auseinanderfallen, die Unvereinbarkeit und prinzipielle Nichtharmonisierbarkeit der verschiedenen neutestamentli-

---

[501] Hans Küng, *Christ sein*, S. 242.
[502] Hans Küng, „Rückfrage nach Jesus", in: *Christ sein*, S. 151-153, die Formulierungen und Zitate bes. S. 152. Vgl. zu dem Problem auch: Joseph Ratzinger, *Methodenfrage*, S. 11.
[503] Joseph Ratzinger, *Methodenfrage*, S. 14.

chen Konzeptionen des kirchlichen Amtes"[504] angeschlossen, dabei aber an einer prinzipiellen Offenheit für das Ganze des neutestamentlichen Kanons festgehalten.[505] Diese „Offenheit für das Ganze des neutestamentlichen Kanons" wird allerdings faktisch gerade dadurch konterkariert, was Küng als den Inhalt seiner „Offenheit" ausmacht, nämlich das Eruieren der ältesten Texte und Textfragmente als Norm der Schriftauslegung.[506] Gewiss hat Hans Küng diese hermeneutischen Prinzipien nicht erfunden.[507] Aber überzeugend sind sie deshalb noch lange nicht, da die Kirche weder das vom Professor zu eruierende Bild eines ‚historischen Jesus' noch ein ebenso zu elaborierendes ‚apostolisches Urzeugnis' zum Kanon bestimmt hat, sondern eben den Kanon als ganzes, so wichtig historische Forschung und auch die Frage nach dem historischen Jesus natürlich immer bleiben wird. Im Kern muss es dabei letztlich immer um die Identität des auferstandenen und erhöhten mit dem gekreuzigten Herrn gehen. Allerdings fällt in diesem Zusammenhang nun doch auf, dass Küng der Frage nach dem Thema des inkarnierten Christus so gar keine Aufmerksamkeit zuteil werden lässt. Daran ändern auch seine gelegentlichen Ausführungen zum Thema Inkarnation nichts.[508] Sie zeigen eher, dass er nicht verstanden hat, worum es

---

[504] Ernst Käsemann, *Kanon*, S. 221.
[505] Hans Küng, *Frühkatholizismus*, S. 258-292.
[506] Vgl. Hans Küng, *Frühkatholizismus*, S. 285-292, bes. S. 290.
[507] Sehr aufschlussreich ist in diesem Zusammenhang der Hinweis auf Werner Georg Kümmel, *Theologie des Neuen Testaments*, Vandenhoeck & Ruprecht, Göttingen, 1987; zitiert in: Hans Küng, *Menschwerdung Gottes*, S. 591. Der Impuls für die neue Frage nach dem historischen Jesus ging aus von Ernst Käsemann, „Das Problem des historischen Jesus", in: Hans Küng, *Exegetische Versuche und Besinnungen*, Bd. 1, Vandenhoeck & Ruprecht, Göttingen, 1964, S. 187-214, zitiert bei Hans Küng, *Menschwerdung Gottes*, S. 587.
[508] Vgl. zum Beispiel: Hans Küng, *Credo*, S. 51-87, bes, S. 85-87. In dem Abschnitt über den christologischen Teil des Glaubensbekenntnisses werden auch Küngs Probleme mit Präexistenzchristologie, Jungfrauengeburt, Abstieg zur Hölle und Himmelfahrt angesprochen. Küng begründet seine Zurückhaltung gegenüber dem Thema ‚Inkarnation' auch damit, dass sonst die ‚Kreuzestheologie' zu kurz komme, vgl. Hans Küng, *Christ sein*, S. 429. Vgl. dazu die klugen Bemerkungen von Josef Ratzinger über „Inkarnationstheologie

eigentlich geht. In seiner Abschiedsvorlesung spricht Küng gar von der Trinitätslehre und **„einer** Inkarnation Gottes" als von „für Muslime vernunftwidrigen Dogmen, Glaubensaussagen", „die den christlichen Glauben für viele so ‚kompliziert' machen."[509] Das Dogma und der ‚Christus des Dogmas' ist für ihn eine Nummer im Denzinger,[510] kein Erkennungszeichen der Christen, keine lebendige Erfahrung, eher etwas, was man aufwendig in seinen historischen und religionswissenschaftlichen Zusammenhängen zu erklären versucht und dann beiseite legt. Die Rede von ‚**einer** Inkarnation Gottes' aber deutet darauf hin, wie wenig der Tübinger Professor von dem verstanden hat, was das christliche Dogma ist und soll, ja, wie absurd und unreflektiert seine diesbezügliche Kritik daherkommt.

Küngs spezifische Ausrichtung auf den vom ‚Experten zu eruierenden Jesus' und das ‚apostolische Urzeugnis' hat dem Tübinger Professor faktisch auch den Blick darauf verstellt, dass eben der ganze biblische und mithin auch der Kanon des Neuen Testaments ernst genommen werden muss. Es geht nicht an, den Evangelisten Lukas und Johannes, oder auch den Verfassern gewisser kanonischer Briefe aufgrund ihrer text- und zeitgeschichtlichen Einordnung Noten prinzipiell als lediglich „abgeleitetes Zeugnis" zu erteilen,[511] so sehr ohne Zweifel eine Priorität der ‚Herrenworte' als des von Jesus Christus selbst gesprochenen Wortes gewahrt bleiben muss.

Vor diesem Hintergrund müssen wir aufgrund unserer religionswissenschaftlichen Fragestellung noch einmal auf das Problem des Verhältnisses Jesu zum Thema Gesetz zurückkommen. Dass das mosaische (jüdisch-alttestamentliche) Gesetz nicht einfach mit dem Willen Gottes identisch ist,

---

und Kreuzestheologie", in: Josef Ratzinger, *Einführung in das Christentum. Vorlesungen über das Apostolische Glaubensbekenntnis*. Mit einem neuen einleitenden Essay, 6. Auflage, Kösel, München, 2005 (zukünftig: *Einführung in das Christentum*), S. 215-217.

[509] Hans Küng. *Abschiedsvorlesung*, S. 128 (Hervorhebung – WW).
[510] Hans Küng, *Christ sein*, S. 122.
[511] So Hans Küng, *Frühkatholizismus*, S. 290f.

weiß auch Hans Küng, wie wir gesehen haben. Hinsichtlich des Willens Gottes aber bedarf es einer Präzisierung, die wir aus der Perikope über die Ehescheidung bei Matthäus nehmen (Mat 19,1-12). Jesus antwortet dort auf die Pharisäer (V. 4): „Habt ihr nicht gelesen: **Der im Anfang** den Menschen geschaffen hat, schuf sie als Mann und Frau ... ." Jesus rekuriert dort auf den **ursprünglichen** Gotteswillen. Dass durch menschliches Fehlverhalten manches anders geworden ist, ist etwas anderes. Aber der ursprüngliche Gotteswille verbietet die Ehescheidung, und das ist für alle Menschen gültig.

Hätte sich Hans Küng tatsächlich die ‚Offenheit' für den ganzen Kanon bewahrt, dann hätte ihm in der „strohernen Epistel"[512] des Jakobus auffallen müssen, dass dieser dort (Jak 1,22-27) vom ‚Gesetz der Freiheit' (Jak 1,25) spricht. Der Begriff dieses ‚Gesetzes der Freiheit' hätte beim Nachdenken über die Frage reflektiert werden müssen, ob Jesus als ‚Gesetzgeber' für ein Gesetz, das alle Menschen etwas angeht, angesprochen werden kann oder nicht. Dieses ‚Gesetz der Freiheit' steht selbstverständlich in Verbindung mit dem ‚ursprünglichen Gotteswillen'. Zu ergänzen ist an dieser Stelle auch das von Hans Küng selbst erwähnte ‚Gesetz Christi' bei Paulus[513] sowie das ‚neue Gebot' bei Johannes[514]. Wir werden in unserer Antwort auf Hans Küng auf dieses Thema noch zu sprechen kommen müssen, da dies selbstverständlich religionswissenschaftliche Implikationen hat.

Leider ist Küngs Haltung auch gegenüber der Kirchengeschichte sehr maßgeblich von Vor- und Fehlurteilen gekennzeichnet. Das erklärt seinen Umgang mit dem sog.

---

[512] Vgl. dazu: Martin Luther, „Vorrede auf die Epistel S. Jacobi ...", in: D. Martin Luthers *Werke, Kritische Gesamtausgabe, Die Deutsche Bibel, Bd. 7*, Hermann Böhlaus Nachfolger, Weimar, 1931, S. 385.
[513] Hans Küng, *Das Christentum, Wesen und Geschichte*, S. 148 mit Hinweis auf 1 Kor 9,19-23; 1 Kor 8; Röm 14.
[514] Joh 13,34; 1 Joh 2,7; 2 Joh 5. Den Hinweis auf das Stichwort ‚ἐντολή' verdanke ich Hermann Pitters.

"Christus der Konzilien"[515]. Ein substantielles Verständnis der Sachverhalte fällt den Scheuklappen der unermüdlich wiederholten Hellenisierungshypothese zum Opfer, wobei Küng gar nicht merkt, dass er sich in dieser Hinsicht sogar auf derselben Seite in ein und demselben Satz widerspricht.[516] So bleibt ihm letztendlich nichts weiter als die „universale Bedeutung des konkreten Jesus von Nazareth, des Gekreuzigten und von Gott Auferweckten"[517] festzuhalten. Jesus ist für Küng „als der endgültig zu Gott Erhöhte jetzt im definitiven und umfassenden Sinn – ‚ein für allemal' – gegenüber den Menschen *Gottes Stellvertreter* ... 'Beauftragter', ‚Bevollmächtigter', ‚Anwalt', ‚Sprecher', ‚Sachwalter', auch ‚Botschafter', ‚Treuhänder', ‚Vertrauter', ‚Freund', ja ‚Repräsentant', ‚Platzhalter', ‚Stellvertreter'."[518] Die alten Hoheitstitel Christi, die gemäß Hans Küngs Sicht dasselbe sagen würden, seien dagegen heute weniger verständlich: ‚König', ‚Hirte', ‚Heiland', ‚Gottessohn' und mit ihnen die traditionelle Lehre von den drei ‚Ämtern' Jesu Christi (prophetisches, königliches, hohepriesterliches Amt). Faktisch hat der Tübinger Professor aus Christus eine Art Angestellten oder Beamten Gottes gemacht, das personale Denken, das Küng ja eigentlich befürwortet, ist in seiner Wurzel angegriffen, auch wenn das Hans Küng bisweilen nicht wahrhaben will.[519]

---

[515] Hans Küng, *Christ sein*, S. 121-125.
[516] Hans Küng, *Das Christentum. Wesen und Geschichte*, S. 212, wo Küng in der durch den hl. Justin und die frühen christlichen Apologeten geschaffenen Verbindung des „jüdisch-hellenistisch geprägten johanneischen Logosbegriffs mit der griechischen Logosmetaphysik" einen sichtbaren Ausdruck des Paradigmenwechsels vom „jüdisch-apokalyptischen Paradigma des Urchristentums" zum „ökumenisch-hellenistischen Paradigma des christlichen Altertums" gegeben sieht.
[517] So Alois Grillmeier in seiner Zusammenfassung der Christologie Küngs, in: Alois Grillmeier, *Jesus von Nazareth – im Schatten des Gottessohnes*, in: Hans Urs von Balthasar/ Alfons Deissler/ Alois Grillmeier u.a. (Hgg.), *Diskussion „Christ sein"*, S. 63.
[518] Hans Küng, *Christ sein*, S. 380.
[519] Hans Küng, *Existiert Gott?*, S. 741 schreibt Küng: „In ‚Christ sein' habe ich nach Kräften versucht ... – im Bewusstsein eigener Fehlbarkeit – die alten Formeln im Lichte der ursprünglichen Botschaft neu verständlich zu ma-

Küng beginnt seinen Abschnitt über „Gott im Geist" in „Existiert Gott?" mit der Bemerkung, dass trotz „charismatischer und pneumatischer Bewegungen rund um die Welt", „die Rede vom ‚Heiligen Geist'", obwohl „heute wieder verstärkt en vogue", „für viele theologisch schier unverständlich bleibt." Er begründet diese Unverständlichkeit mit der Frage, ob „dies den Glauben nicht unnötig schwer, oft unglaubwürdig macht?" Ja, ob „man dem heutigen Menschen nicht eine Glaubenslast aufbürdet, die viele nicht mehr zu tragen bereit sind, und dies vielleicht nur, weil man in Kirche und Theologie ein unübersehbares Interesse an der Dreizahl sowie an geistvollen Spekulationen hatte, die damals schon nur wenige verstanden haben?"[520]

Sachlich beschränken sich allerdings seine Gedanken zum Thema ‚Pneumatologie' im Gesamtwerk auf etwas mehr als zwei Seiten, die er nahezu gleichlautend in „Existiert Gott?" unter der Überschrift: „Was ist der Geist?", in „Credo" unter der Überschrift: „Was heißt überhaupt Geist?", in „Das Christentum. Wesen und Geschichte" unter der Überschrift: „Was heißt Heiliger Geist?" sowie unter dem Titel „Ein vergeistigtes Gottesverständnis" in „Der Anfang aller Dinge. Naturwissenschaft und Religion", abgedruckt hat.[521] Kurz zusammengefasst sagt Küng über den Heiligen Geist:

---

chen; im allgemeinen hat man dieses Bemühen dankbar anerkannt." In der hier angefügten Anmerkung (Hans Küng, *Existiert Gott?*, S. 744 Anm. 11)) beschwert er sich dann, dass die Deutsche Bischofskonferenz dieses sein Bemühen nicht anerkannt habe. Die Gegenargumentation Küngs überzeugt allerdings eben gerade nicht.

[520] Hans Küng, *Existiert Gott?*, S. 760-762, die Zitate S. 760. Vgl. auch die Auslassungen zum Thema „Spekulation mit der Zahl 3" in: Hans Küng, „Der Kampf um die Orthodoxie", in: *Das Christentum. Wesen und Geschichte*, S. 215-217, hier S. 215.

[521] Hans Küng, *Existiert Gott?*, S. 760-763; Hans Küng, *Credo*, S. 165-168; Hans Küng, *Das Christentum. Wesen und Geschichte*, S. 68-69; Hans Küng, *Naturwissenschaft und Religion*, S. 174ff. Vgl. auch Hans Küng, „Wie heute vom Heiligen Geist reden", in: Hans Küng/ Jürgen Moltmann (Hgg.), *Der Heilige Geist im Widerstreit, Concilium. Internationale Zeitschrift für Theologie*, 15. Jahrgang, Heft 10, Oktober 1979, S. 557-558.

„'Geist', biblisch verstanden, meint im Gegensatz zu ‚Fleisch', zur geschaffenen vergänglichen Wirklichkeit, *die von Gott ausgehende Kraft oder Macht.* ... Dieser Geist ist nicht, wie vom Wort durchaus möglich, der Geist des Menschen. Er ist der Geist Gottes, der als *heiliger* Geist vom unheiligen Geist des Menschen und seiner Welt unterschieden wird. Vom Neuen Testament her ist er nicht – wie oft in der Geschichte der Religionen – irgendein magisches, substanzhaftes, mysteriös-übernatürliches Fluidum dynamischer und auch nicht ein Zauberwesen animistischer Art. Sondern: Der Heilige Geist ist *niemand anderes als Gott selbst*! Gott selbst, sofern er nämlich den Menschen und der Welt nahe ist als die ergreifende, aber nicht greifbare, die schenkende, aber nicht verfügbare, die Leben schaffende, aber auch richtende Macht und Kraft." Weiter: „Der Heilige Geist ist kein Drittes, kein Ding zwischen Gott und den Menschen, sondern die persönliche Nähe Gottes zu den Menschen. ... Der Geist Gottes ist kein versklavender Geist, er ist niemand anders als der Geist des zu Gott aufgenommenen Jesus Christus, der Geist Jesu Christi."[522]

„An den Heiligen Geist, den Geist Jesu Christi glauben, heißt: wissen ..., dass der Geist nie meine eigene Möglichkeit ist, sondern immer Kraft, Macht, Geschenk Gottes. Er ist kein unheiliger Menschengeist, Zeitgeist, Kirchengeist, Amtsgeist, Schwarmgeist; er ist immer der heilige Gottesgeist, der weht, wo und wann er will ... kein Bischof und kein Professor, kein Pfarrer und kein Laie ‚besitzt' den Geist. Aber jedermann darf immer wieder neu darum bitten."[523]

In „Das Christentum. Wesen und Geschichte" fügt Küng dieser Gedankenreihe noch eine für unsere Fragestellung wichtige Überlegung hinzu, die wir hier wiedergeben müssen:

---

[522] Hans Küng, *Existiert Gott?*, S. 761f.; Hans Küng, *Credo*, S. 166-168; Hans Küng, *Das Christentum. Wesen und Geschichte*, S. 68-69.
[523] Hans Küng, *Existiert Gott?*, S. 762.

Der „christologische Gesichtspunkt darf einen anderen Gesichtspunkt nicht übersehen lassen, der ebenfalls biblisch bezeugt ist: Der **Geist Jesu Christi ist** und bleibt **Gottes Geist**. Und dieser Geist des Unfassbaren, Unendlichen, Unermesslichen wirkt nicht nur in der Christenheit, sondern – so schon auf den ersten Seiten der Hebräischen Bibel beim Uranfang (Gen 1,2) – in der Schöpfung, überall. Gottes Geist wirkt auch nach dem Neuen Testament, ‚**wo** er will' (Joh 3,8), und kann in seiner Wirksamkeit von keiner Kirche beschränkt werden. Mit anderen Worten: er wirkt nicht nur in der Christenheit, sondern in der ganzen Welt."[524]

Küng berichtet in kritischer Distanz[525] bezüglich seiner Historizität vom Pfingstereignis als **„Geburtsstunde der Kirche"**:

Der Geist „wirkt, **wann** er will, und keine Kirchenordnung in Lehre und Praxis kann ihn zwingen, jetzt zu handeln oder nicht zu handeln. Nein, der Geist Gottes wirkt, wann und wo er will, wie an jenem **Pfingstfest**, an welchem nach der Überlieferung des Evangelisten Lukas die erste ‚Versammlung' der (vor allem aus Galiläa zurückgekommenen) Anhänger Jesu *stattgefunden haben soll* und wo sich unter enthusiastisch-charismatischen Begleitumständen die **Geburtsstunde der ‚Kirche'** (hebr. ‚kahál', griech. ‚ekklesía' = Versammlung) vollzog."[526]

Es sei hier auch erwähnt, dass Küng in seiner Ekklesiologie ein Kapitel über „die Kirche als Geistgeschöpf" bietet, das wir zu gegebener Zeit in Betracht nehmen werden.[527] Für uns sind hier zunächst die Schlussfolgerungen wichtig, die Küng aus seinen Gedanken über den Heiligen Geist zieht.

---

[524] Hans Küng, *Das Christentum. Wesen und Geschichte*, S. 169. Hervorhebung von Hans Küng.
[525] Vgl. ebenso Hans Küng, *Credo*, S. 168-171, bes. S. 168.
[526] Hans Küng, *Das Christentum. Wesen und Geschichte*, S. 69 (Fettgedruckte Hervorhebung von Hans Küng. Kursiv gedruckte Hervorhebung – WW).
[527] Hans Küng, *Die Kirche*, S. 181-244.

Zunächst kirchengeschichtlich, d.h. innerhalb der Christenheit: „So wirkt der Geist auch in der späteren Geschichte der Christenheit und soll – neu – nach einem Wort des Johannesevangeliums ‚in die ganze Wahrheit einführen' (Joh 16, 13)."[528]

„Weil der Gottesgeist weiterwirkt, so gibt es nach den Aussagen des Neuen Testaments zufolge auch **nach Jesu Tod echte Propheten**." Diesen Gedanken deutet Küng zunächst innerkirchlich, sei „doch die frühe Kirche nicht nur gebaut auf die Apostel, sondern auch auf die Propheten (Epheser 2, 20)".[529]

Dass es sich bei den an der zitierten Bibelstelle genannten Propheten um die alttestamentlichen Propheten handeln könnte, ist Küng freilich nicht in den Sinn gekommen. Seine Argumentation zielt vielmehr darauf, den „Propheten **Muhammad**, dessen Offenbarung im Koran auf den ‚Geist' zurückgeführt wird", und der „**nach** Jesu Tod zu den Propheten gehört, die beanspruchen, mit seiner Verkündigung des Willens Gottes in grundlegender Übereinstimmung zu stehen", gemäß der Konzeption von Hans Küng „als Korrektivum etwa gegenüber einer überhöhten Christologie durchaus ernst zu nehmen."[530]

Auch was die Anthropologie angeht, hat sich Küng nicht sehr ausführlich und umfassend geäußert. Am ehesten könnte man sagen, dass die Linien ausgezogen werden, die sich aus den anderen Themen ergeben. Unter den „Normen des Menschlichen" hebt Küng besonders das Thema der „*Selbst-Verwirklichung*" hervor, welche im Christentum gegenüber einer „Überbewertung und Überforderung von Nächstenliebe, Dienst, Hingabe" zu kurz gekommen sei, was „denn nur zu leicht zum Scheitern, zu Resignation und Frustration" führe. Das entspricht ganz dem Loblied der „Selbstverwirklichung", wie sie uns schon in der Biographie Küngs begegnet ist.[531] Ganz

---

[528] Hans Küng, *Das Christentum. Wesen und Geschichte*, S. 69.
[529] Hans Küng, *Das Christentum. Wesen und Geschichte*, S. 69.
[530] Hans Küng, *Das Christentum. Wesen und Geschichte*, S. 70.
[531] Hans Küng, *Erkämpfte Freiheit*, S. 101.

in diesem Sinn betont er in „Christ sein", in Anknüpfung an die Säkularisierungsthese,[532] die „Autonomie des Menschen",[533] um dann doch an einer „Theonomie des Menschen"[534] festzuhalten, weil anders „ein *unbedingter Anspruch*"[535] der ethischen Forderung nicht zu begründen sei, wie wir auch schon in der Gotteslehre Küngs gesehen haben.[536] Schade, dass die Auseinandersetzung Küngs mit diesem Thema wirklich nicht in die Tiefe geht. Wolfhart Pannenberg hat seine „Anthropologie in theologischer Perspektive" fast zehn Jahre später vorgelegt. Es ist evident, dass zum Thema „Anthropologie" wirklich mehr und anderes zu sagen ist, als dass in der Kirche das Thema „Selbstverwirklichung" zugunsten der Themen „Nächstenliebe, Dienst und Hingabe" vernachlässigt worden sei.

Seine Forderung nach „engem Kontakt mit den Humanwissenschaften" hat Küng – abgesehen von einer Auseinandersetzung mit der Psychoanalyse[537] und seiner Rezeption der Entwicklungspsychologie in der Gotteslehre (‚Grundvertrauen')[538] – wohl nur in „Der Anfang aller Dinge. Naturwissenschaft und Religion" ganz knapp aufgegriffen.[539] Andererseits wirkt sich seine Gotteslehre – kurz zusammengefasst – direkt in seiner Forderung nach „ethisch verantworteter,

---

[532] Hans Küng, „Die Herausforderung des modernen Humanismus", in: Hans Küng, *Christ sein*, S. 17-47.
[533] Hans Küng, *Christ sein*, S. 521-524.
[534] Hans Küng, *Christ sein*, S. 524-526.
[535] Hans Küng, *Christ sein*, S. 525.
[536] Hans Küng, *Existiert Gott?*, S. 640 (Hervorhebungen von Hans Küng). Vgl. dazu Wolfhart Pannenberg, *Anthropologie in theologischer Perspektive*, Vandenhoeck & Ruprecht, Göttingen, 1983, insbesondere die Auseinandersetzung Pannenbergs mit Hans Küng zu diesem Thema, S. 224-226. Dort auch weitere Literatur.
[537] Hans Küng, *Freud und die Zukunft der Religion*, Piper, München/ Zürich, 1987, ist ein Abdruck von Hans Küng, *Existiert Gott*, S. 299-380.
[538] Hans Küng, *Existiert Gott?*, S. 502-528; vgl. dazu Erik H. Erikson, *Identität und Lebenszyklus. Drei Aufsätze*, Frankfurt, 1966.
[539] Hans Küng, *Naturwissenschaft und Religion*, S. 180-217. Interessant sind hier die Ausführungen zum Thema ‚Willensfreiheit', die immer ein wenig tiefer gehen als Resultate naturwissenschaftlicher Forschungen, weil hier faktisch das Geheimnis ‚menschlichen Personseins' berührt wird.

aktiver Sterbehilfe" aus, die natürlich nicht willkürlich auszuüben sei und ein „menschenwürdiges Sterben" implizieren soll, faktisch aber nicht mehr aus christlicher Sicht begründet werden kann.[540]

Was das Thema Willensfreiheit anlangt, so finden wir dazu bei Hans Küng in seiner Dissertation über die Rechtfertigungslehre Karl Barths die Wiedergabe dessen diesbezüglicher Aussagen,[541] halten hier jedoch nur fest, dass Küng in seinem „Versuch einer katholischen Antwort" diesbezüglich zu folgenden Schlussfolgerungen kommt:

> „Bei Gott sind Wahlvermögen und Freiheit identisch, insofern Gott gut wählt. Beim Menschen dieser Welt aber besagt Wahlvermögen die Wahlfähigkeit zwischen Gutem und Bösem (und hier stellt sich das philosophisch-theologische Problem des Determinismus). Das Wahlvermögen wird entweder gut (mit der Gnade) oder schlecht (gegen die Gnade) gebraucht. Wird es gut gebraucht, so ist das Wahlvermögen ‚frei' (1 Kor 7,22; 2 Kor 3,17); wird es schlecht gebraucht, so ist es ‚unfrei' (Joh 8,34; Röm 6,6-17). Darnach bleibt also auch in der Sünde das Wahlvermögen erhalten, im Menschen, der weiter existiert durch die Gnade Jesu Christi; es ist wirklich, wenn auch geschwächt da. Aber der Mensch ist nicht ‚frei', sondern ein ‚Knecht der Sünde' (Joh 8,34).
>
> Die verlorene Freiheit wird dem Sünder wiedergegeben in der Rechtfertigung durch Jesus Christus: der Sohn macht uns frei (Joh 8,36), durch seinen Heiligen Geist (Röm 8,2; 2 Kor 3,17), im geistgewirkten Wort (Gal 5,12; Joh 8,31f.), im geistgewirkten Zeichen (Röm 6,11). So sind wir frei vom Gesetz (Röm 7,3f.; 8,2; Gal 2,4; 4,21-31; 5,1-13), vom Tod (Röm 6,21; 8,21). Diese Freiheit besteht im Gebundensein als Knecht Jesu Christi und Gottes. Aber gerade dieses Gebundensein – im Gegensatz zum

---

[540] Vgl. Walter Jens/ Hans Küng, *Menschenwürdig sterben*, München, 1995, zum Thema Gotteslehre, S. 54.
[541] Hans Küng, *Rechtfertigung*, bes. S. 47-104.

Gebundensein an die Sünde – macht frei (1 Kor 7,22; 1 Petr 2,16; Röm 6,16-18). Dies ist die einzige wahre Freiheit: die Freiheit, zu der uns der Sohn frei gemacht hat (Joh 8,36), die Freiheit, die wir in Christus haben (Gal 2,4).

So gesehen ist nur des gerechtfertigten Menschen arbitrium ein liberum arbitrium. Dieses liberum arbitrium ist kein Gegensatz zur Gnade, sondern eine Frucht der Gnade. Je mehr der Mensch unter der Gnade steht, desto freier wird er. Wie der Sünder in der Hölle endgültig unfrei und Knecht der Sünde sein wird, so wird der Gerechte im Himmel endgültig frei sein: ‚die Freiheit der Kinder Gottes in der Herrlichkeit' (Röm 8,21)."[542]

Wir werden zu prüfen haben, inwieweit Hans Küng diese Aussagen angesichts seiner Soteriologie durchhält. Genau deshalb folgt jetzt die Darstellung seiner Ekklesiologie.

Ekklesiologie

Die äußere Entfaltung der ‚ekklesiologischen' Gedanken Küngs haben wir in groben Zügen bereits im biographischen Teil der Arbeit nachgezeichnet. Deshalb können wir uns jetzt noch stärker auf die für unsere Fragestellung relevanten Elemente der Küng'schen Ideen zur Kirche konzentrieren. Es fällt zunächst auf, dass er faktisch dasselbe Strukturprinzip (Wesen der Kirche und jeweilige geschichtliche Gestalt) auf die Kirche anwendet,[543] wie später auf das Christentum überhaupt, dann freilich verbunden mit seiner schon in „Theologie im Aufbruch"[544] entfalteten Paradigmentheorie: Christus als ‚Substanz und Mitte des Christentums', die verschiedenen Paradigmen als jeweils neue epochale Gesamtkonstellationen „von Überzeugungen, Werten, Verfahrensweisen, die von

---

[542] Hans Küng, *Rechtfertigung*, S. 183f.
[543] Hans Küng, *Die Kirche*, S. 13-54.
[544] Hans Küng, *Aufbruch*, S. 153-207.

einer gegebenen Gemeinschaft geteilt werden",[545] wobei mit ‚Gemeinschaft' in diesem Fall eben die verschiedenen Kirchen bzw. Christentümer in ihrer jeweiligen Zeit bezeichnet sind. Den Schlüssel zum Verständnis der Küng'schen Gedankenkonstruktionen zum Thema ‚Kirche' bildet eine Verknüpfung seiner spezifischen Hermeneutik (Frage nach den ältesten und in diesem Sinn ursprünglichsten Texten und Textfragmenten) mit der Frage nach der ältesten und damit ‚ursprünglichen' Gestalt der Kirche,[546] was der ‚Frage nach dem historischen Jesus', wie sie für Hans Küng charakteristisch geworden ist, in verblüffender Weise ähnelt.

Zunächst klingt das wie die seit Matthias Flacius in die protestantische Kirchengeschichtsschreibung eingegangene Depravationstheorie, wonach die

> „nachneutestamentliche Kirchengeschichte grundsätzlich als Abfall vom Ideal des Ursprungs im Sinne einer Abkehr von der charismatischen Urkirche ... hin zum Frühkatholizismus mit seiner Tendenz zur Erstarrung der kirchlichen Ämterstruktur und zu einem unfruchtbaren Dogmatismus aufgefasst wurde."[547]

Tatsächlich jedoch erscheint diese Depravationstheorie bei Küng noch einmal radikalisiert, insofern die von Küng kritisierten „frühkatholischen Strukturen" ja schon im Kanon des

---

[545] Hans Küng, *Das Christentum. Wesen und Geschichte*, S. 23-34, 86-88. Das Zitat S. 88.
[546] Hans Küng, *Die Kirche*, S. 488.
[547] Wolfgang Wünsch, „Überlieferung, Lehre und Glaube der Kirche. Überlegungen zu ihrer Einheit und Mission in orthodoxer Perspektive", in: Mihai Himcinschi / Dumitru A. Vanca (Hgg.), *UNITATE ȘI MISIUNE ECLEZIALE. 100 de ani de la comuniunea spirituală a tuturor românilor*, Școala Internațională de vară a doctoranzilor teologi, Ediția a VI-a, Facultatea de Teologioe Ortodoxă, Alba Iulia, 15-17 mai 2018, Reîntregirea, Alba Iulia, 2018, S. 447- 457 (zukünftig: *Überlieferung, Lehre und Glaube der Kirche*). Mit Hinweis auf: Hubert Jedin, „Kirchengeschichte", in: Erwin Iserloh/ Josef Glazik/ Hubert Jedin (Hgg.), *Reformation, Katholische Reformation und Gegenreformation, Handbuch der Kirchengeschichte, Bd. IV*, Freiburg/ Basel/ Wien, Herder, 1985, S. 577-582.

Neuen Testaments selbst begegnen und – weil sie dem Tübinger Professor nicht ins Konzept passen – dann eben als nur ‚abgeleitete' und insofern faktisch ‚irrelevante' Texte disqualifiziert werden müssen. Die einst behauptete ‚Offenheit' für das Ganze des Kanons ist nunmehr faktisch abgelegt. Das klingt bei Hans Küng dann so:

> „… So übersah man leicht, dass nur vom Ursprung her die *wahre* Kontinuität sichtbar wird oder, falls verloren, wieder hergestellt werden kann; dass nur vom Ursprung her gesichtet werden kann, was an der gegenwärtigen Kirchenverfassung Menschenwerk und was Gotteswerk ist, dass nur vom Ursprung her je und je entschieden werden kann, was wesentlich und was unwesentlich, was entscheidend und was gleichgültig, was bleibend und was vorübergehend ist. Nimmt man die ursprüngliche Geschichte der kirchlichen Verfassung nicht zur Kenntnis, so hat man keinen Maßstab für die Gegenwart, so liefert man sich jeder neuen weltlichen oder kirchlichen Mode aus, so gibt man sich in stets neue Systeme, Institutionen und Konstitutionen, Formen und Formeln hinein gefangen und verliert dabei Jesus Christus und seine Botschaft, Grund und Ziel der Kirche aus den Augen. Nimmt man aber die ursprüngliche Geschichte der kirchlichen Verfassung ernst, so erkennt man neu, woran man sich in der Kirche zu halten hat und bekommt festen und sicheren Boden unter die Füße. Die immer wieder neu erkannte und bedachte Geschichte des Ursprungs befreit die Kirche der Gegenwart gerade auch in den Fragen der Kirchenverfassung zu neuer Freiheit, Wahrhaftigkeit und neuem Leben."[548]

Was das kirchliche Amt anlangt, betont Küng das „allgemeine Priestertum aller Glaubenden"[549] und spricht von den Christen als „königlicher Priesterschaft".[550] Zu Recht fordert

---
[548] Hans Küng, *Die Kirche*, S. 488f.
[549] Hans Küng, *Die Kirche*, S. 429-457.
[550] Hans Küng, *Die Kirche*, S. 437-457.

er, das „kirchliche Amt" als Dienst zu verstehen,[551] was er abschließend dann auch auf das Petrusamt („Petrusmacht und Petrusdienst") anwendet.[552] Das Problem, das sich in diese Gedankenreihen eingeschlichen hat, besteht m.E. darin, dass Küng die Berufung und Aufgabe der Priester innerhalb der Kirche in ihrer geschichtlichen Konkretion und Bedeutung nicht verstanden hat. Aufgrund seiner hermeneutischen Prinzipien ging ihm darüber hinaus faktisch – trotz manchmal eingeschobener gegenteiliger Beteuerungen[553] – die ‚Apostolizität' als Kriterium der Theologie verloren, ja inmitten aller angewandten ‚Dialektik' formuliert Küng doch sehr klar, worauf seine Gedanken hinauslaufen:

> „Der Geist ist an das Wort gebunden. Das muss allem Schwärmertum entgegengehalten werden. Aber der Geist ist nicht auf das Wort reduziert. Das muss dem Schwärmertum zugestanden werden. Eine Kirche, die die Bindung an das Wort aufgibt und sich allein an den Geist halten will, verfällt dem Schwärmertum: der Schwarm-Geisterei. Aber auch umgekehrt: Eine Kirche, die sich nur an das Wort halten will und dabei den Geist auf das Wort reduzieren will, verfällt ebenfalls dem Schwärmertum: der Wort-Schwärmerei."[554]

Der Geist, von dem Küng hier spricht, ist „an das Wort gebunden". Aber wenn die Kirche „sich nur an das Wort halten" und „dabei den Geist auf das Wort reduzieren will", dann ist das „Wort-Schwärmerei". Wir werden später sehen, welche soteriologischen und religionswissenschaftlichen Folgen das bei Hans Küng haben wird.

Hier müssen wir nun auch die Unterscheidung von Kirche und Heiligem Geist in Betracht nehmen, wie sie Küng in seinen Ausführungen über die „Kirche als Geistgeschöpf"[555] vorträgt:

---

[551] Hans Küng, *Die Kirche*, S. 458-522.
[552] Hans Küng, *Die Kirche*, S. 522-562.
[553] Hans Küng, *Die Kirche*, S. 408-425.
[554] Hans Küng, *Die Kirche*, S. 244.
[555] Hans Küng, *Die Kirche*, S. 181-243.

„Die Differenz von Geist und Kirche hat ihren Grund in der Göttlichkeit des Gottesgeistes oder – so kann man auch sagen – in seiner Freiheit. Geist und Kirche stehen bei aller Verbundenheit nicht auf gleicher Ebene, sondern die Kirche bei aller Verbundenheit steht *unter* dem Gottesgeist. ….

Der Geist ist *nicht* die Kirche …

Die Kirche sind wir, wir Menschen, wir, die Gemeinschaft der an Christus glaubenden Menschen. Wir, die Kirche, sind ein menschliches Gebilde. Der Heilige Geist aber ist kein menschliches Gebilde, er ist der göttliche Geist. Es gibt bei aller Verbundenheit keine Identität, sondern einen fundamentalen Unterschied zwischen dem Gottesgeist und dem menschlichen Gebilde der Kirche. Doch dieser Unterschied ist nicht nur abstrakt-allgemein die ontische Differenz zwischen Göttlichem und Menschlichem. Wir sprechen ja von der wirklichen Kirche. Und die wirkliche Kirche ist nicht nur eine Kirche aus Menschen, sondern aus sündigen Menschen. Die Kirche sind ja wir: wir allesamt gerechtfertigte und doch immer wieder sündige Menschen, wir, die Gemeinschaft der gerechtfertigten und doch immer wieder neu auf Vergebung angewiesenen Menschen: communio sanctorum gewiss, aber auch und leider immer wieder communio peccatorum. Die Kirche, wir, sind ein sündhaftes Gebilde. Der Geist Gottes aber ist nicht ein sündhafter, sondern nur gerade der heilige, der durch und durch heilige Geist …

Der Geist *geht* der Kirche *voraus*: Der Heilige Geist ist nicht ein Akzidens, das zur Kirche hinzukommt, als ob die Kirche etwa auch ohne Heiligen Geist wäre, wenn auch vielleicht nur in unvollkommener und unlebendiger Weise. Wenn die Kirche in der Schrift Geistesbau, Tempel des Heiligen Geistes genannt wird, so heißt das nicht, die Kirche sei Gestalt, Rahmen, Form, in welchen der Geist als der lebenschaffende Inhalt einzugehen hätte. Die Kirche ist also keineswegs etwas, was einige tüchtige und geschickte kirchliche Organisatoren, Administratoren und Manager schon organisieren könnten, damit *dann* der Heilige Geist gleichsam einen Wirkplatz oder Ruheplatz finden könne.

Nein, zuerst ist der Geist Gottes, in dem Gott in Freiheit die Kirche schafft, sie *schafft* immer wieder neu aus denen, die glauben: ‚Niemand kann sagen: Herr ist Jesus, außer im Heiligen Geist' (1 Kor 12,3). Indem der Geist wirkt, wird die Kirche und wird sie jeden Tag neu: emitte Spiritum tuum – et creabuntur! Keine christliche Existenz gibt es, die nicht eine solche wird und immer wieder werden muss; keine aber *wird* ohne, dass der Geist wirkt ... ."[556]

Es ist m.E. deutlich, dass sich hier ein massiver Barthianismus in der Ekklesiologie Bahn bricht,[557] ergänzt durch Harnacks Forderung nach historischer Forschung,[558] die sich bei Küng in der Frage nach der ‚Kirche der ältesten Texte und Textfragmente' konkretisiert. Da die Kirche nach Küng eben ‚Kirche der Sünder' und als solche ‚sündige Kirche' und insofern eine rein menschliche Angelegenheit ist und bleibt, insofern der Heilige Geist nur ‚ereignishaft' von ihr Besitz ergreift und sie insofern dann – und nur dann – zur Kirche im eigentlich Sinn macht, fällt faktisch auch das Element geschichtlicher Vermittlung in der Ekklesiologie Küngs weg, was religionsgeschichtlich bzw. religionswissenschaftlich relevant ist. Selbstverständlich hat das implizit Auswirkungen etwa auch auf die Sakramentenlehre,[559] die sonst – protestantisch verstanden – recht traditionell gehalten ist,[560] sich –

---

[556] Hans Küng, *Die Kirche*, S. 208-215.
[557] Vgl. die Struktur des ekklesiologischen Denkens bei: Karl Barth, „Die Not der evangelischen Kirche", in: *Zwischen den Zeiten*, 9. Jahrgang, 1931, Heft 2, S. 89-122 (zukünftig: *Die Not der evangelischen Kirche*).
[558] Vgl. Karl Barth, *Theologische Fragen und Antworten. Gesammelte Vorträge*, Bd. 3, Evangelischer Verlag, Zollikon, 1957, S. 7-31.
[559] Hans Küng, *Sämtliche Werke*, (hgg. Hans Küng/ Stephan Schlensog), Bd. 4: *Sakramente. Kirchenlehrer. Frauen*, Herder, Freiburg/ Basel/ Wien, 2015 (zukünftig: *Sakramente. Kirchenlehrer. Frauen*).
[560] Nichts illustriert das deutlicher als z.B. die Tatsache, dass Küngs Buch *Wozu*

vom römisch-katholischen Standpunkt auffälligerweise – auf Ausführungen über ‚Taufe',[561] ‚Firmung',[562] ‚Eucharistie',[563] ‚Buße'[564] und ‚Ordination'[565] beschränkt, sehen wir von einigen grundsätzlichen Überlegungen ab, die unter der Überschrift „Das System der sieben Sakramente – kritische Rückfragen"[566] vorgetragen werden. Über die kirchliche Hierarchie, das christliche Mönchtum und Bilderverehrung äußert sich Küng grundsätzlich sehr kritisch bis ablehnend.[567] Jedoch müssen wir auf weitere Einzelheiten zur Ekklesiologie Küngs verzichten und wenden uns nun seiner Soteriologie zu.

Soteriologie

Schon als Abiturient und auch während seines Studiums in Rom wurde Hans Küng von der Frage nach dem ‚Heil für Nichtchristen' bewegt, die ihn faktisch nie mehr losgelassen hat.[568] Am Schluss seiner Doktorarbeit über die ‚Rechtfertigungslehre Karl Barths' stellt er die Frage „nach dem Verhältnis des *einen* Wortes Gottes zu den *anderen Worten*, die in ihrer Kreatürlichkeit dennoch wahre Worte sind oder sein können".[569]

Küng möchte diesen Fragen auf den Grund gehen. Er schreibt schon in „Christ sein":

Priester? im wesentlichen einfach eine Abschrift entsprechender Ausführungen von Wolfhart Pannenberg und Heinrich Fries ist.
[561] Hans Küng, *Sakramente. Kirchenlehrer. Frauen*, S. 22-30.
[562] Hans Küng, *Sakramente. Kirchenlehrer. Frauen*, S. 33-56.
[563] Hans Küng, *Sakramente. Kirchenlehrer. Frauen*, S. 57-71.
[564] Hans Küng, *Sakramente. Kirchenlehrer. Frauen*, S. 85-92.
[565] Hans Küng, *Sakramente. Kirchenlehrer. Frauen*, S. 93-155.
[566] Hans Küng, *Sakramente. Kirchenlehrer. Frauen*, S. 173-179.
[567] Hans Küng, *Das Christentum. Wesen und Geschichte*, S. 262-284.
[568] Hans Küng, *Erkämpfte Freiheit*, S. 126f.
[569] Hans Küng, *Rechtfertigung*, S. 344 mit Bezug auf Karl Barths diesbezüglichen Sinneswandel. Vgl. Karl Barth, *Die Kirchliche Dogmatik, Band IV/3, Erste Hälfte: Die Lehre von der Versöhnung* (zukünftig: KD, Bd. IV/3, Erste Hälfte), EVZ-Verlag, Zürich, 1959, S. 122-188.

„Was alles über die Religionen positiv und mit Recht gesagt wird, darf nicht nachträglich zurückgenommen und durch eine methodische Manipulation der Kirche oder den Kirchen verbucht werden. Außerhalb der Kirche Heil: warum es nicht ehrlich zugeben, wenn man es doch schon de facto behauptet? Nur so nimmt man die anderen Religionen wirklich ernst, nur unter dieser Voraussetzung sieht man die Problematik richtig."[570]

Ekkehard Wohlleben weist auf den „tief greifenden" – für Küng relevanten – „Wandel in der katholischen Kirche bezüglich der Beurteilung der Heilschance für die Nichtchristen" hin:[571] Während das Konzil von Florenz einen deutlichen Heilsexklusivismus vertrat,[572] formulieren die einschlägigen Texte des Zweiten Vatikanischen Konzils milder. Die differenziert-positive Bezugnahme zu den nichtchristlichen Religionen hat ihre Wurzeln allerdings schon in der Heiligen Schrift[573] und wird bei den altkirchlichen Apologeten in der Lehre vom λόγος σπερματικός verarbeitet, was Küng selbst unter knapper Berücksichtigung der weiteren Lehrentwicklung in Scholastik und Protestantismus darlegt.[574]

Dabei darf freilich nicht übersehen werden, dass es gemäß der Konzeption des Tübinger Professors nur eine einzige ,wahre Religion' gibt, von der auch das Christentum nur ein (gewiss von den anderen faktisch vorhandenen Religionen unterschiedenes) Teilelement ist. Sicherlich halten die Christen ihren Herrn Jesus Christus für die ,Wahrheit, den Weg und das Leben', aber das ist zum einen für den Tübinger

---

[570] Hans Küng, *Christ sein*, S. 200.
[571] Ekkehard Wohlleben, *Die Kirchen und die Religionen. Perspektiven einer ökumenischen Religionstheologie*, Vandenhoeck & Ruprecht, Göttingen, 2001 (zukünftig: *Die Kirchen und die Religionen*), S. 127.
[572] Heinrich Denzinger, *Kompendium der Glaubensbekenntnisse und Kirchlichen Lehrentscheidungen*. Verbessert, erweitert, ins Deutsche übertragen und unter Mitarbeit von Helmut Hoping herausgegeben von Peter Hünermann, Herder, 37. Auflage, Freiburg/ Basel/ Rom/ Wien, 1991, Nr. 1351.
[573] Vgl. Hans Küng, *Christenheit als Minderheit*, Benziger Verlag, 2. Auflage, Einsiedeln, 1966, S. 25-36.
[574] Hans Küng/ Josef van Ess/ Heinrich von Stietencron/ Heinz Bechert, *Hinführung zum Dialog*, S. 264f.

Professor sozusagen nur eine ‚subjektive' Wahrheit und gilt nach Hans Küng für die Angehörigen der anderen Religionen mutatis mutandis in gleicher Weise und mit gleichem Recht,[575] wobei der Professor, wie wir gesehen haben, das islamische Lebensmodell und den Koran als ein „Korrektiv des Paradigmas der hellenistischen Christus-Dogmatisierung" versteht, insofern hier ‚faktisch' auf das „ursprüngliche judenchristliche Modell" zurückgewiesen werde.[576] Dabei müssen wir uns klar sein, dass es Hans Küng nicht darum geht, zu einem anderen, älteren Paradigma zurückzukehren. Sein Anliegen ist eine – heute – verständliche, und insofern dem neuesten Paradigma angepasste Interpretation der Glaubensinhalte, die dann die Anliegen – etwa von Koran und Islam – im Sinne der Übereinstimmung mit dem ältesten Paradigma aufgreift und verarbeitet. Weiterhin ist für das Verständnis der Konzeption Küngs wichtig, dass – das Christentum nicht ausgenommen – „jede Religion in concreto gewiss ein Gemisch von Glauben, Aberglauben und Unglauben" ist,[577] umgekehrt aber „*können die Religionen der Welt nicht nur die Entfremdung, Versklavung und Erlösungsbedürftigkeit des Menschen, sondern auch die Güte, das Erbarmen und die Gnädigkeit des einen Gottes erkennen.*"[578]

Das aber führt Küng zu der speziellen Meinung: „*Wegen dieser Wahrheit können die Menschen in den Weltreligionen trotz vieler Unwahrheiten, trotz Polytheismus, Magie, Naturzwängen und Aberglauben, das ewige Heil erlangen.*"[579]

Und er setzt dann gleich noch eins drauf, indem er nicht nur den nichtchristlichen Weltreligionen konzediert: sie „können ... Heilsweg sein", sondern meint, dass „*Heilsfrage und Wahrheitsfrage* zu unterscheiden" seien, immerhin mit

---

[575] Hans Küng, *Was bleibt*, S. 253-277. Küng geht hier auf Hinduismus, Buddhismus, Konfuzianismus, Judentum, Christentum und Islam ein.
[576] Hans Küng, *Was bleibt*, S. 277.
[577] Hans Küng, *Christ sein*, S. 83. Vgl. Ekkehart Wohlleben, *Die Kirchen und die Religionen*, S. 129.
[578] Hans Küng, *Existiert Gott?*, S. 686. Hervorhebungen bei Hans Küng.
[579] Hans Küng, *Existiert Gott?*, S. 686. Hervorhebungen bei Hans Küng.

der Begründung, dass „für Juden und Christen nur der im Glauben erkannte eine wahre Gott Israels *die* Wahrheit ist."[580]

Auch wenn Küng hier die Berechtigung der Frage nach der Wahrheit nicht bestreitet, mutet seine Konzeption eines ‚Heiles', das losgelöst von der Wahrheit zustande kommt, doch sehr seltsam an. Überhaupt scheint das sakramentale Leben der Kirche in der Konzeption Küngs nur für den binnenkirchlichen Bereich soteriologische Bedeutung zu haben.

Umgekehrt können die nichtchristlichen Religionen das Christentum bereichern. Ein Beispiel dafür ist die ‚Mystik', welche Hans Küng im als ‚prophetische Religion' verstandenen Christentum grundsätzlich als akzidentielles Element ansieht und deren Ursprung er in Indien verortet.[581] Wir sehen hier, in welchem Sinn er bei den anderen Religionen ‚Wahrheiten' erkennen kann, die – und das ist entscheidend – Nichtchristen Zugang zum Heiligen bzw. zum Göttlichen ermöglichen und insofern dann auch das Christentum vervollkommnen können. Die Position, dass das Wort Gottes oder die Heilige Schrift Kriterium der Theologie zu sein habe, ist hier jedenfalls einmal mehr ad acta gelegt. Diese Sicht der Dinge müssen wir allerdings noch einmal genauer überprüfen, wenden uns jetzt jedoch zunächst der Kosmologie zu.

Kosmologie

Zwar beginnt Hans Küng seine Ausführungen über „Gott der Vater: Gottesbild und Weltschöpfung" in seinem Buch über das ‚Apostolische Glaubensbekenntnis' „Credo"[582] mit der Frage: „Kann man das alles glauben?",[583] und geht noch

---

[580] Hans Küng, *Existiert Gott?*, S. 686.
[581] Vgl. Hans Küng, *Das Christentum. Wesen und Geschichte*, S. 517-522; ähnlich: Hans Küng/ Josef van Ess/ Heinrich von Stietencron/ Heinz Bechert, *Hinführung zum Dialog*, S. 241-270.
[582] Hans Küng, *Credo*, S. 17-50.
[583] Hans Küng, *Credo*, S. 17-20.

einmal im Eilverfahren die ganze Religionskritik von Ludwig Feuerbach über Karl Marx bis Sigmund Freud durch,[584] gelangt aber zu einer Unterscheidung von Naturwissenschaft und Theologie, welche die Grenzen des jeweiligen Gebiets respektieren soll, ohne von der Notwendigkeit eines Interesses auch für das jeweils andere Gebiet dispensieren zu können. Naturwissenschaftlich gesehen kann weder Gottes Existenz noch seine Nichtexistenz bewiesen werden, und umgekehrt soll Gott von den Theologen auch nicht als „kosmischer Lückenbüßer" für noch nicht erklärte Phänomene missbraucht werden,[585] aber auch die biblische Kosmologie soll durch die Naturwissenschaft nicht bewiesen werden.[586]

Grundsätzlich hält Küng aber doch einige wesentliche Gesichtspunkte fest.[587] Demnach geht es bei der Frage nach dem Schöpfergott („der Grund aller Gründe") „nicht nur um die Frage nach einem singulären Ereignis am Anfang", sondern um eine „andauernde Schöpfung" („creatio continua"), von deren „Großartigkeit wir erst etwas ahnen, wenn wir überholte moderne Ideen von einem Gott ‚ohne Wohnung' oder einem ‚sinnlosen Universum' verabschieden".[588]

> Küng betont, dass 1. „der **Gottesglaube mit verschiedenen Weltmodellen** (gemeint sind hier wohl verschiedene naturwissenschaftliche ‚Kosmologien' – WW) **vereinbar ist**".[589] 2. „Die Frage jedoch nach dem letzten Woher von Welt und Mensch – **was** war **vor**

---

[584] Hans Küng, *Credo*, S. 23-27.
[585] Hans Küng, *Credo*, S. 30.
[586] Einen solchen Versuch unternimmt aus christlich-jüdischer Perspektive der jüdische Atomphysiker Gerald L. Schroeder, *Schöpfung und Urknall. Die Übereinstimmung der modernen Naturwissenschaft mit der Bibel*. Übertragen aus dem Amerikanischen von Karl A. Klewer, C. Bertelsmann, München, 1990. Er zeigt vor allem die Übereinstimmung der modernen Naturwissenschaft mit der jüdischen Tradition. Das Hauptargument: dass die Kosmogenese schlussendlich nicht auf den Zufall zurückgeführt werden kann.
[587] Vgl. Hans Küng, *Credo*, S. 32-35. Dort auch die Zitate. (Hervorhebungen bei Hans Küng).
[588] Hans Küng, *Credo*, S. 32.
[589] Hans Küng, *Credo*, S. 32.

Urknall und Wasserstoff? – bleibt eine unabweisbare Frage des Menschen."[590] 3. „Die Sprache der **Bibel** ist keine naturwissenschaftliche Faktensprache, sondern metaphorische Bildsprache ... Die beiden biblischen Schöpfungsberichte ... geben keine Auskunft über die Entstehung des Universums im modernen naturwissenschaftlichen Sinn. Aber: Sie geben ein **Glaubenszeugnis** über sein letztes Woher, das die Naturwissenschaft weder bestätigen noch widerlegen kann ... ."[591] 4. „Dass Gott die Welt ‚aus dem Nichts' geschaffen hat, ist keine naturwissenschaftliche Aussage über ein ‚falsches Vakuum' mit ‚negativer Schwerkraft', bedeutet aber auch keine Verselbständigung des Nichts (sozusagen ein schwarzer leerer Raum) vor oder neben Gott, sondern ist theologischer Ausdruck dafür, dass sich Welt und Mensch samt Raum und Zeit Gott allein und keiner anderen Ursache verdanken."[592]

Die Botschaft der Schöpfungsgeschichte meint nach Küng Folgendes:

„Der gute Gott ist der Ursprung von allem und jedem. Er steht mit keinem bösen oder dämonischen Gegenprinzip in Konkurrenz. Die Welt im Ganzen und im Einzelnen, auch die Nacht, auch die Materie, auch niedriges Getier, auch Menschenleib und Geschlechtlichkeit sind grundsätzlich gut. Schon des guten Gottes Schöpfung bedeutet seine gnädige Zuwendung zu Welt und Mensch. Der Mensch also ist das Ziel des Schöpfungsprozesses, und gerade deshalb ist er für die Pflege seiner Um-Welt, der Natur verantwortlich. ..."[593]

„An den Schöpfer der Welt glauben, heißt, in aufgeklärtem Vertrauen bejahen, dass Welt und Mensch

---

[590] Hans Küng, *Credo*, S. 32f.
[591] Hans Küng, *Credo*, S. 33.
[592] Hans Küng, *Credo*, S. 33
[593] Hans Küng, *Credo*, S. 34.

> nicht im letzten Woher unerklärlich bleiben, dass Welt und Mensch nicht sinnlos aus dem Nichts ins Nichts geworfen sind, sondern dass sie als Ganzes sinnvoll und wertvoll sind, nicht nur Chaos, sondern Kosmos: weil sie nun einmal in Gott als ihrem Urgrund, Urheber, Schöpfer eine erste und letzte Geborgenheit haben. … Bezüglich des Anfangs aller Anfänge, des Ursprungs aller Ursprünge darf man also – weil es hier um Gott selber geht – das von Theologen oft für Vernunftwidrigkeiten missbrauchte Wort **Mysterium** in den Mund nehmen: ‚Gott als Geheimnis der Welt' (Eberhard Jüngel)."[594]

Es ist schade, dass Küng hier nicht ohne Polemik gegen die das „Wort **Mysterium** oft für Vernunftwidrigkeiten missbrauchenden Theologen" auskommt, nicht zuletzt auch deshalb, weil durch dergleichen Polemik die hier relevanten Sachzusammenhänge auf keinen Fall in angemessener Weise zur Sprache kommen können. Wir werden darauf in unserer Antwort noch zu sprechen kommen.

Insgesamt bleibt hier nun festzuhalten, dass Küng seine Kosmologie umfassender in seinem Büchlein „Der Anfang aller Dinge. Naturwissenschaft und Religion" entfaltet, wobei er auch auf Themen wie „Entstehung des Lebens", „Schöpfung versus Evolution" und Fragen der „Anthropogenese" unter Berücksichtigung naturwissenschaftlicher Fragestellungen und Forschungsergebnisse eingeht. Wie eng bei Küng Kosmologie und Eschatologie verbunden sind, kann man auch daran erkennen, dass er sowohl in „Ewiges Leben?" als in „Der Anfang aller Dinge. Naturwissenschaft und Religion" den Schlussakkord dieser beiden Bücher mit Ausführungen über „Das Ende aller Dinge"[595] bzw. „Weltende und Reich Gottes"[596] setzt. Cantus firmus ist in beiden Fällen, dass Berechnungen über das ‚Ende' des Kosmos und der Welt weder im Interesse

---

[594] Hans Küng, *Credo*, S. 34f. Hervorhebung von Hans Küng.
[595] Hans Küng, *Naturwissenschaft und Religion*, S. 218-226.
[596] Hans Küng, *Ewiges Leben?*, S. 258-282.

der Bibel liegen noch für die heute lebende Generation in irgendeiner Weise relevant seien. Eher sind ein von Menschen z.B. durch Umweltzerstörung oder Atomkrieg hervorgerufenes ‚Ende' der Welt[597] und die Verhältnisbestimmung des Todes zum ‚ewigen Leben' unter den Bedingungen des neuzeitlichen Denkens[598] von Belang. Die „poetischen Bilder und Erzählungen vom Anfang und Ende" in der Bibel stehen nach Hans Küng

> „für das durch die reine Vernunft Unerforschliche, für das Erhoffte und Befürchtete. In den biblischen Aussagen über das Ende der Welt geht es um ein *Glaubenszeugnis* für die *Vollendung des Wirkens Gottes* an seiner Schöpfung. Auch am Ende der Geschichte von Welt und Mensch steht – Gott! Deshalb hat die Theologie keinen Anlass, das eine oder andere wissenschaftliche Weltmodell zu favorisieren, wohl aber das Interesse, den Menschen Gott als Ursprung und Vollender der Welt und des Menschen verständlich zu machen. Auch hier ist nämlich jeder Mensch vor eine Option, eine Glaubensentscheidung gestellt. Nach der Botschaft der Bibel geht die Geschichte der Welt und das Leben des Menschen hin auf jenes *Ziel der Ziele*, das wir Gott, eben den *Vollender-Gott* heißen."[599]

Damit wenden wir unsere Aufmerksamkeit der Eschatologie im Denken von Hans Küng zu, die wesentlich eine ‚individuelle Eschatologie' ist.

Eschatologie

Eine systematisch-reflexive Eschatologie hat Hans Küng nicht vorgelegt und wollte dies auch nicht.[600] Er nä-

---

[597] Hans Küng, *Naturwissenschaft und Religion*, S. 220ff.
[598] Das ist die Aufgabe, der sich Hans Küng mit seinem Buch *Ewiges Leben?* stellt.
[599] Hans Küng, *Naturwissenschaft und Religion*, S. 224.
[600] Hans Küng, *Ewiges Leben?*, S. 11.

hert sich dem Thema jedoch auf dem Wege einer intensiven Auseinandersetzung mit den Fragen nach ‚Sterben', ‚Tod' und ‚ewigem Leben',[601] die manche Fragen der partikularen oder individuellen Eschatologie berührt. Seine Antworten auf diese Fragen bezieht Küng aus seiner (hier erneut durchgeführten) Auseinandersetzung mit der neuzeitlichen Religionskritik, mit der wissenschaftlichen Diskussion von Sterbeerfahrungen und dem Verständnis des Todes sowie aus seiner spezifischen Exegese und Hermeneutik, um dann die seinem System und seiner Ideologie entsprechenden Schlussfolgerungen zu ziehen. Es versteht sich von selbst, dass diese Ausführungen, die noch durch einige Überlegungen aus anderen Büchern, wie zum Beispiel aus „Credo", ergänzt werden müssen, hier nicht im einzelnen wiedergegeben werden können. Ganz knapp zusammengefasst stellt Küng richtig fest, dass ‚Sterben' und also auch die wissenschaftlich viel diskutierten Sterbe- und Nahtoderfahrungen vom ‚Tod' im eigentlichen Sinn (etwa der ‚biologische Tod') klar unterschieden werden muss, der seinerseits mit dem ‚klinischen Tod' auch nicht einfach identisch ist.

Bemerkenswert ist, dass Küng bei seiner Auseinandersetzung mit den Erfahrungen von Sterbenden auf eine Nahtoderfahrung Bezug nimmt, die bei Platon in dessen „Politeia"[602] wiedergegeben wird und die Scheidung der Gerechten von den Ungerechten beim Jüngsten Gericht zum Inhalt hat. Küng verweist noch kurz auf Parallelen in Ägypten und Indien, geht aber darauf nicht weiter ein,[603] weil ihm dieses Thema nicht wichtig ist. So weit ich sehe, kommt es in „Ewiges Leben?" gar nicht mehr vor, erst in „Credo" äußert sich Küng dann noch einmal zum Themenkreis: ‚Weltgericht, Fegefeuer und Hölle', was er alles sehr kritisch betrachtet, dann aber mit dem

---

[601] Hans Küng, *Ewiges Leben?*
[602] Platon, *Der Staat*. Einleitung von Hans-Martin Gerlach und Günther Schenk. Übersetzung aus dem Griechischen von Otto Apelt, X. Kapitel, Reclam, 2. Auflage, Leipzig, 1988, S. 441.
[603] Hans Küng, *Ewiges Leben?*, S. 22f.

Hinweis beschließt, dass „kein anderer als Jesus der Richter" sei und damit für alle, „die sich auf ihn eingelassen haben, das Zeichen großer Hoffnung."[604]

Es fällt weiter auf, dass gerade im Zusammenhang mit dem Thema ‚Tod' und ‚Jüngstes Gericht' die Themen ‚Sünde', ‚menschliche Verfehlungen und Fehlhaltungen' nicht oder nur sehr indirekt verhandelt werden, insofern durch allgemeine Religionskritik und die daraus erwachsende Glaubensentscheidung Götzendienst, Aberglaube und die Verfallenheit an diese Welt überwunden werden, weil die Taufe einen echten Herrschaftswechsel (von den ‚Mächten dieser Welt' zum ‚Herrschaftsbereich Christi', zum ‚Reich Gottes') beinhaltet.[605]

Natürlich ist diese Position anschlussfähig an das sakramentale Leben der Kirche, aber eigentlich geht es Küng doch eher um die ‚vernünftig verantwortete Glaubensentscheidung', einen mit ‚guten Gründen ergriffenen Glauben', den alle ‚vorläufigen menschlichen Sinnsetzungen' überschreitenden einen *„endgültigen, dem Menschen allerdings frei angebotenen Sinn* von Mensch und Welt, von Menschenleben und Weltgeschichte" und darin eben um ein „Leben unter dem Wort" „echte Menschlichkeit" im Gegensatz zu „dämonischer Niederhaltung der Wahrheit" und „Inhumanität".[606]

Ethik

Im Rahmen der im hier vorgelegten zweiten Kapitel dieser Arbeit darzustellenden Auffassung Hans Küngs von Kirche und Christentum ist die Frage berechtigt, inwieweit wir überhaupt von seiner Ethik sprechen sollen. Christliches Ethos erwächst nach Hans Küng aus der Begegnung mit dem ‚historischen Jesus', den der Fachexperte oder der zuständige

---
[604] Hans Küng, *Credo*, S. 221. Hervorhebung bei Hans Küng.
[605] Hans Küng, *Ewiges Leben?*, S. 270-274.
[606] Hans Küng, *Ewiges Leben?*, S. 272f.

Professor zu eruieren hat, und ist deshalb nicht zu systematisieren (in ein System zu bringen). Das ‚Projekt Weltethos' aber bezieht sich auf die ‚großen Weltreligionen' und soll ‚Gläubige' und ‚Ungläubige' einbeziehen, ist also nichts spezifisch Christliches. Da aber das ‚Projekt Weltethos' wesentlich sein Verhältnis als Christ zu den Weltreligionen bestimmt, müssen wir unsere Aufmerksamkeit auch auf dieses Thema richten. Dabei werden gewisse Weichenstellungen oder Prämissen in der Auseinandersetzung Küngs mit den verschiedenen Weltreligionen noch deutlicher als bisher in Erscheinung treten. Die Argumente bzw. Kriterien für sein Projekt gewinnt Küng aus seinem Instrument der Paradigmenanalyse. So schreibt er schon in der Einleitung: „… **der vorläufige Versuch einer Zeitanalyse** des gegenwärtigen Umbruchs und der sich bereits abzeichnenden epochalen Gesamtkonstellation, des neuen Makroparadigmas – für mich ein Schlüsselbegriff."[607] Die Heilige Schrift oder das Wort Gottes ist damit als Kriterium bzw. ‚norma normans' der Theologie tatsächlich zu den Akten gelegt, auch wenn Küng in seiner Abschiedsvorlesung behauptet, in den „Noachischen Geboten"[608] (*sic!*) die „biblische Grundlage für ein Weltethos" zu finden.[609] Gewiss kommt Küng im „Projekt Weltethos" bei seinen Ausführungen über „die Suche nach ökumenischen Wahrheitskriterien" auch im weiteren Kontext der Weltreligionen auf die Forderung zurück, ähnlich wie beim „historischen Jesus" bei den „maßgeblichen Schriften oder Gestalten" Maß zu nehmen,[610] was wieder auf die historisch-kritische Arbeit der Fachgelehrten und deren Geschmack für die Sache hinausläuft,[611] und begründet dann sogleich „das Humanum als

---

[607] Hans Küng, *Projekt Weltethos*, S. 13.
[608] „Noachische Gebote" – veraltet, heute verwendet man: „Noachidische Gebote".
[609] Hans Küng, *Abschiedsvorlesung*, S. 128.
[610] Hans Küng, *Projekt Weltethos*, S. 112f.
[611] Eine eigentümliche Parallele dazu bildet die Forderung Küngs nach Eruierung der „historischen Maria" auf Grund des biblischen Materials als Vorarbeit für ein ökumenisches Verständnis derselben: vgl. Hans Küng, „Maria ökumenisch gesehen", in: Elisabeth Moltmann-Wendel/ Hans Küng/ Jürgen Moltmann, *Was geht uns Maria an? Beiträge zur Auseinandersetzung in Kirche,*

ökumenisches Grundkriterium" mit dem Hinweis, dass durch eine ‚religiöse Begründung' dem ‚Humanum' eine größere Dringlichkeit verliehen wird: „Das Humanum wird gerade so gerettet, indem es als im Divinum begründet angesehen wird. Es hat sich gezeigt: Nur das Unbedingte selbst vermag unbedingt zu verpflichten, nur das Absolute absolut zu binden."[612] Damit ist deutlich geworden, worum es Küng im Kern faktisch geht: die Verzweckung der Religion für rein irdische Angelegenheiten. Dies müssen wir uns noch ein wenig genauer anschauen.

Im Rahmen seiner Ausführungen über „die Religionen – mögliches Fundament des Ethos"[613] benennt Hans Küng als Grundfunktionen der Religion die Beantwortung der Fragen: „Woher und wohin unseres Daseins", „Warum und Wozu unserer Verantwortung", „geistige Gemeinschaft und Heimat" sowie die „Sehnsucht nach dem ‚ganz Anderen'".[614]

> „Echte Religion, die sich auf das eine Absolute (Gott) bezieht, **unterscheidet sich wesentlich von jeder Quasi- oder Pseudoreligion**, die etwas Relatives verabsolutiert, vergöttlicht: sei es die atheistische ‚Göttin Vernunft' oder den ‚Gott Fortschritt' mit all seinen (lange Zeit ebenfalls nicht hinterfragten) ‚Untergöttern' im Pantheon der Moderne: Wissenschaft (Naturwissenschaft), Technologie (‚High Tech') und Industrie (‚Kapital'). Sie erscheinen jetzt in der Postmoderne weitgehend entmythologisiert und entideologisiert, das heißt: relativiert. Wir sollten sie in dieser neuen Weltkonstellation nicht durch einen neuen Götzen, etwa den ‚Weltmarkt', dem alle Werte unterzuordnen wären, ersetzen, sondern durch den erneuerten Glauben an den einen, wahren Gott. **Echte Religion**, die sich so auf das eine und einzige Absolute bezieht, hat in der Postmoderne wieder eine

---

Theologie und Frömmigkeit, Gütersloher Verlagshaus Mohn, Göttingen, 1988, S. 9-14.

[612] Hans Küng, *Projekt Weltethos*, S. 116.
[613] Hans Küng, *Projekt Weltethos*, S. 75-79.
[614] Hans Küng, *Projekt Weltethos*, S. 78.

neue Chance – nicht mehr und nicht weniger … ."⁶¹⁵

Als solche aber hat sie sich – gemäß der Konzeption des Tübinger Professors – in „die heraufkommende Weltkonstellation der Postmoderne" einzuschreiben,⁶¹⁶ welche geopolitisch als „**posteurozentristisch**", „**polyzentrisch**", außenpolitisch als „**postkolonialistisch**", „**postimperialistisch**", wirtschaftspolitisch als „**postkapitalistisch**" und „**postsozialistisch**" zu charakterisieren und als „öko-soziale Marktwirtschaft" zu benennen sei. Weiter werde sie „… zunehmend eine **Dienstleistungs- und Kommunikationsgesellschaft** sein", gesellschaftspolitisch zeichne „sich im Verhältnis der Geschlechter ein **postpatriarchales System**" ab, „in Familie, Berufsleben und Öffentlichkeit" werde sich „deutlich ein mehr **partnerschaftliches Verhältnis von Mann und Frau**" entwickeln.

Kulturpolitisch sieht Küng eine „**postideologische**", „**plural-ganzheitlich ausgerichtete Kultur**" kommen,⁶¹⁷ nachdem nicht zuletzt durch Kritik aus Asien und Afrika an den westlichen Errungenschaften⁶¹⁸ und „Entzauberung der modernen Fortschrittsideologien"⁶¹⁹ „das Ende der modernen Großideologien"⁶²⁰ gekommen ist.

„Die **modernen Großideologien**, die in den vergangenen beiden Jahrhunderten als wissenschaftliche Totalerklärungen und attraktive **Quasi-Religionen** funktionierten, haben **abgewirtschaftet**. … Der ewige, allmächtige, allgütige **Fortschritt**, dieser große Gott der modernen Ideologien … hat sein fatales Doppelgesicht enthüllt und der **Fortschrittsglaube** sei-

---
⁶¹⁵ Hans Küng, *Projekt Weltethos*, S. 78f.
⁶¹⁶ Hans Küng, *Projekt Weltethos*, S. 40ff. (Hervorhebungen von Hans Küng).
⁶¹⁷ Hans Küng, *Projekt Weltethos*, S. 41. (Hervorhebungen von Hans Küng).
⁶¹⁸ Hans Küng, *Projekt Weltethos*, S. 31f.: Die westlichen Errungenschaften „hätten der Welt viel Großes, aber nicht nur Gutes gebracht". Küng zählt hier auf: „Wissenschaft, aber keine Weisheit", „Technologie, aber keine geistige Energie", „Industrie, aber keine Ökologie", „Demokratie, aber keine Moral".
⁶¹⁹ Hans Küng, *Projekt Weltethos*, S. 32f.
⁶²⁰ Hans Küng, *Projekt Weltethos*, S. 31-34.

ne Glaubwürdigkeit verloren." „Wirtschaftlicher Fortschritt als Selbstzweck zeitigte weltweit **inhumane Folgen** ..., welche **die Zerstörung der natürlichen Umwelt** des Menschen und damit auch eine **soziale Destabilisierung** großen Stils zur Folge haben. Die Stichworte wiederholen sich alltäglich in den Medien: Ressourcenknappheit, Verkehrsprobleme, Umweltverschmutzung, Zerstörung des Waldbestandes, saurer Regen, Treibhauseffekt, Ozonloch, Klimaveränderung, Müllmisere, Bevölkerungsexplosion, Massenarbeitslosigkeit, Unregierbarkeit, internationale Schuldenkrise, Dritte-Welt-Probleme, Überrüstung, Atomtod ... Größte Triumphe und größte Katastrophen der Technik liegen nahe beisammen. Und man braucht kein melancholischer Katastrophenprophet und penetranter Miesmacher zu sein, um festzustellen: Es droht die **Selbstzerstörung der gegenwärtigen Fortschrittsgesellschaft.**"[621]

Diese Krise des modernen Fortschrittsdenkens ist nach Küng auch eine „**Krise des modernen Vernunftverständnisses**". Er schreibt:

„Eine aufklärende Vernunftkritik an Adel und Kirche, Staat und Religion war vom 18. Jahrhundert aufwärts dringend und hatte schließlich auch die Selbstkritik der Vernunft zur Folge (Kant ...). Aber: Die immer mehr sich selbst absolut setzende, alles zur Legitimation zwingende Vernunft (verbunden mit der Freiheit der Subjektivität), die in keinen Kosmos eingebunden ist und der nichts heilig ist, zersetzt sich selbst. Diese analytische Vernunft wird heutzutage von einem ganzheitlichen Ansatz her hinterfragt und ihrerseits zur Legitimation gezwungen."[622]

Von daher fordert Küng in Übereinstimmung

„mit den rationalsten Systemtheoretikern (N. Luhmann) und hermeneutischen Philosophen (G. Gadamer), über seriöse Zukunftsforscher (R. Jungk, E.

---
[621] Hans Küng, *Projekt Weltethos*, S. 32f. (Hervorhebungen von Hans Küng).
[622] Hans Küng, *Projekt Weltethos*, S. 33.

Laszlo) bis zu den Wegbereitern des New Age (F. Capra) ... ein Gleichgewicht zwischen den rationalen und den emotionalen wie ästhetischen Tendenzen des Menschen, ja eine **ganzheitliche (‚holistische') Sicht** der Welt und des Menschen in seinen verschiedenen Dimensionen ... Denn zusammen mit der ökonomischen, sozialen und politischen gibt es nun einmal auch die ästhetische, ethische und religiöse Dimension des Menschen und der Menschheit."[623]

Selbstverständlich verknüpft sich dies alles mit Küngs Forderung nach „Fortschritt Richtung Humanität", den er an „zentralen humanen Anliegen" wie „Wahrung der Menschenrechte, Emanzipation der Frau, Verwirklichung der sozialen Gerechtigkeit" und der Feststellung der „Immoralität des Krieges" festmacht.[624] Es fällt auf, dass sich diese Forderungen inhaltlich sehr stark mit den Anliegen des konziliaren Prozesses für „Gerechtigkeit, Frieden und Bewahrung der Schöpfung" berühren, dessen zentrale Texte Küng innerhalb seiner Ausführungen über „christliche Konkretionen"[625] als „exemplarischen christlichen Beitrag" zum Weltethos auf zwei Seiten wörtlich wiedergibt.[626] Er beginnt mit der dort geübten „kirchlichen Selbstkritik"[627], verweist sodann auf „einen neuen Grundkonsens bezüglich integrierender humaner Überzeugungen"[628] und schließt daran eine Reihe „postmoderner Forderungen"[629] an. Die kirchliche Selbstkritik enthält

---

[623] Hans Küng, *Projekt Weltethos*, S. 42. (Hervorhebungen von Hans Küng).
[624] Hans Küng, *Projekt Weltethos*, S. 117.
[625] Hans Küng, *Projekt Weltethos*, S. 91-96.
[626] Hans Küng, *Projekt Weltethos*, S. 91f. (und Anm. 94) mit Hinweis auf *„Frieden in Gerechtigkeit für die ganze Schöpfung". Texte der Europäischen Ökumenischen Versammlung Frieden in Gerechtigkeit*, Basel, 15.-21.Mai 1989, und des Forums „Gerechtigkeit, Frieden und Bewahrung der Schöpfung" der Arbeitsgemeinschaft christlicher Kirchen in der Bundesrepublik Deutschland und Berlin (West) e.V., Stuttgart, 20.-22. Oktober 1988, hrsg. vom Kirchenamt der Evangelischen Kirche in Deutschland (EKD), Hannover.
[627] Hans Küng, *Projekt Weltethos*, S. 91f.
[628] Hans Küng, *Projekt Weltethos*, S. 92f.
[629] Hans Küng, *Projekt Weltethos*, S. 93-96.

sechs Punkte:

> „Wir haben versagt, weil wir nicht Zeugnis abgelegt haben von Gottes sorgender Liebe für all und jedes Geschöpf und weil wir keinen Lebensstil entwickelt haben, der unserm Selbstverständnis als Teil von **Gottes Schöpfung** entspricht.
>
> Wir haben versagt, weil wir die **Trennungen unter den Kirchen** nicht überwunden haben und weil wir die uns gegebene Autorität und Macht oft dazu missbraucht haben, falsche und eingeschränkte Solidaritäten wie Rassismus, Sexismus und Nationalismus zu bestärken.
>
> Wir haben versagt, weil wir **Kriege** verursacht und nicht alle Möglichkeiten ausgeschöpft haben, uns für Vermittlung und Versöhnung einzusetzen.
>
> Wir haben versagt, weil wir nicht entschieden genug die **politischen und wirtschaftlichen Systeme** in Frage gestellt haben, die Macht und Reichtum missbrauchten, die die natürlichen Ressourcen der Welt nur zum eigenen Nutzen ausbeuten und Armut und Marginalisierung verewigen.
>
> Wir haben versagt, weil wir Europa als Zentrum der Welt und uns als den **anderen Teilen der Welt** überlegen betrachtet haben.
>
> Wir haben versagt, will wir nicht unablässig Zeugnis abgelegt haben von der Heiligkeit und der **Würde allen Lebens** und von der Achtung, die wir allen Menschen gleicherweise schulden, sowie von der Notwendigkeit, allen Menschen die Möglichkeit zu geben, ihre Rechte auszuüben ..."[630]

Weiter verweist Küng auf den „neuen Grundkonsens bezüglich integrierender humaner Überzeugungen, wonach „nicht nur die meisten Staaten, sondern auch die christlichen Kirchen im Prinzip die Grundwerte und Grundüberzeugungen der Französischen Revolution bejahen, die sie so lange abgelehnt

---

[630] Hans Küng, *Projekt Weltethos*, S. 91f.

hatten ..." und zieht die Schlussfolgerung, dass

> „der christliche Glaube sogar überzeugender zu begründen versteht, was rein empirisch kaum zu begründen ist. Durch die besondere Beziehung des Menschen zu Gott (,Ebenbild Gottes') nämlich kann radikal begründet werden, was alle Empirie übersteigt:
> – die Unverfügbarkeit der menschlichen Person;
> – die unveräußerliche Freiheit des Menschen;
> – die prinzipielle Gleichheit aller Menschen;
> – die notwendige Solidarität aller Menschen miteinander."[631]

Diesen Überlegungen aus dem konziliaren Prozess fügt Küng dann noch eine Reihe von „postmodernen Forderungen" hinzu,[632] die jeweils in das Postulat einer sozialen, pluralen, partnerschaftlichen, friedensfördernden, naturfreundlichen und ökumenischen Weltordnung einmünden. Inwieweit solche Forderungen und Postulate tatsächlich ein Ethos begründen können, ist allerdings sehr zweifelhaft, um so mehr, als dass das Weltethos ja eben sowohl die verschiedenen Weltreligionen, als auch Gläubige und Ungläubige einschließen soll. Wie schon angeklungen, ist der Schlüsselbegriff des „Weltethos" das ‚Humanum', das ‚Wohl des Menschen'. Küng schreibt:

> „Wer in der prophetischen Tradition an Gott wahrhaft glaubt, dem sollte es in der Praxis konsequenterweise um das Wohl des Menschen gehen. So das jüdische Doppelgebot von Gottes- und Nächstenliebe und dessen Radikalisierung (bis hin zur Feindesliebe) in der jesuanischen Bergpredigt, so auch die unablässige Forderung des Koran nach Gerechtigkeit, Wahrhaftigkeit und guten Werken. Aber auch die buddhistische Lehre des ‚dharma' und die konfuzianische Forderung, die kosmische Ordnung und damit das Humanum zu bewahren.

---

[631] Hans Küng, *Projekt Weltethos*, S. 92f.
[632] Hans Küng, *Projekt Weltethos*, S. 93-96.

Hier überall werden mit unbedingter Autorität – wie es eben nur die Religionen können und dürfen – das Wohl und die Würde des Menschen als Grundprinzip und Handlungsziel des menschlichen Ethos herausgestellt. Das heißt: des Menschen Leben, Integrität, Freiheit und Solidarität im ganz konkreten Fall. Menschenwürde, Menschenfreiheit, Menschenrechte lassen sich so nicht nur positivistisch statuieren, sondern in einer letzten Tiefe begründen, religiös begründen."[633]

Konkret nennt Küng dann fünf „Maximen elementarer Menschlichkeit", „die von einem Unbedingten, einem Absoluten her begründet werden und deshalb für Hunderte von Millionen Menschen auch unbedingt gelten sollen."[634] „Fünf große Gebote der Menschlichkeit, die zahllose Applikationen auch in Wirtschaft und Politik haben, gelten in **allen** großen Weltreligionen: (1) nicht töten; (2) nicht lügen; (3) nicht stehlen; (4) nicht Unzucht treiben; (5) die Eltern achten." Küng fügt dem noch verschiedene Betrachtungen über Selbstverständliches, über den „vernünftigen Weg in der Mitte", den das Weltethos zu gehen habe, hinzu und stellt dies alles unter den „**kategorischen Imperativ**" „von so etwas wie einer **Goldenen Regel**" als „**unbedingter Norm**", die *irgendwie* „alle großen Religionen fordern", jedenfalls ist sie bei Konfuzius bezeugt, bei Rabbi Hillel und auch im Christentum. Inwieweit freilich die genannten „fünf großen Gebote der Menschlichkeit" als „Maximen elementarer Menschlichkeit" in den verschiedenen Weltreligionen jeweils dasselbe bedeuten oder in ihrem Verständnis miteinander vermittelt werden sollen und können, reflektiert Küng hier nicht. Die von Joachim Fest gegen Küngs „Projekt Weltethos" erhobene Kritik mangelnder Konkretheit,[635] die von Joseph

---

[633] Hans Küng, *Projekt Weltethos*, S. 81.
[634] Hans Küng, *Projekt Weltethos*, S. 84 (Ebendort die folgenden Zitate. Fette Hervorhebungen Hans Küng).
[635] „Je weiter die nicht ohne Zugeständnisse erreichbaren Übereinstimmungen getrieben werden, desto dehnbarer und folglich ohnmächtiger müssen zwangsläufig aber auch die ethischen Normen werden, bis das Projekt schließlich auf bloße Bekräftigung jener unverbindlichen Sittlichkeit hinaus-

Ratzinger m.E. zu Recht aufgegriffen worden ist,[636] ist nicht wirklich entkräftigt. In eine ähnliche Richtung weist die Kritik von Hanna-Barbara Gerl-Falkovitz, die sich vor allem gegen die „Entkernung der Religion" richtet.[637] Dass z.B. der Sinn der ‚jesuanischen' Bergpredigt, wie das Küng hier vorschlägt, mit der Formel „alles für das Wohl des Menschen" wirklich erfasst werden könnte, mutet doch recht seltsam an, wie überhaupt die Reduktion von ‚Religion' auf das Humanum eher das Wesentliche von Religionen unterschlägt als zur Geltung bringt.[638]

Wir müssen weiter erwähnen, dass Küng in religionspolitischer Hinsicht der Meinung ist, dass „sich eine **postkonfessionelle** und **interreligiöse** Welt abzeichnet. Das heißt: langsam und mühselig entwickelt sich eine **multikonfessionelle Weltgemeinschaft**."[639] Dabei weist er den Gedanken einer Einheitsreligion als unrealistisch zurück. Das bedeutet, dass seine Konzeption der „einen, wahren Religion" eine gewisse Präzisierung erhält, ohne indes tatsächlich zurückgewiesen oder verabschiedet zu werden. Zugleich hat sich bei unserm Durchgang durch das „Projekt Weltethos" nochmals gezeigt, in wie starkem Maße Küngs ‚Instrument der Paradigmenanalyse' einen normierenden Charakter für seine Wahrnehmung der Wirklichkeit hat. Das ideologische Schema, durch welches

---

läuft, die gerade nicht das Ziel, sondern das Problem ist." Joachim Fest, *Die offene Flanke der offenen Gesellschaft*, Siedler Verlag, Berlin, 1993 (zukünftig: *Die offene Flanke der offenen Gesellschaft*), S. 47-81, das Zitat S. 80.

[636] Joseph Kardinal Ratzinger, *Glaube, Wahrheit, Toleranz*, S. 203 mit Anm. 193).

[637] Hanna-Barbara Gerl-Falkovitz, „Vom Nutzen und Nachteil des Weltethos. Wider eine Entkernung der Religion", in: Konrad Adenauer Stiftung (Hg.), *Die Politische Meinung. Zeitschrift für Politik, Gesellschaft, Religion und Kultur*, Nr. 395, Oktober 2002, S. 44-50, gefunden unter: www.kas.de/wf/de/33.888 am 30. August A.D. 2018.

[638] Darauf weist zu Recht Robert Spaemann hin, der ebenfalls die völlig unsachgemäße Verzweckung der Religion kritisiert, vgl. Robert Spaemann, „Weltethos als ‚Projekt'", in: *Merkur. Zeitschrift für europäisches Denken* (zukünftig: *Weltethos als ‚Projekt'*), Heft 9/10, 50. Jahrgang, Stuttgart, 1996, S. 893-904. Ich danke Herrn Dr. Felix Prautzsch (Dresden) für die Zusendung dieses Aufsatzes.

[639] Hans Küng, *Projekt Weltethos*, S. 41. Hervorhebungen von Hans Küng.

er sich den Zugang zu den Weltreligionen erarbeitet, ist das „postmoderne Paradigma", ausgestattet mit starker Affinität zu „New Age" und großer ‚religionstheologischer Flexibilität'. All das wirkt selbstverständlich zurück auf seine Auffassung von Christentum und Kirche.

Abschließend müssen wir uns noch einigen kritischen Anmerkungen zuwenden, die Robert Spaemann in seinem Aufsatz „Weltethos als Projekt" vorgetragen hat und sich auf die von Hans Küng vorgenommene „Verwandlung des Ethos in ein Projekt; die Instrumentalisierung des Ethos" und „die Institutionalisierung des Ethos" beziehen.[640] Spaemann schreibt:

> Einen „Austausch, wie er in der philosophischen Ethik seit jeher stattfand, nun auch unter Religionsvertretern zu fördern, ist lobenswert. Aber wenn dahinter der Gedanke steht, mit der Projektplanung für ein Weltethos zu beginnen – als sei ein Ethos die Schöpfung von Ethikern und nicht vielmehr Ethik ein nachträgliches Reflektieren über ein schon wirksames Ethos –, dann wird wirklich alles falsch. Es ist derselbe Fehler, den Küng mit Bezug auf den von ihm ständig strapazierten Paradigmabegriff macht. Paradigmen sind für ihn Gegenstände von Optionen statt Voraussetzung von Optionen. ... Der Satz Jesu im Johannesevangelium ‚Nicht ihr habt mich erwählt, sondern ich habe euch erwählt' (Joh 15,16) zeigt, wie religiöse ‚Paradigmen' entstehen. Jedenfalls nicht so, dass Menschen für sie ‚optieren'. Wen eine Liebe ergreift, der optiert so wenig wie der, dem ein mathematischer Satz plötzlich einleuchtet."[641]

Und weiter:

> „Küng leuchtet nur ein, ‚was Zukunft hat'. Im Unterschied zum Stifter des Christentums ist für ihn voraussichtliche breite Akzeptanz ein Wahrheitskriterium. Das wird besonders deutlich an dem Punkt, wo heute

---
[640] Robert Spaemann, *Weltethos als ‚Projekt'*, S. 899.
[641] Robert Spaemann, *Weltethos als ‚Projekt'*, S. 900.

innerhalb der europäisch-amerikanischen Zivilisation der Bruch mit einem jahrtausendealten Tabu unseres Ethos vorgeschlagen wird. In einer Zeit steigender Gesundheitskosten und abnehmender Beitragszahler zu den Kassen wird die rechtliche Ermöglichung der Euthanasie gefordert, und zwar ebenso wie im Dritten Reich mit Mitleidsargumenten. Dass sich das Recht, die eigene Tötung zu verlangen, immer häufiger in den moralischen Zwang verwandeln wird, von diesem Recht Gebrauch zu machen, ist vorauszusehen. Dieses Argument ist, so sagen die Befürworter der Euthanasie, nur pragmatisch. Ein prinzipielles Argument lasse sich nur religiös begründen. Und ausgerechnet hier, wo tatsächlich einmal die Religionen entscheidende Hüter eines allen Hochkulturen gemeinsamen ethischen Grundkonsenses sind, verlässt Küng diesen Konsens zugunsten dessen, was ‚Zukunft hat' – nämlich Leiden, wenn es anders nicht geht, dadurch zu beseitigen, dass der Leidende beseitigt wird. Es ist außerdem eine der wenigen gerade der christlichen Religion eigentümlichen Leistungen, dem Leiden, dessen Linderung sie zur Pflicht macht, dort, wo es nicht beseitigt werden kann, einen Sinn für den Leidenden selbst zu geben. Ausgerechnet hier soll nach Küngs Willen das Weltethos Abstinenz üben, den Konsens der Religionen suspendieren und Platz schaffen für eine Endlösung, die ‚Zukunft hat' und die Küng selbst propagiert: Tötung auf Verlangen, die Einstiegsdroge."[642]

Der zweite von Spaemann angesprochene neuralgische Punkt an Küngs „Projekt Weltethos" betrifft die Verzweckung des Ethos und der Religion, die dem, was eine Religion, und mithin auch das Christentum ausmacht, mitnichten entspricht. Wir geben nicht die ganze Argumentation wieder, sondern nur ihren Zielpunkt, der sehr deutlich herausstellt, was die Reduktion der Religion auf das von Hans Küng promovierte ‚Humanum' bedeutet:

---

[642] Robert Spaemann, *Weltethos als ‚Projekt'*, S. 900f.

> „Es soll dem Menschen gut tun, an Gott zu glauben. Aber wofür ist der Mensch gut? Für Gott – sagt fast jede authentische Religion, und das ist eine Antwort, die, ob nun wahr oder falsch, jedenfalls eine klare Antwort ist. In humanistischer Umkehrung wird die Sache absurd. Wenn der Mensch nur für den Menschen gut ist, dann ist, wenn alle Menschen verschwinden, kein Unglück geschehen, weil Kläger und Richter mit verschwunden sind. ,Wir haben uns lange genug Gedanken über den Menschen gemacht', schrieb Andrej Sinjawski im Arbeitslager des Sowjethumanismus in Sibirien, ,es wird Zeit, an Gott zu denken.' Auf den Gedanken, statt dessen von ,Sinnangeboten' zu sprechen, war er allerdings nicht gekommen. Dazu waren die Lebensverhältnisse nicht komfortabel genug."[643]

Der letzte Punkt betrifft die „Delegation ethischer Verantwortung an professionelle Gremien", was Spaemann als Alarmsignal ansieht.[644] Er schreibt:

> „Solche Kommissionen entsprechen dem Gedanken, der ,moralische Gesichtspunkt' sei einer unter anderen und müsse angesichts der professionellen Vertretung der Sachgesichtspunkte am besten auch in professioneller Form zur Geltung gebracht werden. Das Ethische ist aber kein eigener Gesichtspunkt, sondern die angemessene Rangordnung für die Sachgesichtspunkte und die Bereitschaft, die eigenen Interessen in diese Rangordnung einzufügen. Deshalb gibt es eben dafür keine Professionalisierung und Institutionalisierung. Professionalisierung kann hier allenfalls heißen, dass jemand den Stand der Diskussion in einer Frage kennt und den eigenen Standpunkt auf einem gewissen Niveau formulieren kann. Es besteht nicht der geringste Grund

---

[643] Robert Spaemann, *Weltethos als ‚Projekt'*, S. 901f., leider ohne Zitatnachweis. Vgl. jedoch das beeindruckende Buch: Andrej Sinjawskij, *Der Traum vom neuen Menschen oder Die Sowjetzivilisation*, S. Fischer Verlag, Frankfurt/ Main, 1989.

[644] Robert Spaemann, *Weltethos als ‚Projekt'*, S. 902; ähnlich übrigens auch Joachim Fest, *Die offene Flanke der offenen Gesellschaft*, S. 81.

zu der Annahme, dass die Ansicht dessen, der das kann, inhaltlich derjenigen eines Analphabeten vorzuziehen ist … . Im Unterschied zu einer durch den geglaubten Stifterwillen legitimierten kirchlichen Autorität kann die Autorität von Ethikkommissionen nie größer sein als die ihrer Argumente. Und auch diese sind mit Vorsicht aufzunehmen, weil momentane argumentative Überlegenheit noch kein Beweis für sittliche Wahrheit ist … . Hans Küng steht ganz in der Tradition neuzeitlicher Instrumentalisierung der Religion im Dienst der Moral und der Moral im Dienst der Staatserhaltung. Er kann kirchliche Strukturen nur in staatspolitischen Kategorien interpretieren und deshalb die Fremdheit des Christentums in der Welt, von der das Neue Testament spricht, nicht akzeptieren. Die Kirche muss den jeweiligen Staatsstrukturen angepasst, also heute demokratisiert werden. Und Küng ruft auch ungeniert nach dem staatlichen Arm, um dieses Postulat durchzusetzen im Zusammenhang mit Bischofsernennungen. Dass die katholische Kirche des Westens nur Männer zu Priestern beruft, die von ihrem Recht zur Eheschließung keinen Gebrauch machen, ist für ihn ein Verstoß gegen die Menschenrechte. Das kann nur heißen: Der Staat als Hüter der Menschenrechte ist von rechts wegen verpflichtet, die Kirche zur Weihe verheirateter Männer und Frauen zu zwingen. Man sieht: Für dieses jakobinische Verständnis von Menschenrechten ist Religion alles andere als Privatsache, sie ist Staatssache. Und Staatssache ist auch die Ethik. Letzten Ende sollten es die Staaten sein, die das Weltethos dekretieren. Dass die großen ‚Ströme' der Weltreligion ihr ethisches Konvergenzpotential kollektiv aktivieren, ist nur ein Vorstadium. Am Ende soll die UNO selbst ihre eigene Menschenrechtserklärung auch noch durch eine Weltethoserklärung ‚ethisch abstützen' … ‚Ethos ist mehr als Recht', schreibt Küng. Aber auch für dieses sollen schließlich die Vertreter der Staatsgewalt zuständig sein. Das genau aber ist die Definition des Totalitarismus. Sie sollen nicht nur Gesetze machen und für eine ordentliche Polizei sorgen, sondern darüber hinaus eines Tages feierlich erklären, dass wir diesen Gesetzen auch aus eigener Gewissensüberzeugung gehorchen und darüber hinaus gute Menschen sein sollen. Küng scheint die moralische Kompetenz der UNO für überwältigend zu halten. Die geballte spirituelle Autorität von John Major und Mobutu, Bill Clinton und Fidel Castro, Boris Jelzin und Netanjahu, Helmut Kohl usw. usw. soll offenbar der von Jesus Christus oder Buddha eine bisher ungeahnte Überzeugungskraft hinzufügen.

Ja, warum nur können manche guten Menschen keinen kühlen Kopf bewahren?"[645]

Und was sagt Hans Küng dazu? Das Projekt ‚Weltethos' möchte angesichts der unüberschaubaren Weltlage ‚Orientierungswissen' zur Verfügung stellen:

„Zwar mag der einzelne Mensch gemessen an der (angeblich alle fünf Jahre sich verdoppelnden) Informationsmasse und der täglichen Flut von Neuigkeiten immer ‚dümmer' werden, doch gerade deshalb bedarf er heute eines grundlegenden **Orientierungswissens**: um die verwirrenden Details einordnen und verarbeiten zu können. Solches Orientierungswissen soll hier geboten werden." [646]

Da haben wir's also: der „immer dümmer" werdende einzelne Mensch, der durch Ethikeinrichtungen zum rechten Verhalten angeleitet werden muss. Wie war das noch einmal mit dem befreienden Potential der Religion, das Küng doch so gerne zur Geltung bringen möchte? Die Dinge versprechen, spannend zu werden.

---

[645] Robert Spaemann, *Weltethos als ‚Projekt'*, S. 903f.
[646] Hans Küng, *Projekt Weltethos*, S. 13.

Ergebnis

Wir haben gesehen, dass Hans Küng bezüglich der Quellen der Gotteserkenntnis von einem traditionellen römisch-katholischen Standpunkt ausgegangen ist: Bibel, Tradition und christliches Leben spielen da eine Rolle. Die meisterhafte Auseinandersetzung mit Karl Barths Rechtfertigungslehre im Rahmen seiner Dissertation führt bei Küng jedoch zu einer – schon während seines Studiums sich ankündigenden – grundsätzlich kritischen Haltung gegenüber ‚kirchlichen Traditionen und Autoritäten', die den von Küngs Lehrer Oscar Cullmann herausgearbeiteten Unterschied zwischen ‚apostolischer' und ‚nachapostolischer' (‚kirchlicher') Tradition nicht zur Kenntnis nimmt. Der Küng aus dem Denzinger bekannte Begriff der ‚göttlichen Tradition' fällt weg, die ‚apostolische' und die ‚nachapostolische' Tradition werden als ‚rein-menschliche Tradition' bezeichnet und scheiden insofern als Offenbarungsquelle aus. Ganz abgesehen davon, dass die ‚apostolische Tradition' nicht zuletzt eben den neutestamentlichen Schriftenkanon umfasst, wird Küng auf diese Weise weder dem historischen Sachverhalt der Berufung und Beauftragung der Jünger und späteren Apostel noch dem normativen, kirchenkonstitutiven Charakter der apostolischen Tradition gerecht. Die traditionskritische Haltung Küngs hatte auch eine Stütze in den Arbeiten von Josef Rupert Geiselmann, wonach die Offenbarung vollständig in der Heiligen Schrift enthalten sei. So hält Hans Küng zunächst noch am normativen Charakter der Heiligen Schrift (‚norma normans') fest, beginnt freilich in der Zeit des Zweiten Vatikanischen Konzils die Ineranz der Bibel zu bestreiten. Dann gerät Hans Küng in den Sog der Bultmann-Schule und hier insbesondere der exegetisch-hermeneutischen Arbeit seines Tübinger Kollegen Ernst Käsemanns, der vehement „das Auseinanderfallen, die Unvereinbarkeit und prinzipielle Nichtharmonisierbarkeit der verschiedenen neutestamentlichen Konzeptionen des kirchlichen Amtes" vertreten hatte.[647] Um die Dinge beieinander zu halten, fragte Käsemann

---

[647] Ernst Käsemann, *Kanon*, S. 221.

nach dem ‚Kanon im Kanon'. Küng dagegen entschied sich für eine ‚katholische Lösung', die das *Ganze* des Kanons im Blick behalten sollte. Im Anschluss an einzelne Vertreter der historisch-kritischen Exegese (etwa Werner Georg Kümmel) gewann für Küng die Frage nach den ältesten Texten und Textfragmenten die Dignität der Frage nach dem ‚historischen Jesus' und dem ‚apostolischen Urzeugnis', übersah dabei aber großzügig, dass die Kirche nicht die ältesten Texte und Textfragmente, sondern eben den ganzen Kanon ‚kanonisiert' hatte.

Die Frage nach dem ‚historischen Jesus' hat für Küng deshalb eine so große Bedeutung, weil die Person Jesus Christus für ihn – ganz zu Recht – im Unterschied zu den – „veränderlichen und ablösbaren – geschichtlichen Gestaltwerdungen und Ausformungen des Christentums im Laufe der Jahrhunderte" *„die Substanz des Christentums"* ist. Das klingt gut, enthält aber dennoch ein tiefgehendes Problem. Denn wenn Küng von Jesus Christus spricht und sich dabei auf den ‚historischen Jesus' bezieht, dann haben wir es mit so etwas wie einer ‚potemkinschen Worthülse' zu tun. Der ‚historische Jesus', welcher im Denken Hans Küngs so etwas wie eine normative Funktion innehat, muss nämlich vom Fachgelehrten ‚eruiert' werden und ist zugleich identisch mit dem ‚Jesus, der uns heute was zu sagen hat'. Dass sich hier die Katze in den Schwanz beißt, lässt sich an Küngs Christologie der ‚Sachwalterschaft Gottes' und was da noch an „heute verständlichen" christologischen Hoheitstiteln angeführt wird, die angeblich alle dasselbe sagen wie die klassische Christologie, sehr deutlich ablesen. Küng lehnt die klassische Drei-Ämterlehre ab (Christus – Hoherpriester, König, Prophet; Christus ist nach Küng jedoch Prophet in der Linie der klassischen Propheten des Alten Testaments). Er hat Schwierigkeiten mit der Gottessohnschaft Christi, mit den meisten Aussagen des Glaubensbekenntnisses sowieso. Das hat ursächlich zu tun mit der eben geschilderten Hermeneutik, welche den Fachexegeten zum Guru für das gläubige Volk erhebt – wo bleibt da eigentlich das königliche Priestertum aller Gläubigen? –, und dem damit verbundenen faktischen Verlust der althergebrachten Kontrollinstanzen als Normativ (Kanon, Credo, Lehramt), verknüpft sich sodann mit seiner sehr ideologisch aufgebauten ‚Paradigmenlehre', welche genau die Dinge auseinanderreißt, die doch zunächst in ihrem Zusammenhang zur Kenntnis genommen werden müssten, und gipfelt im beinahe völligen Ausblenden des mystischen oder sakramentalen Lebens der Kirche, das bestenfalls binnenkirchlich einen subjektiven Wahrheitsanspruch geltend machen kann, aber eigentlich problemlos auch durch parallele Praktiken aus den anderen Religionen ersetzt werden kann, solange die durch den Fachgelehrten zu eruierende Substanz des Christentums nicht gefährdet ist. Selbst im Bereich der Lehre werden der Prophet Muhammad und der Koran als ‚Korrektivum' gegenüber einer Hans Küng nicht ins Konzept passenden „überhöhten Christologie" ins Feld geführt und erlangen so eine gewisse Offenbarungsqualität.

Das hat nun damit zu tun, dass der Geist nach Küng „wirkt, **wann** er will"[648], und darüber hinaus mit der Konzeption Küngs von der ‚einen, wahren Religion', die nicht mehr mit dem Christentum oder der Kirche identisch ist. Vielmehr hat das Christentum, wie die anderen Religionen auch, Anteil an dieser ‚einen, wahren Religion', wobei hier wie dort wahre Elemente und „Glaube, Aberglaube und Unglaube miteinander gemischt" vorkommen. Natürlich wissen sich die Christen subjektiv an Jesus Christus als „den Weg, die Wahrheit und das Leben" gebunden, aber das trifft nach Hans Küng auf Muslime, Buddhisten, Hinduisten, etc. mutatis mutandis in gleichem Maß und mit gleichem Recht genauso zu. Weil Küng von der ‚einen, wahren Religion' ausgeht, ist damit kein religiöser Pluralismus gesetzt, obwohl er sich gleichzeitig von der Idee einer ‚Einheitsreligion' abgrenzt und die Wahrheitsfrage offen gehalten wissen will. Das Heil – er erläutert nicht, was darunter zu verstehen ist – sei aber unabhängig von der Frage nach der Wahrheit sowohl in der Kirche, aber vor allem eben auch bei den ‚Heiden', außer-

---

[648] Hans Küng, *Das Christentum. Wesen und Geschichte*, S. 69 (Fettgedruckte Hervorhebung von Hans Küng).

halb der Kirche, zu haben, gemeint ist hier wahrscheinlich der durch religiöse Praktiken mögliche Zugang zum Heiligen bzw. Göttlichen. Es ist deutlich, dass Hans Küng so die Linien auszieht, die er in der Anfrage nach ‚Gottes Wort und den anderen Worten' am Schluss seiner Dissertation an Karl Barth angedeutet hatte.[649] Wenn man Küngs Ideen von der Kirche, seinen Umgang mit der ‚großen' katholischen oder christlichen Tradition und seine religionstheologische Konzeption miteinander vergleicht, so tritt paradoxerweise eine markante Strukturähnlichkeit mit der Lehre Karl Barths von der Kirche in Erscheinung, wie sie Barth etwa in seinem berühmten Büchlein über „Die Not der Kirche" dargelegt hatte.[650] Es ist hier nicht der Ort für eine Auseinandersetzung mit der Entwicklung des Barth'schen Heilsexklusivismus, wir haben nur festzuhalten, dass für Küng ‚Wahrheit' eben in allen Weltreligionen ‚je und dann' zu Tage treten kann, weil der Geist eben „wirkt, **wann** er will". Zwar hält Küng an einer Bindung des ‚Geistes' an das ‚Wort' prinzipiell fest, aber „wer den Geist auf das Wort reduzieren will, verfällt dem … Schwärmertum: der Wort-Schwärmerei"[651]. Klar ist, dass alle diese Gedankenreihen ihre Ursache bzw. ihren Grund in der spezifischen Gotteslehre Küngs haben, die sich in mühsamer, langwieriger Auseinandersetzung mit der atheistischen Religionskritik der letzten 200 Jahre abarbeitet. Unter der Hand ist dabei der unlösliche Zusammenhang von apophatischer und kataphatischer Theologie und deren beider Sitz im Leben abhanden gekommen, als sei alle Theologie allein ein Vorgang des Denkens vor dem Forum der menschlichen Vernunft. Das Ergebnis ist, dass der Gottesgedanke in allerlei sehr spröde klingende Formeln wie „allererste-allerletzte Wirklichkeit", „Urhalt", „Ursinn", inhaltlich: „das letzte Wohin unseres Transzendierens" etc. gefasst und der innere Zusammenhang und die damit gemeinte Wirklichkeit sowohl des trinitarischen Denkens als auch der Christologie letztendlich verloren geht. Deshalb fällt es

---

[649] Hans Küng, *Rechtfertigung*, S. 341-345.
[650] Karl Barth, *Die Not der evangelischen Kirche*, S. 89-122.
[651] Hans Küng, *Die Kirche*, S. 244.

Küng so schwer, die innere Wahrheit der Fleischwerdung Gottes (Inkarnation) und der anderen Themen des Bekenntnisses der christlichen Kirche zu erfassen und im Dialog mit Nichtchristen und Angehörigen anderer Religionen zu vertreten. Faktisch ist ‚Gott' für Küng nichts anderes als ein Vehikel zur Begründung der ‚Unbedingtheit der Verpflichtung der ethischen Forderung' geworden, die Küng dann als ‚nicht-religiöses' Projekt unter dem Titel ‚Weltethos' aus einem äußerst diffusen, von Ethikgremien zu erarbeitenden Minimalkonsens der Weltreligionen bzw. ihrer Funktionäre mit dem Ziel bzw. Zweck des ‚Überlebens der Menschheit' dem ‚immer dümmer werdenden Einzelmenschen' als Orientierungswissen zur Verfügung stellen möchte. Die Ausrichtung auf das von Küng immer wieder hervorgekehrte ‚Humanum' gipfelt dabei fatalerweise als Türöffner für die Forderung nach aktiver Euthanasie, was Küng mit seiner spezifischen Kritik an der klassischen christlichen Gotteslehre verbindet. Von daher müssen wir in unserer Antwort an Hans Küng der Frage nachgehen, was genau unter der Lehre vom ‚Gesetz der Freiheit', vom ‚Gesetz Christi', von ‚Gott als Gesetzgeber' zu verstehen ist. Zuvor aber werden wir unsere Aufmerksamkeit der Darstellung der anderen Weltreligionen im Werk von Hans Küng zuwenden.

DIE AUFFASSUNG DER WELTRELIGIONEN BEI HANS KÜNG

Methodische Vorüberlegungen

Bei der uns in diesem Kapitel gestellten Aufgabe, die Auffassung der verschiedenen Weltreligionen bei Hans Küng nachzuzeichnen, werden wir wieder mit einigen Schwierigkeiten konfrontiert und müssen uns mehrerer Probleme bewusst sein. Die Schwierigkeiten ergeben sich klar aus der Fülle und Verschiedenartigkeit der zu behandelnden Gegenstände und Texte, handelt es sich doch um nicht weniger als sechs Weltreligionen (Stammesreligionen, Hinduismus, Buddhismus, chinesische Religion, Judentum und Islam) die alle auch noch auf eine mehr oder weniger intensive Weise mit der Auffassung Hans Küngs von Christentum, Kirche, Paradigmenwechsel und Weltethos konfrontiert und in Verbindung gebracht werden. Ist die Erfassung und Darstellung einer einzigen Weltreligion schon ein umfassendes, kaum zu erschöpfendes Thema, wie kann dann die Beschreibung von deren sechs ausfallen? Hans Küng, der über einige von ihnen dicke Bücher von vielen hundert Seiten geschrieben hat, war sich dieses Problems bewusst und hat die Aufgabe dennoch angepackt, allerdings, wie angemerkt, auf sehr unterschiedliche Weise und mit unterschiedlichem Grad der Annäherung. Methodisch stellt sich dabei freilich grundsätzlich die Frage nach dem Verhältnis von Innen- und Außenperspektive, d.h. inwieweit eine Religion jeweils von innen heraus und damit sachgemäß erfasst werden kann, wenn diese Aufgabe von einem der betreffenden Religion eben gerade nicht angehörenden Forscher übernommen werden muss, bzw. umgekehrt, inwieweit zur Sachgemäßheit von Fragestellung und Vorgehensweise gerade die Außenperspektive gehört, um ein gewisses Mindestmaß an Objektivität zu erreichen. Wie wir im biografischen Teil näher gesehen haben, hat das bei Hans

Küng den besonderen Akzent, dass dieser nach dem Entzug der kirchlichen Lehrerlaubnis als Inhaber des Lehrstuhls und Direktor des Instituts für Ökumenische Forschung der Universität Tübingen, unabhängig von deren katholischer Fakultät, und zugleich doch auch weiterhin als römisch-katholischer Priester auftritt, der nach eigenem Bekunden wegen des nach seiner Auffassung mit dem evangelischen Christentum verbundenen ‚Provinzialismus' nicht evangelisch werden will. Küngs Polemik gegenüber dem institutionalisierten Katholizismus und seiner Dogmatik wiederum bricht auch in seinen religionswissenschaftlichen bzw. religionskundlichen Werken immer wieder durch, wobei dann schnell aus einem Urteil über die eigene Konfession eine Aussage über das Christentum und die Kirche überhaupt werden kann. Dies fällt auch besonders deshalb ins Gewicht, weil die Mehrzahl der Werke Küngs sich ja gerade nicht an Spezialisten wendet, sondern an interessierte Zeitgenossen, die „im heutigen Zeitgeschehen einigermaßen kundig mitreden"[652] möchten, wenn nicht gar der „einzelne Mensch" im Blick ist, der „gemessen an der (angeblich alle fünf Jahre sich verdoppelnden) Informationsmasse und der täglichen Flut von Neuigkeiten immer ‚dümmer' werden mag" und „gerade deshalb heute eines grundlegenden Orientierungswissens bedarf".[653] An dieser Stelle irritieren allerdings Bemerkungen des Tübinger Professors etwa im Zusammenhang seiner Darlegungen über den Hinduismus, wonach z.B. „... der orthodoxe christliche Klerus des Ostens" „das Scheren des Haupthaares" ablehnt,[654] oder auch seine pauschale Rede von den „religiös vielfach defizitären Kirchen", welche als solche „keine großen christlichen Missionare" mit geläufigem Namen hervorgebracht hätten, deren „Ausstrahlung man mit Ramakrishna und Vivekananda, mit Yogananda, Maharshi Mahesh Yogi und Bhagwan Rajneesh

---

[652] Hans Küng, *Spurensuche 1*, S. 13; Hans Küng, *Spurensuche 2*, S. 11.
[653] Hans Küng, *Projekt Weltethos*, S. 13.
[654] Hans Küng, *Spurensuche 1*, S. 133; immerhin korrigiert dann in: Hans Küng/ Heinz Bechert, *Buddhismus*, S. 93; Hans Küng/ Josef van Ess/ Heinrich von Stietencron/ Heinz Bechert, *Hinführung zum Dialog*, S. 486.

vergleichen könnte".⁶⁵⁵ Ebenso irritierend ist auch die Haltung Hans Küngs, der seine eigene Doktorarbeit immerhin über Karl Barth, den Autor einer „Kirchlichen Dogmatik", geschrieben hatte, gegenüber dem christlichen Gebet, wie er sie in seinem Text „Christliche Meditation und buddhistisches Gebet" zum Ausdruck bringt:

> „Ist es nach alldem eine Überraschung, wenn auch Christen, die sich von kirchlicher Dogmatik, starren Regeln und geistiger Dressur bis ins Gebetsleben hinein reglementiert vorkommen, solch inhaltsfreies Denken, solche objektlose Meditation, solche beglückend erfahrene Leere als wahre Befreiung empfinden? Hier finden sie innere Ruhe, größere Gelassenheit, besseres Selbstverständnis, feinere Sensibilität für die ganze Wirklichkeit."⁶⁵⁶

Demnach ist für Küng die buddhistische Zenmeditation im Dialog der Religionen gegenüber dem christlichen Gebet der gebende Teil und insofern vorzuziehen,⁶⁵⁷ zumal Küng

---

⁶⁵⁵ Hans Küng/ Josef van Ess/ Heinrich von Stietencron/ Heinz Bechert, *Hinführung zum Dialog*, S. 248f.; wörtlich dasselbe, in: Hans Küng/ Heinrich von Stietencron, Christentum und Weltreligionen – Hinduismus, Piper, München/ Zürich, Neuausgabe 1995 (zukünftig: *Hinduismus*), S. 60f.; es sei hier der bescheidene Hinweis auf Mutter Teresa erlaubt, die doch von Hans Küng selbst anderswo – durchaus mit positiver Konnotation - auch erwähnt wird, vgl. Hans Küng, *Das Christentum. Wesen und Geschichte*, S. 904. Wesentliche Argumente zu dieser Problematik aus römisch-katholische Perspektive bietet Joseph Ratzinger, *Glaube, Wahrheit, Toleranz*, S. 32-37. Grundsätzlich vgl. weiter die wichtige Arbeit: Emil Jurcan, *Maestrul Oriental și Duhovnicul Creștin*, Reîntregirea, Alba Iulia, 2002, besonders S. 129-145.

⁶⁵⁶ Hans Küng/ Josef van Ess/ Heinrich von Stietencron/ Heinz Bechert, *Hinführung zum Dialog*, S. 597; derselbe Text ist noch einmal abgedruckt in: Hans Küng/ Heinz Bechert, *Buddhismus*, S. 204. Als Beispiel für das, was von christlicher Seite zum Thema „Gebet" gesagt werden kann, sei verwiesen auf das instruktive Buch: Paul Evdokimov, *Das Gebet der Ostkirche. Mit der Liturgie des Hl. Chrysostomos*. Ins Deutsche übertragen von Wolfgang Sigel, Verlag Styria, Graz/ Wien/ Köln, 1986.

⁶⁵⁷ Auf diese Zusammenhänge hat mit wünschenswerter Klarheit **Владимир Шохин** hingewiesen: „В созданной же им целой серии умозрительных диалогов христианства с нехристианскими религиями (здесь он привлекает крупных специалистов по другим религиям) Кюнг в диалоге

hier denn auch von „buddhistischem Gebet" spricht. Ähnlich ist es, wie schon angedeutet, mit dem Thema der Mystik. Küng ist sich zwar bewusst, dass ein indischer Ursprung derselben nicht nachgewiesen werden kann, behauptet allerdings mit Nachdruck, dass Mystik „kein spezifisches christliches Phänomen" sei und von daher nicht zum Wesen des Christentums gehöre (Jesus kein Mystiker), so dass dann vom Ergebnis her die nicht-christliche Mystik ggf. von Christentum und Kirche als ‚bereicherndes Element' rezipiert werden kann („gegenseitige Durchdringung").[658] Was dieser Auffassung widerspricht, wird dagegen als nicht ursprünglich erklärt, wie z.B. das Jesuswort aus Joh 14, 6: „Ich und der Vater sind eins."[659] An dieser Stelle erwähnt werden muss auch die gleichsam nur im Vorübergehen und nebenbei in den Raum gestellte Rede Küngs von den „selbstfabrizierten ‚Mysterien' der Theologen",[660] als ob das, was im römisch-katholischen und im evangelischen Raum Sakrament heißt, eine von Menschen – nämlich den Angehörigen der von Küng so bezeichneten Berufsgruppe – gemachte Erfindung sei. Wenn Küng schließlich unter Berufung auf die Tradition der ‚negativen Theologie', wie sie etwa bei Nikolaus von Kues Gestalt gewonnen hat,[661] das Loblied des

---

с буддизмом ясно даёт читателю понять, что заимствующей стороной (речь идёт о практике дзеновской медитации) должна быть только христианская как несоизмеримо более ущербная — вследствие того, что христиане "регламентированы даже в молитве церковной догматикой, оцепеняющими правилами и духовной дрессировкой", vgl. Владимир Шохин (Vladimir Shokhin), in: https://www.pravmir.ru/hristianstvo-kak-religiya-politkorrektnosti-v-sovremennoy-evrope-illyuzii-i-realnyie-perspektivyi, dort mit Anmerkung 30. Gesehen am 17. April A.D. 2019. Hier auch das oben wiedergegebene Zitat (Hans Küng/ Heinz Bechert, *Buddhismus*, S. 204).

[658] Hans Küng, *Das Christentum. Wesen und Geschichte*, S. 514-522; Hans Küng, in: Hans Küng/ Josef van Ess/ Heinrich von Stietencron/ Heinz Bechert, *Hinführung zum Dialog*, S. 267-270.

[659] Hans Küng, *Das Christentum. Wesen und Geschichte*, S. 518f.

[660] Hans Küng/ Heinz Bechert, *Buddhismus*, S. 161; Hans Küng/ Josef van Ess/ Heinrich von Stietencron/ Heinz Bechert, *Hinführung zum Dialog*, S. 554.

[661] Hans Küng/ Josef van Ess/ Heinrich von Stietencron/ Heinz Bechert, *Hinführung zum Dialog*, S. 555; Hans Küng, *Das Judentum*, S. 718 mit Anm. 26); Hans Küng, *Iudaismul*, S. 640 mit Anm. 26). An beiden Stellen bezieht sich

Schweigens singt, „das aus der Verneinung kommt, auf der der Osten (gemeint sind hier wohl die nicht-christlichen, irgendwie im Osten situierten Religionen. –WW) so sehr insistiert", so hätte diese Betrachtung unter allen Umständen gründlicher sein müssen und die beim Kusaner ebenso wie bei den ihm vorangegangenen Vertretern der apophatischen Theologie (wie z.B. die Briefe des hl. Ignatios von Antiochien sowie das Schriftenkorpus des Dionysios Areopagitos) die davon nicht loszulösende Lehre von Kirche und Christus genauer reflektieren und positiv in die Darlegung einbeziehen müssen.[662] Da Hans Küng aber lieber seine – von Adolf von Harnack übernommene – Lieblingsthese von der „Hellenisierung des Christentums" wiederholt und die eben genannten Zusammenhänge leider nicht untersucht, macht der Umgang des Tübinger Professors mit der Tradition der negativen Theologie eher einen etwas willkürlichen Eindruck (Steinbruchmethode). Wir werden auf diese Problematik im Zusammenhang mit der Gotteslehre noch einmal zu sprechen kommen müssen.

Wie schon angedeutet, kann eine angemessene Würdigung der religionskundlichen bzw. religionswissenschaftlichen Bemühungen Hans Küngs auch nicht einfach von dem beträchtlichen Umfang und eben durchaus verschieden aufgestellten Charakter der diesbezüglichen Werke des Tübinger Professors absehen. Wir haben es zum ersten zu tun mit

---

Küng auf: Nicolaus Cusanus, De docta ignorantia (1440); dt.: Die belehrte Unwissenheit, Hamburg, 1964, Buch I, Kap. 26). Ich habe die Stelle verifizieren können in der Ausgabe: Nikolaus von Kues, *Die belehrte Unwissenheit: lateinisch-deutsch, Buch I:* Übersetzt und mit Vorwort und Anmerkungen herausgegeben von Paul Wilpert, 3. Auflage, besorgt von Hans Gerhard Senger, Verlag Felix Meiner, Hamburg, 1979, S. 112f.

[662] Vgl. dazu im katholischen Raum die Ausführungen und die dort genannte Literatur bei: Maurus Heinrichs, „Das schweigende Geheimnis Gottes", in: Maurus Heinrichs, *Katholische Theologie und Asiatisches Denken*, Matthias Grünewald Verlag, Mainz, 1963, S. 104-150. Vgl. besonders auch die hier grundlegenden Ausführungen bei Hans Urs von Balthasar, „Wort und Schweigen", in: Hans Urs von Bathasar, *Verbum Caro. Skizzen zur Theologie I*, Johannes Verlag, Einsiedeln, 1960, S. 135-155.

eher journalistisch profilierten Darstellungen,[663] die gar nicht den Anspruch erheben (können), den aktuellen Stand der Forschung wiederzugeben, sondern eben eine Einführung in „ein religiöses Stromsystem"[664] geben, an welchem auch ein „Religionskollektiv"[665] bzw. mehrere Religionen teilhaben können. Grundsätzlich unterscheidet Küng „drei große – überindividuelle, internationale und transkulturelle – religiöse Stromsysteme mit ihren Einzugsgebieten, die alle ihre Genesis und Morphologie haben", nämlich 1) „die Religionen **semitischen** Ursprungs", die „einen **prophetischen** Charakter haben" und „stets von einem **Gegenüber** von Gott und Mensch ausgehen" „und vorwiegend im Zeichen religiöser **Konfrontation** stehen: Judentum, Christentum und Islam", 2) „die Religionen **indischer** Herkunft", die „primär von einer **mystischen**, auf Einheit hin tendierenden Grundstimmung getragen sind und mehr im Zeichen religiöser **Inneneinkehr** stehen: frühe indische Religion der Upanishaden, Buddhismus und Hinduismus", 3) „die Religionen **chinesischer Tradition**", die „eine **weisheitliche** Ausprägung zeigen und grundsätzlich im Zeichen der **Harmonie** stehen: Konfuzianismus und Taoismus".[666] Diese Einteilung wiederum ist in keinem Fall schematisch zu verstehen, was sich z.B. darin zeigt, dass der Buddhismus nicht nur als Teil der religiösen Landschaft Indiens, sondern – neben Schamanismus, Konfuzianismus und Taoismus – auch als Teil der ‚chinesischen Religion' abgehandelt wird, oder darin, dass die sogenannten ‚Stammesreligionen' mit Fokus auf

---

[663] Hans Küng, *Spurensuche 1*; *Spurensuche 2*.

[664] Hans Küng, „China – ein drittes religiöses Stromsystem", in: Hans Küng/ Julia Ching, *Christentum und chinesische Religion*, S. 11-19; dasselbe, in: Hans Küng/ Julia Ching, *Chinesische Religion*, S. 13-19, und viele andere Stellen; Grundlegend jedoch: Hans Küng, *Projekt Weltethos*, S. 151-161.

[665] Heinz Stietencron, „Der Hinduismus ein Kollektiv von Religionen", in: Hans Küng/ Heinrich von Stietencron/ Heinz Bechert, *Hinführung zum Dialog*, S. 216-219; Hans Küng, a.a.O., S. 242; Hans Küng/ Heinrich von Stietencron, *Hinduismus*, S. 28-31; Hans Küng, „Wer ist überhaupt ein Hindu?", in: Hans Küng, *Spurensuche 1*, S. 86; sowie Hans Küng/ Julia Ching, *Christentum und chinesische Religion*, und: Hans Küng/ Julia Ching, *Chinesische Religion*.

[666] Hans Küng, *Projekt Weltethos*, S. 159f.

Australien bzw. Afrika in den Blick genommen werden, letzteres wohl auch in menschheitsgeschichtlicher Perspektive.[667] Wir dürfen jedoch nicht übersehen, dass es Küng ungeachtet aller Flexibilität, Abweichungen und Wandlungen innerhalb der einzelnen Religionen eben gerade auf diese wechselseitige Ergänzungsbedürftigkeit der einzelnen Religion und mithin eben auch des Christentums und der Kirche ankommt.[668]

Den eher journalistisch profilierten Darstellungen stehen sodann etliche Werke zur Seite, die ihren Ursprung in sogenannten ‚Dialogvorlesungen' dergestalt haben, dass ein anderer Spezialist in mehreren Schritten sukzessive eine Einführung in die betreffende Religion gibt, auf die Hans Küng dann jeweils mit „einer christlichen Antwort" reagiert, die meist die Spannung von althergebrachten Überlieferungen und Moderne bzw. Postmoderne gemäß den Rahmenvorgaben seines Instruments der ‚Paradigmenanalyse' reflektiert. Wir werden dabei besonders auf seine Gesamtkonzeption der Weltreligionen zu achten haben, der gemäß

> „es in der Religion immer um eine erlebnishafte *Begegnung mit dem Heiligen*' (R. Otto, F. Heiler, M. Eliade, G. Mensching) geht – mag diese ‚heilige Wirklichkeit' nun als Macht, als Mächte (Geister, Dämonen, Engel), als (personaler) Gott, (apersonales) Göttliches oder ir-

---

[667] Hans Küng, *Spurensuche 1*, S. 18-81. Wir müssen auch den Hinweis bei Heinrich von Stietencron bedenken, wonach die „Grenze zwischen Stammesreligion und Hinduismus" unscharf ist. Vgl. Hans Küng/ Josef van Ess/ Heinrich von Stietencron/ Heinz Bechert, *Hinführung zum Dialog*, S. 218 und 216.

[668] In diesen Zusammenhang gehört m.E. auch die Beobachtung, dass Hans Küng zahlreiche und große Kapitel der religionswissenschaftlichen Forschung gar nicht oder fast gar nicht bearbeitet hat, ohne dies freilich ausdrücklich näher zu begründen. Dazu gehört z.B. das Gebiet der Religionsgeschichte im Kontext des Alten und Neuen Testaments (inklusive Mesopotamien, Griechenland und Rom). Auch wenn dies aus pragmatischen Gründen geschehen sein sollte, hat dieser Sachverhalt wesentliche methodisch-inhaltliche Auswirkungen. Dies wird auch nicht dadurch verändert, dass Küng durchaus Austausch und wechselseitige Verbindungen dieser Gebiete zugibt, vgl. Hans Küng/ Josef van Ess/ Heinrich von Stietencron/ Heinz Bechert, *Hinführung zum Dialog*, S. 243ff.

gendeine letzte Wirklichkeit (Nirvana) verstanden werden".[669]

Von daher umschreibt Küng sein Verständnis von Religion wie folgt:

> „Religion ist die *in einer Tradition und Gemeinschaft sich lebendig vollziehende* (in Lehre, Ethos und meist auch Ritus) *sozial-individuell realisierte Beziehung zu etwas, was den Menschen und seine Welt übersteigt oder umgreift*: zu einer wie immer zu verstehenden allerletzten Wirklichkeit (das Absolute, Gott, Nirvana). Im Unterschied zur Philosophie geht es in der Religion um *Heilsbotschaft* und *Heilsweg* zugleich."[670]

Wir halten noch einmal fest, dass Küng in seiner allgemeinen Auffassung von Religion „Lehre, Ethos und *meist auch Ritus*"[671] als Ausdruck der in einer Tradition und Gemeinschaft sich lebendig vollziehenden sozial-individuell realisierten Beziehung zu Gott, zum Absoluten oder zum Nirvana als einer den Menschen und seine Welt übersteigenden oder umgreifenden allerersten bzw. allerletzten Wirklichkeit integriert. Ein Eruieren des historischen Jesus, Buddha, Mose oder Mohammed etc. ist eigentlich auch nach diesem Verständnis etwas eher Nach- oder Untergeordnetes. Das müssen wir noch genauer sehen. Für unseren Gedankengang ist dieses Verständnis von Religion jedenfalls wesentlich.

Eine dritte Kategorie von Arbeiten zu den Weltreligionen bezieht sich auf die sogenannten abrahamitischen Religionen, denen Küng seine Trilogie über das Christentum, das Judentum

---

[669] Hans Küng, in: Hans Küng/ Josef van Ess/ Heinrich von Stietencron/ Heinz Bechert, *Hinführung zum Dialog*, S. 18; derselbe Text noch einmal: Hans Küng/ Heinrich von Stietencron, *Hinduismus*, S. 12; derselbe Text noch einmal: Hans Küng/ Heinz Bechert, *Buddhismus*, S. 13. Hervorhebungen von Hans Küng.
[670] So auch an allen in der vorigen Anmerkung angegebenen Fundstellen derselbe Text. Hervorhebungen von Hans Küng.
[671] Hervorhebung WW.

und den Islam gewidmet hat,[672] ergänzt natürlich durch die schon erwähnten populärwissenschaftlich-journalistischen Einführungen in einzelne Religionen, die mit Spezialisten gehaltenen Dialogvorlesungen, aber dann auch den eigentlichen Dialog eben mit Vertretern der abrahamitischen Religionen selbst, insbesondere des Judentums. Gerade in diesem Zusammenhang hat Küngs Forderung nach „einem ‚Trialog‘ von Juden, Muslimen und Christen" Bedeutung erlangt,[673] die dieser unter Berufung auf Peter Antes, freilich mit deutlich anderer Akzentsetzung und in charakteristischer Umprägung, erhoben hat.[674] Peter Antes hatte als Resümee seines Aufsatzes über „Abraham im Judentum, Christentum und Islam" festgehalten:

> „Wenn demnach von Abraham in den sogenannten ‚abrahamitischen Religionen‘ die Rede ist, so bezieht sich in der Tat jede dieser Religionen auf ein und dieselbe historische Persönlichkeit, deutet sie aber derart religionsspezifisch, dass in keiner Weise sicher ist, dass dieser Bezug zugleich einen idealen Ausgangspunkt für den heutigen Dialog oder – wie man neuerdings gerne mit Bezug auf das noch ausstehende Gespräch zwischen Juden, Christen und Muslimen sagt – ‚Trialog‘ darstellt. Abraham ist – so muss abschließend festgestellt werden – einerseits ein gemeinsamer Bezugspunkt für sie alle und zugleich durch die Sichtweise der jeweiligen religiösen Tradition auch der Inbegriff dessen, was sie unterscheidet und trennt."[675]

---

[672] Hans Küng, *Das Christentum. Wesen und Geschichte*; Hans Küng, *Das Judentum*; Hans Küng, *Der Islam. Wesen und Geschichte*.

[673] Zur Reflexion des Begriffs und seines Inhalts siehe den wichtigen Aufsatz: Stefan Schreiner, „Trialog der Kulturen. Anmerkungen zu einer wegweisenden Idee", in: Clauß Peter Sajak (Hrsg.), *Trialogisch lernen. Bausteine für eine interkulturelle und interreligiöse Projektarbeit*, Kallmeyer in Verbindung mit Friedrich Klett Verlag, Seelze-Velber/ Stuttgart, 2010, S. 18-24; darüber hinaus: Herbert Stettberger/ Max Bernlochner (Hrsg.), *Interreligiöse Empathie lernen. Impulse für den trialogisch orientierten Religionsunterricht*, LIT Verlag, Berlin/ Münster, 2013. Beide Publikationen stehen exemplarisch für die Rezeption des ‚Trialogs‘ etwa in der Religionspädagogik und im schulischen Religionsunterricht in Deutschland.

[674] Hans Küng, *Das Judentum*, S. 38-43, vgl. besonders S. 38 mit Anmerkung 65).

[675] Peter Antes, „Abraham im Judentum, Christentum und Islam", in: Peter An-

Küng schreibt:

> „Sieht man nochmals genauer hin, so erscheint Abraham zwar nicht unbedingt als idealer, wohl aber als ein sehr realer Ausgangspunkt für das, was man heute als einen ‚Trialog' (eine philologische Neubildung) zwischen Juden, Christen und Muslimen nennen kann."[676]

Denn von seiner Grundposition aus betont Küng die Konvergenz der abrahamitischen Religionen mit Blick auf ein bei ihnen sich zeigendes „weithin ähnliches Grundverständnis von Gott, vom Menschen, von der Welt und der Weltgeschichte überhaupt", das dann gerade auch „in interreligiösen Dialogen … mit Vertretern der indischen und chinesischen Stromsysteme" zutage tritt.[677] Eine angemessene Würdigung der realen Leistung Hans Küngs im Blick auf den interreligiösen Dialog mit den einzelnen Religionen muss auf jeden Fall deren biografische Begründung und Verankerung in Betracht nehmen,[678] darf jedoch auch die systematische Reflexion seiner religionswissenschaftlichen Ideen nicht vernachlässigen. Hans Küng hat methodisch – besonders in seiner religionswissenschaftlichen Trilogie über die abrahamitischen Religionen – versucht, religionsgeschichtliche Darstellung und systematische Reflexion miteinander zu verbinden. Wir müssen uns aus pragmatischen Gründen darauf beschränken, äußerst knapp das Verständnis der einzelnen Religionen bei Hans Küng nachzuzeichnen[679] und im abschließenden Kapitel aus orthodoxer Perspektive zu resümieren. Eine erschöpfende und alle Aspekte

---

tes/ Ulrich Becker/ Henry G. Brandt u.a., *Christen und Juden. Ein notwendiger Dialog*, S. 13-19, das Zitat S. 19.

[676] Hans Küng, *Das Judentum*, S. 38.
[677] Hans Küng, *Islam. Wesen und Geschichte*, S. 89.
[678] Hans Küng, *Erlebte Menschlichkeit*, S. 209-441.
[679] Eine neuere, relativ umfassende und instruktive Darstellung der fünf Weltreligionen (Hinduismus, Buddhismus, Judentum, Christentum und Islam) mit Blick auf das nüchtern Gewusste, bietet: Johannes Herzgesell SJ, *Das Christentum im Konzert der Weltreligionen. Ein Beitrag zum interreligiösen Vergleich und Dialog*, Verlag Friedrich Pustet, Regensburg, 2011 (zukünftig: *Das Christentum im Konzert der Weltreligionen*).

umfassende Antwort ist im Rahmen dieser Arbeit ganz sicher nicht möglich.

Eine erste Annäherung: Stammesreligionen

In seinen großen religionswissenschaftlichen bzw. religionskundlichen Arbeiten nähert sich Hans Küng dem Thema der Weltreligionen mit Hilfe einer Synthese von historisch-systematischen Fragestellungen. Tatsächlich berührt die Thematik der sogenannten „Stammesreligionen" auch die Frage nach der Religionsgeschichte der Menschheit, geht aber darin nicht auf, auch weil heute vorfindliche Religionen dieser Art nicht eo ipso die Ursprungsreligion der Menschheit („Urreligion") repräsentieren, über die sich Küng ohnehin nur sehr vorsichtig äußert. Er berichtet über die wissenschaftliche Arbeit von „P. Wilhelm Schmidt SVD, der als Ethnologe den Ursprüngen des ‚Anthropos', des ‚Homo sapiens', eben des ‚Menschen', wie er heute existiert, nachspürte ... und nachweisen wollte, dass zumindest in gewissen Stämmen der Glaube sich nicht an bestimmte Geister oder Götter, sondern an einen ‚Hochgott' (Ur- oder Allvater) richtet".[680] Schmidts Arbeit war nach Küng „gerichtet gegen das Evolutionsschema von Forschern wie E. B. Tylor[681] ..., der meinte, überall eine Entwicklung vom Seelen- oder Geisterglauben über den polytheistischen Götterglauben zum monotheistischen Gottesglauben beweisen zu können."[682]

Tylor seinerseits gehört zu einer Strömung unter den „Gelehrten des 19. Jahrhunderts, deren wissenschaftliches Denken vom Evolutions- und Fortschrittsdenken geprägt war (etwa Sir James Frazer), die ganze Menschheitsgeschichte im **vorgefassten Stufenschema**: zuerst **Magie** (so in Australien) –

---

[680] Hans Küng, *Erlebte Menschlichkeit*, S. 304.
[681] Vgl. Edward B. Tylor, *Primitive Culture. Researches into the development of mythology, philosophy, religion, art and custom*, 2 Bände, London, John Murray, Albemarie Street, 1871. Küng nennt die Literaturangabe nur ungenau.
[682] Hans Küng, *Erlebte Menschlichkeit*, S. 304.

erst später Religion – in unserer Zeit Wissenschaft."⁶⁸³

Küng möchte sich nicht festlegen und hält als „Resultat der Debatte über den Ursprung der Religion" fest:

> „Historisch eindeutig lässt sich weder eine Degenerationstheorie von einem monotheistischen Höhenanfang her noch die Evolutionstheorie von einem animistischen Tiefenanfang her beweisen.⁶⁸⁴ Heute besteht unter Forschern Übereinstimmung: Phänomene und Phasen durchdringen einander. Von den neuen Anthropologen lerne ich: Mehr als von Phasen und Epochen (einem ‚Nacheinander') spricht man jetzt von Schichten und Strukturen (einem ‚Übereinander'), die sich in ganz verschiedenen Entwicklungsstufen, Phasen oder Epochen finden können."⁶⁸⁵

Nun würde es unsere Möglichkeiten bei weitem überschreiten, die Frage nach dem Urmonotheismus bei P. Wilhelm Schmidt noch einmal zu überprüfen.⁶⁸⁶ Hans Küng wei-

---

⁶⁸³ Hans Küng, *Spurensuche 1*, S. 28. Im fast wortidentischen Paralleltext weist Küng darauf hin, dass hier im „Hintergrund das schon von Hegel und Comte her gegebene geschichtsphilosophische Dreitaktschema: Magie (Zauber) – Religion – Wissenschaft stand", in: Hans Küng, *Erlebte Menschlichkeit*, S. 305. Hervorhebungen von Hans Küng.

⁶⁸⁴ Hans Küng, *Spurensuche 1*, S. 28f., sagt dezidiert: „Es war Voreingenommenheit anzunehmen, ganz generell habe sich aus der Magie die Religion entwickelt, aus dem Seelenglauben der Geisterglaube, aus dem Geisterglauben der Götterglaube und aus dem Götterglauben schließlich der Gottesglaube."

⁶⁸⁵ Hans Küng, *Erlebte Menschlichkeit*, S. 305.

⁶⁸⁶ Emil Jurcan weist auf die Kritik Schmidts bezüglich einer gewissen Einseitigkeit der Methode Taylors hin, die sich auf „das Auffinden animistischer Elemente" konzentrierte und ganz bewusst das Vorhandensein anderer Faktoren übersah, welche das Wesen der Religion bestimmen, wie es die Existenz eines höchsten göttlichen Wesens wäre, die die enge Sphäre des Animismus übersteigen. „Gerade der Animismus geht von der Voraussetzung einer höchsten göttlichen Wirklichkeit aus … . Mit anderen Worten, ohne ein höchstes Wesen, welches beseelt, gibt es auch keinen Animismus." Emil Jurcan, *Lumea religioasă veche. Mesaje antice despre revelația pierdută*, Editura Reîntregirea, Alba Iulia, 2003 (zukünftig: *Lumea religioasă veche*), S. 25. (Übersetzung – WW). Noch nicht zugänglich wurde mir die Arbeit: Денис Г. Голубев, **Теория прамонотеизма в трудах В. Шмидта**, LAP Lambert Academic Publishing, o.O., 17.12. 2013, angezeigt am 1. Mai A.D. 2019 unter:

gert sich, in der Auseinandersetzung um den Ursprung der Religion Stellung zu nehmen. Bei einer genauen Lektüre seiner Ausführungen stellen wir jedoch fest, dass er das von ihm zuvor genannte (und für als „historisch nicht eindeutig" bewiesen gehaltene) Ergebnis der Forschungen P. Schmidts, nämlich den Nachweis, „dass zumindest in gewissen Stämmen der Glaube sich nicht an bestimmte Geister oder Götter, sondern an einen ‚Hochgott' (Ur- oder Allvater) richtet", nur wenige Seiten später als Tatsache erwähnt.[687]

Hinsichtlich der Frage nach der ‚Urreligion des Menschen' agiert Küng ähnlich:

> Die Urreligion „ist empirisch gar **nicht zu finden.** Denn auch die zeitgenössischen Stammesvölker mit ihrer langen, wenngleich ungeschriebenen kulturellen Geschichte sind eben nicht die ‚Urvölker' schlechthin. Und kein noch so heiliger Text, auch nicht die Bibel, gibt eine historische Auskunft über den Anfang der Welt, des Menschen, der Religion, über ein ‚Urvolk'. Statt dessen bietet die Bibel eine großartig eingekleidete Botschaft von Gott und Mensch überhaupt: von der Größe des einen Schöpfers, von der gottgewollten Gutheit seiner Geschöpfe, von der Freiheit, Verantwortung und Schuld der Menschen."[688]

Dass die Bibel keine Aussagen über die historischen Anfänge der Menschheit und deren religiöse Dimension enthalten würde, wird man in der hier angewandten Plumpheit kaum be-

---

https://www.morebooks.shop/store/it/book/Теория-прамонотеизма-в-трудах-В-Шмидта/isbn/978-3-659-50546-1, ist aber wahrscheinlich in der Bibliothek des Geistlichen Seminars Chabarowsk vorhanden, wo der Autor des genannten Buches wohl als Dozent tätig ist. Weitere Argumente und Literatur bei: Emilian Vasilescu, *Istoria Religiilor*. Tipărită cu **binecuvântarea Preafericitului Părinte Iustin, Patriarhul Bisericii Ortodoxe Române, Editura Institutului Biblic și de Misiune al Bisericii Ortodoxe Române, București, 1982** (zukünftig: *Istoria Religiilor*), S. 17.

[687] Hans Küng, *Spurensuche 1*, S. 31: „Es gibt in der Tat Stämme, die glauben an einen **Großen Vater** (auch ‚Ewige Jugend' genannt), dem wie allen Himmelsbewohnern **Unsterblichkeit** eigen ist." Hervorhebungen von Hans Küng.

[688] Hans Küng, *Spurensuche 1*, S. 29. Hervorhebung von Hans Küng.

haupten dürfen. In seinen autobiografischen Erinnerungen hat Küng diese Spitzen weggelassen, formuliert nüchtern und verweist auf das ihm vor Augen stehende religionsgeschichtliche Forschungsfeld in seinem geografischen Rahmen:

> Die Urreligion „ist *nicht zu finden*. Religion findet sich überall in jeweils anderen Formen. Zu vielfältig und vielschichtig ist die ganze Entwicklung. Überdies sind die zeitgenössischen ‚Naturvölker' nicht Urvölker. Auch sie haben alle eine lange, wenngleich ungeschriebene Geschichte hinter sich. Deshalb findet sich in religionsgeschichtlichen Handbüchern kaum mehr ein Kapitel über die Urreligion, sondern nur noch mehrere Kapitel über indigene Religionen, konkret über die australische, nordamerikanische, afrikanische und polynesische Religion."[689]

Wir dürfen uns hier aber nicht in allzu viele Einzelheiten verlieren, sondern müssen die wesentlichen Strukturmerkmale dessen erfassen, was Küng zu den Stammesreligionen sagt. Wesentlich scheinen mir hier in jedem Fall die kritischen Anmerkungen, die Küng zur Unterscheidung von ‚Naturmenschen' – ‚Kulturmenschen', ‚Naturvölkern' – ‚Kulturvölkern', ‚primitiven Völkern und Kulturen' und ‚Naturreligionen' macht, die inhaltlich natürlich auch den Begriff sog. ‚primitiver Religionen' mittreffen.[690] Küng möchte daher von ‚Stammeskulturen' und ‚Stammesreligionen' sprechen, um alle Konnotationen von Inferioriät und Zurückgebliebenheit von vornherein auszuschließen. Kultur ist <u>nicht</u> etwas, was menschheitsgeschichtlich erst spät einsetzt. Sie ist

> „die Gesamtheit der Kenntnisse und Verfahrensweisen, die eine bestimmte Gesellschaft kennzeichnen, seien sie nun technischer, wirtschaftlicher, sozialer oder religi-

---

[689] Hans Küng, *Erlebte Menschlichkeit*, S. 305. Hervorhebung von Hans Küng.
[690] Hans Küng, *Spurensuche 1*, S. 20-24. Zu Recht ganz ähnlich übrigens: Emil Jurcan, *Lumea religioasă veche*, S. 25, ebenso: Emilian Vasilescu, *Istoria Religiilor*, S. 38.

öser Art." „Kultur (englisch *civilization*), umfassend verstanden, schließt Religion stets ein."[691]

Küng verweist auf den Neandertaler, der bereits „Totenbestattungen, Alten- und Krankenpflege und eine vermutlich bereits voll entwickelte Sprache kannte", jedoch „vor rund 30.000 Jahren ausgestorben ist und dem **homo sapiens**, dem heutigen Menschen, Platz gemacht hat." Nun habe man „auch in Australien das 30.000 Jahre alte Skelett eines Homo sapiens gefunden", der „mit Ocker bestreut war: das weltweit verbreitete Zeichen für die Vorstellung eines nach dem Tode fortdauernden Lebens. Das heißt, dieser Mensch war offensichtlich rituell begraben worden. Ein klares Zeugnis von Kultur und Religion der Ureinwohner."[692]

Dies ist wiederum der Ausgangspunkt für die Frage nach der Verehrung von Geistern, göttlichen Kräften, Gottheiten und Gott in den Stammesreligionen bzw. in der Religion der Ureinwohner. Küng nähert sich dem Thema auf dem Wege über *die Kunst*,[693] wobei er den Abschnitt über die Kunst der Aborigines aus einer Arbeit aus dem Museum für Völkerkunde Freiburg heranzieht,[694] die deren religiösen Charakter betont. Wir geben einige der dort abgedruckten Beobachtungen und Überlegungen von Margarete Brüll relativ ausführlich wieder, weil sie für unseren Gedankengang wichtig sein werden:

---

[691] Hans Küng, *Spurensuche 1*, S. 22.
[692] Hans Küng, *Spurensuche 1*, S. 2; vgl. Emilian Vasilescu, *Istoria Religiilor*, S. 29, sodann: Emil Jurcan, *Lumea religioasă veche*, S. 40 mit Anmerkung 17; und vor allem: Mircea Eliade, *Istoria Credințelor și Ideilor Religioase*. Traducere și postfață de Cezar Baltog, Univers Enciclopedic, București, 2000, S. 18-21, bes. S. 19 unten.
[693] Hans Küng, *Spurensuche 1*, S. 29-31. Hervorhebung – WW.
[694] Margarete Brüll, „Kunst", in: Stadt Freiburg i. Breisgau/ Städtische Museen Freiburg (Museum für Völkerkunde), *Die Kultur der Traumzeit*. Mit Beiträgen von Margarete Brüll, Corinna Erckenbrecht und Brigitte Ranft, Sammlungen aus dem Museum für Völkerkunde Freiburg, Band 1, Rombach Verlag Freiburg, o.J. (zukünftig: *Kultur der Traumzeit*), S. 38-47. Küng hat auf eine Literaturangabe verzichtet und nur den Namen M. Brüll genannt.

"So vielfältig auch die Erscheinungsformen der australischen Kunst sind, so hat sie doch für alle Aborigines einen einheitlichen Zweck. Im Malen eines Rindenbildes, Schnitzen einer Skulptur oder Auffrischen einer Felsenmalerei wird die Verbindung **zu den mythischen Ahnen** geknüpft und deren Kräfte für die Menschen wirksam gemacht. Zwei wesentliche Merkmale der traditionellen Kunst hängen eng mit dieser Funktion zusammen: Sie war meist **geheim**, und sie war, außer bei den Felsbildern, **nicht dauerhaft**.

Die Geheimhaltung von Zeichen und ihrer Bedeutung ist auf dem Hintergrund der religiösen Praxis der Aborigines zu sehen. Religiöses Wissen ist im Besitz der älteren, initiierten Männer, die es stufenweise an die nächste Generation weitergeben.

In den Kunstwerken ist die mythologische Botschaft verschlüsselt enthalten, und die Erklärung der verschiedenen Bedeutungsebenen ermöglicht eine Einführung in immer komplexere Bereiche der Religion. Dabei erhellt nicht die ‚Übersetzung' von einzelnen Elementen beispielsweise eines Bildes dessen Bedeutung, sondern **nur die gesamte Komposition**. Das Objekt ist mit anderen Bestandteilen **in eine Zeremonie** eingebunden, in der **erst durch das Zusammenspiel für Eingeweihte verständlich eine Geschichte aus der Traumzeit** repräsentiert wird."[695]

Die Ausführungen der Autorin verweisen auf *die Funktion von Kunst und Ritus* bei den Aborigines, *die Verbindung zu den mythischen Ahnen zu knüpfen*, deren Kräfte im Vollzug des religiösen Lebens für die Menschen wirksam gemacht werden. Kunstobjekte sind „mit anderen Bestandteilen in eine Zeremonie eingebunden", bilden also mit den religiösen Zeremonien zusammen ein untrennbares Ganzes. Ihre Bedeutung bleibt Außenstehenden gegenüber geheim, „religiöses Wissen" wird nur schrittweise von „älteren", d.h. doch wohl erfahreneren, „initiierten Männern

---

[695] Margarete Brüll, *Kultur der Traumzeit*, S. 32. Hervorhebungen – WW.

an die nächste Generation weitergegeben". Und schließlich geht es um Darstellung (,Repräsentanz') einer Geschichte aus der Traumzeit, die „erst durch das Zusammenspiel für Eingeweihte verständlich wird". Auf diesen Gesamtzusammenhang von Kunst, Ritus und Leben müssen wir noch zurückkommen. Küng selbst zeigt sich „beeindruckt von der **Kunst der Ureinwohner**", die er wie folgt beschreibt:

> „Dieselben jahrtausendealten Symbole werden da immer wieder neu gemalt und übermalt. Stilisierte Pflanzen, Tiere, Menschen, aber, sofern man die Zeichnungen entziffern kann, kaum Götter, gar der eine Gott.
>
> Auf manchen Felsbildern sind uralte Wanderwege angedeutet, die quer durch das Land führen, oft von Wasserloch zu Wasserloch, die sich die Ureinwohner mit Namen eingeprägt haben. Zwei geometrische Elemente stehen im Vordergrund:
>
> **Kreise**, konzentrische, bezeichnen je nach Erzählung Wasserlöcher, Lagerplätze, Feuerstellen, unter Umständen auch einen Baum oder ein Honigameisennest. Jedenfalls bilden sie das **statische** Element der Felsenzeichnungen.
>
> **Linien** stehen für Wege, Speere, Blitze, Wasserläufe; sie bilden das **dynamische** Element. Und der Lendenschurz einer Frau: was bedeutet er? Zeichnungen wie diese dienen zur Belehrung und zum Geschichtenerzählen, haben aber ganz allgemein eine zeremonielle Bedeutung.
>
> Doch die tiefste Bedeutung von all dem wird von den Ureinwohnern geheim gehalten. Das gilt auch für die reichen Verzierungen, mit denen sie sakrale Steine und Hölzer versehen, die **Tjurungas** genannt werden. Diese werden zwar heute, meist verändert und ins Profane gewandt, kommerziell genutzt. Doch sie haben letztlich eine religiöse Bedeutung (M. Brüll)."[696]

Vor diesem Hintergrund fragt Küng noch einmal nach der Religion der Ureinwohner:

---

[696] Hans Küng, *Spurensuche 1*, S. 29-31. Hervorhebungen von Hans Küng.

> „Aber was für eine Religion hatten die Ureinwohner? Schon früh hatten sie gelernt, selber jenes **Feuer** zu entfachen, das die Menschen durch den Blitz aus dem Himmel erhielten. Und dieser Himmel – ist er nicht leer?"[697]

Wie Küng die Frage stellt, ist ausgesprochen interessant. Es lohnt sich, seine Aussage vor dem Hintergrund der Frage nach der Religion der Ureinwohner und damit zugleich konkreter noch als *theologische Frage nach Herkunft, Inhalt und Funktionsweise von Religion überhaupt* zu betrachten.[698] Denn welchen Sinn sollte Küngs Gedanke an dieser Stelle sonst haben? Andererseits wird dies sofort kontrapunktiert durch die in Frageform insinuierte Behauptung der Möglichkeit, dass jener Himmel leer sei, was wiederum auch nicht ganz ohne Bezug ist zu der dann folgenden Antwort auf die Frage nach dem Gott und den Göttern der Ureinwohner bzw. nach dem, „was im Himmel ist".[699] Der Autor bezieht sich für diese Antwort auf T.G.H. Strehlow und sein Werk „The Songs of Central Australia", „der für die Frage nach Gott, Welt und Mensch die heute maßgebliche Sicht ausführlich entwickelt hat". Küng selbst hebt hier zwei Momente als konstant („selbstverständlich") heraus:

1) „Himmel und Erde sind ewig."

2) „… Himmel und Erde haben ihre je eigenen übernatürlichen Wesen."

Als Antwort auf die Gottesfrage hält er fest, was oben schon einmal angeklungen ist:

> „Es gibt in der Tat Stämme, die glauben an einen **Großen Vater** (auch ‚Ewige Jugend' genannt), dem wie

---

[697] Hans Küng, *Spurensuche 1*, S. 31. Nicht zufällig klingt an dieser Stelle die Prometheus-Thematik an, auf die wir hier freilich nicht eingehen können. Vgl. dazu den in der folgenden Anmerkung genannten Aufsatz.

[698] Dazu vgl. Wolfgang Wünsch, *Überlieferung, Lehre und Glaube der Kirche*, S. 447-457.

[699] Die Überschrift des Abschnitts: „Was ist im Himmel?", in: Hans Küng, *Spurensuche 1*, S. 31. Dort auch die folgenden Zitate zur Antwort auf die Frage nach Gott in der ‚Religion der Ureinwohner' bzw. in den ‚Stammesreligionen'.

allen Himmelsbewohnern **Unsterblichkeit** eigen ist. Doch gleicht er nicht dem Gott der Bibel. Er hat Emufüße und überdies Frau und Kind, manchen Stämmen zufolge sogar mehrere Frauen und Kinder. Und was sich unten auf der Erde abspielt, lässt ihn wie auch alle anderen ursprünglichen Himmelsbewohner unberührt. Deshalb werden auch weder der Große Vater noch andere Himmelswesen auf der Erde mit Gebeten, Gesängen und Opfern geehrt."

Der ‚Große Vater' ist – ebenso wenig wie andere Himmelsbewohner – nicht der Schöpfer von Himmel und Erde, hat auch nicht den Menschen gemacht und interessiert sich nicht für das, „was sich unten auf der Erde abspielt". Im Gegenzug werden weder der ‚Große Vater' noch die anderen Himmelsbewohner durch irgendeine Art Kultus geehrt. Dennoch eignet ihnen Unsterblichkeit. Küng seinerseits lässt diese Informationen unkommentiert, zieht die Linien zu anderen Gestalten der Religion nicht aus und fragt gleichsam logisch innerhalb des Systems weiter, „wer die Erde geformt hat?"[700] Auch hier referiert Küng – durchaus mit Sympathie – bestimmte Glaubensvorstellungen in den Stammesreligionen und was sich daraus für die Lebenspraxis ergibt, ohne irgendwelche Wertungen abzugeben. In seiner Antwort verweist Hans Küng auf

> die „großen **Ahnengeister** der Urzeit", die „nicht vom Himmel, sondern aus dem Boden gekommen sind, in menschlicher oder tierischer Gestalt". „Sie haben auf riesigen Wanderungen die formlos eintönige Erde zu einer Landschaft gestaltet: Hügel, Wege, Wasserstellen, Berge. Auch haben sie Sonne, Mond und Sterne geschaffen und aus vorgeformten Massen die Menschen, Stämme, Clans sowie Tiere ... geschaffen".
>
> „Die großen Ahnenwesen jagten, lagerten, kämpften, liebten und vollführten an bestimmten Stellen bestimmte Rituale."

---

[700] Hans Küng, „Und wer hat die Erde geformt?", in: Hans Küng, *Spurensuche 1*, S. 32f. Dort auch die folgenden Zitate. Hervorhebungen von Hans Küng.

„Sie haben das Land den Stammesgruppen zugeteilt."

„Dann aber müde geworden, gingen die Ahnengeister wieder in die Erde ein. Einige versanken im Wasser, andere wurden in den Himmel erhoben."

„An den **Menschen** ist es nun, die Erde in der von den Ahnenwesen geformten Gestalt und Reinheit zu bewahren: sie nicht gewaltsam zu verändern, sondern sie möglichst zu schonen. Denn das Land ist nicht nur eine materielle Ressource. Es ist das durch die Ahnengeister geheiligte Land. Die Menschen aber sind allesamt sterblich. Denn sie selber oder irgendwelche dunklen Gewalten haben die Verbindung mit dem Himmel (Baum, Leiter) abgebrochen."

Sodann führt Hans Küng den von westlichen Anthropologen geprägten Begriff der ‚Traumzeit' ein, ein Kunstwort, das „es in den uraustralischen Sprachen für den gemeinten komplizierten Sachverhalt gar nicht gibt." Die Überleitung scheint ein wenig unvermittelt und unklar, insofern Küng nach dem zuletzt zitierten Abschnitt sofort hinzufügt: „In der Traumzeit, sagt man, geschah dies alles."[701] Man möchte hier fragen: Was geschah in der Traumzeit? Dass die Verbindung mit dem Himmel abgebrochen ist? Dass die Ahnengeister die „formlos eintönige Erde zu einer Landschaft formten"? Dass sie „jagten, kämpften, liebten und bestimmte Rituale" vollbrachten? Dass sie „den Stammesgruppen Land zuteilten", so dass es den Menschen als von den „Ahnengeistern geheiligtes Land" anvertraut wurde? Dass die Ahnengeister z.T. „wieder in die Erde versanken", z.T. „in den Himmel erhoben wurden"? Etwas davon oder alles zusammen? Worauf will Küng hier hinaus?

Aus dem Zusammenhang geht dann deutlicher hervor,[702]

---

[701] Hans Küng, *Spurensuche 1*, S. 33.
[702] Hilfreich zum Verständnis ist auf jeden Fall der hier von Küng weitgehend herangezogene Text von: Corinna Erckenbrecht, „Die traditionelle Kultur der Aborigines", in: Stadt Freiburg i. Breisgau / Städtische Museen Freiburg (Museum für Völkerkunde), *Kultur der Traumzeit*, S. 19-21, hier bes. S. 19.

was Küng unter Berufung auf Max Charlesworth[703] hier sagen will, nämlich, dass „Weltanschauung und Gedankenwelt der Aborigines von der Überzeugung geprägt waren, dass Vergangenheit, Gegenwart und Zukunft eine untrennbare Einheit bilden."[704]

Küng betont:

> „Denn **in der sichtbaren Welt ist das Ewige unsichtbar präsent.** Menschliche Zeit und unveränderliche Ewigkeit sind bei den Ureinwohnern enger verbunden als in anderen Kulturen. ... Das Ewige finden die Ureinwohner vielmehr im Zeitlichen: in einer Natur, die voll der übernatürlichen Geheimnisse ist. Die **ewige, ungeschaffene Lebenskraft** – sie ist wirksam in allen Dingen. Diese naturverbundene Religion verwurzelt den einzelnen in der Ewigkeit. Sie gibt ihm Identität, das Bewusstsein eines hohen persönlichen Wertes."[705]

Weiter verweist Küng auf den von den „um den Uluru wohnenden Anangu (aus dem Stamm der Pitjantjajara)" gebrauchten Begriff ‚**Tjukarpa**': „das schon am Anfang von den Ahnengeistern gegebene ‚**Gesetz**'", das „Religion, Ethos, Ritus, den ganzen *way of life* umfasst".[706] „Dieses ungeschriebene Ur-Gesetz wird mit Hilfe von Mythen und Gesängen, Tänzen und Zeremonien, Körperbemalungen und Sandzeichnungen, heiligen Gegenständen und Felsmalereien durch die Zeiten überliefert."[707] Kurz zusammengefasst ist es so, dass auf dem Wege über Initiation und Ritus die Ereignisse des Mythos unmittelbar gegenwärtig werden, sich aktuell ereignen.[708] Entgegen frü-

---

[703] Bei Hans Küng ohne Zitat und Quellenangabe.
[704] Corinna Erckenbrecht, a.a.O., S. 19. Der Satz ist bei Hans Küng fast wörtlich so wiedergegeben. Er spricht anstelle von „untrennbarer Einheit" von „unauflöslicher Einheit".
[705] Hans Küng, *Spurensuche 1*, S. 34. Hervorhebungen von Hans Küng.
[706] Hans Küng, *Spurensuche 1*, S. 34.
[707] Hans Küng, *Spurensuche 1*, S. 35. Ebenso die folgenden Zitate.
[708] Vgl. hierzu auch den Abschnitt: Hans Küng, „Der Initiationstanz: Ur-Zeit und Ur-Gesetz", in: Hans Küng, *Spurensuche 1*, S. 41.

heren Annahmen besitzen Mythos und Ritus als wesentliche Elemente der Religion im Leben der Aborigines eine viel größere Bedeutung als der sog. Kampf ums nackte Überleben.

Küng hält hier fest: Historische Fragen bezüglich des Mythos, wie das nun alles wirklich gewesen sei oder „dass alles Erzählte historisch und plausibel ist, einen historischen Kern oder keinen enthält", „ist für diese Menschen nicht sehr wichtig."[709]

> „Wichtig ist für sie vielmehr, dass das Erzählte zum Verständnis der Welt und ihrer selbst verhilft. Und dies nicht etwa durch theoretische Sätze, sondern durch Geschichten, Bilder und **Riten**, welche die von Anfang an gegebene, nie zu verletzende, heilige Ordnung der Dinge ausdrücken. Denn das ist die Überzeugung der Ureinwohner: was gut ist, stammt aus der Urzeit, alle die materiellen und geistigen Güter, die zu bewahren sind. Sind es doch die Ahnenwesen, die mit ihrem Denken und Handeln die Normen und Gebräuche festgelegt haben. Durch Gesang und dramatische Aufführung sollen Kult und Zeremonien das Urzeitgeschehen wiederholen."

Abgesehen von weiteren Einzelheiten u.a. zu Lebensweise, Mythologie, Sexualität und Geschlechterverhältnissen, die wir übergehen müssen, ist mit Blick auf die Darstellung der Stammesreligionen bei Hans Küng noch das Thema „Totem und Tabu"[710] anzusprechen, wobei er zwischen individuellem und kollektivem Totem unterscheidet, das „für die Aborigines ‚tabu' (polynesisch): das heißt ‚geheiligt', ‚unantastbar' ist", weshalb „ein Totemtier nicht gejagt, verwundet, gar getötet …, aber durchaus dargestellt werden kann und soll: auf Steinen und Hölzern, in Tänzen und Gesängen." „Und es soll gefeiert werden zur Erhaltung der eigenen Art." „Und weil alle Rituale als von den Ahnengeistern eingesetzt gelten, sollten die zeremoniellen Gesänge, Körperbemalungen und Rituale unverändert bleiben". Der wichtigste Ritus ist die ‚Initiation',[711] bei welcher

---

[709] Hans Küng, *Spurensuche 1*, S. 35. Dort auch das folgende, eingerückte Zitat.
[710] Hans Küng, *Spurensuche 1*, S. 38-41. Dort auch die folgenden Zitate.
[711] Hans Küng, „Der Initiationstanz: Ur-Zeit und Ur-Gesetz", in: Hans Küng, *Spu-*

> „die **Mädchen** von den **Müttern** in die Geheimnisse des Lebens eingeweiht werden: Menstruation, Defloration, Schwangerschaft und Geburt", während „die **Jungen** ... **durch Tanz von den Müttern verabschiedet**" und sodann „durchs Land ziehen und von erfahrenen älteren Männern nach und nach in die Geheimnisse der Ahnengeister, des Landes, des Stammes, der Jagd, der Sexualität eingeführt werden".

Kurz gesagt, dient der Ritus dazu, den jungen Menschen beim Übergang zum Erwachsenenalter in das Ur-Gesetz, Tjukarpa, einzuführen: in bestimmte Riten, Regeln, Vorschriften, die aus der Urzeit stammen und die nun seine Rechte und Pflichten in der Erwachsenenwelt begründen. Küng ist wichtig zu betonen, dass die darin enthaltenen ethischen Maßstäbe, Werte und Normen nicht vom Himmel gefallen sind, sondern sich über einen komplizierten soziodynamischen Prozess irdischer Herkunft verdanken und insofern mit seinem ‚Weltethos-Projekt' verknüpft werden können. Eine ‚Urreligion' oder gar ‚Uroffenbarung' hat für Küng hier keinen Ort und muss daher aus seiner Perspektive nicht diskutiert werden, obwohl er ein ‚Urethos' für das ‚Weltethos-Projekt' sehr wohl in Anspruch nimmt, und zwar unter Berufung auf den Namen von Marcel Mauss und dessen Begriff der „ungeschriebenen ethischen Normen", die „den ‚**Felsen**' bilden, auf dem die menschliche Gesellschaft aufgebaut ist".[712] Denn nach Küng „bilden die ungeschriebenen Normen", die „man ein ‚Ur-Ethos' nennen kann, den Kern eines gemeinsamen Menschenethos, eines Weltethos". Es drängt sich die Frage auf, inwieweit die Frage nach der ‚Uroffenbarung' nicht gründlicher diskutiert werden müsste als dies bei unserem Autor nun einmal der Fall ist.[713]

---

rensuche 1, S. 41. Hervorhebungen von Hans Küng. Die folgenden Zitate ebd.
[712] Hans Küng, *Spurensuche 1*, S. 42-43. Leider fehlt bei Küng jeglicher Hinweis auf irgendeine eine Literaturangabe über den Namen M. Mauss hinaus. Vgl. dazu z.B. Marcel Mauss, *Die Gabe. Die Form des Austauschs in archaischen Gesellschaften*, Suhrkamp Verlag, Frankfurt/ Main, 1968. Wir können der Frage nach dem Begriff der „ungeschriebenen ethischen Normen" bei Marcel Mauss in der vorliegenden Arbeit leider nicht nachgehen, so wichtig das Thema natürlich ist.
[713] Vgl. dazu die beiden instruktiven, fast gleichlautenden Arbeiten: Josef Pie-

Der Hinduismus als synkretistische Religion

Wie wir schon gesehen haben, hat Hans Küng in Anknüpfung an Heinrich von Stietencron den „von Europäern geprägten Begriff"[714] des ‚Hinduismus' als „Sammelbegriff für eine Vielzahl sehr unterschiedlicher, aber doch nicht völlig verschiedener religiöser Traditionen und Strömungen Indiens – mit Ausschluss bestimmter Religionen"[715] – oder wie Stietencron selber sagt: zur Bezeichnung „eines Kollektives von Religionen"[716] verwendet.[717] Darüber hinaus ist auch die „Grenze zwischen Stammesreligion und ‚Hinduismus' unscharf".[718] Wie schon angedeutet, spricht Küng im übrigen von einem *„großen Stromsystem indischen Ursprungs und mystischen Charakters"*, das von den *„semitisch-prophetischen Religionen ... klar zu unterscheiden ist"*, ebenso wie auch ein *„drittes großes Stromsystem ..., das in China* seinen Ursprung hat und für das weder der Prophet noch der Mystiker, sondern der Weise die Leitfigur darstellt: eine Religion *weisheitlichen Charakters."*[719] Von daher müssen wir betonen, dass es hier nicht unsere Aufgabe ist, eine umfassende historisch-systematische Beschreibung[720] aller in diesen Zusammenhang

---

per, Über den Begriff der Tradition, Arbeitsgemeinschaft für Forschung des Landes Nordrhein-Westfalen, Heft 72, Westdeutscher Verlag, Kön/ Opladen, 1958, besonders S. 30ff.; Josef Piper, Überlieferung. Begriff und Anspruch, Kösel-Verlag, München, 1970, besonders auch S. 53ff.

[714] Heinrich von Stietencron, in: Hans Küng/ Josef van Ess/ Heinrich von Stietencron/ Heinz Bechert, *Hinführung zum Dialog*, S. 213ff.; ebenso auch Hans Küng, *Spurensuche 1*, S. 87; vgl. auch: Mahatma Gandhi, *Freiheit ohne Gewalt*. Eingeleitet, übersetzt und herausgegeben von Klaus Klostermeier, Verlag Jakob Hegner, Köln, 1968 (zukünftig: *Freiheit ohne Gewalt*), S. 114: „Der Hinduismus ist etwas, was in Jahrhunderten gewachsen ist. Schon der Name ‚Hinduismus' wurde der Religion der Leute von Hindusthan (sic! –WW) von Ausländern gegeben."

[715] Hans Küng, *Spurensuche 1*, S. 86.

[716] Heinrich von Stietencron, in: Hans Küng/ Josef van Ess/ Heinrich von Stietencron/ Heinz Bechert, *Hinführung zum Dialog*, S. 216ff.

[717] Hans Küng, a.a.O., S. 242.

[718] Heinrich von Stietencron, a.a.O., S. 218.

[719] Hans Küng/ Julia Ching, *Christentum und chinesische Religion*, S. 13. Hervorhebungen von Hans Küng.

[720] Nach der Zeittafel bei: Hans Küng/ Josef van Ess/ Heinrich von Stietencron/

gehörenden Religionen[721] zu liefern, sondern eher eine äußerst knappe Zusammenfassung dessen, was Hans Küng unter ‚Hinduismus' versteht. Fragen wir nach den Kriterien und Gründen für die skizzierte Einteilung der Religionen, so drängt sich allerdings – soweit nicht ein Pragmatismus leitend war, dass man es ja irgendwie machen muss – der Eindruck einer gewissen Willkürlichkeit bzw. Voreingenommenheit auf, wenn Küng etwa das Judentum und vor allem das Christentum von vornherein als prophetische Religion einstuft, ohne der eigenen Entwicklung dieser Religionen hinsichtlich der Themenbereiche ‚Weisheit' und ‚Mystik' mit der dazu nötigen Sorgfalt entsprechende Aufmerksamkeit zuzuwenden. Wir müssen allerdings auch noch einmal darauf hinweisen, dass Küng bei seinen Stellungnahmen zur Mystik in einer bestimmten Tradition steht und einfach immer wieder einen diesbezüglichen, bestimmten Text von Friedrich Heiler wiedergibt.[722] Auch das wird uns noch genauer beschäftigen. Hier bleibt allerdings noch einmal festzuhalten, dass Küng den ‚Hinduismus' dem „großen Stromsystem indischen Ursprungs und mystischen Charakters" zuordnet, davon jedoch andere Religionen unterscheidet, die z.T. auf die eine oder andere Weise auch mit Indien verbunden sind wie etwa Islam, Christentum, Judentum, Sikhismus, Jainismus und Buddhismus.[723] Das Gemeinsame jenes „Kollektivs von Religionen, die wir hier abgekürzt ‚Hinduismus' nennen", sieht Küng in „religiösen Urerfahrungen und Urhoffnungen des so unendlich armen und unendlich reichen Subkontinents", die sich eben auf diese Weise „bewahrt und ausgesprochen haben".[724] Hinter, unter oder über einer kaum überschaubaren, komple-

---

Heinz Bechert, *Hinführung zum Dialog*, S. 207-209, sind dabei von den „Vorläufern der Induskultur" im 7.-4. Jahrtausend bis zum heutigen Indien etwa 10.000 Jahre im Blick.

[721] Vgl. Emil Jurcan, „Religiile Indiei", in: Emil Jurcan, *Lumea religioasă contemporană*, S. 134ff.
[722] Friedrich Heiler, *Das Gebet*, S. 255-258.
[723] Hans Küng, *Spurensuche 1*, S. 86-87.
[724] Hans Küng, in: Hans Küng/ Josef van Ess/ Heinrich von Stietencron/ Heinz Bechert, *Hinführung zum Dialog*, S. 242. Dort auch das folgende Zitat. Hervorhebung im Kursivdruck von Hans Küng, Hervorhebung im Fettdruck – WW.

xen Vielfalt verbirgt sich dann doch eine tiefere Einheit, die den ‚Hinduismus' ausmacht. Küng formuliert:

> „Was ist nicht alles möglich an religiösen Ausdrucksformen in dieser gewachsenen, uralten religiösen Tradition Indiens, die man ‚ewig' nannte, weil sie keinen Stifter kennt? Was ist hier nicht alles möglich bei anscheinend grenzenloser Offenheit an Unendlichkeitsstreben und Entwicklungsfähigkeit: neben primitiver mythologischer Vielgötterei und orgiastischen Ritualen auch strengste Askese, Yoga, sublime Meditation, eine hochgeistige Philosophie! Jedenfalls: ein offenes, wachsendes religiöses System – eine *lebendige Einheit in erstaunlicher Vielfalt* von Anschauungen, Formen, Riten. Und dies alles … nicht nur ohne Kirche, sondern auch ohne allgemein verbindliche Lehre, und doch von ungebrochener Kontinuität und anscheinend unzerstörbarer Lebenskraft. Das durch vielfältigste Formen der Askese und Meditation **angestrebte Ziel ist die Erlösung aus der Unwissenheit des Scheins durch Wissen um die eine wahre Wirklichkeit: Befreiung aus dem Kreislauf der Geburten durch ein Zur-Ruhe-Kommen des Ichs oder seine Vereinigung mit dem Absoluten.**"

Küng verweist – ohne präzise Quellenangabe – auf das Selbstverständnis der Hindus bzw. der „Inder (*sic!* – WW) selber", „die ihre eigene Religion", den ‚Hinduismus', d.h. „eine ganze Fülle, einen Verbund von Religionen", „meist **‚ewige Ordnung'** nennen",[725] und führt an dieser Stelle den Begriff des ‚Dharma' ein:

> „Die Inder selber nennen ihre Religion meist ‚ewi-

---

[725] Hans Küng, *Spurensuche 1*, S. 87. Hervorhebung von Hans Küng. Vgl. dazu Mahatma Gandhi, *Freiheit ohne Gewalt*, S. 108f.: „Man braucht … nicht … zu verzweifeln, die Wahrheit seiner eigenen Religion kennenzulernen, da die Grundlagen des Hinduismus, wie jeder großen Religion, unveränderlich sind und leicht verstanden werden können." Gandhi äußert sich hier mit Blick auf den Mangel an Gurus, insofern „es äußerst selten ist, dass man eine Verbindung von vollkommener Reinheit und vollkommener Gelehrsamkeit findet." Mahatma Gandhi, ebd.

ge Ordnung'. In der alten, klassischen Sprache Indiens, dem Sanskrit: Sanatana dharma – ein Wort, sehr oft von Mahatma Gandhi gebraucht. Dieser zentrale Begriff des **Dharma** bestimmt alles: er meint die Ordnung, das Gesetz, die Pflicht. Damit ist aber nicht eine Rechtsordnung gemeint, sondern eine allumfassende kosmische Ordnung, die alles Leben bestimmt und an die sich alle halten sollen, unabhängig davon, in welcher Kaste oder Klasse sie sind: alle Menschen."[726]

Küng sieht sich

„hier an so etwas erinnert wie das **Grundethos**, das man schon bei den Aborigines in Australien finden kann: eine Grundordnung, die von vornherein, von Anfang an gegeben ist. Damit ist aber auch schon klar: Im Hinduismus geht es nicht in erster Linie um Glaubenssätze, um Dogmen, um Rechtgläubigkeit; der Hinduismus kennt kein Lehramt. Sondern es geht um das richtige Handeln, den richtigen Ritus, die Sitte – alles das, was gelebte Religiosität ausmacht. Und es sind auch nicht in erster Linie bestimmte **Rechte** gemeint, die man hat gegenüber anderen. Sondern die große Bestimmung eines Menschen, die Pflichten, die ein Mensch hat: die **Pflichten** gegenüber Familie, Gesellschaft, Gott und den Göttern."[727]

Abgesehen von einzelnen Aspekten, die Küng durchaus bringt,[728] und den später noch zu besprechenden Hinweisen auf die Struktur der indischen Gesellschaft, ist die Entfaltung dieses Themas durch Hans Küng mit den Stichworten „Volkshinduismus, Volkskatholizismus, Volksfrömmigkeit, etc." als „christliche Antwort"[729] auf die entsprechende

---

[726] Hans Küng, *Spurensuche 1*, S. 87. Hervorhebung von Hans Küng.
[727] Hans Küng, *Spurensuche 1*, S. 86f.
[728] Hans Küng über Reinigungsbäder und Leichenverbrennungen, in: Hans Küng, *Spurensuche 1*, S. 89ff. und S. 127ff.
[729] Hans Küng/ Heinrich von Stietencron, *Hinduismus*, bes. S. 185-192; derselbe Text in: Hans Küng/ Josef van Ess/ Heinrich von Stietencron/ Heinz Bechert, *Hinführung zum Dialog*, S. 373-381. Küng moniert in seinen dort

Exposition über „Religiöse Praxis, Mythos, Meditation"
von Heinrich von Stietencron unter der Überschrift:
„Hinduistische Perspektiven"[730] ein wenig zu oberflächlich

abgedruckten „Kritischen Rückfragen" das „theologische Selbstverständnis des (insbesondere europäischen) Protestantismus", indem er fragt: „Ist das Verschwinden des Volkstümlichen, ist das Absterben der Sakramente, die *Hypo*-Trophie des sakramentalen Elements, die Abneigung gegen alles Sinnliche, Bildliche, Symbolische, Emotionale im Protestantismus nicht mitverantwortlich für eine Verintellektualisierung der Kirche und für den *Schrumpfprozess der Gemeinden?*" Hans Küng/ Heinrich von Stietencron, *Hinduismus,* S. 291; dasselbe, in: Hans Küng/ Josef van Ess/ Heinrich von Stietencron/ Heinz Bechert, *Hinführung zum Dialog,* S. 379. Hervorhebung im Kursivdruck durch Hans Küng. Das Anliegen fällt auf, nachdem derselbe Autor in seinen „Kritischen Rückfragen zur Theologie der Ikonen" von der Orthodoxen Kirche gleichsam die Übernahme eines zwinglianischen Verständnisses der Eucharistie einfordert, wenn er sagt: „Und bleibt nach der Auffassung der Theologen auch ein heiliges Bild, das eine kirchliche, ja liturgische Funktion hat, nicht immer ein Abbild, wie ja auch das schönste Mosaik oder Glasfenster nur Widerschein und Widerspiegelung und gerade nicht ein durch Menschenhände zu erreichendes Erscheinen des Heiligen selbst kann? **Und ist nicht auch die Eucharistiefeier, wo in der orthodoxen Kirche besonders feierlich das Erscheinen Christi mit all seinen Engeln und Heiligen zelebriert wird, doch nur eine Repräsentation"** (vgl. „hoc est corpus meus" – „das ist mein Leib" (Luther) und „das bedeutet mein Leib" (Zwingli) – WW) **„und nicht eine Inkarnation**? Wäre also eine Veränderung des irdischen Ab-Bildes wirklich schon eine Abänderung des himmlischen Ur-Bildes selbst?" Vgl. Hans Küng, *Das Christentum. Wesen und Geschichte,* S. 279. Hervorhebung durch Fettdruck – WW. Es verwundert nicht, dass Hans Küng in seinen kritischen Anfragen an den Hinduismus hinsichtlich des „theologischen Selbstverständnisses des *Katholizismus* (und möglicherweise auch des Hinduismus)" dann weiter „die Übersteigerung des Volkstümlichen", die „*Hyper*-Trophie des sakramentalen Elements, das Überwuchern der Sakramente, die Abneigung gegen das prophetische Element, gegen rationale Kritik" moniert und schließlich drittens fordert, den ausstehenden Paradigmenwechsel zur Kenntnis zu nehmen und mit der Säkularisierung durch „Transformation der Religion" ernstzumachen. Vgl. Hans Küng/ Heinrich von Stietencron, *Hinduismus,* S. 192ff; derselbe Text in: Hans Küng/ Josef van Ess/ Heinrich von Stietencron/ Heinz Bechert, *Hinführung zum Dialog,* S. 379-384. Hervorhebungen im Kursivdruck von Hans Küng.

[730] Hans Küng/ Heinrich von Strietencron, *Hinduismus,* S. 162-184; derselbe Text in: Hans Küng/ Josef van Ess/ Heinrich von Stietencron/ Heinz Bechert, *Hinführung zum Dialog,* S. 350-372. Allerdings ist auch Herr von Stietencron der Meinung, dass „der Tempel der Hindus Symbolcharakter für das Wirken Gottes in der Welt und für den Weg der Menschen zu Gott" habe, „während... die Kirche vor allem Versammlungsraum zu gemeinsamem Gebet"

geraten,[731] insofern die im obigen Zitat genannten Referenzen der Religionsausübung (Familie, Gesellschaft, Gott und Götter) nicht wirklich ernst genommen werden.

Als heilige Schriften der Hindus erwähnt Hans Küng zunächst die „**Vier Veden**" als „Grundlage der vedischen Religion ... (vier Sammlungen, samhita):

- der **Rig-Veda** (‚Wissen der Verse'): Götterhymnen, zwischen 1700 und 1200 v.Chr. weitgehend im Industal entstanden;

- der **Sama-Veda** (‚Wissen der Gesänge'): ein Handbuch für die Ausbildung zum Vorsänger beim Opfer;

- der **Yajur-Veda** (‚Wissen der Opfersprüche'): eine Sammlung von Opfertexten;

- der **Atharva-Veda** (‚Wissen des Feuerpriesters'): eine späte Sammlung nicht-priesterlicher magischer und okkulter Texte und Rituale."[732]

Weiterhin nennt er „eine Reihe **interpretierender Schriften** ...

- die **Brahmanas** (‚Interpretationen des Brahman'): umfassende priesterliche Literatursammlungen zur

---

sei. A.a.O.,S. 174, S. 362. Das ist eine Meinung, die auf keinen Fall das ganze Spektrum der diesbezüglichen Anschauungen und Gegebenheiten in Christentum und Kirche umfasst und wohl eher neuprotestantisch-freikirchlichen Charakter trägt. Für das katholische Verständnis vgl. die Kritik an ‚innerkatholischen' Entwicklungen nicht aussparende Arbeit: Louis Bouyer, *Liturgie und Architektur*, Johannes Verlag, Freiburg im Breisgau, 1993; für das evangelische Verständnis dieser Zusammenhänge vgl. Michael Meyer-Blanck, *Inszenierung des Evangeliums*, Vandenhoeck & Ruprecht, Göttingen, 1997, sowie die umfängliche Arbeit: Paul Graff, *Geschichte der Auflösung der alten gottesdienstlichen Formen in der evangelischen Kirche Deutschlands bis zum Eintritt der Aufklärung und des Rationalismus*, Göttingen, Vandenhoeck & Ruprecht, 1921, die der genannten Auffassung v. Stietencrons vielleicht eher Recht gibt; vgl. sodann für die orthodoxe Kirche: Preotul Profesor Dumitru Stăniloae, *Spiritualitatea Și Comuniune în Liturghia Ortodoxă*. Carte Tipărită Cu Binecuvântarea Prea Fericitului Părinte Teoctist. Patriarhul Bisericii Ortodoxe Române, 2. Auflage, Editura Institutului Biblic și de Misiune Bisericii Ortodoxe Române, Bukarest (București), 2004, S. 7-175.

[731] Eine knapper gehaltene Variante des Textes findet sich auch in: Hans Küng, *Spurensuche 1*, S. 123f.

[732] Hans Küng, *Spurensuche 1*, S. 101. Hervorhebung von Hans Küng.

Erklärung und Anleitung der Opferrituale, den einzelnen Veden zugeordnet;

- die **Aranyakas** (Texte des ‚Waldes'): Nachträge zu den Brahmanas, mystisch-spekulative Beschreibungen und allegorische Deutungen der großen Rituale, wegen ihrer angeblichen Gefährlichkeit für Uneingeweihte fernab der Dörfer in den Wäldern gelehrt;

- die **Upanishaden**: bedeutende spekulativ-philosophische Texte, zunächst Bestandteile der Brahmanas und Arankyas, dann aber herausgelöst, zu selbständigen Texten kompiliert und im Laufe der Zeit (bis ins Mittelalter) durch weitere Texte ergänzt."[733]

Es handelt sich um „umfangreiche Texte, insgesamt ungefähr sechsmal so lang wie die Bibel! Für den gläubigen Hindu haben sie göttliche Autorität" und „gelten als shruti, als ‚gehört', als ‚geoffenbarter' Teil der indischen religiösen Tradition". Demgegenüber stehen „nicht-geoffenbarte Texte, *smrti*, ‚Erinnerung', die als menschliche Versuche gelten, die Wahrheiten der Offenbarung zu verstehen." Küng präzisiert jedoch sofort, dass diese nicht-geoffenbarten Texte „als Teil" der „authentischen und traditionsgetreuen Weiterführung" der Offenbarung „ähnlich großes Ansehen genießen". Küng nennt hier das „Gesetzbuch des Manu", „die Vedangas und Shastras, die Epen und die Puranas".[734]

Die Sprache, in welcher „alle diese Schriften verfasst sind, ist Sanskrit, was ‚geregelt, vollkommen, vollendet' meint, …. die heilige Sprache der Hindus", nicht „die ‚Sprache der Götter'", sondern „die Sprache jener von Nordwesten nach Indien eingewanderten arischen Stämme". „Sie wurde im Laufe der Jahrhunderte … aufs höchste vervollkommnet, verfeinert und in der Terminologie äußerst differenziert" und hat als „die klassische Schrift- und Literatursprache Indiens" Bedeutung nicht nur

---
[733] Hans Küng, *Spurensuche 1*, S. 101f. Hervorhebung von Hans Küng.
[734] Hans Küng, *Spurensuche 1*, S. 102.

für die Gebildeten und Brahmanen, sondern auch für „das nordindische Hindi, seit 1965 offizielle Landessprache Indiens".[735]

Die klassischen Epen[736] sind nach Küng „die wichtigsten Stoffsammlungen für alle Gattungen der indischen Literatur", in ihnen werden „die großen Götter Vishnu und Shiva" erwähnt, worauf wir im Zusammenhang der Gotteslehre noch kurz zurückkommen müssen.

Küng skizziert zunächst „das **Ramayana** (das älteste Epos der Sanskrit-Literatur, vielleicht schon aus dem 4. Jahrhundert v. Chr.)", das „den ‚Lebenslauf des Rama', des Prinzen Ramacandra und seiner Frau Sita mit zahlreichen Abenteuern beschreibt: Verbannung vom Königshof Ayodhya, Entführung Sitas durch den Dämonenkönig, erfolgreicher Kampf gegen das Dämonenheer, dann Rückkehr nach Ayodhya und schließlich Besteigung des Throns und ruhmreiche Regentschaft als gerechter König." Die Beschreibung des Epos abschließend erwähnt Küng die Verehrung „**Ramas** als **siebte Inkarnation Vishnus**".[737] Sodann findet auch „das Mahabharata" Erwähnung,

> „in seinem Kern entstanden etwa zwischen 400 v. und 400 n. Chr., das ‚große' (maha) Epos der legendären ‚Bharata'-Dynastie, auf die das moderne Indien seinen amtlichen Namen (‚Bharat') zurückführt. Es kreist um den Streit der Familien der beiden letzten Nachkommen des Königs Bharata (der Pandavas mit den Kauravas), um die Vorherrschaft über das westliche Yamuna-Ganga-Tal. Am Vorabend der entscheidenden Schlacht ist es **Krishna**, die **achte Inkarnation Vishnus**, der den zweifelnden Helden Arjuna (als dessen Wagenlenker) in 18 ‚Gesängen', der ‚**Bhagavadgita**', dem ‚Gesang des Erhabenen' belehrt, über seine Pflichten als König und seine eigentliche Bestimmung als Mensch."[738]

---

[735] Hans Küng, *Spurensuche 1*, S. 103.
[736] Vgl. dazu Hans Küng, *Spurensuche 1*, S. 119f. dort auch die folgenden Zitate.
[737] Hans Küng, *Spurensuche 1*, S. 119f. Hervorhebung von Hans Küng.
[738] Hans Küng, *Spurensuche 1*, S. 120.

Küng sucht Verständnis zu wecken für die durch die Kastenordnung geprägte Struktur der indischen Gesellschaft,[739] die der in Europa bis weit ins 20. Jahrhundert reichenden Ständeordnung (Klerus, Adel, Bürgertum bzw. das Volk) „nicht unähnlich" sei. Immerhin konnte das Bürgertum, „der ‚dritte Stand', das Volk' der ‚Bürger' seine Grundrechte erst mit der Französischen Revolution durchsetzen" und „der ‚vierte Stand' der Arbeiterschaft die volle Gleichberechtigung erst im 20. Jahrhundert" erreichen. Wir finden „in **Indien**:

- zuoberst die ‚klerikale' Elite der **Brahmanen**: die Priester, Dichter, Denker, Gelehrten;
- dann die Aristokratie der **Kshatriyas**: die Krieger, die Herrschenden;
- weiter die oft reichen **Vaishyas**: die Kaufleute, Bauern und Handwerker;
- zuunterst die Massen der **Shudras**: die Knechte, Arbeiter, Proletarier (rund 500 Millionen);
- dazu noch die rund 150 Millionen, die keiner Kaste angehören: ‚**die Kastenlosen**', ‚Outcasts', ‚Unberührbaren', von Gandhi euphemistisch ‚Kinder Gottes' (harijan) genannt."[740]

Als in der historischen Forschung diskutierten Ursprung der Kastenordnung benennt Küng die „berufliche Spezialisierung" (Prägung der Berufswahl durch Zugehörigkeit zu einer bestimmten Kaste) oder aber, es handele sich um „eine von den Priestern erfundene Standesordnung".[741] Beide Erklärungen sind aber nach Küng nicht frei von einer gewissen Einseitigkeit

---

[739] Hans Küng, *Spurensuche 1*, S. 94-96. Die Zitate inklusive die Aufzählung: Hans Küng, *Spurensuche 1*, S. 95. Hervorhebungen im Fett- und Kursivdruck von Hans Küng.

[740] Hans Küng, *Spurensuche 1*, S. 96: Der von den portugiesischen Kolonisatoren gebrauchte Begriff ‚castas' geht demnach auf lateinisch ‚castus' (rein , keusch) und „weist auf etwas Entscheidendes hin: ...man heiratet in derselben Kaste (Endogamie), und speist möglichst mit seinesgleichen (Kommensalität)." Ähnlich der Aufgliederung der ‚Stände' in Zünfte gliedern sich die Kasten in Indien in Unterkasten, sog. ‚jati' (Geburt), von denen es sehr viele gibt (freilich ohne eindeutige Klassifikation).

[741] Hans Küng, *Spurensuche 1*, S. 96. Dort auch die folgenden Zitate.

und müssen vor dem Hintergrund der gesamthistorischen Entwicklung gesehen werden, die Folgendes mit sich brachte: „Die nach Indien einwandernden **Arier** wollten sich von der unterworfenen dunkelfarbigen Urbevölkerung absetzen und **ihre ‚Reinheit' bewahren**. Damals formierten sich ... jene sozialen ‚**Farben**', ‚**Varnas**', Gruppierungen. Sie verstanden sich schon früh auch als religiöse Institutionen, waren hierarchisch geordnet und trugen einen gemeinschaftlichen Namen." Eine religiöse Begründung der Kastenordnung gibt es bereits in der ältesten indischen Literatur (Rig-Veda 10, 90),[742] jedoch betont Küng, dass sich hier „noch nicht die scharfe Abgrenzung zwischen den Kasten findet, welche die Heirat verschiedener Kastenangehöriger und einen Kastenwechsel ausschließt."[743] Das sei erst der Fall im „einflussreichen ‚**Gesetzbuch des Manu**' (*manusmrti*, vermutlich 3. Jahrhundert v. Chr.), das auf Manu (Mensch), den Stammvater der Menschheit zurückgeführt wird" und als solches „**zum Fundament der Hindugesellschaft** wird, ihrer Religion: das erste und wichtigste Werk der nachvedischen Überlieferung (*smrti*)". Ohne näher zu bestimmen, was das (das Mittelalter – WW) ist, führt Küng sodann aus, dass sich „jener **Kastenrigorismus** erst zur Zeit des Mittelalters durchsetzt, der die Heirat ebenso vorherbestimmt wie Berufswahl und Sozialprestige des Individuums", wobei es wesentlich um die Bewahrung oder Wiederherstellung ritueller Reinheit durch „ungezählte Vorschriften …, Gebote, Reinigungsriten, aber auch die Exkommunikation" geht, „welche die Brahmanen entwickelt haben". Vermieden werden sollen „die körperliche Berührung mit niederen Kasten, noch mehr gemeinsames Essen und erst recht Sexualverkehr". Auswirkungen hat die Kastenordnung auch dahingehend, dass „die niederen Kasten ausgeschlossen sind auch vom Studium der heiligen Schriften, des ‚Veda'".[744]

---

[742] Hans Küng, *Spurensuche 1*, S. 96f.
[743] Hans Küng, *Spurensuche 1*, S. 98, ebenso die folgenden Zitate. Hervorhebungen im Fett- und Kursivdruck von Hans Küng.
[744] Hans Küng, *Spurensuche 1*, S. 98.

Heinrich von Stietencron merkt an, dass „die Kastenordnung zwar heute offiziell vor dem Gesetz abgeschafft ist, aber mangels funktionierender staatlicher Äquivalente noch immer weitgehend das soziale Leben trägt und bestimmt".[745] Hans Küng fordert auch in diesem Zusammenhang eine Erneuerung des Hinduismus, wie sie im Neohinduismus bereits begonnen habe. Er verweist auf das „große spirituelle Zentrum **Shantikunj**, welches mit einer Akademie für 2000 Studenten zur Lehrerausbildung verbunden ist" und „eine moralisch-geistige Erweckungsbewegung inspiriert", die „sich auf der Linie des von Dayanand Sarasvati (1824-1883) gegründeten sozialreformerischen und nationalistischen Arya Samaj (‚Gemeinschaft der Arier') auf den Hinduismus in seiner ursprünglichen Gestalt, auf die Autorität des **Veda**, jenes heiligen ‚Wissens' bezieht, das von den meisten gläubigen Hindus auch heute noch als Quelle aller indischen Kultur angesehen wird."[746]

Wichtig für die Studenten sind Riten, wie z.B. das

„vedische Morgenritual, das sich an die aufgehende Sonne wendet: an den ‚Erzeuger' (Savitri, auch Gemahlin Brahmas und Mutter der vier Veden), an den Sonnengott, der Licht und Leben bringt und die Finsternis und ihre Gefahren vertreibt", wobei „die einzelnen Verse durch die **Ursilbe ‚Om'** eingeleitet werden, das Symbol hinduistischer spiritueller Erkenntnis und Kraft",[747]

verbunden schließlich

mit dem „**Gayatri-** (oder Savitri-) **Mantra**, der berühmtesten aller Anrufungen oder Mantras, welche die Angehörigen der höheren Kasten schon bei ihrer Initiation ins Ohr geflüstert bekommen und täglich be-

---

[745] Hans Küng/ Heinrich von Stietencron, *Hinduismus*, S. 171; Hans Küng/ Josef van Ess/ Heinrich von Stietencron/ Heinz Bechert, *Hinführung zum Dialog*, S. 359.
[746] Hans Küng, *Spurensuche 1*, S. 98-100, das Zitat S. 99.
[747] Hans Küng, *Spurensuche 1*, S. 100. Ebenso die nächsten beiden Zitate. Hervorhebungen von Hans Küng.

ten sollten, ... einer der heiligsten Verse des Rig-Veda (Buch III, Vers 62, 10)".

Küng bezeichnet es als „Quintessenz vedischer Offenbarung, von dem es indes mehrere Dutzend Übersetzungen gibt":

„**Om**, diese Glorie des Gottes Savitiri, allesüberragend!
Der Glanz des Göttlichen, lasst uns darüber meditieren.
Möge er uns mit Erkenntnis inspirieren!"

Diese Riten dienen nach Küng der Bewahrung oder Wiederherstellung der Reinheit, aber dann auch dem Ziel, „bessere Menschen zu werden und auch anderen Menschen Wohltaten erweisen zu können". Küng resümiert schließlich, dass „man sich im Hinduismus auch um das Studium der klassischen heiligen Schriften bemüht",[748] was im Widerspruch zu der kurz danach folgenden Aussage steht, wonach „das einfache Volk sich wenig um die heiligen Schriften kümmert", nicht zuletzt aufgrund des großen Anteils von Analphabeten (mehr als 50%) in Indien. Küng weist dann jedoch daraufhin, wie wichtig eben auch für das ‚einfache Volk' die „zahllosen religiösen Riten ... sind, die den Hindu das ganze Leben lang begleiten und in der Natur, zu Hause oder im Tempel vollzogen werden können."[749] Er erwähnt u.a. – interessanterweise auch hier unter Bezugnahme auf den Prometheus-Mythos – das Feuerritual, die Personifizierung des Feuers durch den Gott Agni, das „für jeden Arier vorgeschriebene Morgen- und Abendgebet (der *samdhya*)", wobei aus der Beobachtung des nach oben steigenden Feuers die Vorstellung vom **„ewigen Kreislauf der Natur"** abgeleitet wird,[750] die bereits in den Brahmana-Texten zur Grundlegung einer Lehre beiträgt, welche „in den Upanishaden als ‚Fünf-Feuer-Lehre' eine erste kohärente Antwort auf die Frage nach dem Woher und Wohin des Menschen versucht". Schon hier sei sie „zu jener zyklischen

---

[748] Hans Küng, *Spurensuche 1*, S. 100. Es stellt sich allerdings die Frage: Wer ist ‚man'? Die Studenten (siehe oben)?
[749] Hans Küng, *Spurensuche 1*, S. 103-105.
[750] Hans Küng, *Spurensuche 1*, S. 104.

Jenseitsvorstellung weiterentwickelt, die später in ethisierter Form als ‚Karma-Lehre' Anhänger weit über den Hinduismus gefunden hat".[751] Küng geht auf die Entwicklung der Lehre von einer zyklischen Wiederverkörperung der Verstorbenen bzw. einer ‚Seelenwanderung' in kurzen Strichen ein, für uns ist hier jedoch nur wichtig, dass es dabei letztendlich aufs Handeln („Sanskrit: *kr* – ‚handeln', ‚tun'" – daher ‚Karma'-Theorie) ankommt, wobei nach Küng „ausschlaggebend war, dass man sich von mythischen und rituellen Vorstellungen weitgehend zu lösen begann" und schließlich zum „moralisch richtigen Handeln der Verstorbenen zu Lebzeiten" als „zum entscheidenden Kriterium für die Art ihrer Wiederverkörperung" gelangte.[752] Es schließen sich Erörterungen über die Vorstellung vom **„zyklischen Zeit- und Geschehensablauf"** im indischen Denken an, denen Küng freilich „heutige physikalische Erkenntnisse" gegenüberstellt, wonach „die Natur nicht nur Kreisbewegungen durchmacht, sondern – von den Atomkernen bis zu den Sternen – eine nicht rückgängig zu machende **Geschichte** in eine bestimmte Richtung: seit dem Urknall eine Milliardenjahresgeschichte, die auf ein Ende zuläuft",[753] ein Argument, das uns bei einem Vergleich wiederbegegnen wird, den Küng zwischen „Christus und Krishna" anstellt,[754] der uns noch beschäftigen muss. Dass nach Küng auch „die indische Mythologie auch von einem ‚Ende' dieser Welt ausgeht" (dem sogleich ein neuer Anfang folgt), reicht in so abstrakte Größenordnungen, dass wir das Thema getrost beiseite lassen können. Wichtiger sind zwei bestimmte philosophische Fragen, nämlich erstens die **„Suche nach einer ursprünglichen Einheit** hinter und in allen Dingen" und zweitens die Frage nach dem Verhältnis Gottes zur Welt (‚monis-

---

[751] Hans Küng, *Spurensuche 1*, S. 105. Küng erörtert die Thematik bes. in: Hans Küng, *Ewiges Leben?*, S. 83-96.
[752] Hans Küng, *Spurensuche 1*, S. 105f.
[753] Hans Küng, *Spurensuche 1*, S. 106. Hervorhebungen von Hans Küng.
[754] Hans Küng/ Heinrich von Stietencron, *Hinduismus*, S. 171; Hans Küng/ Josef van Ess/ Heinrich von Stietencron/ Heinz Bechert, *Hinführung zum Dialog*, S. 399-403.

tisch'[755], ‚dualistisch'[756] oder ‚qualifizierte Zweitlosigkeit' – Gott und Welt seien „so wie Seele und Leib zu unterscheiden, sind aber doch eins" –)[757], welche freilich schon die Frage nach der göttlichen Wirklichkeit und deren Charakter mitenthält, also inwieweit die göttliche Wirklichkeit personal, apersonal oder noch einmal anders (ggf. ‚transpersonal') zu verstehen ist.[758]

Küng kennzeichnet diese Fragen als hochspekulativ bzw. abstrakt und insofern dem einfachen Volk nicht zugänglich, um so das Bedürfnis der Volksfrömmigkeit nach einem wie auch immer strukturierten Theismus (z.B. Shivaismus, Vishnuismus, aber auch Tantrismus, etc.) zu begründen. Er

---

[755] Interpretation der hinduistischen Grundtexte (Upanishaden, der Bhagavadgita und der Brahmasutras) durch Shankara (?788 – 820) „im Sinne einer ‚reinen', konsequenten, absoluten ‚Einheitslehre' (a-dvaitam = die Nichtzweiheit, das Zweitlose)." Hans Küng/ Heinrich von Stietencron, *Hinduismus*, S. 108-110, das Zitat S. 109; dasselbe, in: Hans Küng/ Josef van Ess/ Heinrich von Stietencron/ Heinz Bechert, *Hinführung zum Dialog*, S. 296-298, das Zitat S. 297.

[756] Madhva (1179-1278), „Shankaras fanatischer Gegner" vertritt bei seiner Interpretation derselben hinduistischen Grundtexte „gegen Shankaras Monismus (a-dvaita) einen radikalen Dualismus (d-vaita = Zweiheit). Hans Küng/ Heinrich von Stietencron, *Hinduismus*, S.110; dasselbe, in: Hans Küng/ Josef van Ess/ Heinrich von Stietencron/ Heinz Bechert, *Hinführung zum Dialog*, S. 296-298, das Zitat S. 298.

[757] „Gegenüber Shankaras Pantheismus, seiner absoluten, ‚reinen Zweitlosigkeit' vertritt Ramanuja deshalb eine ebenfalls allumfassende, aber zugleich differenzierte, theistisch ‚qualifizierte Einheitslehre', so dass seine Schule auch ‚vishishtadvaita' = ‚charakterisierte' oder ‚qualifizierte Zweitlosigkeit' genannt wird." Hans Küng/ Heinrich von Stietencron, *Hinduismus*, S. 112; Hans Küng/ Josef van Ess/ Heinrich von Stietencron/ Heinz Bechert, *Hinführung zum Dialog*, S. 299-300.

[758] Darüber hinaus ist für uns freilich auch der Hinweis auf Rigveda X, 129, 2 bei Heinrich von Stietencron im Zusammenhang von dessen Ausführungen zu den sehr verschiedenen hinduistischen Konzeptionen bezüglich die „Entstehung der Welt" wichtig, was Küng dann indirekt bei seiner Diskussion der schöpfungstheologischen Ansätze mit einer Zuspitzung auf die Erörterung der Themen „Schöpfung aus dem Nichts" und „Schöpfung in Entfaltung" aufgreift. Vgl. Heinrich von Stietencron, in: Hans Küng/ Heinrich von Stietencron, *Hinduismus*, S. 90-92, bes. S. 91; Hans Küng, in: Hans Küng/ Heinrich von Stietencron, *Hinduismus*, S. 112-115, S. 115-119; dasselbe, in: Hans Küng/ Josef van Ess/ Heinrich von Stietencron/ Heinz Bechert, *Hinführung zum Dialog*, S. 278-280, bes. S. 279; S. 300-303, S. 303-305.

meint, dass die Identifizierung des Brahman als „Ursprung, Urgrund des Seins oder uranfänglich Eines" mit dem Atman, d.h. mit Seele und Geist, „nicht so ganz fern von dem ist, was die christliche Mystik gefunden hat:[759] dass es eine letzte Einheit irgendwo in der Tiefe des menschlichen Wesens gibt", und dass von daher „das große Geheimnis der Wirklichkeit, undefinierbar und doch allgegenwärtig, unsichtbar und ebenso wirksam wie der anscheinend leere Feigenkern" in der Feige gerade in der Einheit von Brahman und Atman zu suchen sei, ganz egal, ob und inwieweit ‚Brahman' nun personal oder apersonal verstanden wird. Insofern Küng darauf beharrt, dass Mystik nichts spezifisch christliches ist und zugleich die Möglichkeit personaler und apersonaler Mystik im Christentum in Erwägung zieht, wird hier gleichsam in dialektischem Spiel der Unterschied zwischen personalem und apersonalem Gottesverständnis verwischt,[760] allerdings werden „anthropomorphistische Missverständnisse vom personalen Gottesverständnis" immerhin ausgeschlossen.[761] Der Hinweis auf „eine Hindu-Dreifaltigkeit",[762] den Küng unter Hinweis auf entsprechende Vergleiche mit der christlichen Trinitätslehre bringt, zeigt einmal mehr, wie wenig der Tübinger Professor dieses Geheimnis in sein Denken aufgenommen hat. Deshalb sind für ihn auch die von Heinrich Stietencron aufgezeigten Heilswege im Hinduismus: der Weg des Wissens (jnana-mar-

---

[759] Es dürfte durchaus kein Zufall sein, dass Küng hier eine Formulierung verwendet, die exakt der Umkehrung des bekannten paulinischen Diktums aus Acta 17, 27 entspricht.

[760] Hans Küng, Hinduismus, S. 117-119; dasselbe, in: Hans Küng/ / Josef van Ess/ Heinrich von Stietencron/ Heinz Bechert, Hinführung zum Dialog, S. 305-307.

[761] Hans Küng/ Heinrich von Stietencron, *Hinduismus*, S. 118; dasselbe, in: Hans Küng/ Josef van Ess/ Heinrich von Stietencron/ Heinz Bechert, *Hinführung zum Dialog*, S. 306.

[762] „Weltschöpfer (Brahma), Welterhalter (Vishnu) und Weltzerstörer (Shiva)". Hans Küng, *Spurensuche 1*, S. 121. Das Leitmotiv dieses Abschnitts (S. 120-122) lautet: „Trinitätsspekulation". Dieser Begriff verdeutlicht m.E. auch schon ein tiefsitzendes Problem, nämlich, dass die ‚Trinitätslehre' für Küng ‚Spekulation' ist, eine Art gedanklicher Sport, um spekulativ irgendwelche intellektuellen Probleme zu lösen.

ga), der Weg des Handelns (karma-marga) und der Weg der Gottesliebe (bhakti-marga) parallele Heilswege, die irgendwie, aber auch wieder nicht ganz mit dem katholischen Weg und seiner Tendenz zur Werkgerechtigkeit, dem protestantischen Weg mit seiner Tendenz zur vertrauenden Hingabe und schließlich dem griechisch-orthodoxen Weg mit seiner Tendenz zum bloßen Erkenntnisstreben (sic!)[763] übereinstimmen, wobei natürlich – wie Küng betont – keiner der eben genannten Wege auf die eben festgehaltene Charakteristik festgelegt werden soll. Im Ergebnis zeigt sich hier die Notwendigkeit einer sorgfältigen Reflexion und Beachtung des christlichen Personalismus,[764] die auch die Unterschiede zu den für die indische Religiosität charakteristischen Priestern, Asketen, Yogis und Gurus nicht außer Betracht lässt.

In dieselbe Richtung weist abschließend auch der Vergleich zwischen „Christus und Krishna", wo Küng zwar mit Recht und allem Nachdruck unter Verweis auf ein längeres Zitat von Stanley J. Samartha[765] das Verständnis Jesu als ‚Avatara' zurückweist, aber letztlich doch wieder in die Unverbindlichkeit oder Willkür des durch historische Forschung zu eruierenden Jesus entlässt. Nach allem, was wir gesehen haben, liegt der Grund dafür in seinem aufgeweichten Verständnis der Inkarnation Gottes in Christus, das – trotz aller gegenteiligen Beteuerungen – faktisch in Jesus nicht mehr erblicken kann als einen Menschen, „durch den andere Menschen Gott in besonderem Maße begegnen konnten, an dem sie in besonderer Weise etwas vom Wesen Gottes, von seiner Güte und Liebe erfahren und ablesen konnten".[766] Das Verständnis Jesu Christi als des Gottmenschen, wie es das Bekenntnis von Chalkedon ausspricht, ist hier nicht

---

[763] Woher Küng diese - wenn auch sofort wieder relativierte - Charakteristik des orthodoxen Christentums haben will, ist mir völlig unbegreiflich.
[764] Vgl. dazu zunächst die grundlegenden Ausführungen bei Joseph Ratzinger, *Glaube. Wahrheit. Toleranz*, S. 84-86.
[765] Stanley J. Samartha, *Hindus vor dem universalen Christus. Beiträge zu einer Christologie in Indien*. Mit einem Vorwort von Professor Dr. Horst Bürkle, Evangelisches Verlagswerk, Stuttgart, S. 175.
[766] Johannes Herzgesell SJ, *Das Christentum im Konzert der Weltreligionen*, S. 569.

mehr gegeben. Der angestrebte Dialog, für den Hans Küng den Christen unter der Überschrift „Inkulturation und kritisch-kontextuelle Theologie" die Übernahme vieler Elemente hinduistischer Religiosität empfiehlt,[767] geht faktisch nicht, wie Küng durch seine Unterscheidung von Substanz und sich wandelnden Gestalten (Paradigmen) des Christentums suggerieren möchte, von den inneren Voraussetzungen des Glaubens der christlichen Kirche aus.

Der Buddhismus als Herausforderung für das Christentum

Die von Hans Küng im Jahre 1999 vorgelegte populärwissenschaftliche Darstellung des Buddhismus ist konzeptionell besonders stark durch seine Auffassung von Christentum und Kirche geprägt, was in den Grundlinien auch in seinen zusammen mit Heinz Bechert 1984 vorgelegten Dialogvorlesungen zum Buddhismus schon deutlich ist. Da die populärwissenschaftliche Darstellung späteren Datums ist, kann die dort dargelegte Konzeption als pointiertes Substrat der diesbezüglichen Gedanken Küngs aufgefasst werden. Insofern die Gedankenwelt Küngs zu Kirche und Christentum natürlich auch in den in unserer Arbeit bisher dargestellten Konzeptionen über ‚Stammesreligionen' und ‚Hinduismus' zum Tragen kommt, werden wir auch bei seiner Darstellung des Buddhismus nun schon intensiver bekannte Hauptideen

---

[767] Hans Küng / Heinrich von Stietencron, *Hinduismus*, S. 219. Konkret empfiehlt der Autor hier: „1. Die Einführung indischer Meditationsformen, hinduistischer Formen des Gesanges, der Körperhaltung, der Gesten und Tänze, des Schmuckes und anderer äußerlicher liturgischer Elemente; 2. die traditionell indische Einbeziehung der Natur (Blumen, Licht, Sonnenaufgang und –untergang) in den christlichen Gottesdienst; 3. die liturgische Lesung und persönliche Meditation heiliger indischer Schriften: geeigneter Texte aus den Veden, die vom Übergang der Menschheit zur transzendenten Dimension, zum Absoluten, zeugend, auch christlichen Gemeinden Inspiration vermitteln können", wobei Küng immerhin auch „*eine kritisch verantwortete Theologie und Exegese*" fordert und freilich offenlässt, was denn darunter zu verstehen sei. Küng, a.a.O., S. 219f.

Küngs wiedertreffen, was besonders dort ins Auge fallen muss, wo Hans Küng sich mit seinem Dialogpartner für die Redaktion der Texte „nicht mehr hat abstimmen können".[768] Das betrifft nicht zuletzt Küngs Forderung, auf den „Buddha der Geschichte zurückzufragen",[769] die offensichtlich von seiner Idee der fort-

---

[768] Hans Küng/ Heinz Bechert, *Buddhismus*, S. 12 und S. 22 mit Anm. 1).

[769] Hans Küng/ Heinz Bechert, **Buddhismus**, S. 42f., 57-61; Hans Küng/ Josef van Ess/ Heinrich von Stietencron/ Heinz Bechert, *Hinführung zum Dialog*, S. 435f, 450-454. In diesem Zusammenhang ist sicher auch der Hinweis auf „die verschiedenen Arten von Heiligen... im Buddhismus" relevant, den Heinz Bechert in seiner Exposition über „die buddhistische Gemeinde und ihre ältere Gemeinde" gibt: „Die frühe Lehre besagt dazu folgendes: Es gibt drei Arten von buddhistischen Heiligen, die das Endziel der Erlösung erreicht haben, nämlich **Arhat, Pratyekabuddha und Samayaksambuddha**. Ein Arhat erreicht aufgrund der Befolgung der Lehre eines Buddha, also als Jünger eines Buddha, die Erlösung. Ein Pratyekabuddha (‚Für-sich-Erwachter') hat die Erlösung aus eigener Kraft erreicht, ohne die Lehre von einem Buddha gehört zuhaben. Er ist aber nicht in der Lage, den Erlösungsweg auch für andere zu formulieren und anderen zu verkünden. Ein Samyaksambuddha (‚vollkommen Erleuchteter') schließlich ist nicht nur aus eigener Kraft zur erlösenden Erkenntnis gelangt, sondern auch in der Lage, dieses Wissen anderen darzulegen. Wenn man von einem Buddha spricht, ist im allgemeinen ein Samyaksambuddha gemeint. Nur ein solcher Buddha vermag einen Orden oder Sangha zu gründen. Vor seiner Erleuchtung wird ein zukünftiger Buddha als Bodhisattva oder ‚Erleuchtungswesen' bezeichnet: die buddhistische Literatur überliefert zahlreiche Erzählungen über die guten Taten des Bodhisattva im Laufe vieler Existenzen: die sogenannten Vorgeburtsgeschichten oder Jatakas. In diese Literatur wurden viele Märchen- und Erzählungstexte lehrhaften Charakters aufgenommen." Heinz Bechert, in: Hans Küng/ Heinz Bechert, *Buddhismus*, S. 83-85, das Zitat, S. 84f.; dasselbe, in: Hans Küng/ Josef van Ess/ Heinrich von Stietencron/ Heinz Bechert, *Hinführung zum Dialog*, S. 476-478, das Zitat S. 477f. (Hervorhebung im Fettdruck – WW). Hans Küng scheint demgegenüber im Älteren Buddhismus des ‚Fahrzeugs der Hörenden' (‚Shravakayana', früher: im ‚kleinen Fahrzeug') „das Ideal des mönchischen **Arhat** (Paradigma II)" anzunehmen, „der das Heil nur für sich erlangt", während im Zuge des Paradigmenwechsels zum ‚Großen Fahrzeug' (‚Mahayana-Buddhimsus') „sich... das Ideal des menschenfreundlichen Heiligen durchsetzt, des Erleuchtungswesens, des **Bodhisattva** (Paradigma III), der von dem mit mirakulösen Kräften ausgestatteten heiligen Magier oder **Siddha** des Tantrismus (Paradigma IV) ebenfalls grundverschieden ist. Der Boddhisattva sucht nicht den kürzesten Weg ins Nirvana. Er bemüht sich auch um die Erlösung anderer. In jeder Notlage kann man ihn um Beistand anrufen, da er in grenzenlosem Mitleid allen Menschen helfen will, das Heil zu erlangen. Wer aber selber das Bodhisattva-Ideal erfüllen will, muss im

währenden Eruierung des historischen Jesus inspiriert ist, während Heinz Bechert eindeutig darauf hinweist, dass „es für die Frage nach der Wahrheit der buddhistischen Lehre nicht entscheidend ist, ob der Buddha als historische Persönlichkeit je existiert hat, während zum Beispiel das Christentum ohne die historische Person Jesu seinen Sinn verlöre."⁷⁷⁰ Dass sich gleichwohl auch für den Religionswissenschaftler die Aufgabe stellt, spätere Legendenbildungen zu durchschauen („beiseitezulassen"), bzw. – neutraler ausgedrückt – nach der geschichtlichen Entwicklung der Religion (hier eben des Buddhismus) zu fragen, ist eine andere Sache. Für Hans Küng jedoch ist der ‚historische Buddha' ein entscheidendes Kriterium für die Frage nach der Wahrheit des Buddhismus in einer jeden bestimmten geschichtlichen Gestalt.

Das „Glaubensbekenntnis des Buddhismus",⁷⁷¹ „die Bekenntnisformel der Buddhisten" lautet nach Küng: „Ich nehme meine Zuflucht zum Buddha, zur Lehre (zum Dharma), zur Mönchsgemeinschaft (zum Sangha)",⁷⁷² wobei die Darstellung ihr besonderes Kolorit dadurch erfährt, dass Küng sofort *ein* – nach seiner Sicht – mögliches christliches Glaubensbekenntnis hinzufügt:

„Man könnte auch im **Christentum ganz ähnlich** formulieren: ‚Ich nehme meine Zuflucht zu oder, bes-

---

Lauf seiner Existenzen die sechs ‚Vollkommenheiten' (paramita) erreichen: Freigebigkeit, ethos (sila), Geduld, Energie und schließlich mit der Vertiefung (*dhyana*) die höheren Stufen der Meditation, um so zur Weisheit (*prajina*), dem Ziel der Bodhisattva-Laufbahn, zu gelangen." Hans Küng, *Spurensuche 1*, S. 277, Hervorhebungen im Fett- und Kursivdruck von Hans Küng. Es fällt auf, dass Hans Küng den Typ des ‚Pratyekabuddha' nicht erwähnt, der mit der Notwendigkeit der Eruierung des ‚historischen' Buddha auch sicher nicht so ohne weiteres zusammenpasst.

⁷⁷⁰ Heinz Bechert, in: Hans Küng/ Heinz Bechert, *Buddhismus*, S. 25; Hans Küng/ Josef van Ess/ Heinrich von Stietencron/ Heinz Bechert, *Hinführung zum Dialog*, S. 418.

⁷⁷¹ Hans Küng, *Spurensuche 1*, S. 247-249.

⁷⁷² Dieses buddhistische Glaubensbekenntnis ist von Hans Küng als Zitat wiedergegeben, allerdings ohne Quellenangabe, in: Hans Küng, *Spurensuche 1*, S. 247+248.

ser: ich glaube an Christus, seine Lehre (das Evangelium) und die Gemeinschaft der Glaubenden (die Kirche).'"⁷⁷³

Auch wenn Küng relativ ausführlich Unterschiede und Gemeinsamkeiten Gautamas (des Buddhas) und Jesu reflektiert (und insofern die beiden nicht einfach gleichsetzt), suggeriert dieses gemäß der Auffassung Küngs ‚mögliche' christliche Glaubensbekenntnis *die nicht zu bestreitende Ähnlichkeit* der beiden Konzeptionen. Trotz des gleich noch zu besprechenden Rekurses auf den ‚historischen Jesus' und den ‚historischen Buddha' wird dabei jedoch die Tatsache nicht ernst genommen, dass es für die „Wahrheit der buddhistischen Lehre nicht entscheidend ist, ob der Buddha als historische Persönlichkeit je gelebt hat", während der ‚historische Jesus' für das Christentum schlechthin konstitutiv ist. Folgt man der bisher dargelegten Konzeption Küngs, ergibt sich freilich noch zusätzlich das Problem, dass der ‚historische Jesus' eben auf dem Wege des eruierenden Jesus-Spezialisten erschlossen werden muss, wobei Analoges dann auch für die Lehre (das Evangelium) und die Kirche gelten mag. Auch das sakramentale Leben der Kirche ändert nach der Konzeption Küngs daran nichts, weil z.B. das Hl. Abendmahl ja nach Küng, wie wir gesehen haben, eigentlich ein Erinnerungsmahl sein soll, das die Erinnerung an den ‚historischen Jesus' auffrischt, den der zuständige Fachexperte eruiert.

In diesem Zusammenhang müssen wir hier allerdings festhalten, dass das Bekenntnis der Kirche weit mehr ausspricht als durch historische Forschung zu eruierende Bezugnahmen auf den ‚historischen Jesus', deren Profilierung im Rahmen eines bestimmten Paradigmas dann die Substanz von Christentum und Kirche in ihrer je spezifischen geschichtlichen Gestalt ausmachen würde. Ohne hier auf Einzelheiten des christlichen Bekenntnisses eingehen zu können, ist in diesem Bekenntnis doch die Identität des menschgewordenen Sohnes Gottes,

---

⁷⁷³ Hans Küng, *Spurensuche 1*, S. 249.

der gekreuzigt wurde, von den Toten auferstanden und zum Himmel aufgefahren ist und wiederkommen wird zu richten die Lebenden und die Toten, vorausgesetzt, was klar auch die Identität des Auferstandenen mit dem Gekreuzigten mitumfasst, die als solche zur Erfahrung der Apostel und insofern zum apostolischen Zeugnis gehört und auf keinen Fall einfach zum Ergebnis späterer christologischer oder gar trinitätstheologischer Spekulation erklärt werden kann.

Diese Feststellung ist hier deshalb wichtig, weil Küng seine Buddha-Konzeption – gewissermaßen als exaktes Spiegelbild seiner spezifisch paradigmenbezogenen Christologie – so aufbaut, dass der ‚historische Buddha' im Zuge der religionsgeschichtlichen Entwicklung des Buddhismus gleichsam zum „überirdischen Buddha" verklärt wird.[774]

> „Schon auf dem von Ashoka einberufenen dritten buddhistischen Konzil von 250 vor Christus hatte man darüber diskutiert", ob „der Buddha seiner Natur nach **ein menschliches oder ein das Menschliche übersteigendes, transzendentes Wesen**" ist? Während man „im Theravada-Buddhismus (die älteste Schultradition des Buddhismus, die noch auf die Mönchsgemeinde Gautamas (des Buddha) zurückgeht – WW)[775] davon ausging, dass der Buddha nur Mensch und Lehrer war", <u>nahm man</u> im Mahayana-Buddhismus (‚Großes Fahrzeug', geprägt von dem Wunsch, dass alle Wesen die Erlösung erlangen – WW)[776] <u>an</u>, dass er „ein übermenschliches, überweltliches ewiges Prinzip sei, das mit dem Absoluten identisch ist".[777]

---

[774] Hans Küng, *Spurensuche 1*, S. 282f.
[775] Vgl. Hans Küng/ Heinz Bechert, *Buddhismus*, S. 81-83; Hans Küng/ Josef van Ess/ Heinrich von Stietencron/ Heinz Bechert, *Hinführung zum Dialog*, S. 474-476.
[776] Hans Küng/ Heinz Bechert, *Buddhismus*, S. 115-117; Hans Küng/ Josef van Ess/ Heinrich von Stietencron/ Heinz Bechert, *Hinführung zum Dialog*, S. 508-510.
[777] Hans Küng, *Spurensuche 1*, S. 282. Hervorhebung im Fettdruck von Hans Küng. Hervorhebung durch Unterstreichung – WW.

Es ist offensichtlich, dass die beiden von Hans Küng erwähnten, auf dem Konzil diskutierten Anschauungen den Charakter verschiedener Meinungen haben, deren „Anhänger ... manchmal friedlich in einer und derselben Klostergemeinschaft zusammen lebten",[778] was Hans Küng so einordnet, dass manchmal eben auch Vertreter *verschiedener Paradigmen*, hier eben Anhänger des älteren ‚Theravada-Buddhismus' und die Anhänger des ein jüngeres Paradigma repräsentierenden ‚Mahayana-Buddhismus' als Vertreter verschiedener Schulen derselben Religion – auch zeitgleich – nebeneinander da sind.[779] Man geht von verschiedenen Annahmen bzw. Hypothesen aus, die innerhalb ein und derselben Religion Bestand haben können, so dass hier mit Recht von einem ‚hypothetischen Göttlichen' gesprochen werden kann.[780] Wenn wir allerdings die von Küng suggerierte und unkritisch oder demagogisch in seine Darstellung des Buddhismus eingeflochtene Parallelisierung der Entfaltung des buddhistischen Denkens mit der christlichen Dogmatik danebenstellen, so ist es eindeutig und unabweisbar, dass die Identität des auferstandenen und zum Himmel aufgefahrenen HERRN mit dem gekreuzigten Jesus nicht das Ergebnis irgendwelcher christologischer Spekulationen beim Übergang zu einem neuen Paradigma darstellt, sondern eine Grunderfahrung des christlichen Glaubens ist und deshalb vom Selbstverständnis der Kirche her auch nicht einfach als eine (erst im Zuge der Lehrentwicklung auf späteren Konzilien aufgestellte und durch andere Annahmen einfach zu ersetzende) Hypothese klassifiziert werden darf. Dazu kommt die gänzlich andere Struktur des buddhistischen Denkens, die ungeachtet aller im Blick auf die Bedürfnisse des Volkes (bzw. des homo religiosus) zugelassenen personalistischen Ausschmückungen

---

[778] Hans Küng/ Heinz Bechert, *Buddhismus*, S. 116; Hans Küng/ Josef van Ess/ Heinrich von Stietencron/ Heinz Bechert, *Hinführung zum Dialog*, S. 509.
[779] Hans Küng/ Heinz Bechert, *Buddhismus*, S. 133-137; Hans Küng/ Josef van Ess/ Heinrich von Stietencron/ Heinz Bechert, *Hinführung zum Dialog*, S. 526-530.
[780] Vgl. Emil Jurcan, "O Religie cu un divin ipotetic: Buddhismul", in: Emil Jurcan, *Lumea religioasă contemporană*, S. 196-238.

der religiösen Praxis nicht den ins Leben rufenden Dialog Gottes mit dem Menschen, sondern die Überwindung des Leids, eine bessere Geburt im Kreislauf der Geburten oder den Eingang ins – wie auch immer zu verstehende – Nirvana anpeilt.[781]

Wir müssen feststellen, dass diese Zielsetzung doch ganz unberührt davon bleibt, ob der Buddha nun einfach als ‚Mensch' und ‚Lehrer' oder aber als ‚überirdisches', ‚transzendentes Wesen' verstanden wird, das als ‚ewiger Buddha' dann pro-blemlos „auch zu allen Zeiten wirken kann",[782] zumal der Buddha selbst „nach den Theravadin gemäß alter indischer Auffassung" schon „zahlreiche frühere Geburten durchgemacht hat" und auch der ‚Mahayana-Buddhismus' vor dem „irdischen Buddha Gautama" „schon andere überweltlich-ewige, transzendente Buddhas" annimmt, „mindestens drei": „Der erste von ihnen ist" der

> „kosmische Buddha **Vairochana**: ‚der Sonnengleiche', mit der Geste des Lehrens und Austeilens der Gnade dargestellt. Er ist mit dem **Adi- oder Ur-Buddha** identisch, der seinerseits die Personifizierung des Darmakaya, des Absoluten ist: Er ist sozusagen ‚gottgleich'!"[783]

---

[781] Hans Küng, „Antwort auf Urfragen: Vier Edle Wahrheiten":
„Erste Frage: **Was** ist das **Leiden**? Antwort: Das Leben selbst ist Leiden: Geburt, Arbeit, Trennung, Alter, Krankheit, Tod. All das ist leidvoll.
Zweite Frage: **Wie entsteht** das Leiden? Antwort: Durch Lebensdurst, durch Haften an Dingen, durch Gier, Hass und Verblendung. Das aber hat Wiedergeburt auf Wiedergeburt zur Folge.
Dritte Frage: **Wie** kann das Leiden überwunden werden: Antwort: Durch Aufgeben des Begehrens. Nur so wird neues Karma, die Folge von guten und bösen Taten, vermieden, nur so ein Wiedereinstieg in den Kreislauf der Geburten verhindert.
Vierte Frage: Auf **welchem Weg** soll dies erreicht werden? Antwort: Auf dem Weg der vernünftigen Mitte – weder Genusssucht noch Selbstzüchtigung. Der berühmte **achtfache Pfad** zum Nirvana", als dessen Elemente Küng hier aufzählt: „rechte Erkenntnis und rechte Gesinnung: Wissen (*panna*), rechte Rede, rechtes Handeln und rechtes Leben: Sittlichkeit, Ethos (*sila*), rechte Anstrengung, rechte Achtsamkeit (*sati*) und rechte Sammlung (*samadhi*)." In: Hans Küng, *Spurensuche 1*, S. 256f. (Hervorhebungen im Fett- und Kursivdruck von Hans Küng).
[782] Hans Küng, *Spurensuche 1*, S. 284.
[783] Hans Küng, *Spurensuche 1*, S. 284. Hervorhebung im Fettdruck von Hans

Küng meint, dass dieser Buddhismus „auf diese Weise sogar messianische Züge bekommt", weil, „wenn sich der Zustand der Welt noch mehr verschlechtert haben wird ..., der fünfte und für diese letzte Weltepoche **letzte Buddha** ..., der Buddha **Maitreya**, der ‚Liebende', der die allumfassende Liebe verkörpern wird", – zeitlich – „nach dem Buddha Gautama, dem vierten der transzendenten Buddhas erscheinen soll", erläutert jedoch das von ihm an dieser Stelle eingebrachte Stichwort „Buddhismus mit messianischen Zügen" nicht weiter. Wahrscheinlich ist der Vergleichspunkt die Aufeinanderfolge des ‚irdischen' und des ‚kommenden' Buddha. Wir können das Thema hier nicht weiter verfolgen und nur vermuten, dass es dabei letztlich auch hier gerade nicht um eine personale Beziehung von Gott und Mensch, sondern eher um Aufhebung der Subjekt-Objekt-Schranke im Sinne einer universalen Harmonie geht. Zudem ist nirgends ersichtlich, dass Küng den „Buddha Maitreya" sonst noch irgendwie mit christlicher Eschatologie in Verbindung bringen würde. Er betont vielmehr, dass „diese ‚hohe' Buddhologie" und die mit ihr verbundenen Vorstellungen

> „sich noch weiter vom ursprünglichen Buddha Gautama entfernt zu haben scheinen als die mittelalterlichen christologischen und trinitarischen Spekulationen vom ursprünglichen Jesus von Nazareth."[784]

Auch das Stichwort ‚mittelalterlich' erläutert Küng nicht weiter, dem Zusammenhang nach soll es sicherlich die Lebensferne der von Küng so apostrophierten „christologischen und trinitarischen Spekulationen" zum Ausdruck bringen. Dass Christologie und Trinitätslehre der Kirche freilich alles andere als lebensfremde Spekulation sein könnten, hat der Tübinger Professor hier nicht in Betracht gezogen. Ähnlich verfährt er mit der im selben Zusammenhang erwähnten

---

Küng.
[784] Hans Küng, *Spurensuche 1*, S. 284.

„**Dreikörperlehre** (*trikaya*), für die es in der Christologie ebenfalls Parallelen gibt (Leib des Irdischen, Leib des Verherrlichten, Leib des mit Gottes ewigem Logos identischen Christus): Neben dem sichtbaren Erscheinungskörper (*nirmanakaya*) des historischen Buddha gebe es im Buddha-Paradies einen Körper des Entzückens (*samboghakaya*) und schließlich den kosmischen Dharmakörper (*dharamakaya*)", der „mit dem Gesetz des Universums, mit dem Absoluten, identisch ist."[785]

Küng geht in seinen populärwissenschaftlichen Ausführungen auch auf diese Konzeption mit dem Hinweis nicht näher ein, dass das alles doch sehr weit vom ‚irdischen Buddha', entfernt sei, und lenkt die Aufmerksamkeit auf drei mit den Namen „großer buddhistischer Reformatoren" verbundene Optionen, welche dem Buddhismus beim „Übergang in eine neue Weltkonstellation" (u.a. in Japan) die Zukunft sichern sollen: der Meditationsbuddhismus, der Glaubensbuddhismus und der sozialpolitische Buddhismus. Dabei fällt auf, dass der ‚historische Buddha' in den Betrachtungen Küngs über diese buddhistischen Reformkonzepte eigentlich keine große Rolle mehr spielt, obwohl unser Autor doch anfangs genau dies mit Nachdruck gefordert hatte, indem er den ‚historischen Buddha' zum Wahrheitskriterium des Buddhismus in einer jeden seiner geschichtlichen Gestalten stilisierte,[786] was natürlich nicht ausschließt, dass etwa der „Zen-Buddhismus wesentliche Elemente des Geistes der alten Lehre und der überlieferten Meditationspraxis bewahrt und immer wieder erneuert hat".[787]

Fragt man daher trotz dieser Unstimmigkeit, wie man nach Küng zu dem geschichtlichen Buddha gelangen kann, so sei dies zwar

---

[785] Hans Küng, *Spurensuche 1*, S. 283f. Hervorhebungen im Fett- und im Kursivdruck von Hans Küng. Hervorhebung durch Unterstreichen – WW.
[786] Hans Küng/ Heinz Bechert, *Buddhismus*, S. 58ff.; Hans Küng/ Josef van Ess/ Heinrich von Stietencron/ Heinz Bechert, *Hinführung zum Dialog*, S. 551ff.
[787] Heinz Bechert, in: Hans Küng/ Heinz Bechert, *Buddhismus*, S. 132; Hans Küng/ Josef van Ess/ Heinrich von Stietencron/ Heinz Bechert, *Hinführung zum Dialog*, S. 525.

> „erheblich schwieriger als im Fall Jesus Christus",
> weil „die Reden Gautamas (wie die Jesu) vielfach an
> eine neue Situation angepasst, verändert und ediert
> worden sind", „sondern darüber hinaus erfolgten die
> ersten Niederschriften im Falle Gautamas nicht zwei
> Jahrzehnte (wie im Falle Jesu), vielmehr rund zwei
> Jahrhunderte später: sie sind anonym und kaum genau
> datierbar."[788]

Küng verweist auf verschiedene, z.T. gegensätzliche Umstände, wie z.B. die „erstaunlichen Leistungen mündlicher Überlieferung im alten Indien", den im Vergleich zum Neuen Testament beträchtlichen „Umfang der kanonischen Schriften im Buddhismus", wie etwa den Pali-Kanon,[789] „der in großer Mannigfaltigkeit Zehntausende Seiten umfasst, was die Findung historisch-kritischer Erkenntnisse nicht gerade erleichtert" und die im Vergleich zum Palästina zur Zeit Jesu schmale Kenntnis über das Indien zur Zeit Gautamas, resümiert dann aber doch:

> „In den vormahayanistischen Schriften finden
> sich verschiedene gewichtige Texte (wie etwa die vom
> Auszug in die Heimatlosigkeit, von der Erleuchtung und
> dem Ende des Buddha und einzelne Bestimmungen der
> Mönchsregeln), deren Inhalt (nicht notwendig der genaue Wortlaut) auf den historischen Gautama zurückgeht. Absolute Sicherheit hat man hier wie so oft in historischer Forschung kaum, wohl aber eine ausreichend
> hohe Wahrscheinlichkeit",[790]

die es aufs Ganze gesehen ermöglicht, „auch des Buddha Gautama Verkündigung, Verhalten und Geschick in seinen grundlegenden Umrissen zu umschreiben", wenn auch „keine chronologisch-psychologisch genau zu rekonstruie-

---

[788] Hans Küng/ Heinz Bechert, *Buddhismus*, S. 60; Hans Küng/ Josef van Ess/ Heinrich von Stietencron/ Heinz Bechert, *Hinführung zum Dialog*, S. 552.
[789] Der Pali-Kanon „umfasst ‚Drei Körbe' (*tripitaka*): Ordensregel (*vinaya*), Lehrvorschriften (*sutras*) und höhere Lehre (*abhidharma*)". Hans Küng, *Spurensuche 1*, S. 275.
[790] Hans Küng/ Heinz Bechert, *Buddhismus*, S. 60.

rende Biographie mit absolut gesicherten wortwörtlichen Aussagen",[791] „also ein nicht in Schemata zu pressendes, an den Rändern zur Legende hin offenes Gesamtbild von diesem Buddha Gautama, der das ‚Rad der Lehre' in Bewegung gesetzt hat und der sich nun doch von andern großen Religionsstiftern sehr deutlich unterscheidet".[792]

Die Methode, wie Küng zum ‚historischen' Gautama ebenso wie zum ‚historischen' Jesus vorstoßen will, besteht darin, alles, was ‚Legendenbildung' ist, als solche zu durchschauen und dann eben „beiseitezulassen", was sich nicht zuletzt auf alle „*Wunder im streng neuzeitlichen Sinne* einer ‚übernatürlichen' Außerkraftsetzung von Naturgesetzen bezieht, wie z.B. „das Gehen über Wasser, welches von Jesus wie vom Buddha berichtet wird".[793] Einen besonderen Akzent erhält die Darstellung Küngs auch dadurch, dass er die ‚Gottessohnschaft' Jesu in die Nähe dieser beiseitezulassenden Legendenbildung rückt, allerdings immerhin ohne ein tieferes Verständnis derselben auszuschließen.[794]

Auf diese Weise gelangt Küng zu einer Reihe von Gemeinsamkeiten und Unterschieden der beiden Religionsstifter, wobei man die hier aufgezählten Gemeinsamkeiten ganz auf

---

[791] Hier grenzt sich Küng ab von der Arbeit: Hans Wolfgang Schumann, *Der Historische Buddha. Leben und Lehre des Gotama*, Diederichs Gelbe Reihe, München 1982, der im Vorwort schreibt: „Ausgeschlossen von der Behandlung sind die ahistorischen Buddhas der Vorzeit, von denen in buddhistischen Schriften oft die Rede ist; ausgeschlossen sind weiter die um den historischen Buddha entstandenen Legenden, sofern sie nicht einen geschichtlichen Kern erkennen lassen. Es geht um die entmythologisierte Person des großen Inders, um die Epoche, in der er lebte, und um die politisch-sozialen Verhältnisse, die seine Mission ermöglichten und zum Erfolg gedeihen ließen." A.a.O., S. 9.

[792] Hans Küng/ Heinz Bechert, *Buddhismus*, S. 61; Hans Küng/ Josef van Ess/ Heinrich von Stietencron/ Heinz Bechert, *Hinführung zum Dialog*, S. 454.

[793] Hans Küng/ Heinz Bechert, *Buddhismus*, S. 62; Hans Küng/ Josef van Ess/ Heinrich von Stietencron/ Heinz Bechert, *Hinführung zum Dialog*, S. 455.

[794] Wir haben es an dieser Stelle wohl mit einer Parallele zu dem schon beobachteten ‚dialektischen Spiel' Küngs mit dem personalen und apersonalem Gottesverständnis zu tun. Auf ein tieferes Verständnis der Gottessohnschaft Jesu geht Küng jedoch hier gerade nicht ein.

der Linie der bisher zutage getretenen Hauptlinien der Christologie Küngs am ehesten mit der Gautama und Jesus zugeschriebenen ‚Menschlichkeit' zusammenfassen kann.

Dies konzentriert sich in der Ethik auf einige „ethische *Grundanweisungen*", die „im Buddhismus wie in der ganzen jüdisch-christlich-islamischen Tradition *gleich*" seien: „nicht zu töten, nicht zu stehlen, nicht zu lügen, nicht Unzucht zu treiben ...."

Was Gautama und Jesus in der Sicht Küngs *in ihrem Verhalten* als Religionsstifter auszeichnet, ist Folgendes:[795]

- „Wie Gautama war Jesus ein Wanderprediger, arm, heimatlos, anspruchslos, der eine entscheidende Wende in seinem Leben erfahren hatte, die ihn zur Verkündigung bewog."

- „Wie Gautama bediente sich Jesus bei der Verkündigung nicht einer unverständlich gewordenen Sakralsprache (Sanskrit – Hebräisch), sondern der Umgangssprache (mittelindoarischer Dialekt – aramäische Volkssprache), hat er weder eine Kodifikation noch gar eine Niederschrift seiner Lehre veranlasst."

- „Wie Gautama appelliert Jesus an die Vernunft und Erkenntnisfähigkeit des Menschen, wenngleich nicht mit systematisch-erwägenden Vorträgen und Gesprächen, so doch mit allgemeinverständlichen, eingängigen Spruchworten, Kurzgeschichten, Gleichnissen, die aus dem jedermann zugänglichen, ungeschminkten Alltag genommen sind, <u>ohne sich auf Formeln, Dogmen, Mysterien festzulegen</u>."

- „Wie für Gautama so bedeuten auch für Jesus Gier, Macht, Verblendung die große Versuchung, die – nach den Versuchungsgeschichten des Neuen Testaments

---

[795] Die folgende Gedankenreihe bei: Hans Küng/ Heinz Bechert, *Buddhismus*, S. 63; Hans Küng/ Josef van Ess/ Heinrich von Stietencron/ Heinz Bechert, *Hinführung zum Dialog*, S. 456. Hervorhebungen im Kursivdruck von Hans Küng, Hervorhebungen durch Unterstreichen – WW.

- der großen Aufgabe entgegenstand."
- „Wie Gautama war auch Jesus, durch kein Amt legitimiert, <u>in Opposition zur religiösen Tradition und zu deren Hütern, zur formal-ritualistischen Kaste der Priester und Schriftgelehrten, die für die Leiden des Volkes so wenig Sensibilität zeigten.</u>"
- „Wie Gautama hatte auch Jesus bald engste Freunde um sich, seinen Jüngerkreis und eine weitere Gefolgschaft."

Die Art und Weise, wie Küng die Gemeinsamkeiten Jesu und Gautamas präsentiert, ist kein Zufall. Natürlich entsprechen alle einzelnen Punkte der Christologie Küngs, wie wir sie schon kennen gelernt haben. Dennoch ist es notwendig, hier noch einmal genauer hinzuschauen. Wir haben schon gesehen, dass Küng Begriff und Inhalt der ‚Gottessohnschaft Jesu' in die Nähe der ‚beiseitezulegenden Legendenbildung' rückt, dann aber ein, wenn auch für möglich gehaltenes, tieferes Verständnis derselben nicht darlegt bzw. sogar übergeht. Bei den Gemeinsamkeiten in der Verkündigung Jesu und Gautamas wird Küng ihrer beider Auftreten als Lehrer und der damit verbundenen „Autorität weniger in ihrer schulmäßigen Ausbildung als *in der außerordentlichen Erfahrung einer letzten Wirklichkeit*" begründet sehen.[796] Damit ist allerdings die *persönliche Beziehung des Sohnes zu seinem himmlischen Vater* vornehm umschifft[797] und der Indifferenz hin-

---

[796] Hans Küng/ Heinz Bechert, *Buddhismus*, S. 64; Hans Küng/ Josef van Ess/ Heinrich von Stietencron/ Heinz Bechert, *Hinführung zum Dialog*, S. 457. Hervorhebungen im Kursivdruck – WW.

[797] Man kann auch nicht behaupten, dass dieses Thema erst im Zuge späterer christologischer oder trinitätstheologischer Spekulation aufkam, weil schon das Neue Testament die damit ausgedrückte Realität reflektiert. Vgl. Joh 3, 16; 20, 17. Küng selbst macht darauf aufmerksam, dass Jesus „aus einer eigentümlichen Unmittelbarkeit" den Gott Israels mit ‚Abba', ‚lieber Vater' anredet. Doch wird dieser personale Bezug eben durch die Formulierung „letzte Wirklichkeit" faktisch wieder relativiert. Die Beobachtung hat deshalb Gewicht, weil Küng um die Bedeutung des christlichen Personalismus und die Ablehnung desselben im Buddhismus durchaus weiß. Das geht eindeutig hervor aus: Hans Küng/ Heinz Bechert, *Buddhismus*, S. 133, S. 159; Hans Küng/ Josef van Ess/ Heinrich von Stietencron/ Heinz Bechert, *Hinführung*

sichtlich dieser Frage im Buddhismus Raum gegeben worden, ohne dabei die andere, d.h. personale Struktur des christlichen Glaubens zu berücksichtigen. Wenn Küng im Anschuss bei der Darlegung der Unterschiede zwischen Gautama und Jesus auf Ersteren als „einen in sich ruhenden *Erleuchteten und Wegweiser aus mystischem Geist*" und auf Letzteren als „einen leidenschaftlich ergriffenen *Gesandten und Wegweiser aus prophetischem Geist*" blickt, so entspricht das zwar voll und ganz der von Küng elaborierten ‚Christologie von unten', wonach Christus eben vor allem ‚Prophet' Gottes ist. Die für das Selbstverständnis der Kirche wesentliche Sohnes-Christologie aber wird hier vollständig weggedrückt. Um es – nüchtern – in der Terminologie Hans Küngs zu sagen: Die Beziehung eines Stellvertreters oder eines Beamten bzw. Angestellten zu seinem (himmlischen) Chef ist eben grundsätzlich etwas anderes als die Beziehung eines oder des Sohnes zu seinem (himmlischen) Vater. Von daher macht es sich Küng sehr einfach, wenn er einfach mit dem Auftreten Jesu als „armer, heimatloser und anspruchsloser Wanderprediger" einsetzt und auf eine sorgfältige Reflexion des Selbstverständnisses Jesu verzichtet,[798] die sich dann auch in der Christologie der frühen – neutestamentlichen – Kirche auswirkt. Auch legt Küng nicht dar, was für „eine entscheidende Wende (Jesus) in seinem Leben erfahren habe, die ihn zur Verkündigung bewog".

Den – durchaus interessanten – Hinweis auf die Sprachen, derer sich Gautama bzw. Jesus bedient haben, wollen wir so stehen lassen, eine sorgfältige Untersuchung dieser Frage ist ein eigenes Thema, das wir hier nicht bearbeiten können.

---

    zum Dialog, S. 526, S. 552. Zwar wird man Hans Küng zugute halten müssen, dass er diese Zugeständnisse in Form der Findung von die Gegensätze überbrückenden Formulierungen wohl auch um des Dialoges mit den anderen Religionen willen macht, doch impliziert dieses Vorgehen die Ausblendung der geschichtlich-geistlichen Realität der Kirche und eine entscheidende Relativierung bzw. sogar Auflösung dessen, was wir ‚christlichen Personalismus' genannt haben.

[798] Vgl. die beiden zusammengehörigen Texte: Mat 3, 1f. und Mat 4, 17 mit den zugehörigen Parallelstellen, und dazu: Petr Pokorny, *Die Entstehung der Christologie. Voraussetzungen einer Theologie des Neuen Testaments*, Calwer Verlag, Stuttgart, 1984.

Was die damit verbundene Problematik der Stellung zur religiösen Tradition und den dazu gehörigen Heiligen Schriften anlangt, so ist es nötig, hier etwas klarzustellen. Der Buddha mag die vor ihm liegende Tradition hinduistischer heiliger Schriften abgelehnt haben, Jesus aber bezieht sich eindeutig auf einen Kanon heiliger Schriften (‚Gesetz', ‚Propheten' usw.), den er als solchen nicht abgelehnt hat, und der darum auch für die werdende Kirche verbindlich geworden ist.[799] Die damit verbundene Thematik des Verhältnisses Jesu zum ‚Alten Testament' inklusive der darin verarbeiteten Religionsgeschichte ist von Hans Küng – wenn überhaupt – nur sehr bruchstückhaft wahrgenommen und reflektiert worden,[800] was für die Gesamtsicht der Religionsgeschichte nicht ohne gravierende Folgen bleiben kann. Was Jesus tatsächlich abgelehnt bzw. durch Rückbezug zum bzw. Herausstellung des ursprünglichen Willens Gottes überboten hat, ist dagegen die ‚Überlieferung der Väter' bzw. ‚Tradition der Alten', die freilich zum Teil in Gestalt der für das werdende jüdische Volk in Geltung stehenden Mose-Thora eben auch im Alten Testament enthalten ist.

Wenn Hans Küng weiter schreibt, dass „Gautama wie Jesus an die Vernunft und Erkenntnisfähigkeit des Menschen appelliert", „... ohne sich auf Formeln, Dogmen, Mysterien festzulegen", so ist diese Aussage hier eindeutig von Gautama her gedacht, berücksichtigt aber gerade nicht in der nötigen Sorgfalt, was vom Neuen Testament her dazu zu sagen ist. Das beginnt bei der hier bezeugten Gebetspraxis (HERR, erbarme Dich!, Vater unser ...), bezieht sich auf das von Jesus positiv aufgegriffene jüdische Glaubensbekenntnis mit dem Doppelgebot der

---

[799] Vgl. Hans Freiherr von Campenhausen, *Die Entstehung der christlichen Bibel*, Tübingen, J.C.B. Mohr (Paul Siebeck), Tübingen, 1968. Hier braucht es freilich noch eine genauere Reflexion der griechischen Übersetzung (*Septuaginta*) des Alten Testaments.

[800] Bezeichnend ist, dass sich in dem Mammutwerk zum Judentum kein einziger Abschnitt geschweige denn ein eigenes Kapitel zu dieser Thematik findet. Vgl. Hans Küng, *Das Judentum*. Ebenso wenig aber haben wir bei Hans Küng eine prinzipielle Auseinandersetzung mit den sog. Mysterienreligionen und der Philosophie der Stoa gefunden.

Liebe, auf die Entfaltung des Christusbekenntnisses des Petrus (mit seinen Parallelen bei Maria und Marta) und nicht zuletzt auf die auf Jesus zurückgehende Abendmahlsüberlieferung. Ebenso wenig dürften sich Beichte, Taufe und Eheschließung so einfach und stupide als „von den Theologen selbstfabrizierte Mysterien" abstempeln lassen, was faktisch auch auf die Ordination oder Weihe der Kleriker, die Myron- und die Krankensalbung zutrifft, wenn man denn die abgestuft erfolgende Berufung der Jünger (12er-Kreis, 70er-Kreis) und Apostel, ihre Aussendung (vgl. Mk 6 par.) und Beauftragung (Mat 28par., Joh 20+21) und Jesu Worte über den, der ihm dient (‚der Diener') ernst nimmt (Joh 12,24-26).[801]

Die Anmerkungen Küngs über die Gefahren von „Gier, Macht und Verblendung" als große Versuchungen mögen Richtiges treffen, aber seine pauschale Zurückweisung, Jesus habe keine Askese gefordert[802], vielmehr „Rauschmittelgenuss" praktiziert (weil „an Gastmählern teilgenommen")[803] und sei mithin kein Asket[804] und Mönch[805] gewesen, bedürfen der Präzisierung bzw. Korrektur dahingehend, dass doch z.B. gerade die Versuchungsgeschichte klar beweist, dass Jesus sehr wohl Askese praktiziert hat, während nicht zuletzt seine Ausführungen zur Ehescheidungsproblematik (Mat 19) darauf hinweisen, dass er auch ein Leben im Zölibat kannte.

Was schließlich das Thema ‚Amt bzw. Ämterlehre bei Christus' betrifft, so ist nochmals auf die bei Küng sehr zu kurz gekommene Reflexion zum Selbstverständnis Jesu hinzuweisen, angefangen bei der Frage nach der Bedeutung und Geschichte der christologischen Hoheitstitel und der

---

[801] Zu letzterem vgl. auch die Rezeptionsgeschichte dieses Zusammenhangs etwa beim hl. Ignatios von Antiochien.
[802] Hans Küng/ Heinz Bechert, *Buddhismus*, S. 65; Hans Küng/ Josef van Ess/ Heinrich von Stietencron/ Heinz Bechert, *Hinführung zum Dialog*, S. 458.
[803] Hans Küng/ Heinz Bechert, *Buddhismus*, S. 63; Hans Küng/ Josef van Ess/ Heinrich von Stietencron/ Heinz Bechert, *Hinführung zum Dialog*, S. 456.
[804] Hans Küng, *Christentum. Wesen und Geschichte*, S. 59.
[805] Hans Küng/ Heinz Bechert, *Buddhismus*, S. 65; Hans Küng/ Josef van Ess/ Heinrich von Stietencron/ Heinz Bechert, *Hinführung zum Dialog*, S. 458.

Messiaserwartung, über die Melchisedek-Tradition bis hin zu den eschatologisch-apokalyptischen Traditionen des zeitgenössischen Judentums, die zwar alle irgendwie berührt, aber nicht gründlich genug bedacht werden. Auch der unser Küng-Zitat abschließende Hinweis auf den sich um Gautama und Jesus in gleicher Weise bildenden Schüler- und Freundeskreis und ihre Gefolgschaft bleibt zu unpräzise, insofern hier noch einmal Akt und Bedeutung der Berufung der Jünger und späteren Apostel im Gespräch mit dem Buddhismus verwischt werden.

Was schließlich die „christliche Antwort" Hans Küngs[806] auf die Ausführungen Heinz Becherts über „die buddhistische Gemeinde und ihre ältere Geschichte"[807] anlangt, so geht Küng von einem an der buddhistischen ‚Zufluchtsformel' orientierten Bild des „idealen Buddhisten" aus,[808] berührt weiter die Bedeutung des Mönchtums für den Buddhismus[809] und geht auf die hier zu Tage tretende, „immanente Spannung zwischen mönchischer und laikaler Existenz" ein,[810] die daraus resultiert, dass die mönchische Existenz für den Ausstieg aus dem Kreislauf der Geburten in gewisser Weise oft als notwendig

---

[806] Hans Küng, in: Hans Küng/ Heinz Bechert, *Buddhismus*, S. 86-114; Hans Küng/ Josef van Ess/ Heinrich von Stietencron/ Heinz Bechert, *Hinführung zum Dialog*, S. 479-507.

[807] Heinz Bechert, in: Hans Küng/ Heinz Bechert, *Buddhismus*, S. 72-85; dasselbe, in: Hans Küng/ Josef van Ess/ Heinrich von Stietencron/ Heinz Bechert, *Hinführung zum Dialog*, S. 465-478.

[808] Hans Küng, in: Hans Küng/ Heinz Bechert, *Buddhismus*, S. 86-88; Hans Küng/ Josef van Ess/ Heinrich von Stietencron/ Heinz Bechert, *Hinführung zum Dialog*, S. 479-81.

[809] Hans Küng, in: Hans Küng/ Heinz Bechert, *Buddhismus*, S. 90; Hans Küng/ Josef van Ess/ Heinrich von Stietencron/ Heinz Bechert, *Hinführung zum Dialog*, S. 483-487; Hans Küng, *Spurensuche 1*, S. 261. Unter Hinweis auf Jesus, der nach Küng weder Asket noch Mönch war, urteilt unser Autor, dass das Mönchtum für Christentum und Kirche nicht wesentlich sei, weshalb für ihn die Ostkirche eigentlich nur ein (eigentlich veraltetes) Paradigma darstellt, insofern er „Mönchsherrschaft und Bilderkult" als „Signatur der Ostkirche" ansieht. Vgl. Hans Küng, *Das Christentum. Wesen und Geschichte*, S. 262-268.

[810] Hans Küng, in: Hans Küng/ Heinz Bechert, *Buddhismus*, S. 108-112; Hans Küng/ Josef van Ess/ Heinrich von Stietencron/ Heinz Bechert, *Hinführung zum Dialog*, S. 501-505.

oder doch als vorteilhaft aufgefasst wird, obwohl Laien für den Unterhalt des Sangha (der buddhistischen Mönchsgemeinde) gebraucht werden und ggf. auch ohne Mönch zu werden, die ‚Erlösung' erlangen können. Küng empfiehlt der christlichen Seite im christlich-buddhistischen Dialog in dieser Hinsicht „ein recht verstandenes ‚allein aus Gnaden' (in diesen Dialog – WW) einzubringen",[811] so als ob die Strukturen einer Religion durch solch einen Dialog grundsätzlich verändert werden könnten. Immerhin hatte Heinz Bechert kurz zuvor auf die Entwicklung des Buddhismus des ‚Reinen Landes' verwiesen,[812] der

> „sich auf den Glauben gründet, dass Amithaba, der Buddha des ‚unermesslichen Lichtes', alle diejenigen zum Heil führen wird, die ihm vertrauen",

so dass

> „mit dieser Wende aus der Lehre der ‚Selbsterlösung', die der Buddha verkündet hatte, nun das Gegenteil geworden ist, eine Lehre der ‚Fremderlösung', in der der Mensch das Heil von einem übernatürlichen Wesen erwartet,"

was Bechert dann folgendermaßen resümiert:

> „Man hat diese Form des Buddhismus auch als einen ‚Buddhismus des Glaubens' gekennzeichnet und vor allem ihre japanischen Varianten unter diesem Gesichtspunkt mit dem protestantischen Christentum verglichen. Der Amidismus hat vor allem als Volksreligion weite Verbreitung in ganz Ostasien gefunden."

Nach den von Heinz Bechert in der Exposition dargelegten geschichtlichen Linien zur Ausbreitung und Entwicklung

---

[811] Hans Küng, in: Hans Küng/ Heinz Bechert, *Buddhismus*, S. 111; dassselbe in: Hans Küng/ Josef van Ess/ Heinrich von Stietencron/ Heinz Bechert, *Hinführung zum Dialog*, S. 504.
[812] Heinz Bechert, in: Hans Küng/ Heinz Bechert, *Buddhismus*, S. 129f., dort auch die folgenden drei Zitate; dasselbe, in: Hans Küng/ Josef van Ess/ Heinrich von Stietencron/ Heinz Bechert, *Hinführung zum Dialog*, S. 522f.

des Buddhismus, greift Hans Küng die dabei angeklungene Frage nach der ‚letzten Wirklichkeit' auf, beschreibt den „Paradigmenwechsel vom Kleinen zum Großen Fahrzeug" (vom ‚Shravakayana'- zum ‚Mahayana'-Buddhismus) und geht in Verbindung mit den auf „urbuddhistischen Einsichten gründenden" Lehren von der „‚Entstehung in Abhängigkeit' (Sanskrit: ‚Pratityasamutpada') und der Ichlosigkeit" auf ein buddhistisches Wirklichkeitsverständnis ein, das vom Mahayana-Buddhismus ausgearbeitet wurde:

> „Die individuelle ‚Leere' erscheint hier – unter taoistischem Einfluss – von vornherein aufgehoben in die Menschen und Natur umfassende Einheit und Ganzheit einer ‚Fülle', die man die kosmische (überpersonale) Buddha-Natur oder Darmakaya (ähnlich dem Tao) nennt, die aber das Menschliche zunächst nicht übersteigt, sondern es nach seiner Tiefendimension hin verwirklicht."[813]

Küng verknüpft diese Feststellungen mit seiner Kritik am „substanzhaft-statischen Denken der griechisch-mittelalterlichen wie der neuzeitlich-kartesianischen Philosophie" und verweist auf das vor allem in der Elementarteilchenphysik und auch in der Molekularbiologie neu gewonnene Verständnis

> „sowohl für die grundlegende Einheit wie die innere Dynamik der Natur im Makro- wie im Mikrokosmos, für jene allseitige Interdependenz und Interaktion aller Dinge, Ereignisse, Phänomene, wie sie die heutige Physik im subatomaren Bereich erforscht".[814]

Unter Berufung auf Namen wie Max Planck, Albert Einstein und vor allem Fritjof Capra[815] **hebt Küng die Konvergenz heuti-**

---

[813] Hans Küng, in: Hans Küng/ Heinz Bechert, *Buddhismus*, S. 138; dasselbe, in: Hans Küng/ Josef van Ess/ Heinrich von Stietencron/ Heinz Bechert, Hinführung zum Dialog, S. 531.

[814] Hans Küng, in: Hans Küng/ Heinz Bechert, *Buddhismus*, S. 140; Hans Küng/ Josef van Ess/ Heinrich von Stietencron/ Heinz Bechert, *Hinführung zum Dialog*, S. 532.

[815] Vgl. Fritjof Capra, *Wendezeit. Bausteine für ein neues Weltbild*. Aus dem Ame-

ger Naturwissenschaft mit östlichem Denken hervor und sucht mit Berufung auf Arthur Peacocke[816] eine ähnliche Konvergenz auch für das Christentum zu erweisen. Hier ist nun der Ort für einige sehr interessante Ausführungen Küngs über „die Würde der menschlichen Person", die zunächst mit einer kritischen Auseinandersetzung mit der „die Lehre von der gegenseitigen Abhängigkeit" ergänzenden „Lehre von der Ichlosigkeit", dem Nicht-Ich (,anatman') beginnt und auf den durchaus fruchtbaren buddhistisch-christlichen Dialog zum Stichwort „Selbstlosigkeit" hinweist. Zu Recht betont Küng m.E. in diesem Zusammenhang, dass „die Begegnung mit dem Absoluten das Selbst des Menschen gerade nicht auslöscht, sondern es aufrichtet".[817]

Genau an dieser Stelle ergibt sich freilich noch einmal die schon zu Beginn gestellte Frage nach der ,letzten Wirklichkeit', zu deren Beantwortung Hans Küng auf buddhistischer Seite die Gedanken des „kühnen, legendenumwobenen indischen Weisen *Nagarjuna* im 2. Jahrhundert nach Christus" aufgreift, wonach „alles leer sei, alle Dinge ohne Wesen und Substanz, nur Traum, nur Schein, nur Maya seien". Doch ist

> diese Lehre von der ,Leere', ,Leerheit', ,Shunyata' „keineswegs rein negativ, gar nihilistisch" verstanden. Nagarjuna „vertritt vielmehr in bewusstem Anschluss an den Buddha programmatisch einen ,mittleren Weg' (=Madhyamika): und zwar nicht nur zwischen den Extremen von Hedonismus und Asketismus, sondern auch von Affirmation und Negation, von Sein und Nichtsein! Nur über die Erkenntnis der ,Leere' oder ,Leerheit'

---

rikanischen von Erwin Schuhmacher, Knaur Taschenbuchverlag, München, 2004; Fritjof Capra, *Das Tao der Physik. Die Konvergenz von westlicher und östlicher Philosophie*, O.W. Barth Verlag, 2. Auflage, Frankfurt/ Main, 2005.

[816] Arthur Peacocke, *Gottes Wirken in der Welt. Theologie im Zeitalter der Naturwissenschaften*, Matthias-Grünewald-Verlag, Mainz, 1998.

[817] Hans Küng, in: Hans Küng/ Heinz Bechert, *Buddhismus*, S. 147; Hans Küng/ Josef van Ess/ Heinrich von Stietencron/ Heinz Bechert, *Hinführung zum Dialog*, S. 540.

aller Dinge, nur dadurch, dass der Mensch alle bestimmten Absichten, Standpunkte, Kategorien aufgibt, gelangt er zum Nirvana."[818]

Küng spricht in diesem Sinn von einer „Selbstverbrennung des Denkens durch das Denken selbst",[819] insofern

„der Mensch für die höchste, religiös-mystische Wahrheit frei werden soll, die sowohl das mythische Denken wie die metaphysische Spekulation übersteigt, die dem Menschen aber nur im Akt der Versenkung aufzugehen vermag."

„So überwindet sich der begreifende Verstand durch sich selbst: Der Mensch wird offen für die letzte Wahrheit, jenseits allen Redens und Denkens, erreichbar nur im Akt des Schweigens."

Das ist nun der Ausgangspunkt für Küngs Loblied des ‚Schweigens' im Osten in Bezug auf die letzte Wirklichkeit, die alles Sein, das Denken und alle unsere Begriffe übersteigt:

„Auf der höchsten Stufe mystischer Erfahrung erkennt der Mensch: ‚Leerheit' – jenseits aller Begriffe und Worte – ist Ausdruck der tiefsten Wirklichkeit, des Absoluten, dessen, was die christliche Theologie ‚Gott' nennt."

Küng verweist über diese ‚Leerheit' hinaus noch auf zwei weitere – auch bisher schon angetroffene Begriffe, welche bisweilen zur Bezeichnung jener unnennbaren, alle Begrifflichkeit und Vorstellungskraft überschreitenden letzten Wirklichkeit dienen:

das ‚Nirvana', das im Unterschied zu anderen Schulen (etwa den ‚Madhyanikas'), hier nicht auf

---

[818] Hans Küng, in: Hans Küng/ Heinz Bechert, *Buddhismus*, S. 148; Hans Küng/ Josef van Ess/ Heinrich von Stietencron/ Heinz Bechert, *Hinführung zum Dialog*, S. 541.

[819] Hans Küng, in: Hans Küng/ Heinz Bechert, *Buddhismus*, S. 148-150; Hans Küng/ Josef van Ess/ Heinrich von Stietencron/ Heinz Bechert, *Hinführung zum Dialog*, S. 541-543. Die folgenden Zitate a.a.O., S. 149 bzw. A.a.O. S. 542.

die „negative Bestimmung" seines „ontologischen Aspekts" beschränkt wird, sondern einen „positiven Charakter" als „ein höchstes Sein, oder gar als den in allen Lebewesen verborgenen, mit zahlreichen Vorzügen und Wirksamkeiten ausgestatteten metaphysischen Aspekt des Buddha" zugeschrieben bekommt,

und schließlich, wenn nicht schon der **„Dharma im Theravada"** als „ein zentraler religiöser Begriff, der autoritative Lehre und Praxis umfasst: die ewige Heilswahrheit, die den Menschen in dieser vergänglichen, leidvollen Welt zu retten vermag", **„ähnlich wie Nirvana eine wahrhaft transzendente Wirklichkeit meint"**, was Küng bezweifelt, so bezeichnet nach ihm doch „im Mahayana die Idee des ‚Dharmakaya' – ‚Leib' (Kaya) der ‚Lehren' (Dharma) – ein Symbol für die letzte transzendente Wirklichkeit", was freilich durch die starke Polyvalenz dieses Begriffs seine Potenz, das Gemeinte auch adäquat auszudrücken, erheblich einschränkt.

Den Gipfel erreicht die Argumentation Küngs mit einem – von ihm immer wieder im Zusammenhang der Gotteslehre angeführten – Zitat von Nicolaus Cusanus aus dessen bedeutender Schrift „de docta ignorantia", der in der Tradition des Areopagiten und der apophatischen Theologie der Griechen sich aufgemacht hat, Gott, „den Ursprung ohne Ursprung", in dem „alle Gegensätze zusammenfallen" („coincidentia oppositorum"), zu denken.[820]

Küng zitiert den großen Humanisten (mit Hinweis auf „‚De docta ignorantia', I, Kap. 26, S. 112f.") wie folgt:

„Vom Standpunkt der negativen Theologie ... findet sich in Gott nichts als Unendlichkeit. Ihr zufolge ist er darum weder in dieser noch in der künftigen Welt erkenn-

---

[820] Hans Küng, in: Hans Küng/ Heinz Bechert, *Buddhismus*, S. 162; dasselbe, in: Hans Küng/ Josef van Ess/ Heinrich von Stietencron/ Heinz Bechert, *Hinführung zum Dialog*, S. 555. Küng verweist in der Folge auch noch kurz auf ein anderes Werk des Cusaners, nämlich dessen Spätwerk „Non-Aliud". Dieselben Gedanken bringt Küng dann noch einmal in: Hans Küng, *Das Judentum*, S. 718f. (Hervorhebungen WW).

bar, da jedes Geschöpf, welches das unendliche Licht nicht zu erfassen vermag, ihm gegenüber Finsternis ist. Er ist vielmehr nur sich selbst bekannt."[821]

Damit hat Hans Küng freilich nur einen Teilaspekt der – auch durch Nikolaus von Kues vertretenen – apophatischen Theologie der Kirche zur Geltung gebracht, die christologischen Gedanken des Kusaners, wie sie gerade in „de docta ignorantia" in beeindruckender Weise ausgesprochen werden, hat der Tübinger Professor nicht zur Kenntnis genommen,[822] allerdings ebenso wenig die Stellung und Bedeutung des ‚Schweigens' in der apophatischen Theologie der Kirche, auf die nicht zuletzt Hans Urs von Balthasar und in seinem Gefolge der bei der Ausarbeitung einer „katholischen Theologie im Kontext asiatischen Denkens" engagierte Maurus Heinrichs aufmerksam gemacht haben. Auch im Dialog mit dem Buddhismus fällt auf christlicher Seite bei Küng das Verständnis Jesu als des Gottmenschen weg.

Die Chinesische Religion im Dialog

Die Dialogvorlesungen von Hans Küng und Julia Ching über die chinesische Religion[823] sind deutlich besser miteinander abgestimmt als die mit Heinz Bechert publizierten über den Buddhismus, was sich auch darin zeigt, dass letztere **die** in der Struktur der Konzeption Küngs von den in

---

[821] Nicolai de Cusa, *De docta ignorantia. Die belehrte Unwissenheit*, Buch I. Übersetzt und mit Vorwort und Anmerkungen. Lateinisch-deutsch, herausgegeben von Paul Wilpert, 3., durchgesehene Auflage, besorgt von Hans Gerhard Senger, Verlag Felix Meiner, Hamburg, 1979, S. 112f.).

[822] Vgl. dazu die präzise Zusammenfassung bei: Karl Jaspers, „III. Jesus Christus", in: Karl Jaspers, *Nikolaus Cusanus*, Piper, München 1964, Neuausgabe, München/ Zürich, 1987, S. 134-137. Schade, dass Küng sein Projekt, eine Habilitationsarbeit über die Christologie des Cusaners zu schreiben fallen lassen musste, nachdem er erfahren hatte, dass Rudolf Haubst gerade mit einem Buch zu diesem Thema an die Öffentlichkeit getreten war. Hans Küng, *Erkämpfte Freiheit*, S. 204.

[823] Vgl. z.B. Hans Küng/ Julia Ching, *Chinesische Religion*, S. 58.

,drei Stromsysteme' gegliederten Weltreligionen gegründete **Auffassung der ,chinesischen Religion' als dem „dritten riesigen religiösen Stromsystem in dieser Welt"**,[824] „das in *China* seinen Ursprung hat und für das weder der Prophet noch der Mystiker, sondern der *Weise* die Leitfigur darstellt: eine Religion *weisheitlichen Charakters*",[825] **in ihre Vision einer Absorbierung des Marxismus durch die chinesische Kultur aufnimmt** und zwar dergestalt, dass dann zahlreiche Elemente der chinesischen Religion wieder präsent sein werden.[826] In auffälliger Übereinstimmung mit den Hauptideen Hans Küngs sieht Julia Ching „das Ergebnis der chinesischen Tendenz nach Harmonie und Synkretismus" nicht darin, die „religiösen Traditionen (Chinas – WW) zu humanisieren und zu profanisieren", sondern in einer Art Selbstdurchsetzung der chinesischen Religion, in „welcher der Marxismus vielleicht nur eine Phase gewesen" bzw. gleichsam im hegelschen Sinne ,aufgehoben' und in die allgemeine Kultur integriert sein wird.[827] Diese Perspektive wirft ein erhellendes Licht auf die in einem gewissen Maß irritierende Aussage Küngs im selben Buch (1. Auflage: 1999!), wonach

„man auch in China nicht mehr gegen Mao und die Chinesische Revolution eingestellt sein muss, um als Christ leben zu können",

ebenso wie

„man heute im Westen nicht mehr gegen ... die Russische Revolution zu sein braucht, um Christ zu sein. Authentische Zeitgenossenschaft und authentisches Christentum schließen sich auch in China nicht mehr aus".[828]

Das klingt ein wenig kryptisch und man weiß nicht genau, ob Küng hier meint, dass ein Christ eben alles aus Gottes

---

[824] Hans Küng/ Julia Ching, *Chinesische Religion*, S. 12.
[825] Hans Küng/ Julia Ching, *Chinesische Religion*, S. 13.
[826] Julia Ching, in: Hans Küng/ Julia Ching, *Chinesische Religion*, S. 248-251.
[827] Julia Ching, in: Hans Küng/ Julia Ching, *Chinesische Religion*, S. 250-251.
[828] Hans Küng/ Julia Ching, *Chinesische Religion*, S. 280.

Hand zu empfangen bereit sein sollte, oder ob hier nicht doch erheblich mehr und anderes als das gemeint sein wird, was insofern wahrscheinlich ist, da im selben Zitat u.a. auch die französische Revolution bemüht wird, gegen die man heute nicht mehr eingestellt sein müsse, „um als Christ leben zu können", da diese ihrerseits von Küng ja geradezu zum hermeneutischen Prisma für die heute von Christentum und Kirche einzunehmende Weltsicht und die von daher zu lösenden Aufgaben stilisiert wird.[829] Auf diese Weise hätten wir es bei Hans Küng mit einer Art neorevolutionärer bzw. neomaoistischer Umformung des Christentums zu tun, wonach man Marxist, Kommunist oder Maoist und eben zugleich auch Christ sein könne, insofern das ‚zeitgemäße' Element dieser Konstellation ‚schriftgemäß' ist sich –in der Terminologie Hans Küngs – in Übereinstimmung mit dem vom Experten zu eruierenden ‚historischen Jesus' sich befindet. In diesem Sinn drängt Küng denn auch „auf *die praktische Nachfolge*" und „konkrete Verwirklichung in der chinesischen Gesellschaft", was in seiner Vision eben wichtiger ist als „dogmatische Korrektheit und strenge Orthodoxie", insofern „das praktische christliche Zeugnis des Einzelnen wie der christlichen Gemeinde" in seiner ins Auge zu fassenden Orientierung „auf das Wohl der Menschen" „zum Ferment gesellschaftlicher Entwicklung in China werden könnte".[830]

Dabei schwebt ihm die Entwicklung einer kontextuellen chinesischen Theologie vor, welche bestimmte Ansätze einer *„eigenständigen* asiatisch-christlichen Theologie" berücksichtigt, wie z.B.

„– die Minjung- (=Volks-)Theologie in Korea,

– die Homeland-(Heimat-)Theologie in Taiwan,

– die Theology of Struggle (Theologie des Kampfes) auf den Philippinen,

---

[829] Hans Küng, *Das Christentum. Wesen und Geschichte*, S. 742-897, bes. S. 833ff.
[830] Hans Küng/ Julia Ching, *Chinesische Religion*, S. 281f.

– die Theologie der Gefangenschaft in Sri Lanka,

– die Theologie der Entwicklung in Indonesien …"[831]

und dabei fünf Problemfelder („1. Volk und Land", „2. Religion und Ideologie", „3. Technologie und Ökologie", „4. Militarisierung und Macht", „5. Frauen, Jugend und Arbeiter") bearbeitet. Insofern dabei eine „Erneuerung der (chinesischen – WW) Kultur durch Religion" anvisiert wird, sieht Küng im Anschluss an zehn von Fu P'ei-jung „auf einem an der Katholischen Fujen-Universität im Jahre 1977 veranstalteten Seminar vorgetragene Thesen" die entscheidenden Akzente chinesischer Theologie in einer angemessenen „Verhältnisbestimmung spezifisch chinesischer und spezifisch christlicher Anliegen":[832]

„– von Gutsein der Menschennatur und der Lehre der ‚Erbsünde', von Eigenleistung (Freiheit) des Menschen und dem Gnadenhandeln Gottes;

– von der Einheit des ‚Himmels' mit den Menschen, von Gott und Mensch, von Immanenz und Transzendenz;

---

[831] Hans Küng/ Julia Ching, *Chinesische Religion*, S. 282. Vgl. dazu weiter Luis Gutheinz, *Chinesische Theologie im Werden. Ein Blick in die Werkstatt der christlich-chinesischen Theologie*, Matthias Grünewald Verlag, Mainz, 2012. Gutheinz beschreibt eine Reihe kontextueller chinesischer Theologien, beginnend mit „katholischen Versuchen einer inkulturierten Theologie" (a.a.O., S. 75-88), und dann auch „protestantische Versuche einer kontextuellen Theologie" (S. 88-95), wobei er im zuletzt skizzierten Rahmen auch Prof. Zhang Baichun erwähnt, der „die russische Philosophie und die Theologie der orthodoxen Kirchen in die Vorstellungen der ‚Hanyu-Theologie' einbringt." (S. 90). Neben anderen wichtigen Werken zur orthodoxen Theologie wird von Zhang Baichun berichtet, dass sich gegenwärtig von ihm redigiertes **Словарь православных терминов** im Druck befindlich sei, vgl. http://rfo1971.ru/wp-content/uploads/2018/10/CHzhan-Baychun.pdf. Gesehen am 5. Juni A.D. 2019.

[832] Aloisius Berchmanns Chang Ch'un-shen, *Dann sind Himmel und Mensch in Einheit. Bausteine chinesischer Theologie*, Herder. Freiburg im Breisgau, 1984 (zukünftig: *Himmel und Mensch in Einheit*), S. 70. Das folgende Zitat Küngs ist eine Wiedergabe der Überschriften (in leicht anderer Reihenfolge) der von Fu P'ei-jung akzentuierten und von A.B. Chang Ch'un-shen dargebotenen Schwerpunkte notwendiger theologischer Reflexion in China. A.a.O., S. 70-73.

> – von Mit-Schöpfersein einerseits und Geschöpf-Bewusstsein des Menschen andererseits;
>
> – von universaler Harmonie und der geheimnisvollen Vereinigung mit Gott;
>
> – von der Gestalt des Konfuzius auf der einen und der Gestalt Christi auf der anderen Seite, vom Jen der Konfuzianer und der Liebe der Christen;
>
> – von Moral und Religion, der Einheit von Wissen und Tun, von Glauben und Handeln, von Theorie und Praxis."[833]

Küng schließt hier noch einige äußerst knappe Anmerkungen zum chinesischen Gottes-, Christus- und Geistverständnis an, wobei er mit Blick auf das Gottesverständnis zu bedenken gibt, ob hinsichtlich der Bedeutung des ‚Himmels' als *des* Schlüsselwortes im chinesischen Denken in Anknüpfung an den Sprachgebrauch bei Matthäus in christlicher Rede von Gott anstelle der Rede vom ‚Reich Gottes' vom ‚Himmelreich' gesprochen werden könne, auch in Wertschätzung des chinesischen Ideals der Übereinstimmung von Mensch und Himmel als „Ausdruck der christlich verstandenen Übereinstimmung von Mensch und Gott". Andererseits sei „im Zeitalter der Weltraumfahrt" in der christlichen Rede vom ‚Vater unser im Himmel' heutzutage „manchmal doch besser mit philosophischen Begriffen wie das ‚Große Letzte' (*T'ai-chi*) oder das ‚Große Eine' (*T'ai-i*)" zu arbeiten, „die eine transzendierende Dimension", „Gott", „im Makrokosmos und im Mikrokosmos, in uns selbst, erahnen lassen".[834] Die Tatsache freilich, dass Küng hier den Gebrauch „philosophischer Begriffe" zur

---

[833] Hans Küng/ Julia Ching, *Chinesische Religion*, S. 285.
[834] Hans Küng, in: Hans Küng/ Julia Ching, *Chinesische Religion*, S. 286. Der Hinweis Küngs auf die verschiedenen Gottesbegriffe bzw. die „Dualität der Gottesnamen in der altchinesischen und altisraelitischen Religion" („Herr" (Ti) und „Herr in der Höhe" (Shang-Ti) auf der einen Seite, andererseits „Himmel" (Tien) in der altchinesischen Religion, JHWH und Elohim in der altisraelischen Religion) bei Küng/ Julia Ching, *Chinesische Religion*, S. 124-126 vermag in keiner Weise zu überzeugen.

Benennung Gottes empfiehlt, lässt deutlich erkennen, wo seine Gedanken über Gott ihren ‚Sitz im Leben' haben. Damit verbunden ist zugleich die uns bei Hans Küng nun schon vertraute Relativierung des christlichen Personalismus. Im Anschluss an den bekannten japanischen Ökumeniker Masao Takenaka schlägt Küng im Dienste der Inkulturation des Evangeliums die Umformulierung der Bitte des ‚Vaterunsers' um das tägliche Brot im ganzen sinisierten Raum vor: „Unseren täglichen Reis gib uns heute."[835]

Mit Blick auf das Christusverständnis führt der Autor einige seiner Ideen zum ‚historischen Jesus' näher aus und referiert dann teilweise einen Abschnitt aus dem eben zitierten Buch von Chang Ch'un-shen zu den Überlegungen des nichtchristlichen Philosophen Fang Tung-mai über „Jesus Christus – der Himmel-Mensch", was in der Perspektive der Jesus-Konzeption Küngs freilich „zahlreiche christologische Fragen aufwirft", die er in der gebotenen Kürze dann jedoch nicht darbieten kann. In ähnlich kritischer Weise nimmt Küng auch Bezug auf den von Robert P. Kramer referierten Versuch des Taiwaner Theologen Hu Tsan-Yü, „die Gestalt Jesu vor dem Hintergrund der konfuzianischen Überzeugung von einer Wesensgleichheit von Himmel und Mensch zu verstehen".[836] Doch relativiert er seine Kritik gleich wieder, indem er auf den heiligen Paulus verweist, in dessen Konzeption „dem zu Gott erhöhten Herrn, Gottes Macht, Kraft, *Geist* so sehr zu eigen geworden" sei,

> „dass er nicht nur über den Geist verfügt, sondern aufgrund der Auferweckung zum Leben sogar selbst als ‚Geist' (1 Kor 15,46; 2 Kor 3,17) verstanden werden kann."
> „Das heißt: der zu Gottes Leben erweckte Herr ist jetzt in der Existenz und Wirkweise des Geistes."[837]

Wenn die Darstellung nicht einfach nur eine assoziative

---

[835] Hans Küng, in: Hans Küng/ Julia Ching, *Chinesische Religion*, S. 287. Vgl. dazu das Buch: Masao Takenaka, *God is Rice. Asian culture and Christian faith*, World Council of Churches, Genf, 1986.
[836] Hans Küng, in: Hans Küng/ Julia Ching, *Chinesische Religion*, S. 289.
[837] Hans Küng, in: Hans Küng/ Julia Ching, *Chinesische Religion*, S. 290.

Aneinanderreihung von Gedanken sein soll, ist es evident, dass an dieser Stelle präzise ein ‚modalistisches Geistverständnis' durchbricht, insofern Küng nun einfach seine Ausführungen zum ‚chinesischen Geistverständnis' anschließt, die faktisch einen dürren Auszug aus den z.T. durchaus interessanten und inhaltsreichen Darlegungen von Chang Ch'un-shen über den „Heiligen Geist in chinesischer Sicht"[838] und den hierbei zentralen „Grundbegriff *Ch'i*" darstellen. Chang Ch'un-shen äußert sich über die Herkunft, den Sinngehalt und in knappen Linien auch über die Geschichte des Begriffs ‚Ch'i',[839] vergleicht ihn mit dem biblischen Geistbegriff,[840] um ihn dann im Kontext der Pneumatologie,[841] der Christologie,[842] der Gnadenlehre[843] und der Theologie des geistlichen Lebens[844] zu beleuchten. Die Ausführungen Chang Ch'un-shens über den Heiligen Geist gründen sich allerdings auf die diesbezüglichen Gedanken Heribert Mühlens, den der genannte Autor „als Fachmann in Fragen der Pneumatologie" betrachtet.[845]

Dieser Hinweis ist sehr aufschlussreich, weil damit deutlich wird, dass gewisse Unklarheiten in der Lehre über den Heiligen Geist *als Person* schon auf sehr frühe Weichenstellungen in der Geschichte des römischen Katholizismus zurückgehen,[846]

---

[838] Aloisius Berchmanns Chang Ch'un-shen, *Himmel und Mensch in Einheit*, S. 104-136.
[839] Aloisius Berchmanns Chang Ch'un-shen, *Himmel und Mensch in Einheit*, S. 104-116.
[840] Aloisius Berchmanns Chang Ch'un-shen, *Himmel und Mensch in Einheit*, S. 116-123.
[841] Aloisius Berchmanns Chang Ch'un-shen, *Himmel und Mensch in Einheit*, S. 124-129.
[842] Aloisius Berchmanns Chang Ch'un-shen, *Himmel und Mensch in Einheit*, S. 129-133.
[843] Aloisius Berchmanns Chang Ch'un-shen, *Himmel und Mensch in Einheit*, S. 133-135.
[844] Aloisius Berchmanns Chang Ch'un-shen, *Himmel und Mensch in Einheit*, S. 135-136.
[845] Aloisius Berchmanns Chang Ch'un-shen, *Himmel und Mensch in Einheit*, S. 126.
[846] Vgl. die klaren Überlegungen von Dumitru Stăniloae, *Orthodoxe Dogmatik*, Bd. 1, S. 281-287 zu dem entsprechenden Werk des Gewährsmanns Chang Ch'un-shens. Es handelt sich dabei um: Heribert Mühlen, *Der Heilige Geist*

was sich faktisch dann leicht auch mit der Relativierung des christlichen Verständnisses des *einen* Gottes als *drei-personaler* Wirklichkeit und dem daraus resultierenden Verlust des christlichen Personalismus verbinden konnte. Der Gerechtigkeit halber müssen wir freilich auch anmerken, dass Küng „das Prinzip der Einheit in der Monarchie des Vaters" sieht,[847] was man vielleicht noch dahingehend präzisieren könnte, dass *der ‚Vater'* das Prinzip der Einheit ist, damit ‚apersonale' Missverständnisse ausgeschlossen werden. Darauf scheint Hans Küng jedoch, soweit ich sehe, nicht wirklich Wert zu legen. In unserem Zusammenhang folgen vielmehr unter Berufung auf ein 1962 erschienenes „Manifest chinesischer Gelehrter" einige Überlegungen darüber, „was der Westen vom östlichen Denken lernen kann", nämlich

> „– den Geist und die Fähigkeit, in Ergänzung des westlichen Fortschrittsdranges doch selbstgenügsam in jedem einzelnen Moment die Gegenwart dessen zu spüren, was ist, und das aufzugeben, was man haben könnte;
>
> – ein tiefgreifendes und allumfassendes Verstehen, eine Weisheit, die nicht auf abstrakte Allgemeinbegriffe und Prinzipien, sondern auf intuitives, elastisches, dialektisches, wahrhaftig geistiges Erfassen der Wirklichkeit ausgerichtet ist;
>
> – ein Gefühl für Milde und Mitleid, das falschem westlichem Eifer und seiner besitzergreifenden ‚Liebe' überlegen ist;
>
> – ein historisches Verantwortungsbewusstsein, die eigene hochtechnisierte Kultur weiterzuentwickeln, die ohne geistiges Leben untergehen müsste wie die der alten Griechen und Römer;

---

als Person. In der Trinität bei der Inkarnation und im Gnadenbund: Ich – Du – Wir, Aschendorff, Münster, 4. Auflage, 1980. Hans Küng zählt das hier genannte Werk von Vater Stăniloae bei seinen Literaturangaben zur orthodoxen Theologie und Kirche auf, vgl. Hans Küng, *Das Christentum. Wesen und Geschichte*, S. 956 mit Anmerkung 283.

[847] Hans Küng, *Das Christentum. Wesen und Geschichte*, S. 232.

– die Grundhaltung, die ganze Welt als Familie zu begreifen, in der für Erbsünde und Hölle kein Platz ist."[848]

Wir lassen diese Überlegungen so stehen, weil sie nach Küng eben von chinesischen Gelehrten stammen und Probleme der westlichen Kultur aufzeigen wollen.[849] Darüber hinaus meint Küng unter Berufung auf Luis Gutheinz im „Westen ein tiefe Sehnsucht nach *Yin*", dem weiblichen Prinzip wahrzunehmen, „welchem der Taoismus in der Regel besser entsprochen habe" und das dem „Alles-in-den-Griff-bekommen-Wollen", dem männlichen Prinzip, „– in chinesischer Terminologie geredet – *Yang*" entgegensteht.[850] Wichtig scheint uns auch der abschließende Hinweis Küngs auf das Thema ‚Schöpfungstheologie', die unter Berücksichtigung der von Fritjof Capra und Jürgen Moltmann gesetzten Impulse den Zusammenhang des Menschen mit der Natur betont, ohne jedoch die „menschliche Person und ihre Würde" vernachlässigen zu wollen.

Das Buch von Hans Küng und Julia Ching über ‚die chinesische Religion' beschäftigt sich zunächst mit der Religion des ‚chinesischen Altertums', um die auch heute noch präsente *religiöse Dimension* der chinesischen Kultur freizulegen.[851] Küng reagiert auf die Darlegungen Julia Chings über das alte China (Mythologie und Archäologie,[852] Wahrsagung,[853] Opfer,[854] Schamanismus[855] [„*wu*" – „Schamanen, tungusisches Wort",

---

[848] Hans Küng, in: Hans Küng/ Julia Ching, *Chinesische Religion*, S. 292.
[849] Auch wird man von ihnen ja wohl nicht von vornherein und von Hause aus eine tiefe Kenntnis von Kirche und Christentum verlangen können.
[850] In der populärwissenschaftlichen Darstellung Hans Küngs über die chinesische Religion wird das Ying-Yang-Denken, sei es als Moment des Daoismus (Taoismus) oder als Moment des Konfuzianismus, sei es als Element des Gegenübers oder des sich gegenseitig Durchdringens von Konfuzianismus und (Daoismus) Taoismus, dargestellt, vgl. Hans Küng, *Spurensuche 1*, S. 210-213.
[851] Hans Küng/ Julia Ching, *Chinesische Religion*, S. 29-87.
[852] Julia Ching, in: Hans Küng/ Julia Ching, *Chinesische Religion*, S. 33-35.
[853] Julia Ching, in: Hans Küng/ Julia Ching, *Chinesische Religion*, S. 36-40.
[854] Julia Ching, in: Hans Küng/ Julia Ching, *Chinesische Religion*, S. 41-46 (Der Text enthält u.a. auch noch einen Abschnitt über: „Götter und Geistwesen", a.a.O., S. 42-43).
[855] Vgl. Mircea Eliade, *Schamanismus und archaische Ekstasetechnik*, Rascher Ver-

„das eine Person bezeichnet, männlich oder weiblich, die durch Wissen und die Beherrschung einer ‚Technik der Ekstase' besondere Fähigkeiten zur Kommunikation mit einem oder mehreren Göttern besitzt"[856]; *„sheng"* – „die Weisheit der mit diesen Fähigkeiten begabten Menschen"; männliche Personen mit solchen Kräften, werden auch *„hsi"* genannt, *„chu"* dagegen heißen „Priester und Anrufer im Dienst des Staatskultes"][857], Königtum[858] [*„wang"* – König, „Die alten Könige wurden bereits *t'ien-tzu*, wörtlich die ‚Söhne des Himmels' genannt, wenn sich auch die Könige des historischen China, anders als die Herrscher Japans, nie darauf beriefen, selbst Götter zu sein."] und den „ekstatischen Charakter der alten Religion"[859]) mit grundsätzlichen Reflexionen zum Thema „Volksreligion"[860], die mit einigen Gedanken zur „Permanenz archaischer Religion in der Volksreligion heute"[861] einsetzen. Er geht dabei auf bestimmte „Elemente archaischer Religiosität bis heute" ein, nämlich: Ahnenverehrung,[862] Opfer bzw. Opferpraktiken,[863] Wahrsagerei bzw. die „andere Dimension des Lebens".[864]

Das Thema Ahnenkult ist uns ja schon im Zusammenhang mit den Stammesreligionen begegnet. Auch wenn Küng der Möglichkeit, die „Urreligion der Menschheit" historisch nachweisen zu können und insofern auch der Auffassung des „Ahnenkults als … Wurzel jeglicher Religion" skeptisch gegenübersteht[865], so sieht er doch die weite Verbreitung der Ahnenverehrung „schon von der *Alt- und Jungsteinzeit* her" und betont ihren „bewahrenden, konservativen Charakter" („Autorität der Älteren, soziale Kontrolle, traditionalisti-

---

lag Zürich und Stuttgart 1957.
[856] Julia Ching, in: Hans Küng/ Julia Ching, *Chinesische Religion*, S. 46.
[857] Julia Ching, in: Hans Küng/ Julia Ching, *Chinesische Religion*, S. 46-49.
[858] Julia Ching, in: Hans Küng/ Julia Ching, *Chinesische Religion*, S. 50-54.
[859] Julia Ching, in: Hans Küng/ Julia Ching, *Chinesische Religion*, S. 54-58.
[860] Julia Ching, in: Hans Küng/ Julia Ching, *Chinesische Religion*, S. 59-87.
[861] Julia Ching, in: Hans Küng/ Julia Ching, *Chinesische Religion*, S. 60-62.
[862] Julia Ching, in: Hans Küng/ Julia Ching, *Chinesische Religion*, S. 63-66.
[863] Julia Ching, in: Hans Küng/ Julia Ching, *Chinesische Religion*, S. 66-69.
[864] Julia Ching, in: Hans Küng/ Julia Ching, *Chinesische Religion*, S. 70-73.
[865] Julia Ching, in: Hans Küng/ Julia Ching, *Chinesische Religion*, S. 63.

sche Haltung").[866] Demgegenüber sei das Christentum zwar „eine *Religion der Väter*", war „aber nie im strengen Sinn eine Ahnenreligion wie die alte chinesische Religion". Eine Auffassung der Väter als Götter oder „Quasi-Götter" sei mit dem jüdisch-christlichen (und dann auch islamischen) Glauben an den einen transzendenten Gott nicht vereinbar, ein Beten für die Verstorbenen dagegen durchaus möglich: „Ahnenverehrung ja, Ahnenkult (Manismus) nein."[867]

Küng übergeht nicht den mit der Schwierigkeit verbundenen Ritenstreit, beides angemessen auseinanderzuhalten, der die römisch-katholische Missionsgeschichte in China mitgeprägt hat. Dennoch sieht er in der Ahnenverehrung einen auch für die westliche (durch Protestantismus und Katholizismus geprägte) Kultur positiv aufzugreifenden Impuls. In diesem Sinn stellt Küng die Frage:

> „Könnte in einer Zeit planmäßiger Verdrängung des Todes ... in den westlichen Industriegesellschaften eine Totenverehrung, wie sie sich in China durch die demokratische und die kommunistische Revolution hindurchgehalten hat, nicht vielleicht zu einer neuen Herausforderung für die moderne Gesellschaft und für das Christentum werden?"[868]

Zwar betont Küng vor allem den „gesellschaftskritischen Charakter" des „Gedächtnisses der Toten", aber er verweist dann doch auch auf dessen „humanisierende Funktion" und „solidarisierenden Effekt".[869] Auch wenn klar ist, dass die hier mitschwingenden Themen „Fürbitte für die Toten" und „Heiligenverehrung" aus orthodoxer Perspektive einer weitaus gründlicheren Erörterung bedürfen, so ist hier m.E. doch etwas Richtiges festgehalten.

Was das Thema Opfer bzw. Opferpraktiken angeht, so

---

[866] Julia Ching, in: Hans Küng/ Julia Ching, *Chinesische Religion*, S. 63.
[867] Julia Ching, in: Hans Küng/ Julia Ching, *Chinesische Religion*, S. 64.
[868] Julia Ching, in: Hans Küng/ Julia Ching, *Chinesische Religion*, S. 65.
[869] Julia Ching, in: Hans Küng/ Julia Ching, *Chinesische Religion*, S. 65.

stellt es Hans Küng unter die Überschrift: „Prozesse der Verinnerlichung und Vergeistigung".[870] Er geht hier auf den von Julia Ching in der Exposition erwähnten König T'ang ein[871], der – in „Analogie ... zum (ebenfalls im letzten Moment von oben verhinderten!) Sohnesopfer des Patriarchen Abraham" sich selbst zum Opfer anbietet, für Küng ein Indiz, „dass der Begriff der Sünde als eine Beleidigung des höchsten Wesens" in der chinesischen Religion „durchaus nicht unbekannt war".[872]

Allmählich aber habe sich in „manchen Religionen eine mehr *ethische, vergeistigte Auffassung* des Opfers durchgesetzt", insofern „ein sündiger Mensch Gott genehme Opfer nicht bringen kann." So gelte „schon für die kultkritischen Propheten Israels und die Psalmen als wohlgefälligstes Opfer die unbedingte Hingabe des Herzens an Gott".[873]

Küng beobachtet dann weiter richtig, dass Propheten und Psalmen darüber hinaus vom ‚Opfer der Lippen' und so auch vom ‚Dankopfer' sprechen, das Ausdruck der Hingabe des Herzens sein soll.[874] Wenn Küng anmerkt, dass dies keine „stofflichen Opfer" seien, so darf dabei jedoch die leibliche Dimension gerade dieses ‚Opfers der Lippen' nicht einfach übersehen werden, so wichtig selbstverständlich bleibt, dass dieses Opfer nicht heuchlerisch, sondern von ganzem Herzen vollzogen wird. Genau an dieser Stelle muss faktisch der Lernprozess einsetzen, den Gottesdienst in rechter Weise zu vollziehen. Würde hier die körperlich-leibliche Dimension aus-

---

[870] Julia Ching, in: Hans Küng/ Julia Ching, *Chinesische Religion*, S. 66-69.
[871] Julia Ching, in: Hans Küng/ Julia Ching, *Chinesische Religion*, S. 51.
[872] Julia Ching, in: Hans Küng/ Julia Ching, *Chinesische Religion*, S. 67.
[873] Hans Küng, in: Hans Küng/ Julia Ching, *Chinesische Religion*, S. 67.
[874] Vgl. zum Beispiel Hos 14, 3; Ps 50, 14. 23, im Neuen Testament dann Hebr 13, 15. Prägnant in dem Lied von Paul Gerhard: „Die güldne Sonne voll Freud und Wonne", Strophe 3: „Lasset uns singen, dem Schöpfer bringen, Güter und Gaben; was wir nur haben, alles sei Gotte zum Opfer gesetzt! Die besten Güter sind unsre Gemüter; dankbare Lieder sind Weihrauch und Widder, an welchen er sich am meisten ergötzt." Lied Nr. 409, in: *Gesangbuch der Evangelischen Kirche Augsburgischen Bekenntnisses in der Sozialistischen Republik Rumänien*, hrsg. im Auftrag der 50. Landeskirchenversammlung, Hermannstadt, 1974, S. 458.

geschlossen, würden wir bei einem – außerhalb des ‚Leibes der Kirche' – angesiedelten Doketismus oder Scheinchristentum landen, was faktisch dem Verlust des vollen Verständnisses der Kirche als gott-menschlicher Wirklichkeit entspricht. Dies aber ist ein folgerichtiges Ergebnis der Reduktion der ‚apostolischen Tradition' auf ihre rein menschliche Dimension.

Küng kommt dann auf das ‚vollkommene Selbstopfer Jesu' zu sprechen, wie es im Hebräerbrief gezeichnet wird, blendet allerdings den mit diesem Opfer verbundenen Charakter Jesu als ‚Hoherpriester' in der Tradition Melchisedeks vollständig aus, sondern wiederholt seine Gedanken über die „grundstürzende Kritik" Jesu am „israelitischen (und heidnischen) *Priestertum*".[875] Dass mit Jesus hier eine andere priesterliche Tradition aufgegriffen wurde, eben die Melchisedek-Tradition, hat Hans Küng nicht mit der nötigen Sorgfalt reflektiert.

Hinsichtlich des Themas „Wahrsagung und die andere Dimension des Lebens"[876] kommt Küng zu dem Schluss, dass sich hier – wie auch im Erfolg von Büchern über Astrologie und Schamanismus –

> „eine vielleicht postmoderne Sehnsucht nach einem neuen, erkennbaren Zusammenhang von Mensch und Natur, äußerem Leben und inneren Kräften, Rationalität und Spiritualität, Wissenschaft und Mysterium, kosmischem Bewusstsein und authentischem Leben Ausdruck" verschafft.[877]

Vor diesem Hintergrund setzt sich Küng noch einmal – hier nicht ohne positive Bezugnahme auf den emphatischen Zugang zu diesem Thema bei Giovanni Battista Vico und Johann Gottfried von Herder[878] – mit dem Begriff der ‚Volksreligion' auseinander, sieht „menschliche Urbedürfnisse – nach Schutz und Hilfe, Trost und Ermutigung, nach Erklärung und Deutung

---

[875] Hans Küng, in: Hans Küng/ Julia Ching, *Chinesische Religion*, S. 68.
[876] Hans Küng, in: Hans Küng/ Julia Ching, *Chinesische Religion*, S. 70-73.
[877] Hans Küng, in: Hans Küng/ Julia Ching, *Chinesische Religion*, S. 73.
[878] Hans Küng/ Julia Ching, *Chinesische Religion*, S. 74.

des menschlichen Daseins und der Welt: Religion als *Remedium* des Volkes."[879]

Eine gewisse Weichenstellung bei Hans Küng ist die Unterscheidung von Schamanen und Propheten, verbunden mit einer „durch und durch ethisch ausgerichteten" Auffassung der Prophetie[880], die er knapp in seiner Antwort an Julia Ching umreißt, wonach der Schamane eine Art Techniker des Heils ist, der „das Unsichtbare und Unverfügbare manipulieren (= Magie) will", der Prophet dagegen wolle „dem einen Unsichtbaren und Unverfügbaren dienen (= Religion)", was grundsätzlich auf eine „passiv empfangene göttliche Berufung", den „so und nicht anders bestimmten *Auftrag*" zurückgehe.[881]

Für die Konzeption Küngs ist nun wichtig, dass alle damit verbundenen

> „religiösen Praktiken, all die Riten und Symbole, Lehren und Mythen in irgendeiner Form transzendent begründet sind: mit überirdischer, himmlischer, göttlicher Autorität ausgestattet und oft mit zeitlichen, gar jenseitig-ewigen Sanktionen abgesichert."[882]

So sei es kein Wunder, dass, „obwohl die Ablehnung der Religion durch Mao Tse-tung und die chinesischen Kommunisten zweifellos ihre guten Gründe hatte", „die kommunistische Partei weder in der Sowjetunion noch in der Volksrepublik China und erst recht nicht in Tibet mit der Religion fertig geworden ist." Aus der Religionsgeschichte

---

[879] Hans Küng, in: Hans Küng/ Julia Ching, *Chinesische Religion*, S. 75. Hervorhebung durch Kursivdruck von Hans Küng.
[880] Hans Küng, in: Hans Küng/ Julia Ching, *Chinesische Religion*, S. 81-83.
[881] Hans Küng, in: Hans Küng/ Julia Ching, *Chinesische Religion*, S. 82f. Unsere Frage wäre, inwieweit dabei nicht stärker auch das dialogische Moment zwischen Prophet und Gottheit gesehen werden müsste, ist doch angesichts des Phänomens der ‚Lügenprophetie', die manchmal auch sehr erfolgreich zu sein scheint, die Situation aufs Ganze gesehen nicht ganz so simpel wie das bei Küng den Anschein hat.
[882] Hans Küng, in: Hans Küng/ Julia Ching, *Chinesische Religion*, S. 75.

hätte man schließlich wissen können, dass „Religionen zwar epochale Paradigmenwechsel durchmachen, aber zählebig wie sonst kaum etwas sind."[883] Bei allem Respekt vor der Volksreligion sei daher die Unterscheidung zwischen „Glaube und Aberglaube" wichtig.[884]

Dabei ergebe sich nun die Schwierigkeit, dass „viele Volksreligionen" ohne „maßgebliche (heilige – WW) Schrift, Tradition oder Gestalt" auskommen, so dass das *„allgemein religiöse Kriterium des Authentischen oder Kanonischen"* hier nicht zur Anwendung kommen kann. Im Falle „christlicher Volksreligionen" könne zwar als „Kriterium" „die kritische Frage nach dem dort wehenden Geist Jesu" gestellt werden, aber im Falle von „nichtchristlichen Volksreligionen" falle dieses „Kriterium" eben aus, weshalb es nun zu wissen wichtig sei, dass sich *Religion* im Unterschied zum Aberglauben auf „das Absolute selbst" und insofern auf „nichts Relatives, Bedingtes, Menschliches" bezieht, sondern auf „jene verborgene allererste-allerletzte Wirklichkeit, die nicht nur Juden und Christen, sondern auch Moslems anbeten und die die Hindus im Brahma, die Buddhisten im Absoluten und selbstverständlich Chinesen im Himmel oder im Tao suchen."[885]

Es muss schon auffallen, dass Küng dem Thema ‚Urreligion' so skeptisch gegenübersteht, dann aber „das, was alle Gott nennen", so selbstverständlich überall und bei allen für ein und dasselbe hält. Faktisch jedoch leugnet Küng die Überzeugungskraft dieser „allerersten-allerletzten Wirklichkeit", weil der Name ‚Gott' für so viele „Greuel und Absurditäten" missbraucht worden sei und deshalb für die Unterscheidung wahrer Religion vom Aberglauben letztlich nicht taugt.

Denn nach Küng brauche es vielmehr ein anderes, „ausreichendes Kriterium", das unser Autor erwartungsgemäß im „Humanum" findet und als solches in der Kategorie des chinesi-

---

[883] Hans Küng/ Julia Ching, *Chinesische Religion*, S. 77.
[884] Hans Küng/ Julia Ching, *Chinesische Religion*, S. 83-86.
[885] Hans Küng/ Julia Ching, *Chinesische Religion*, S. 85.

schen „*Jen*, übersetzt mit Güte, Mildherzigkeit, Menschlichkeit", als die „zentrale Lehre des Konfuzius" identifiziert. So beschreibt Küng den Konfuzianismus „im Gegensatz zur Volksreligion" als eine „humanistische, moralische Religion", die „mit dem Ethos des Christentums" vergleichbar sei.[886]

In der Tat zeichnet Julia Ching in ihrer Exposition ein beeindruckendes Bild[887], das einen knappen Einblick gibt in Geschichte, Hauptgedanken und Kultur des Konfuzianismus in China. Sie schildert das Aufbrechen tiefgehender Fragen nach dem Sinn des Lebens, „der Stellung des Menschen im Universum" und „wie die Menschen eine soziale Ordnung und Harmonie finden".[888]

„Das Wort ‚Konfuzianismus' ... steht für eine Weltanschauung, die von einem Mann namens Konfuzius (circa 551-479 vor Christus) entwickelt wurde" und zugleich für eine bestimmte chinesische Schultradition.[889]

> „Die Chinesen selber sprechen normalerweise von *ju-chia* oder *ju-chiao*, was soviel wie ‚die Schule' oder ‚die Lehren der Gelehrten' bedeutet. Etymologisch soll das Wort *ju* angeblich mit dem Wort für ‚Feiglinge' oder ‚Schwächlinge' verwandt sein und sich ursprünglich auf jene verarmten Aristokraten des Altertums beziehen, die nicht mehr Krieger sein wollten, sondern von ihrer Kenntnis der Rituale, der Geschichte, der Musik, der Zahlen oder des Bogenschießens lebten."[890]

Die Lehren des Konfuzius und seiner Schule geben Antwort auf die aufgebrochenen Fragen, in den zwanziger und dreißiger Jahren des vergangenen Jahrhunderts begann man im Zuge der „Entwicklung der historisch-kritischen Methode"

---

[886] Hans Küng, in: Hans Küng/ Julia Ching, *Chinesische Religion*, S. 87.
[887] Julia Ching, in: Hans Küng/ Julia Ching, *Chinesische Religion*, S. 89-117.
[888] Julia Ching, in: Hans Küng/ Julia Ching, *Chinesische Religion*, S. 92.
[889] Julia Ching, in: Hans Küng/ Julia Ching, *Chinesische Religion*, S. 93.
[890] Julia Ching, in: Hans Küng/ Julia Ching, *Chinesische Religion*, S. 93. Hervorhebungen im Kursivdruck von Julia Ching.

auch „nach dem *historischen* Konfuzius"[891] im „Unterschied zum Konfuzius-Bild der volkstümlichen Verehrung"[892] zu fragen. In ihrem Buch über „Konfuzianismus und Christentum" bezeichnet Julia Ching diese Frage als zwar nützlich, resümiert dann aber:

> „Die Suche nach dem historischen Konfuzius hielt nicht lange an, da sie vom chinesisch-japanischen Krieg unterbrochen wurde. Aber sie wäre ohnehin nicht lange weitergegangen, da definitive Daten über den Mann und seine Lehren spärlich sind. Konfuzius war zweifellos eine historische Persönlichkeit wie Jesus Christus nach ihm. Der Versuch einiger Enthusiasten der Han-Dynastie, ihn zu vergöttlichen, war nie wirklich erfolgreich, hinterließ aber einen Ruch der Heiligkeit, der den Menschen in den Hintergrund treten ließ. Die erhaltenen historischen Quellen sind keine große Hilfe."[893]

Von der Selbsteinschätzung des Konfuzius und „seiner hohen Wertschätzung der Rituale und der Tugend der Schicklichkeit" zeugt der folgende, von Julia Ching wiedergegebene Text:

> „Mit fünfzehn strebte ich nach Wissen.
> Mit dreißig war ich in mir selbst gefestigt.
> Mit vierzig gab es keine Zweifel mehr.
> Mit fünfzig kannte ich den Himmel.
> Mit sechzig war mein Ohr ein willig Ding,
> Aus allem nur herauszuhören das Wahre.
> Mit siebzig konnte ich den Wünschen des Herren ohne Bedenken folgen, ohne das rechte Maß zu übertreten."[894]

---

[891] Julia Küng, in: Hans Küng/ Julia Ching, *Chinesische Religion*, S. 94.
[892] Julia Ching, „Die Suche nach einem historischen Konfuzius", in: Julia Ching, *Konfuzianismus und Christentum*, Matthias-Grünewald-Verlag, Mainz, 1989 (zukünftig: *Konfuzianismus und Christentum*), S. 58f., dort auch weiterführende Literatur in chinesischer Sprache.
[893] Julia Ching, *Konfuzianismus und Christentum*, S. 58.
[894] Julia Ching, in: Hans Küng/ Julia Ching, *Chinesische Religion*, S. 95 mit Hinweis auf: „Gespräche" 2, 4 und Richard Wilhelm (Übers.), „Kung-futse, Gespräche: Lunyü", Düsseldorf/ Köln, 1972; vgl. Konfuzius, *Gespräche (Lun-Yu). Aus dem Chinesischen übersetzt und herausgegeben von Ralf Moritz, 4. Auflage, Leipzig, 1982 (zukünftig: *Gespräche*), S. 46.

Julia Ching fasst diese Selbsteinschätzung dahingehend zusammen, dass

> „Konfuzius ... ein religiöser Mann war, der an den Himmel als einen persönlichen Gott glaubte und der versuchte, den Willen des Himmels zu verstehen und zu befolgen."[895]

Als Basistexte werden aufgezählt: Die „Gespräche", wo „man am besten die Lehren des Konfuzius findet", und die „Fünf Klassiker", die „ganz verschiedenen Literaturgattungen angehören", nämlich: „das ‚Buch der Wandlungen' oder I-ching ..., das ‚Buch der Urkunde' oder Shu-ching; das ‚Buch der Lieder' oder Shi-ching; das ‚Buch der Riten' oder Li-ching und die ‚Frühling- und Herbst-Annalen' oder Ch'un-ch'iu", wobei „ein sechster Klassiker, das ‚Buch der Musik' nicht erhalten" sei.[896]

Nach Julia Ching gehen viele dieser klassischen Texte auf Konfuzius oder sogar die Zeit vor ihm zurück, wurden aber auch später noch ergänzt. „Die konfuzianische Schule war längst etabliert, als diese Klassiker ... schließlich zur Grundlage der Beamtenprüfung gemacht wurden." Auf „sie stützen sich dann die verschiedenen Überlieferungen und ... Textinterpretationen."[897]

Der Konfuzianismus hat einen praktischen Anspruch. Darin drückt sich die Gegenwart des Absoluten im Relativen aus. Deshalb ist die Qualität menschlicher Beziehungen wichtig, von denen „fünf Beziehungen" hervorgehoben werden,[898] „drei davon sind Familienbeziehungen, die anderen können von ih-

---

[895] Julia Ching, in: Hans Küng/ Julia Ching, *Chinesische Religion*, S. 95.
[896] Julia Ching, in: Hans Küng/ Julia Ching, *Chinesische Religion*, S. 95. Von Hans Küng dann wiedergegeben:Hans Küng, *Spurensuche 1*, S. 194.
[897] Julia Ching, in: Hans Küng/ Julia Ching, *Chinesische Religion*, S. 96.
[898] Von Hans Küng dann wiedergegeben: Hans Küng, *Spurensuche 1*, S. 193f. Küng verweist hier auch auf die von Konfuzius Anfang des fünften Jahrhunderts v. Chr. mit seiner Weisheitsschule („Selbstbezeichnung ‚Schule der Sanftmütigen' (*rujia*)") für mehr als 2000 Jahre gelegten Fundamente chinesischer Ethik und Politik und zählt in diesem Zusammenhang dann die chinesischen Klassiker auf.

nen abgeleitet werden", nämlich: „die zwischen Herrscher und Minister, Vater und Sohn, Ehemann und Ehefrau, älterem und jüngeren Bruder, Freund und Freund." Julia Ching weist vor diesem Hintergrund daraufhin, dass „sich die konfuzianische Gesellschaft als große Familie betrachtet" und nennt die hier zu beachtende Stelle ("Gespräche" 12, 15):

>„So sind innerhalb der vier Meere alle Menschen Brüder."[899]

Zwar gelten die sich daraus ergebenden moralischen Bindungen für alle und reziprok, doch ist dabei immer „die vertikale Richtung der Hierarchie" betont. Die „Tugend der Menschlichkeit", die Konfuzius zu einer „universalen Tugend" erhoben hat, „die das menschliche Wesen, den Weisen *ausmacht*", während sie zuvor nur das „Verhalten eines Edlen seinem Untergegeben gegenüber" bezeichnete, beinhaltet „die rechte Gestaltung menschlicher Beziehungen" und „hat mit Loyalität (*chung*) – Loyalität gegenüber dem eigenen Herzen und Gewissen" und „... Gegenseitigkeit (*shu*) – Respekt und Rücksicht gegenüber anderen (,Gespräche' 4, 15)"[900] zu tun.[901] Diese Liebe des Weisen dehnt sich auf „*alle* und *jeden*", sogar auf „den ungeliebten Menschen" aus, orientiert sich an der negativ formulierten ‚Goldenen Regel', bleibt aber meist[902], wie Hans Küng dazu anmerkt: „ganz am natürlichen Gefühl und an den familiären und nationalen Bindungen orientiert", während die aus der Erfahrung der Liebe Gottes erwachsende christliche Nächstenliebe strukturell – unabhängig und über nationale Grenzen hinweg eben – „Liebe zum gerade Nächsten" ist.[903]

---

[899] Julia Ching, in: Hans Küng/ Julia Ching, *Chinesische Religion*, S. 97. Vgl. Konfuzius, *Gespräche*, S. 95.

[900] Konfuzius, *Gespräche*, S. 57: „... Treu sein und immer das Rechte tun – das ist der Weg des Meisters, und nichts weiter."

[901] Julia Ching, in: Hans Küng/ Julia Ching, *Chinesische Religion*, S. 97. Hervorhebungen im Kursivdruck von Julia Ching.

[902] Ausnahme Mo-tzu, der eine „Liebe aller" vertritt, vgl. Julia Ching, in: Hans Küng/ Julia Ching, *Chinesische Religion*, S. 98; ebenso Hans Küng, in: Hans Küng/ Julia Ching, *Chinesische Religion*, S. 146.

[903] Hans Küng, in: Hans Küng/ Julia Ching, *Chinesische Religion*, S. 145-147.

Wenn Julia Ching freilich darauf hinweist, dass die ‚Tugend der Menschlichkeit' „jen" auch „li" enthält, also „Schicklichkeit, Sitten und Riten" und sodann noch einmal auf die Bedeutung der Rituale hinweist („li – das chinesische Zeichen für Ritual", „mit den Worten ‚Verehrung' und ‚Opfergefäß' verwandt")[904], so greift Hans Küng in seiner Antwort eigentlich nur ihren Hinweis auf die Bedeutung der inneren Haltung beim Vollzug der Rituale auf:

> „Ein Mensch ohne Menschlichkeit, was helfen dem die Riten? Ein Mensch ohne Menschlichkeit, was hilft dem die Musik? ‚Gespräche' 3, 3."[905]

Diskutiert wird weiter die Frage, ob und inwieweit der Mensch von Natur aus böse ist oder nicht. Menzius, der auch die Harmonie von ‚Himmel' und Mensch betont hat – „der Mensch trägt den Himmel im Herzen, so dass, wer sein eigenes Herz und seine eigene Natur kennt, auch den Himmel kennt (Menzius 7a, 1)" –, ist der Meinung, dass „das Böse das Ergebnis des Kontaktes einer ursprünglich guten Natur und ihrer sündhaften Umgebung" sei, während Hsün-tzu meint, dass das Böse „der menschlichen Natur selbst eigen" sei, wobei wichtig ist, dass *beide* den Menschen für fähig halten, vollkommen zu werden.[906]

In seiner Antwort meint Küng zwar, dass man den Schöpfungsbericht der Bibel nicht wörtlich verstehen dürfe, hält aber doch daran fest, dass Gott seine Schöpfung und mithin eben auch den Menschen gut geschaffen habe. Selbstverständlich verweist Hans Küng in Übereinstimmung mit der christlichen Tradition daraufhin, dass zur Erklärung

---

[904] Julia Ching, in: Hans Küng/ Julia Ching, *Chinesische Religion*, S. 97. 99f.
[905] Julia Ching, in: Hans Küng/ Julia Ching, *Chinesische Religion*, S. 99; Konfuzius, *Gespräche* (3, 3), S. 51: „Konfuzius sprach: ‚Wer seine Pflichten gegenüber den Menschen nicht kennt, wie kann der die Riten und Umgangsformen einhalten? Wer seine Pflichten gegenüber den Menschen nicht kennt – wie kann der die Musik verstehen?'", vgl. Hans Küng, in: Hans Küng/ Julia Ching, *Chinesische Religion*, S. 133. 139f.
[906] Julia Ching, in: Hans Küng/ Julia Ching, *Chinesische Religion*, S. 100f.

menschlicher Schuld immer sowohl innere als auch äußere Faktoren eine Rolle gespielt haben können.

In seiner Beziehung zum Staatsleben vertritt der Konfuzianismus eine eher aktive Haltung, bis hin zu der von Menzius entwickelten „Doktrin der Rebellion oder Revolution, normalerweise ‚Beseitigung des Mandats' (ko-ming) genannt."[907]

Unter dem Einfluss von buddhistischen und taoistischen Ideen kam es zu einer Erneuerung des Konfuzianismus, nach Julia Ching heisst diese Entwicklung im Westen „Neokonfuzianismus", während die Chinesen sie eher „als ‚Metaphysische Denkweise' (li-hsüeh, wörtlich: die Lehre der Prinzipien) bezeichnen." Dieser Neo-Konfuzianismus bezieht sich auf einen kleineren Kanon, nämlich die „Vier Bücher: die ‚Gespräche' zwischen Konfuzius und seinen Schülern, das ‚Buch des Menzius', …die ‚Große Lehre' und ‚Maß und Mitte' – zwei Abhandlungen, die Bestandteil des ‚Buches der Riten' sind.

Nach Julia Ching ist im Neo-Konfuzianismus die Bemühung „um die Transzendenz des eigenen Selbst" besonders wichtig, wobei – etwa in der Philosophie von Chu Hsi – der abendländischen Scholastik vergleichbare Kategorien aufgegriffen werden. So

> „interpretiert Chu Hsi das t'ai-chi mit Hilfe von li, den Prinzipien, auf denen alle Dinge aufgebaut sind. Li kann man als Gestalt definieren, als organisierende und normative Prinzipien, die zum Bereich ‚jenseits von Formen' gehören. Es geht logisch – nicht zeitlich – dem ihm beigeordneten ch'i voraus, was manchmal als ‚Ätherstoff' übersetzt wird, das zum Bereich ‚in Formen' gehört. Alle Dinge setzten sich aus beidem , li und ch'i, zusammen, so ähnlich wie aus Form und Materie in der aristotelischen Philosophie, mit dem Unterschied, dass li passiv und ch'i dynamisch ist."[908]

---

[907] Julia Ching, in: Hans Küng/ Julia Ching, *Chinesische Religion*, S. 103. Hervorhebung durch Kursivdruck von Julia Ching.
[908] Julia Ching, in: Hans Küng/ Julia Ching, *Chinesische Religion*, S. 107. Hervor-

Später habe man dann diskutiert, ob dem *li* oder dem *ch'i* der Vorzug zu geben sei, vergleichbar der Auseinandersetzung zwischen Idealisten und Materialisten, chinesische Marxisten hielten es nach Julia Ching mit dem *ch'i*. Auch wenn Ahnenkult und bestimmte Formen der Meditation eine Rolle spielen, resümiert sie, dass der Konfuzianismus heute mehr Philosophie als Religion sei.[909] Hans Küng seinerseits bringt vor allem die Frage nach dem ‚historischen Konfuzius' als Kriterium rationaler Selbstüberprüfung der konfuzianischen Religion ein[910], die Julia Ching zwar als nützlich, aber nicht so ergiebig bezeichnet hatte.

Küng betont, dass „für Konfuzius der (als wirksame Macht, Ordnung, Gesetz oder Wesen verstandene) ‚Himmel' (*t'ien*) religiöser *Horizont* ist …, dessen Willen der Mensch (und besonders der Herrscher) zu verstehen und dem er zu gehorchen hat …"[911] Jedoch

> „im *Zentrum* des Interesses von Konfuzius steht der Mensch mit seinen natürlichen familiären (und so auch sozialen) Grundbeziehungen: der Mensch, der nicht zu einem Heiligen, wohl aber zu einem für alles Gute, Wahre und Schöne (Musik!) sich ständig offenhaltenden ‚edlen Menschen' (nicht ‚Edelmann', sondern ‚sittlich Edlen'), zum politisch engagierten ‚Weisen' werden soll."[912]

Während Konfuzius, „bei allem Blick nach vorn" „ganz an einer besseren *Vergangenheit*, am frühen *Kaiserreich* der alten Herrscher", dem „Einhalten der alten Riten, der ursprünglichen religiösen wie zivilen Sitten, Ordnungen und Umgangsformen (faktisch die der Chou-Zeit)" orientiert war, ist Jesus ganz am

---

hebung durch Kursivdruck von Julia Ching. Auf mittelalterliche Paralallelen in Neo-Konfuzianismus und Scholastik geht Küng ausführlich ein, vgl. Hans Küng, in: Hans Küng/ Julia Ching, *Chinesische Religion*, S. 208-211.

[909] Julia Ching, in: Hans Küng/ Julia Ching, *Chinesische Religion*, S. 116.
[910] Hans Küng, in: Hans Küng/ Julia Ching, *Chinesische Religion*, S. 127-135.
[911] Hans Küng, in: Hans Küng/ Julia Ching, *Chinesische Religion*, S. 135. Hervorhebung im Kursivdruck von Hans Küng.
[912] Hans Küng, in: Hans Küng/ Julia Ching, *Chinesische Religion*, S. 135. Hervorhebung im Kursivdruck von Hans Küng.

"kommenden ‚Himmelreich', das mit dem ‚Gottesreich' identisch" ist, orientiert.

Im Zentrum von Jesu Denken stehe der (als persönliches Gegenüber) ansprechbare *Gott* selbst, er, der ‚barmherzige Vater', dessen Wille ganz und gar auf das Heil des Menschen ausgerichtet ist: ‚Dein Wille geschehe im Himmel wie auf Erden'! (Mat 6,10)", was Küng als „eine – freilich ganz und gar human ausgerichtete – *Theozentrik*" bezeichnet.[913]

Zusammengefasst geht es im Konfuzianismus nach Küng um ‚menschliche Weisheit', die offen für das Transzendente ist, das gegebenenfalls auch personal gefasst sein kann.

Bei ihrer Darstellung des Taoismus unterscheidet Julia Ching den „Taoismus als Philosophie" vom „Taoismus als Religion", resümiert dann aber zum Schluss: „Der Taoismus ist eine Tradition, die die mystische Erfahrung bekräftigt und gleichzeitig zu einer moralischen Lebensweise ermutigt."[914] Charakteristischerweise betont Hans Küng gegenüber dieser Unterscheidung von ‚Philosophie' und ‚Religion':

> „Es war stets eine terminologische Verlegenheitslösung, Taoismus als Philosophie und Taoismus als Religion einander entgegenzusetzen. Denn die taoistische Philosophie ist zutiefst religiös, und auch die neo-taoistische Religion berief sich stets auf die ‚philosophische' Lehre Lao-tzus."[915]

Bei ihrer Darstellung des „Taoismus als Philosophie" geht Julia Ching auf die dafür maßgeblichen Texte des „Lao-tzu" und des *Chuang-tzu*" ein, „über deren Verfasser wir allerdings

---

[913] Hans Küng, in: Hans Küng/ Julia Ching, *Chinesische Religion*, S. 135f. Hervorhebungen im Kursivdruck von Hans Küng.
[914] Julia Ching, in: Hans Küng/ Julia Ching, *Chinesische Religion*, S. 183. Später wird sie den Taoismus als „theistische oder sogar polytheistische Religion" einschätzen und damit von der Betonung des ‚mystischen' Elements im Taoismus abrücken, den Konfuzianismus dagegen als „moralische" oder „rituelle Religion", vgl. Julia Ching, in: Hans Küng/ Julia Ching, *Chinesische Religion*, S. 243. Doch wirken diese Einteilungen letztendlich viel zu schematisch.
[915] Hans Küng, in: Hans Küng/ Julia Ching, *Chinesische Religion*, S. 186.

nur legendäre Kunde besitzen", wobei der erste Text, der „kurz und rätselhaft ist", „auch ‚Tao-te ching', wörtlich: der Klassiker vom Weg und seiner Macht" heißt.[916]

Dann bringt Julia Ching einige interessante Ausführungen zum Begriff des Tao[917], die wir aber überspringen, betont weiter das zentrale Anliegen des Chuang-tzu, das „nicht so sehr in der Freiheit von gesellschaftlichen Konventionen und Zwängen" besteht, sondern eher „… eine sich selbst übertreffende Befreiung von den Begrenzungen des eigenen Geistes durch Eigennutz und Vorurteile" ist, woraus sich auch seine „totale Abneigung gegen die Politik" erklären lässt. Es geht dabei darum, „die Unterschiede zwischen dem eigenen Ich und dem Universum durch die vollkommene Vereinigung mit dem Tao aufzuheben", was den Menschen „zu der Weisheit führt, die auch Leben und Tod überwindet". Es ist die Rede von „mystischem Wissen", da „nur über das ‚Vergessen' das Wissen um alle Dinge, besonders um das eigene Ich zustande kommt". Entscheidende Stichworte sind „Sitzen und Vergessen (tso-wang)" und auch „Fasten des Herzens", was ein Leermachen der Sinne und des Geistes bedeutet.[918]

Später habe man sich dann gestritten, „ob das Tao im ‚Chuang-tzu' in Wirklichkeit ‚nichts' sei" (‚nominalistische' Auffassung des Tao, vertreten von Kuo Hsiang), während eine ‚realistische' Auffassung des Tao (vertreten durch Wang Pi) sich durchgesetzt habe.

Später setzt sich auch Hans Küng seinerseits intensiv mit der Frage auseinander, „was das Tao ist: Weg oder Sein",[919] und auch „Tao = Gott?"[920]:

---

[916] Julia Ching, in: Hans Küng/ Julia Ching, Chinesische Religion, S. 158-163, das Zitat S. 158.
[917] Julia Ching, in: Hans Küng/ Julia Ching, Chinesische Religion, S. 158ff. Hier geht es andeutungsweise um Verknüpfungen mit dem Begriff des ‚Logos' aus dem Prolog zum hl. Evangelium nach Johannes.
[918] Julia Ching, in: Hans Küng/ Julia Ching, Chinesische Religion, S. 161.
[919] Hans Küng, in: Hans Küng/ Julia Ching, Chinesische Religion, S. 197-199.
[920] Hans Küng, in: Hans Küng/ Julia Ching, Chinesische Religion, 199-201.

"Im Chinesischen, so könnte man sagen, gibt es ein Tao, einen ‚Weg' (‚Gesetz', ‚Lehre', ‚Ordnungsprinzip') für alles: ein Tao der Natur, der Kultur, des Geistes, ein Tao des Anfangs, der Mitte und des Endes ... All dies zeigt bereits das Unfassbare und zugleich Allesdurchdringende des Tao. Im vorkonfuzianischen China war Tao noch ein Symbol für menschliche Ideale; noch Konfuzius gebrauchte es nie im umfassenden Sinn. Stets war es konkret das Tao von etwas, war Weg von etwas ... Doch später galt es universal: Tao als der alles einschließende Weg."[921]

So jedenfalls wird das Tao auch in jener ... Weisheitsschrift ‚Tao-te ching' verstanden: als allumfassendes Erstes und Letztes Prinzip, undefinierbar, unnennbar und unbeschreibbar, Urgrund aller Welt vor aller Welt, vor Himmel und Erde existierend. Mutter aller Dinge, lässt es, ohne zu handeln, in Ruhe alles entstehen. Und es ist des Tao ‚Kraft', das Te, die wirkt bei aller Hervorbringung, Entfaltung und Erhaltung der Welt, die Kraft des Tao, die in allen Erscheinungen ist und sie zu dem macht, was sie sind. Und doch ist das Tao und seine Kraft nirgendwo direkt greifbar und verfügbar. Es ist ein ‚Nicht-Sein' im Sinn des ‚Nicht-so-Sein': es ist ‚leer', ohne sinnlich wahrnehmbare Eigenschaften. Und nur wenn der Mensch in ‚Leerheit' (*Wu*), befreit von Leidenschaften und Begierden, das Tao als sein Lebensgesetz sich zu eigen macht, nur wenn er sich vom Tao ausfüllen lässt und in absichtslosem Handeln oder ‚Nicht-Handeln' (*Wu-wei*) still verweilt, nur dann wird er die Einheit mit dem Tao erreichen. Sie ist nach dem universalen Gesetz der Rückkehr zum Ursprung (*Fu*) sein Ziel: Alle Dinge gehen vom Tao aus und kehren zu ihm, in dem alle Gegensätze aufgehoben sind, zurück."[922]

---

[921] Auslassungen in diesem Teil des Zitats von Hans Küng. Woher der Text hier genommen ist, sagt der Autor nicht. Im nächsten Abschnitt stammen die Auslassungen vom Autor dieser Arbeit – WW.
[922] Hans Küng, in: Hans Küng / Julia Ching, *Chinesische Religion*, S. 197. Hervor-

Küng merkt hier an, dass „das Tao gewiss keine anthropomorph persönlich vorgestellte Gottheit ist; zum Tao wird nicht gebetet",[923] kommt aber nach längeren philosophischen Ausführungen zum Schluss:

> „Es gibt also nach meiner Überzeugung eine Möglichkeit struktureller Parallelen in den Begriffen Tao – Sein – Gott, die für ein Verständnis des Absoluten über die Kulturen und Religionen hinweg von größter Bedeutung sind."[924]

Im Zusammenhang der Erwägung verschiedener Polaritäten in Gott („Licht und Dunkel"[925]; „Yin und Yang"[926]) kommt Küng zum Schluss:

> „Taoistisches und christliches Denken stimmen darin überein, dass das innerste Wesen des Tao wie der Gottheit dem Menschen verborgen bleibt. Wer meint, er könne sich in das Geheimnis Gottes einschleichen, um Gott gewissermaßen von innen her zu schauen, verfällt einer großen Selbsttäuschung. Wer meint, Gott begriffen zu haben, hat sich schon an ihm vergriffen. Wer Gott dingfest zu haben meint, hält eben nur ein Ding fest. Sein Zugriff geht buchstäblich ins Nichts. Von der mystischen Theologie, der negativen Theologie her können deshalb auch christliche Theologen durchaus verstehen, warum der Taoist

---

hebungen im Kursivdruck von Hans Küng.

[923] Hans Küng, in: Hans Küng/ Julia Ching, *Chinesische Religion*, S. 197. Für die Struktur seines Denkens ist in diesem Zusammenhang die Anmerkung aufschlussreich, die Hans Küng im Abschnitt über „die klassische Synthese: Han-Orthodoxie und Patristik" über einen Wechsel im Gottesverständnis macht: So sei „ein Übergang" zu beobachten „vom naiv-anthropomorph verstandenen Gott (der chinesischen Klassiker wie auch des Alten und Neuen Testaments) zu einer mehr philosophisch reflektierten Interpretation der Letzten Wirklichkeit, ohne dass freilich der Glaube an einen persönlichen Gott einfach aufgegeben wurde." Hans Küng, in: Hans Küng/ Julia Ching, *Chinesische Religion*, S. 206-208, das Zitat S. 206.
[924] Hans Küng, in: Hans Küng/ Julia Ching, *Chinesische Religion*, S. 200.
[925] Hans Küng, in: Hans Küng/ Julia Ching, *Chinesische Religion*, S. 201f.
[926] Hans Küng, in: Hans Küng/ Julia Ching, *Chinesische Religion*, S. 203f.

jede Definition, jede Benennung des Tao, ob mit einem positiven oder negativen Namen, verweigert. Selbst nach Thomas von Aquin bleibt Gottes eigentliches Wesen der menschlichen Vernunft unzugänglich und muss dem Mystiker Pseudo-Dionysios zugestimmt werden: ‚Deshalb ist dies das letzte der menschlichen Erkenntnis Gottes: dass der Mensch weiß, dass er Gott nicht kennt, insofern er erkennt, dass das, was Gott ist, alles übersteigt, was wir von ihm verstehen' (De potentia q.7.a.5)."[927]

Dieses Zitat ist auch deshalb bemerkenswert, weil sich Hans Küng hier, der ja das Christentum sonst als ‚prophetische Religion' einstuft, eben auf die Erfahrung der ‚christlichen Mystik' beruft, um ein ‚mystisches' Denken im Taoismus zu erhellen.

Im Folgenden werden wir im Anschluss an Julia Ching den ‚Taoismus als Religion' betrachten, um Küngs Position klarer herauszuarbeiten. Sie verweist bezüglich dieses Themas auf die Anfänge des Taoismus noch zur Zeit der Religion der Wahrsager und Schamanen, sodann die radikale Neuinterpretation der Lehren sowohl des ‚Lao-tzu' als auch des ‚Chuang-tzu', verbunden mit der Sammlung eines „gewaltigen Werkes von Schriften, Tao-Tsang (taoistischer Kanon), das auch gewisse buddhistische, manichäische und sogar christliche Werke enthält".

Insgesamt ist der ‚religiöse Taoismus' nicht allein vom ‚philosophischen Taoismus' geprägt, sondern auch von den „Ideen des *Yin-yang* und der *Fünf-Elemente*-Schule (Metall, Holz, Wasser, Feuer, Erde). ... einem Reinheitskult, der aus gesundheitlichen Gründen Yoga-Übungen, Gymnastik und die Suche nach Elixieren empfahl", sowie „anderen Kulten, die das Leben verlängern wollen".[928]

Weiter geht Julia Ching auf die „Himmelsmeister-Sekte" ein,

---

[927] Hans Küng, in: Hans Küng/ Julia Ching, *Chinesische Religion*, S. 204f.
[928] Julia Ching, in: Hans Küng/ Julia Ching, *Chinesische Religion*, S. 164f.

die „sich in der späteren Han-Zeit in Szechuan unter Chang Lin, auch Chang-Tao-lin genannt, entwickelte", „oft als Anfang der taoistischen Religion verstanden".[929]

Hans Küng beschreibt die Gruppierung als „daoistische Kirche", deren Strukturen er in wörtlicher Übernahme des Textes von Julia Ching wie folgt beschreibt:

> „Zhang versammelt seine Anhänger in Gemeinden aus Männern und Frauen mit Priestern und Priesterinnen, die das Dao auf der Erde repräsentieren."[930]

Und weiter:

> „So entsteht tatsächlich eine Art daoistischer ‚Kirche' mit verheirateten Priestern, Exorzisten, Magiern, Geomanten[931], Wahrsagern und ehelosen Mönchen und Nonnen, die als Eremiten oder gemeinsam in Klöstern – nur die eigentlichen Wohnbereiche sind getrennt – nach Vollkommenheit streben. Auf dem heiligen Berg der Daoisten, dem **Qin-cheng Shan** bei Chengdu, der Hauptstadt Sichuans, kann man eine **Frauenliturgie** erleben vor den ‚Drei Reinen', der daoistischen Dreifaltigkeit, exklusiv von Frauen, aber für Frauen und Männer sehr gesammelt und würdig vollzogen mit Gesang, Musik und Weihrauchopfern."[932]

Auch Hans Küng betont die Verbindung dieser daoistischen ‚Kirche' mit der „**alten chinesischen Volksreligion**", die „unbeeindruckt von 50 Jahren kommunistischer Religionskritik mit Hunderten von Tempeln Auferstehung feiert":

> „Für das Volk gibt es Weihrauch und Weihwasser, an den Jahresrhythmus sich anlehnende Feste (chine-

---

[929] Julia Ching, in: Hans Küng/ Julia Ching, *Chinesische Religion*, S. 165. Bei Küng wird Chang ein wenig anders geschrieben, nämlich Zhang.
[930] Hans Küng, *Spurensuche 1*, S. 208.
[931] Über Geomantie vgl. Hermann Köster, „Die Geomantik als Entsprechen auf den Kosmos§, in: Hermann Köster, *Symbolik des chinesischen Universismus*, Anton Hiersemann, Stuttgart, 1958, S. 50.
[932] Hans Küng, *Spurensuche 1*, S. 208.

sisches Neujahrsfest mit Löwen- und Drachentänzen zur Vertreibung der Dämonen) und pomphaften Kult", „für die Gläubigen gibt es Zeremonien der Reinigung und Erneuerung, Beicht- und Bußübungen an bestimmten Tagen, Fasten, Heiligenlegenden, Zauber und Aberglauben."[933]

„Über all dem herrscht eine irdische und eine himmlische **Hierarchie**. Auf **Erden** steht an der Spitze dieser ‚Kirche', neben der es freilich viele andere daoistische Sekten gibt, eine Art **daoistischer ‚Papst'**, allerdings ohne höchste Lehr- und Befehlsgewalt: eben der ‚himmlische Meister', als Stellvertreter des höchsten Gottes."[934]

Es ist durchaus bezeichnend, dass Küng seine Ausführungen zur Götterlehre des Taoismus in diesen Zusammenhang der Volksreligion einordnet:

„Im **Himmel** indes gibt es zahllose göttliche oder quasigöttliche Gestalten, ja weit oben in der Götterhierarchie auch eine Art ‚Madonna'. Und am höchsten eben die ‚Drei Reinen': neben dem ‚Herrn des himmlischen Juwels' und dem ‚Herrn des Dao' der ‚höchste Herr Lao'. Laozi, die menschliche Stifterfigur, erscheint hier völlig vergöttert als die dritte Person in einem Trinitätsglauben, der faktisch einem Drei-Götter-Glauben gleichkommt."[935]

Julia Ching zeichnet die taoistische Götter- bzw. Trinitätslehre etwas klarer und differenzierter:

„… Die taoistische Religion kennt nicht nur den Glauben an übernatürliche Kräfte, sie glaubt auch an göttliche Wesen. Es gibt sogar eine Hierarchie der Götter (einschließlich mythischer Gestalten und Menschen, die

---

[933] Hans Küng, *Spurensuche 1*, S. 209.
[934] Hans Küng, *Spurensuche 1*, S. 209. Hervorhebungen im Fettdruck von Hans Küng.
[935] Hans Küng, *Spurensuche 1*, S. 209. Hervorhebung im Fettdruck von Hans Küng.

zu Göttern erklärt wurden) unter der Oberhoheit des Höchsten. Anfangs, während des 2. Jahrhunderts vor Christus war dies der *T'ai-i* (das Große Eine); bald darauf in der frühen Han-Zeit wurde jedoch eine Dreiheit von Göttern verehrt, die zu verschiedenen Zeiten unterschiedliche Namen trugen: die Drei Reinen (*san-ch'ing*). Sie waren die Herren der drei Lebensprinzipien oder Atembewegungen (*ch'i*). Sie hießen: der ‚Erste Himmlische', der ‚Kostbare Himmlische' und der ‚Weg-und-seine-Macht-Himmlische'. Sie repräsentieren alle sozusagen verschiedene Aspekte des unaussprechlichen Tao: die höchste Gottheit, eine direkte Emanation des Tao selbst, ihren Schüler, den Herrn Tao, das personifizierte Tao und *dessen* Schüler, den Herrn Lao, den vergöttlichten Lao-tzu."[936]

Angesichts der Präsenz des nestorianischen Christentums im China der buddhistischen T'ang-zeit[937] und den daraus resultierenden „Kontakten und Wechselwirkungen" hat es Versuche gegeben, die taoistische ‚Trinität' mit christlichen Trinitätslehren zu vergleichen.[938] Hans Küng selbst verweist lediglich darauf, dass Vermutungen, wonach

„der daoistische Trinitätsglaube von dem in der Hauptstadt Chang'an schon sehr früh präsenten christlich-nestorianischen (oder gnostischen) Denken beeinflusst sei, sich bisher nicht verifzieren ließen."[939]

Expressis verbis setzt sich Hans Küng auch mit dem Thema „Heil – Heilung – Heilkunst" auseinander[940], das zugleich auch mit der Hoffnung auf Unsterblichkeit verbunden ist, die man

---

[936] Julia Ching, in: Hans Küng/ Julia Ching, *Chinesische Religion*, S. 175.
[937] Herbert Franke/ Rolf Trauzettel, *Das Chinesische Kaiserreich*, Fischer Taschenbuch, Frankfurt/ Main, 1968, (1981), S. 184f.
[938] Der von Julia Ching herangezogene Vergleich erinnert merkwürdigerweise ein wenig an die spezifische ‚Trinitätslehre' des Joachim von Fiore. Vgl. Julia Ching, in: Hans Küng/ Julia Ching, *Chinesische Religion*, S. 175.
[939] Hans Küng, *Spurensuche 1*, S. 209.
[940] Hans Küng, in: Hans Küng/ Julia Ching, *Chinesische Religion*, S. 188-192.

„aufgrund innerer und äußerer Praktiken, mit Meditation und Elixieren" zu erlangen trachtet.⁹⁴¹

> „Im Hintergrund stehen dabei das Gesetz der Analogie zwischen Makrokosmos und Mikrokosmos und das Gesetz jenes Rhythmus von passivem Yin und aktivem Yang, der vom Tag- und Nacht- bis zum Herz- und Atemrhythmus alles in Welt und Mensch bestimmt. Angestrebt ist eine Übereinstimmung des individuellen Lebenswandels mit den makrokosmischen Gesetzmäßigkeiten."⁹⁴²

Interessant ist hier der Hinweis auf das

> „älteste, taoistisch inspirierte chinesische Lehrbuch der Medizin und der Akupunktur ‚Nei Ching' (‚Lehre vom Inneren'), das dem sagenhaften Gelben Kaiser (Huang ti) zugeschrieben wird und dessen erste Kompilationen sich immerhin schon 500 Jahre vor Christus finden. ... Im 25. Kapitel hat es auch eine klare Prioritätenordnung für die verschiedenen therapeutischen Interventionen gegeben: *Vor* der Akkupunktur kommen die Medikamente, vor den Medikamenten kommt die richtige Ernährung, vor der richtigen Ernährung aber kommt die Behandlung des *Geistes*!"⁹⁴³

Hier schlägt Küng nun die Brücke von der taoistischen Heils- und Heilungsreligion zur chinesischen Weisheitstradition, die

> „ja nicht nur in konfuzianischer Ethik besteht, sondern gerade auch mit dem Tao zu tun hat, jenem Urgesetz alles Geschehens im Menschen und im Kosmos, dem sich der Mensch in seiner Lebensführung anpassen soll; die zu tun hat aber auch mit Yin und Yang, jenem Gegenspiel von Kräften in Natur und Mensch, das der Mensch im Gleichgewicht halten soll."⁹⁴⁴

---
⁹⁴¹ Hans Küng, *Spurensuche 1*, S. 209.
⁹⁴² Hans Küng, in: Hans Küng/ Julia Ching, *Chinesische Religion*, S. 190.
⁹⁴³ Hans Küng, in: Hans Küng/ Julia Ching, *Chinesische Religion*, S. 192.
⁹⁴⁴ Hans Küng, in: Hans Küng/ Julia Ching, *Chinesische Religion*, S. 192.

Fast unbemerkt folgt gerade an dieser Stelle eine der entscheidenden Weichenstellungen im religionswissenschaftlichen System von Hans Küng, wenn er nun „diese chinesische Weisheitradition mit einer (*von außen angestoßenen*) Weisheitstradition in Israel" vergleichen will.[945]

Die Formulierung „von außen angestoßene Weisheitstradition" hat es in sich, weil sie so harmlos daherkommt und nicht weiter kommentiert wird. Auch seine Ausführungen über „Erfahrungswissen in chinesischer und israelitischer Weisheit" sowie zum Thema: „Protest gegen die Weisheit: in China – in Israel" geben keine Auskunft darüber, was genau mit „*von außen* angestoßener Weisheitstradition" gemeint ist und können darüber hinaus keineswegs begründen, dass die „israelitische Weisheit" etwas außerhalb der „jüdisch-christlichen" Tradition Stehendes wäre. Auch der von Küng akzentuierte „Protest gegen die Weisheit in China und Israel" kann nicht überzeugend dafür geltend gemacht werden.

Im Kapitel über den Buddhismus in China setzt sich Julia Ching mit dem Problem auseinander, ob und inwieweit der Buddhismus eine, bzw. eben sogar Teil der einen chinesischen Religion ist und kommt zu dem Schluss, dass der Buddhismus heute in China zwar eine periphere Existenz hat, aber durch seine starke Anpassungsfähigkeit zu einer chinesischen Religion geworden sei, wenn auch von der politischen und intellektuellen Elite des Landes nie völlig akzeptiert. Küng selbst verweist darauf, dass er über den Buddhismus anderswo schon das Nötige gesagt habe[946], womit er sich der Notwendigkeit enthebt, zu begründen, warum eine Religion, die seiner Einteilung nach dem Stromsystem indischer Herkunft und mystischer Prägung zugehört, nun doch Teil des religiösen Stromsystems chinesischer Herkunft und weisheitlicher Prägung sein soll. Nach allem, was wir gesehen haben, ist diese Einteilung aller-

---

[945] Hans Küng, in: Hans Küng/ Julia Ching, *Chinesische Religion*, S. 192. Hervorhebung WW.
[946] Hans Küng, in: Hans Küng/ Julia Ching, *Chinesische Religion*, S. 252.

dings trotzdem viel zu schematisch und hält den geschilderten Gegebenheiten nicht stand.

Schwerpunkte der Judentum-Auffassung Hans Küngs

Die Auseinandersetzung mit dem Thema ‚Judentum' geht bei Hans Küng im Vergleich mit den anderen Religionen vielleicht am tiefsten. Tatsächlich hat es hier einen echten Dialog mit Vertretern dieser Religion gegeben, was sicher auch daran liegt, dass das Judentum seiner eigenen Religion näher steht als die bisher in dieser Arbeit behandelten. Allerdings muss dabei auch hier beachtet werden, dass Hans Küng diesen Dialog als römisch-katholischer Priester, dem die kirchliche Lehrerlaubnis entzogen worden ist, aus der spezifischen Position ‚einer kritischen Loyalität' gegenüber dem römischen Katholizismus heraus führt. Die Orthodoxe Kirche und Spiritualität dagegen steht ihm dabei – abgesehen von wenigen persönlichen Begegnungen – faktisch nur in Form des in seiner Optik eigentlich veralteten ‚hellenistisch-byzantinistischen Paradigmas' vor Augen, das seine Konturen hauptsächlich aus dem diesbezüglichen Bücherwissen der protestantischen oder modernistisch angehauchten römisch-katholischen Gelehrsamkeit gewinnt. Es ist notwendig, diese Prämissen des Dialogs hier noch einmal zu benennen, da sie den jüdisch-christlichen Dialog im 20. Jahrhundert wesentlich geprägt haben, obwohl natürlich eine vorurteilsfreie Kenntnisnahme des beschriebenen blinden Flecks durchaus zu anderen Akzenten hätte führen können, und dies um so mehr, wenn wir uns die Zugangsweise zu den anderen, bisher besprochenen Weltreligionen bei Hans Küng vor Augen halten. Dieser Überblick ermöglicht es nun auch, bestimmte Aussagen und Entscheidungen Küngs besser und klarer einordnen und beurteilen zu können. Andererseits kann eine umfassende Würdigung des Beitrags unseres Autors zu diesem Dialog hier ebenso wenig geleistet werden wie eine erschöpfende Darstellung seiner Synthese der Geschichte und dessen, was das Judentum sei. Wir müssen uns auf eine äußerst knappe Skizze der Hauptlinien mit Blick auf die neuralgischen Punkte beschränken, ohne das Positive überspringen zu wollen.

In seiner Abschiedsvorlesung im Wintersemester 1995/96, die sich in großen geistesgeschichtlichen Linien auch mit seinem persönlichen Weg zum Dialog und zur Auseinandersetzung mit dem Thema ‚Judentum' beschäftigt, weist der Autor darauf hin, dass er „das Judentum nicht als vergangenes ‚Altes Testament', sondern als eine eigenständige Größe von bewundernswerter Kontinuität, Vitalität und Dynamik darzustellen versucht" habe.[947]

In dieser Aussage ist festgehalten, dass Küng das Judentum nicht irgendwie als Vorgeschichte des Christentums, sondern eben als eigenständige Größe würdigen möchte. Dieses Anliegen ist in der Tat ein wesentlicher Punkt im jüdisch-christlichen Dialog, entbindet freilich nicht von der Aufgabe, ein angemessenes Verhältnis zu den geschichtlichen Konturen des – ja freilich gerade nicht absoluten – ‚jüdischen Nein' zu Christentum und Kirche zu finden. Dies muss aber nach beiden Richtungen hin reflektiert werden: einmal hinsichtlich dessen, was das Judentum ablehnt, soweit das tatsächlich der Fall ist (die Apostel inklusive Paulus kommen alle ohne Ausnahme aus dem Judentum; die Anfänge der Kirche liegen also klar ganz im Judentum und im Kreis der ‚Gottesfürchtigen', also derer, die – aus welchen Gründen auch immer – , nicht Juden waren, aber sich zu deren Religion hinzugezogen fühlten, ohne indes zum Judentum überzutreten), dann aber auch in der Richtung, was Christentum und Kirche in sich und aus sich heraus ist. Hierher gehört auch die oftmals übersehene Beobachtung, dass

---

[947] Walter Jens / Karl Josef Kuschel (Hgg.), *Abschiedsvorlesung*, S. 101-146, das Zitat S. 115. Der Text ist teilweise schon abgedruckt in: Hans Küng, „Eine Frage in Jerusalem", in: Rudolf Walter (Hg.), *Das Judentum lebt – ich bin ihm begegnet. Erfahrungen von Christen*, Herder, Breisgau, 1986, S. 121-128; und dann noch einmal in einen größeren biographischen Kontext gestellt in: Hans Küng, *Erlebte Menschlichkeit*, S. 256-299.

der Kanon der Heiligen Schrift in Kirche und Judentum nicht einfach identisch ist, was die Rede vom sogenannten ‚Alten Testament' *als* ‚Hebräischer Bibel' mehr verschleiert als ins Bewusstsein hebt.[948]

Küng repräsentiert, wenn man das so sagen kann, eine erste Phase des Dialogs, in der es darum ging, das Judentum als eigenständiges Gegenüber der Kirche, die Kirche aber in ihrer Verwurzelung im Judentum wahrzunehmen, ist aber bei der Herausarbeitung des Eigenprofils von Kirche und Christentum gewissermaßen bei der Frage nach dem ‚historischen Jesus' und dessen Rezeption im Rahmen der verschiedenen von ihm profilierten Paradigmen steckengeblieben, wobei in der Konzeption Küngs parodoxerweise gerade die Geschichte als konkreter Ort und Medium der Weitergabe des christlichen Glaubens verloren gegangen ist.

Doch beginnen wir zunächst mit der Evaluierung der Auffassung Küngs vom Judentum. Denn hier kommen mitunter Gesichtspunkte zur Geltung, die bei einer Analyse des Verhältnisses der einzelnen Religionen zueinander und auch bei der Frage nach Ort und der Stellung von Christentum und Kirche „im Konzert der Weltreligionen"[949] und mithin auch im Dialog mit den anderen Religionen wichtig sind, aufgrund des ‚dialektischen Spiels' von Hans Küng an dieser Stelle aber nicht die Bedeutung erhalten, die sie tatsächlich haben müssten.

Zuerst müssen wir hier gerade die Bedeutung der ‚Geschichte' hervorheben. Denn Küng betont bei seinen

---

[948] Küng verwendet den Begriff ‚Hebräische Bibel' ohne nähere Erläuterung und weist, soweit ich sehe, nirgends auf die grundlegenden Unterschiede in Struktur und Aufbau des jüdischen und christlichen Kanons der im ‚Alten Testament' bzw. der ‚jüdischen Bibel' enthaltenen biblischen Bücher hin, obwohl diese Strukturunterschiede selbst bei protestantischen Bibelausgaben nach wie vor gegeben sind (Die jüdische Bibel endet mit dem Tempelbauedikt des Kyros, was im Aufbau des christlichen ‚Alten Testaments' grundsätzlich anders ist).

[949] Vgl. noch einmal Johannes Herzgesell SJ, *Das Christentum im Konzert der Weltreligionen*.

Betrachtungen über den Ursprung des israelitischen bzw. dann jüdischen Volkes völlig zu Recht:

> „Dieses Israel sah seine Existenz nicht wie die Völker Ägyptens und Mesopotamiens als seit eh und je gegeben an, es verknüpfte seine Geschichte also nicht direkt wie andere mit einer mythischen Göttergeschichte, sondern blieb sich seiner späten Volkwerdung durchaus bewusst."[950]

Wichtig ist zugleich, dass diese Geschichte des jüdischen Volkes und sein Ursprung von vornherein eingebettet ist in die **„Vor- und Universalgeschichte der Menschheit überhaupt"**[951], was bei Küng zu Recht in Reflexionen über ‚Adam' in der Paradieserzählung und den darin zum Ausdruck kommenden „Universalismus der Hebräischen Bibel"[952] und zum „Bund mit Noah"[953] aufgenommen wird. Zwar sieht Hans Küng in den „Noachischen Geboten" die „biblische Grundlage für ein Weltethos"[954], d.h. für sein eigenes Weltethos-Projekt, reflektiert aber überhaupt nicht die Rezeption dieser Noachidischen Gebote in der (frühen) Kirche[955], so dass bei einem diesbezüglichen ‚Dialog' die Position der Kirche (womit jetzt nicht die persönliche Position Hans Küngs selbst gemeint ist, die er sicherlich als Christ vertritt) eben unberücksichtigt bleiben muss.

Erwähnung findet im Zusammenhang des „universalen Horizonts der Hebräischen Bibel" auch die Gestalt des „geheimnisvollen Melchisedeks", „des Königs von Salem und Priesters des Höchsten Gottes – Vorbild später der hasmonäi-

---

[950] Hans Küng, *Das Judentum*, S. 28.
[951] Hans Küng, *Das Judentum*, S. 30.
[952] Hans Küng, *Das Judentum*, S. 57-59: Der erste Mensch, Adam, nicht der erste Jude, sondern „der Mensch"
[953] Hans Küng, *Das Judentum*, S. 59-62.
[954] Walter Jens/ Karl Josef Kuschel (Hgg.), *Abschiedsvorlesung*, S. 118f.
[955] Vgl. zumindest Klaus Müller, *Tora für die Völker. Die noachidischen Gebote und Ansätze zu ihrer Rezeption im Christentum*, Institut für Kirche und Judentum, Berlin, 1994.

schen Priesterkönige und Prototyp für Jesus Christus"[956], dann aber vor allem die Gestalt Abrahams[957], der als „Stammvater aller drei großen Religionen semitischen Ursprungs" sozusagen das religionsübergreifende Bindeglied der drei „abrahamitischen bzw. abrahamischen Religionen" ist. Wir können uns hier nicht auf Einzelheiten einlassen, wollen aber die drei „Grundelemente israelischen Glaubens" herausstellen, die Küng ausgehend von der „grundlegenden Bedeutung Abrahams für die Geschichte, Frömmigkeit und Theologie Israels und des Judentums bis auf den heutigen Tag" darlegt:

> 1. „Die Initiative hat **Gott**, mit dem der Mensch weder eins ist noch eins wird, sondern ‚vor' dem der Mensch handeln und dem er sich ‚ganz' unterwerfen soll. Nicht eine Einheitsmystik, sondern das Gegenüber von Gott und Mensch bestimmt so von Anfang an die abrahamische Religion."[958]

In diesem Satz schwingt die richtige Beobachtung mit, dass Gott den Menschen anredet. Woher Hans Küng aber aus der ‚Hebräischen Bibel' wissen will, dass sich der Mensch Gott ‚unterwerfen' soll, bleibt unklar. Die Formulierung klingt eher wie eine Anpassung an islamische Glaubensvorstellungen.[959]

---

[956] Hans Küng, *Das Judentum*, S. 59. Küng verweist hier als biblische Referenzstellen auf Gen 14, 18-20; Ps 110, 4 und Hebr 5,1 -7, 28, lässt aber sowohl die synoptische Melchisedek-Tradition (vgl. Mk 12, 35-37 par. mit Bezug zu Ps 110 bzw. LXX Ps 111) als auch die Septuaginta-Fassung von Psa 111 und folglich auch den auffälligen Bezug zwischen den Synoptikern und dem Hebräerbrief gänzlich außer Betracht.

[957] Hans Küng, *Das Judentum*, S. 28-43.

[958] Hans Küng, *Das Judentum*, S. 29. Hervorhebung durch Fettdruck von Hans Küng.

[959] Das Problem hat auch dadurch noch mehr Gewicht, dass Küng bei seiner Auseinandersetzung mit dem Thema ‚Mönchtum' entgegen dem neutestamentlichen Befund behauptet, dass Gehorsam als dritter der sog. ‚evangelischen Räte' „im Evangelium selbst keine Basis hat". Vgl. Hans Küng/ Josef van Ess/ Heinrich von Stietencron / Heinz Bechert, *Hinführung zum Dialog*, S. 486. Der Unterschied zwischen ‚Gehorsam' und ‚Unterwerfung' ist der freie Wille des Menschen. Vgl. Hebr 11, 8, Röm 10, 17, wo der Zusammenhang von Glaube von Gehorsam expliziert wird. Dass Küng diesen Zusammenhang nicht verstanden hat, beweist die sehr spezifische Wiedergabe

Das Stichwort ‚Gegenüber von Gott und Mensch' bringt auch etwas Richtiges zum Ausdruck, erfasst die Gottesbeziehung des Menschen jedoch nicht in ihrer ganzen Tiefe (vgl. die Thematik der ‚Gottesebenbildlichkeit des Menschen'), weshalb die Zurückweisung des Einsseins oder -werdens von Gott und Mensch und der ‚Einheitsmystik' zwar ins Schema der drei „großen religiösen Stromsysteme" hineinpasst, aber hier zu ungenau und pauschal formuliert ist.

2. „Zwischen dem mächtigen Gott und dem erwählten Menschen aber wird von Gott ein ewiger **Bund** begründet, der ein Wechselverhältnis zwischen Gott und dem Menschen bedeutet, welches durch das Bundeszeichen der Beschneidung besiegelt werden soll."

3. „Die mit dem Bund gegebene Doppelverheißung an die Nachkommenschaft Abrahams: Sie werden ein großes Volk bilden, das **Gottes Volk** sein wird; und sie werden das **verheißene Land** verliehen bekommen, das Land Kanaan."[960]

Mit den hier genannten Stichworten „Gott, Bund, Volk Gottes und Land der Verheißung", sind wir gemäß der Auffassung Hans Küngs zum „Zentrum des israelischen Glaubens" vorgestoßen, das „für die stets neue Identitätsfindung im Judentum von fundamentaler Bedeutung ist" und das er anhand der „zentralen Strukturelemente" „Exodus: Volk und Erwählung", „Sinai: Bund und Gesetz" und „Kanaan: Land und Verheißung" mit Bezug auf Mose als „die zentrale Leitfigur" durch Geschichte, Gegenwart und Zukunft in allen fünf von ihm identifizierten Paradigmen („Stammes-Paradigma der vorstaatlichen Zeit, „Reichs-Paradigma der monarchischen Zeit", „Theokratie-Paradigma des nachexilischen Judentums", „rabbinisch-

---

der Haltung des Jakobus (Jak 1, 22-25) durch Küng, wonach Jakobus „außerordentlich scharf die Notwendigkeit der Werke gegenüber einen ‚Glauben' unterstreicht, der nur in **untätigem Bekennen besteht**". Hans Küng, *Das Judentum*, S. 40 mit Anm. 70, Hervorhebung durch Fettdruck – WW.

[960] Beide Zitate: Hans Küng, *Das Judentum*, S. 29. Hervorhebung durch Fettdruck von Hans Küng.

synagogales Paradigma des Mittelalters", „Assimilations-Paradigma der Moderne") wiederfindet.

Da sich das Judentum nur bedingt und nicht ausschließlich als staatliche Größe, Volk, Rasse, Sprach- oder Religionsgemeinschaft definieren kann, fasst Küng seinen Versuch der Charakterisierung des Judentums in dem Begriff einer „Erfahrungs"- und „Schicksalsgemeinschaft" zusammen, die – „Gläubigkeit oder Ungläubigkeit der vielen hin oder her" – eben von ihren „Erfahrungen mit dem einen bildlosen, unfassbaren und unergründlichen Gott" geprägt wurde, „in dessen Licht oder Schatten Israel seit Abraham, Isaak und Jakob stand".[961]

Er schildert die Entwicklung vom „Gott der Patriarchenreligion", der weder an den Himmel noch an bestimmte Heiligtümer gebunden war (Abraham wahrscheinlich ein Henotheist) bis hin zur endgültigen Durchsetzung des Monotheismus, der keine Nebengottheiten, keine konkurrierenden bösen Götter und auch keine weibliche Partnergottheit neben dem Gott des jüdischen Glaubensbekenntnisses duldet.[962]

Für das Profil der Darstellung des jüdischen Gottesverständnisses bei Hans Küng ist dann vor allem die Verarbeitung der Erfahrungen des ‚Holocaust' in der jüdischen Theologie und im jüdisch-christlichen Dialog nach dem zweiten Weltkrieg wichtig.[963] Ebenso wie im Gespräch über Jesus

---

[961] Hans Küng, *Das Judentum*, S. 45f. Vgl. schon Hans Küng, *Die Kirche*, S. 168.
[962] Hans Küng, *Das Judentum*, S. 53-57, bes. S. 56f.
[963] Dies umfasst dann in Anknüpfung an die kabbalistische Konzeption des ‚Zimzum' auch das Thema der Schöpfungstheologie und der Theodizeefrage (Hans Küng, *Das Judentum*, S. 714-734), berührt noch einmal in vertiefter Weise die „Theologie des Schweigens", Hans Küng, *Das Judentum*, S. 727 (warum wird das Thema von Hans Küng nicht von Anfang an auch von der christlichen Tradition her bedacht? - WW) und findet eine interessante Erweiterung im jüdisch-christlich-buddhistischen Gespräch: Vgl. Christopher Ives (Hg.), *Divine Emptiness and Historical Fullness. A Buddhist, Jewish, Christian Conversation with Masao Abe* (zukünftig: *Divine Emptiness and Historical Fullness*), Trinity Press International, Valley Forge, Pennsylvania, 1995.

(‚Christologie von unten')⁹⁶⁴ ist hier Wesentliches geleistet worden, das einer eigenen Betrachtung würdig wäre, die wir in der vorliegenden Arbeit leider nicht mehr vornehmen können.

Der neuralgische bzw. von Hans Küng übergangene Punkt wird in einer Publikation von Friedrich Wilhelm Foerster ausgesprochen⁹⁶⁵, die Hans Küng im Rahmen seiner chronologisch ersten systematischen Äußerungen zum Thema „Die Kirche und die Juden"⁹⁶⁶ noch nennt,⁹⁶⁷ dann aber nie mehr erwähnen wird. Foerster, der sich gründlich mit viel Verständnis mit dem ‚jüdischen Nein' zum Christentum beschäftigt hat, beschreibt den Unterschied zwischen beiden Religionen wie folgt:

> „Der monotheistische Jude war von sich aus außerstande, den himmelweiten Unterschied zu verstehen, der zwischen der Erhebung eines sterblichen Menschen zu göttlichen Ehren und dem erhabenen Geheimnis besteht, das die christliche Glaubenslehre als die ‚Menschwerdung Gottes' bezeichnet."⁹⁶⁸

Diese Begründung des ‚jüdischen Neins' zum Christentum unterscheidet sich von derjenigen, die Hans Küng in dieser Sache gegeben sieht, insofern Küng dieses ‚Nein' eher in Jesu Widerspruch gegen das ‚jüdische Establishment' begründet sieht, der wiederum durch Jesu Einsicht in den ursprünglichen Willen Gottes motiviert ist, den Küng dann sehr spezifisch mit dem ‚Wohl des Menschen' identifiziert.

Die von Foerster gesehene Schwierigkeit, den Unterschied zwischen „der Erhebung eines sterblichen Menschen zu göttlichen Ehren und dem erhabenen Geheimnis, das die christliche Glaubenslehre als die ‚Menschwerdung Christi' be-

---

⁹⁶⁴ Hans Küng, *Das Judentum*, S. 377-424, bes. S. 377ff.
⁹⁶⁵ Friedrich Wilhelm Foerster, *Die jüdische Frage*, Herder-Bücherei, Freiburg im Breisgau, 1959 (zukünftig: *Die jüdische Frage*).
⁹⁶⁶ Hans Küng, *Die Kirche*, S. 160-180.
⁹⁶⁷ Hans Küng, *Die Kirche*, S. 160f. mit Anm. 6).
⁹⁶⁸ Friedrich Wilhelm Foerster, *Die jüdische Frage*, S. 31. Vgl. zum ersten Teil dieses Zitats: Hans Küng, *Das Judentum*, S. 462ff.

zeichnet", zu erkennen, spiegelt sich gewiss auch noch in der Lehre des Maimonides von der „Körperlosigkeit Gottes"[969], die Schalom Ben-Chorin allerdings schon als „polemische Absage" an die christliche Inkarnationslehre versteht.[970] Gerade Ben-Chorins Ausführungen selbst aber zeigen, dass ein genaueres Nachfragen bezüglich des Themas sehr lohnen würde, da nicht alle jüdischen Gelehrten die „totale Ablehnung der Körperlichkeit Gottes oder körperlicher Attribute oder Emanationen geteilt hätten"[971], wie sie von Maimonides vorgetragen wurde.[972] In diesem Sinne verweist dann auch Foerster etwa auf Salomon ibn Gabirol[973] und dann vor allem auf die Ausführungen von Wladimir „Solowiew über Körper und Geist in der jüdischen Religion"[974], vor allem in dessen Werk „Das Judentum und die christliche Frage"[975]. Es würde ohne Zweifel lohnen, diese Gedanken Solowjews gerade vor dem Hintergrund der Geschichte des vergangenen Jahrhunderts mit Blick auf die kirchliche Lehre von der ‚Fleischwerdung Gottes' und die sog. ‚Zwei-Naturenlehre' auch im jüdisch-christlichen Dialog neu zu reflektieren.[976]

Hans Küng hat sich damit noch schwer getan und behauptet, dass Karl Barths Christologie und Trinitätslehre ganz auf hellenistischen Voraussetzungen beruhen und von daher „ein Dialog mit Juden kaum möglich" sei.[977] Demgegenüber er-

---

[969] Schalom Ben-Chorin, *Jüdischer Glaube. Strukturen einer Theologie des Judentums anhand des Maimonides. Tübinger Vorlesungen*, J.C.B. Mohr, 2. Auflage, Tübingen, 1979 (zukünftig: Jüdischer Glaube), S. 78-97.
[970] Schalom Ben-Chorin, *Jüdischer Glaube*, S. 82 und 304.
[971] Schalom Ben-Chorin, *Jüdischer Glaube*, S. 80.
[972] Hans Küng, *Das Judentum*, S. 203.
[973] Friedrich Wilhelm Foerster, *Die jüdische Frage*, S. 33.
[974] Friedrich Wilhelm Foerster, *Die jüdische Frage*, S. 41-43.
[975] Wladimir Solowjew, *Die nationale Frage in Russland. Der Talmud. Das Judentum und die christliche Frage*, Erich Wiewel Verlag, München/ Freiburg im Breisgau, MCMLXXII (1972), (zukünftig: *Das Judentum und die christliche Frage*), S. 551-619. Vgl. weiter Dmitrij Belkin, „*Gäste, die bleiben". Vladimir Solov'ev, die Juden und die Deutschen*, Philo, Hamburg, 2008.
[976] Vgl. besonders Wladimir Solowjew, *Das Judentum und die christliche Frage*, S. 580ff.
[977] Hans Küng, *Das Judentum*, S. 388 mit Verweis auf Karl-Josef Kuschel, *Geboren*

hält etwa die Christologie Jürgen Moltmanns deutlich bessere Noten, „weil sie die Christologie der hellenistischen Konzilien scharf kritisiert, die von einer menschlichen und göttlichen Natur in Christus sprechen", wird dann aber doch beanstandet, weil „Moltmann ... einen ‚trinitarischen Gottesbegriff' schon von vornherein voraussetzt", was Küng dem Duktus seiner Argumentation nach als dem jüdisch-christlichen Dialog nicht förderlich beurteilt. Ohne Zweifel wirken sich dabei allerdings Küngs eigene Denkvoraussetzungen aus.[978] Wie wir gesehen haben, gilt das freilich auch für seine Einschätzung des Judentums als ‚prophetische Religion', die sich argumentativ auch hier – verkrampft und wenig überzeugend – um die Ausklammerung des weisheitlichen Elements aus dem genuinen Überlieferungsstrom des Judentums bemüht. Küngs Skepsis gegenüber dem kabbalistisch-gnostischen Element der jüdischen Mystik dagegen ist zwar verständlich, reicht aber nicht aus, diese Mystik als ‚nichtjüdisch' oder außerhalb des Judentums stehend zu klassifizieren, die, wenngleich heterodox, doch dazu gehört und eben ‚jüdische Mystik' ist.[979]

---

vor aller Zeit. Der Streit um Jesu Ursprung, Piper, München/ Zürich, 1975.

[978] Seine eigene ‚Trinitätslehre' behauptet, ohne diese Behauptung zu bewei Seine eigene ‚Trinitätslehre' behauptet, ohne diese Behauptung zu beweisen, dass der Glaube an Gott, den Vater und den Heiligen Geist, d.h. „Gottes wirksame Macht und Kraft in Mensch und Welt" Juden, Christen und Muslimen „gemeinsam" „sein" „kann", während der Glaube an den Sohn Gottes als „des einen Gottes Offenbarung im Menschen Jesus von Nazareth" das unterscheidende Merkmal des Glaubens der Christen sei, das fürderhin zum Thema des Dialogs zwischen Juden, Christen und Muslimen gemacht werden müsste. Hans Küng, *Das Judentum*, S. 466-469, das Zitat S. 469.

[979] Vgl. Gershom Scholem, *Die jüdische Mystik in ihren Hauptströmungen*, Suhrkamp Taschenbuch Verlag, Frankfurt/ Main, 1980; Gerschom Scholem, Über einige Grundbegriffe des Judentums, Suhrkamp Verlag, Frankfurt/ Main, 1970. Das bedeutet freilich nicht, dass ein ‚heterodoxes Judentum' dann einfach dem ‚orthodoxen Judentum' subsumiert werden kann. Man muss die Dinge so nehmen, wie sie sind!

Die Islam-Auffassung Küngs als Beispiel seines interreligiösen Synkretismus

Wesentliche Weichenstellungen der Islamauffassung Hans Küngs sind auch bisher immer wieder schon in unserer Arbeit angeklungen. In gewisser Weise sind sie für den von ihm entwickelten Synkretismus charakteristisch, auch wenn er den Begriff vielleicht eher auf den Umgang mit dem ‚großen religiösen Stromsystem indischer Herkunft und mystischer Prägung' anwendet.[980] Die Haltung und Herangehensweise ist jedoch dieselbe, insofern Küng in einem Akt des Wohlwollens gegenüber der jeweils anderen Religion (‚captatio benevolentiae') deren Denkvoraussetzungen übernimmt und sich bis zu einem gewissen Grad zu eigen macht, während das Christentum strikt durch die Brille der eigenen, spezifischen Erfahrungen mit dem römischen Katholizismus und dessen behördlich organisiertem Lehramt gesehen wird, verquickt mit einem modernistisch angehauchten Amalgam von Lehranschauungen des dialektischen und des liberalen Protestantismus, so dass für eine vorurteilsfreie Durchführung des Vergleichs der Religionen und einen darauf fußenden Dialog im Sinne einer ausgewogenen, nicht-ideologischen Kenntnisnahme der religiösen Wirklichkeit häufig einfach die Voraussetzungen fehlen.[981] Aufgrund des riesigen Umfangs des angehäuften religionskundlichen Materials ist dies freilich nicht einfach zu durchschauen. Der anscheinend große Publikumserfolg Hans Küngs erklärt sich leicht daraus, dass er in vielen Punkten an den zeitgenössischen ‚theologischen' Diskurs im protestantisch-katholischen Milieu anknüpft, auch wenn seine Verarbeitung

---

[980] Hans Küng/ Josef van Ess/ Heinrich von Stietencron/ Heinz Bechert, *Hinführung zum Dialog*, S. 267-270, bes. S. 269.
[981] Vgl. die auch mit Blick auf die Theorien von Hans Küng gültigen, allgemein bedenkenswert-kritischen Hinweise bei Johannes Wirsching, die sich mit unseren Beobachtungen vollkommen decken: Johannes Wirsching, *Allah allein ist Gott. Über die Herausforderung der christlichen Welt durch den Islam*, Peter Lang/ Europäischer Verlag der Wissenschaften, Frankfurt am Main/ Berlin/ Bern/ Bruxelles/ New York/ Oxford/ Wien, 2002.

dieses Diskurses nicht selten keine wirkliche Tiefenschärfe aufweist, sondern eher Freude an dialektischen Spielereien findet. Denn das, was Hans Küng ‚Theologie' nennt, hat am ehesten seinen Ort in einer durch und durch von der mittelalterlichen Scholastik römisch-katholischer Provenienz geprägten Denkweise, so sehr er immer wieder auch den Vorrang und die Bedeutung der ‚praxis pietatis' gerade gegenüber jedem Dogmenpositivismus betont.

Bezüglich des Themas der ‚Mystik' im Islam,[982] auf die Küng intensiver eingeht als auf die ‚Mystik im Christentum'[983], kommt Küng erwartungsgemäß zu dem Schluss, dass „**die Mystik nicht ur-islamisch** (P I) ist"[984], so dass auf diese Weise die Einteilung der großen religiösen Stromsysteme nicht gefährdet wird.

Der Islam nun ist hervorragend geeignet, die Spezifik des von Hans Küng promovierten Synkretismus ans Licht zu stellen, ist er doch nicht belastet durch eine „vernunftwidrige Trinitätslehre", wahrt die absolute Transzendenz des einen, bildlosen Gottes[985] und ist zugleich eine eminent praktische

---

[982] Hans Küng, *Der Islam. Wesen und Geschichte*, S. 398-421.
[983] Vgl. Hans Küng, *Das Christentum. Wesen und Geschichte*, S. 514-519.
[984] Hans Küng, *Der Islam. Wesen und Geschichte*, S. 401. P I = Paradigma I. Hervorhebung durch Fettdruck von Hans Küng.
[985] Vgl. besonders klar: Hans Küng, *Der Islam. Wesen und Geschichte*, S. 123-126, bes. S. 124. Eine wesentliche Weichenstellung ist in dieser Konzeption der „absoluten Transzendenz des einen, bildlosen Gottes" zu sehen: „Nirgendwo wird daher der Mensch im Koran wie in der Bibel Gottes ‚Bild und Gleichnis' (Gen. 1, 26f.) genannt, nirgendwo wird ein ‚Bund' (mitaq) zwischen Gott und Mensch thematisiert. Wo ein solcher Gedanke anklingt, dürfte dies als eine vom Menschen übernommene ‚Verpflichtung' (Sure 2, 40, 83f.) zu verstehen sein. Erst recht darf vom Koran her nicht von einer ‚Selbstmitteilung', gar ‚Menschwerdung' Gottes geredet werden, sondern nur von seiner Offenbarung des für uns ‚richtigen Weges." (A.a.O.). Von daher dann auch das Verständnis Christi bzw. des Menschen als Statthalter Gottes auf Erden. Hans Küng, *Der Islam. Wesen und Geschichte*, S. 120. Vgl. dazu Stefan Schreiner, „Kalif Gottes auf Erden. Zur koranischen Deutung der Gottesebenbildlichkeit des Menschen", in: Friedmann Eißler/ Matthias Morgenstern (Hgg.), *Die jüdische Bibel in islamischer Auslegung*, Mohr Siebeck, Tübingen, 2012 (zukünftig: *Kalif Gottes auf Erden*), S. 19-31.

Religion mit sehr einfachen, schlüssigen Pflichten (öffentliches Glaubensbekenntnis, tägliches rituelles Gebet, alljährliche Sozialabgabe für die Armen, alljährliche Fastenzeit, große Pilgerfahrt nach Mekka).[986]

Wenn wir fragen, was diesen spezifischen, von Hans Küng promovierten Synkretismus ausmacht, so ist zunächst darauf hinzuweisen, dass der Koran „mit seinen 6666 Versen" „das älteste arabische Prosawerk überhaupt"[987], „Ursprung, Quelle und Unterscheidungsnorm alles Islamischen"[988], „ein Buch, das nicht ... wie eine nur selten benutzte Hausbibel im Schrank liegt oder hauptsächlich schweigend zu lesen wäre", das vielmehr „immer wieder in aller Öffentlichkeit rezitiert wird"[989], und das „nicht nur von Gott ‚inspiriert', sondern von Gott ‚geoffenbart' und deshalb unmittelbar ‚Gottes Wort' (*Kalimat Allah*)" ist.[990]

Nachdem Küng in diesem Sinn Ausführungen über den Koran als die „Ur-Kunde von Gottes letztgültiger Offenbarung", als „die Wahrheit ... , der Weg ... (und – WW) das Leben"[991]

---

[986] Hans Küng, *Der Islam. Wesen und Geschichte*, S. 170-187.
[987] Hans Küng, *Der Islam. Wesen und Geschichte*, S. 97.
[988] Hans Küng, *Der Islam. Wesen und Geschichte*, S. 95.
[989] Hans Küng, *Der Islam. Wesen und Geschichte*, S. 97.
[990] Hans Küng, *Der Islam. Wesen und Geschichte*, S. 99. Hervorhebung im Kursivdruck von Hans Küng. Herrn Pr. Prof. Dr. George Remete verdanke ich den Hinweis auf die Notwendigkeit eines knappen Vergleichs der Konzeption des Verhältnisses von Christentum und Islam bei Hans Küng und André Scrima in dessen Buch: André Scrima, *Teme Ecumenice*. Volum îngrijit și introducere de Anca Manolescu. Traducere de Anca Manolescu. Traducere din engleză de Irinia Vainovski-Mihai, Humanitas, București, 2004. Nach unserem vorläufigen Eindruck ist hier zu sagen, dass sich André Scrima zwar sehr elogial über Muhammad und den Islam aussprechen kann, aber weder Muhammad noch dem Koran Offenbarungsqualität für Christentum und Kirche zuweist. Dass nach Scrima niemand im dauerhaften Vollbesitz Christi als des absoluten Heils ist und die Wahrheit einer Religion sich an ihrer Nähe zu Christus bemessen lassen muss, impliziert m.E. noch keine Relativierung des christlichen Bekenntnisses, wie sie der von Hans Küng entwickelte spezifische Synkretismus mit sich bringt. Allerdings dürfen wir nicht übersehen, dass Küng gleichwohl immer an der universalen Bedeutung Jesu festgehalten hat, den der Experte eruieren muss.
[991] Hans Küng, *Der Islam. Wesen und Geschichte*, S. 100.

und die dem Koran beigelegten „**göttlichen Attribute**" („**einzigartig, unnachahmlich und unüberbietbar**", „**unübersetzbar**", „**unfehlbar und absolut zuverlässig**")[992] gemacht und im Zuge einiger Darlegungen über die Sammlung der Texte und die neuzeitliche Drucklegung des Korans die Forderung nach historisch-kritischer Koranexegese hinzugefügt hat[993], plädiert er in einer Folge gewundener Sätze dafür,

> „dass Muhammad seine Botschaft nicht einfach aus sich selber hat, dass seine Botschaft nicht einfach Muhammads Wort, sondern **Gottes Wort** ist."[994]

Küng meint damit nicht einfach, dass der Koran für Muslime ‚Gottes Wort' ist, sondern dass er auch von Christen als solches betrachtet werden sollte[995], was wiederum voraussetzt, dass der Islam nach Küng seit dem Zweiten Vatikanischen Konzil eben durchaus als möglicher Heilsweg betrachtet werden kann.[996]

Wir haben gesehen, wie sich Küng im Zusammenhang mit seinen Darlegungen zum Thema ‚Heiliger Geist' und zum Pfingstereignis bemüht hat, Muhammad als „Propheten nach Jesus" zu kennzeichnen. Zur Begründung verweist er zunächst allgemein auf das Phänomen anderer christlicher Propheten nach Christus, und meint dann, dass doch auch im Koran die „Offenbarung auf den ‚Geist' (wie immer verstanden) zurückgeführt" werde, was eben „als Korrektivum etwa gegenüber einer überhöhten Christologie durchaus ernst zu nehmen" sei, ja in gestelzten Sätzen drängt er seinen Leser zu akzeptieren, Muhammad sei eigentlich genauso ein Prophet „wie Amos und Hosea, Jesaja und Jeremia und viele andere", insofern „die **drei Offenbarungsreligionen** semitischen Ursprungs (Judentum,

---

[992] Hans Küng, *Der Islam. Wesen und Geschichte*, S. 100f. Hervorhebungen im Fettdruck von Hans Küng.
[993] Hans Küng, *Der Islam. Wesen und Geschichte*, S. 101-110, S. 620-641.
[994] Hans Küng, *Der Islam. Wesen und Geschichte*, S. 112.
[995] Hans Küng, „Rückfrage II: Der Koran – Wort Gottes auch für Christen?", in: Hans Küng, *Der Islam. Wesen und Geschichte*, S. 110-112.
[996] Hans Küng, *Der Islam. Wesen und Geschichte*, S. 90f., vgl. dazu Ekkehard Wohlleben, *Die Kirchen und die Religionen*, S. 127f.

Christentum und Islam)" und „insbesondere Hebräische Bibel und Koran **dieselbe Basis**" hätten, in denen „überdeutlich der eine und selbe Gott redet".[997]

Auch wenn Küng dies alles in Form rhetorischer Fragen bringt, so ist die Aussageabsicht hier doch sehr eindeutig und bedeutet faktisch eine stupide Vereinnahmung des Christentums für seine Zwecke, die nicht weniger anmaßend ist wie der christliche Inklusivismus und der absolute Exklusivismus vergangener Zeiten.

Das wird um so deutlicher, wenn wir uns vor Augen stellen, dass auch Hans Küng anerkennt, dass für Muslime „der erste Muslim ‚Adam', der erste Mensch" gewesen sei, weil „er sich dem einen und einzigen Gott ‚unterwarf', so wie sich dann auch Noah und Abraham, Mose und alle Propheten, ja schließlich auch Jesus ‚unterwarfen'".[998]

Gewiss ist es möglich, allgemein von ‚Monotheismus' und nicht schon von ‚Islam' zu sprechen[999], doch ist diese Unterscheidung hier wohl doch etwas zu unkonkret. Der Mensch (‚Adam') wird im Islam faktisch immer schon von seinem Verhältnis zu dieser Religion und deren Gott gesehen und beurteilt, wohingegen in Judentum und Christentum der ‚Mensch' nicht schon von vornherein als ‚Jude' bzw. ‚Christ' eingestuft wird, so groß der Durst und Hunger nach dem wahren Gott, Leben und Ewigkeit in Herz und Seele des Menschen auch sein mag.

Zur monotheistischen Konzeption des Islam gehört, dass jegliche „Beigesellung" geächtet ist, was sich gegen ‚heidnischen Polytheismus', aber eben auch gegen die christliche

---

[997] Hans Küng, *Das Christentum. Wesen und Geschichte*, S. 70; derselbe Text ist noch einmal abgedruckt: Hans Küng, *Der Islam. Wesen und Geschichte*, S. 166f.
[998] Hans Küng, *Der Islam. Wesen und Geschichte*, S. 56.
[999] Gerade mit Blick auf seine Skepsis gegenüber der These von P. Wilhelm Schmidt bezüglich des ‚Urmonotheismus' fällt der Hinweis Küngs auf, wonach es „auch die Lehre der Bibel" sei, „dass der erste Mensch (‚Adam' – WW) an den einen Gott glaubte". Hans Küng, *Der Islam. Wesen und Geschichte*, S. 56.

Trinitätslehre richtet[1000], wobei freilich Maria von Muhammad als „zweite Person der Trinität" verstanden wird[1001], was allerdings mit der Lehre der Kirche über die hl. Trinität nicht das Geringste zu tun hat. Selbstverständlich wird Gott als Schöpfer von Welt und Mensch gesehen[1002], Gottes Allmacht, aber auch die Verantwortung des Menschen zugleich betont[1003], was mit einer realistischen Einschätzung des Menschen zu tun hat: Der Mensch sei zwar

> „nicht ‚von Natur aus gut', wie Rousseau und manche optimistischen Aufklärer meinten; er erweist sich immer wieder als schwach, unbeständig und unzuverlässig. Aber er ist doch **auch nicht ‚von Natur aus verderbt'**, wie Augustinus und die Reformatoren annahmen[1004]; er bleibt Gottes Geschöpf und Statthalter. Schon Adam war ‚ungehorsam', ‚irrte (vom rechten Weg) ab' und musste daher das Paradies verlassen."[1005]

> „Und so ist der Mensch ein zwiespältiges Wesen mit Wahlfreiheit, das von Vergesslichkeit geprägt ist und der Rechtleitung bedarf. Der Mensch steht in der Verantwortung: ‚Was dich an Gutem trifft, kommt von Gott, was Dich an Schlimmem trifft, kommt von dir selber.'"[1006]

So spricht Küng auch vom „Endgericht und des Menschen Verantwortung"[1007] und betont den wesentlich sinnlichen

---

[1000] Hans Küng, *Der Islam. Wesen und Geschichte*, S. 115-118, bes. S. 117
[1001] Hans Küng, *Der Islam. Wesen und Geschichte*, S. 590 mit Hinweis auf Sure 5, 116.
[1002] Hans Küng, *Der Islam. Wesen und Geschichte*, S. 118-120.
[1003] Hans Küng, *Der Islam. Wesen und Geschichte*, S. 120f.
[1004] Die Formulierung „von Natur aus verderbt" gibt freilich nur Küngs Auffassung der Sache und nur sehr unpräzise die Auffassung Luthers oder des Augustinus wieder. Küng verwechselt hier die ‚christliche' und die ‚manichäistische' Auffassung.
[1005] Hans Küng, *Der Islam. Wesen und Geschichte*, S. 672 mit Hinweis auf Sure 20, 121.
[1006] Hans Küng, *Der Islam. Wesen und Geschichte*, S. 672 mit Hinweis auf Sure 4, 79.
[1007] Hans Küng, *Der Islam. Wesen und Geschichte*, S. 120f.

Charakter der muslimischen Vorstellung von „Paradies und Hölle", verzichtet allerdings in auffälliger Weise im Unterschied zu seinen Ausführungen über das Thema im christlichen Glaubensbekenntnis auf jegliche – auch nur vorsichtige – Kritik dieses Gedankenkomplexes.[1008]

Im Zusammenhang mit seinen Ausführungen über die Struktur des islamischen Gottesdienstes und das tägliche Ritualgebet betont Küng im Vergleich zum Judentum und besonders zum Christentum einige Unterscheidungsmerkmale, die sich aus der „Theozentrik" und dem „weitgehend egalitärem Charakter" des Islam ergeben[1009]:

> „Die **Gleichheit aller Muslime vor Gott** ist gerade im Gottesdienst offenkundig: kein Aufzug scheidet Kleriker und Laien, kein liturgisches Drama scheidet Sakrales und Profanes, kein Mysterienspiel scheidet Eingeweihte und Ahnungslose. Jeder Muslim kann grundsätzlich als Vorbeter, als Imam auftreten. Ein Priestertum gibt es nicht, auch keine Priesterweihe, keinen Opferaltar, keine besonderen Kleider für religiöse Würdenträger, keinen separaten Raum in der Moschee für eine Klerikerkaste."[1010]

Diese Gleichheit bezieht sich – wie wir gesehen haben – auch auf den Propheten Muhammad, der, da Gott im Islam nicht Mensch, sondern Buch geworden ist[1011], zwar zum „Siegel der Propheten" geworden ist, aber als solches eben nur ein ‚Prophet' (und nicht Gott oder ‚Gottes Sohn') ist.

Erwartungsgemäß betont Küng, dass „auch Muhammad wie die Propheten Israels seinen Monotheismus *mit einem Humanismus*, den Glauben an den einen Gott und sein Gericht

---

[1008] Hans Küng, *Credo*, S. 225-232.
[1009] Hans Küng, *Der Islam. Wesen und Geschichte*, S. 172f.
[1010] Hans Küng, *Spurensuche 2*, S. 139; fast derselbe Text: Hans Küng, *Der Islam. Wesen und Geschichte*, S. 172f.
[1011] Hans Küng, *Der Islam. Wesen und Geschichte*, S. 92ff.

mit der Forderung nach sozialer Gerechtigkeit" verbinde[1012], was, insofern „auch für den Islam **Gott selber** der **Anwalt der Humanität** ... ist", sowohl *die Rede* „von einem **gemeinsamen Grundethos** der drei prophetischen Religionen" begründet als auch das Potential zu einem „geradezu welthistorischen Beitrag" zu Küngs eigenem Welt-Ethos-Projekt habe.[1013] Die Frage ist auch hier, inwieweit es nicht wichtiger ist, angesichts fundamentaler Differenzen miteinander leben zu lernen, als einen Minimalkonsensus zu konstruieren, welcher der Wirklichkeit Gottes und dem Geheimnis des Lebens nicht standhält.

[1012] Hans Küng, *Der Islam. Wesen und Geschichte*, S. 167. Hervorhebung im Kursivdruck – WW.
[1013] Hans Küng, *Der Islam. Wesen und Geschichte*, S. 129-131.

Ergebnisse, Schlussfolgerungen und Konturen einer Antwort

Ohne nochmals auf Einzelheiten eingehen zu können, blicken wir nun in aller Kürze auf den zurückgelegten Weg unserer Untersuchung zurück, ziehen in knappen Strichen die Schlussfolgerungen und deuten die sich daraus ergebenden Konturen einer Antwort auf das immense Oeuvre Hans Küngs und die darin ausgedrückte, stufenweise sich entfaltende, spezifisch synkretistische Konzeption von Christentum und Kirche im Konzert der Weltreligionen an. Wir haben gesehen, dass Hans Küng in einem keineswegs engstirnigen römisch-katholischen Milieu in Sursee aufgewachsen ist, frühzeitig wichtige Anregungen zu jesuanischer Frömmigkeit aufgenommen hat und schon während des Abiturs in Luzern mit religionswissenschaftlichen Fragestellungen befasst war. Die jesuanische Frömmigkeit Küngs erhielt eine entscheidende Vertiefung durch die jesuitische Prägung seines Studiums in Rom, das – über das Studium der römisch-katholischen Theologie hinaus – eine intensive Auseinandersetzung u.a. mit wichtigen philosophischen Strömungen der Neuzeit in sich schließt (Hegel, Marxismus, Existentialismus Sartres), und verbindet sich später mit der exegetisch viel diskutierten Frage nach dem ‚historischen Jesus', die sodann auch in seiner religionswissenschaftlichen Arbeit maßgeblich geblieben ist.[1014] In Anknüpfung an den jeweiligen fachwissenschaftlichen Diskurs führt er in diesem Sinn den Vergleich zwischen dem ‚historischen' Jesus und ‚Krishna', dem ‚historischen' Buddha, dem ‚historischen' Konfuzius

---

[1014] Paul F. Knitter kritisiert mit Blick auf ‚Christ sein' an der Konzeption Küngs die bleibende universale Bedeutung Jesu und den daraus resultierenden Verzicht auf einen echten religionswissenschaftlichen Pluralismus. Vgl. Paul F. Knitter, „Die Weltreligionen und die Endgültigkeit Christi. Eine Kritik von Hans Küngs ‚Christ sein'", in: Paul F. Knitter, *Horizonte der Befreiung. Auf dem Weg zu einer pluralistischen Theologie der Religionen*, hg. Bernd Jaspert, Verlag Otto Lambeck, Frankfurt/ Main, Bonifatius Verlag, Paderborn, 1997, S. 108-121.

und dem ‚historischen' Muhammad durch und entwickelt das Kriterium der ‚Authentizität' bzw. des ‚Kanonischen', das den Wahrheitsgehalt einer Religion an ihrer Übereinstimmung mit der jeweiligen Gründergestalt oder dem ursprünglichen Kanon der betreffenden Religion bemisst. Als nicht anwendbar erwies sich dieses Kriterium in den Religionen, wo es keine Gründergestalt oder keinen schriftlichen (verschrifteten) Kanon gibt, als problematisch aber auch in den Fällen (obwohl selbst dort konsequent von Küng gefordert), wo die Struktur der betreffenden Religion nicht notwendig auf einen Bezug zu ihrer ‚historischen' Gründergestalt angewiesen ist, wie z.B. im Buddhismus und vielleicht auch in der chinesischen Religion. Auch hinsichtlich von Christentum und Kirche erwies sich die Frage nach dem ‚historischen' Jesus, wie sie Hans Küng gestellt hat, als problematisch, da sie zum einen – in Anknüpfung an die Bultmann'sche Formel vom ‚ins Kerygma auferstandenen Jesus' und gemäß einer im Protestantismus weit verbreiteten Denkform – mit der Frage nach dem verknüpft ist, „wer Jesus für uns heute ist", zum anderen aber in Übereinstimmung mit einer damals zeitgenössischen Strömung innerhalb der historisch-kritischen Exegese eine – wenig überzeugende – Priorisierung der ältesten Texte und Textfragmente mit dem Ziel einer ‚Eruierung des historischen Jesus', des ‚apostolischen Urzeugnisses' oder der ‚ursprünglich-authentischen' Gestalt der Kirche vornimmt. Im Hintergrund steht dabei die seit Matthias Flacius in einem Teil des Protestantismus verwurzelte Theorie des ‚Abfalls vom Ideal des Ursprungs', die mit einer Kritik der Ausbildung der ‚frühkatholischen Ämterstruktur' einhergeht, aber nun insofern radikalisiert erscheint, alldieweil dieser Vorgang nun auch schon im Kanon der neutestamentlichen Schriften selbst wahrgenommen und kritisiert wird. Ähnlich steht es um die von Adolf von Harnack übernommene Hellenisierungsthese, die bei Hans Küng zur (Dis-)Qualifizierung wesentlicher Elemente des christlichen und kirchlichen Überlieferungsbestands als ‚nicht authentisch', ‚unecht' oder nur ‚abgeleitetes apostolisches Zeugnis' führt.

Möchte man den neutestamentlichen Kanon weiterhin ernstnehmen, ergeben sich vier Möglichkeiten. Eine erste Variante ist die von Ernst Käsemann favorisierte Frage nach dem ‚Kanon im Kanon', die aber das Problem nicht löst, da auf diese Weise ganze Textbereiche (wie z.B. der Jakobus-Brief) in den Geruch einer minderen Qualität des Apostolischen kommen, oder man geht mit dem Problem pragmatisch um und lässt es auf sich beruhen, was auch nicht wirklich überzeugt. Die dritte Variante ist die schon erwähnte und von Küng bevorzugte und – ebenfalls wenig überzeugend als ‚katholisch' apostrophierte – Favorisierung der ältesten Texte und Textfragmente.[1015]

Eine wesentliche Weichenstellung war nun die Beobachtung,[1016] dass schon in seiner bahnbrechenden Doktordissertation zur Rechtfertigungslehre Karl Barths im Zusammenhang mit der Diskussion über Forschungen Josef Rupert Geiselmanns zum Traditionsbegriff im römischen Katholizismus die von Oscar Cullmann (neben seinem Doktorvater Louis Bouyer ebenfalls Küngs Lehrer) hervorgehobene und auch vom römisch-katholischen Lehramt festgehaltene (und eigentlich auch Küng bekannte) Unterscheidung der ‚apostolischen' und ‚nachapostolischen' bzw. ‚kirchlichen' Tradition dahingehend aufgelöst wird, dass Küng auch die ‚apostolische' Tradition als ‚rein-menschlich-kirchliche' Tradition einstuft, was in der Folge ohne Zweifel bei Hans Küng auch das Verständnis der Kirche als der gott-menschlichen Wirklichkeit des Leibes Christi beeinträchtigt. Neben dem überzeugend gelungenen Nachweis der Konvergenz bzw. Übereinstimmung der Rechtfertigungslehre Karl Barths mit derjenigen des Konzils von Trient hatte Küng seine Doktorarbeit (Verteidigung am 21. Februar 1957) nämlich auch zu einer grundsätzlich gegenüber ‚kirchlichen Traditionen und Autoritäten' kritischen Haltung geführt, was recht bald einen fundamentalen Umbau seines

---

[1015] Die vierte Variante schließlich anerkennt - kurz gesagt – den christlichen Kanon der Bibel als Kanon.
[1016] Vgl. zu dieser Problematik: Wolfgang Wünsch, *Überlieferung, Lehre und Glaube der Kirche*.

Kirchenverständnisses mit sich brachte. Sprachen etwa Karl Adam und Karl Rahner in Übereinstimmung mit dem kirchlichen Lehramt von der ‚Kirche der Sünder', so wird Küng auf Einladung von Karl Barth bei einer Gastvorlesung an der Universität Basel (19. Januar 1959) von der Notwendigkeit einer ‚Reform der Lehre' sprechen, was faktisch das Thema der ‚sündigen Kirche' in den Raum stellt. Dieser Umbau im Kirchenverständnis musste natürlich massive Auswirkungen auf das Verständnis der Lehre der Kirche und ihrer Tradition haben, was sich besonders stark etwa in der Christologie zeigt, wenn Küng Bedenken etwa gegenüber der kirchlichen Zweinaturenlehre oder auch an der klassischen Dreiämterlehre Christi (Christi prophetisches, königliches und priesterliches Amt) zeigt, von denen er letztendlich nur das prophetische Amt bestehen lässt.[1017] Dabei dürfen wir allerdings nicht übersehen, dass in dieser Hinsicht eine frappierende Übereinstimmung mit führenden Denkern aus dem protestantischen Raum besteht, die bei der Erarbeitung einer theologischen Antwort auf die Herausforderung von Kirche und Christentum durch die verschiedenen Weltreligionen unbedingt zu beachten ist.[1018] Eine sorgfältige Reflexion der ‚Fleischwerdung Gottes' aus orthodoxer Perspektive ist jedoch eine Aufgabe, die ihrer Komplexität wegen einer anderen Arbeit vorbehalten bleiben muss.

Wie wir weiter gesehen haben, bleibt der Ansatz Küngs bei einer ‚Christologie von unten' und der damit verbundene Schwerpunkt bei der Frage nach dem ‚historischen Jesus' freilich auch nicht ohne Auswirkungen auf das Gottesverständnis, was sich etwa in einer auffallend schmalspurigen oder selektiven Rezeption der (dynamisch aufgestellten) negativen Theologie des Nikolaus von Kues widerspiegelt. Wenn wir versuchen, zunächst positiv auf den hierbei verbliebenen Rest der christlichen Gottesauffassung einzugehen, so müssen wir festhalten, dass

---

[1017] Hans Küng, *Christ sein*, S. 380.
[1018] Vgl. die Bedenken gegenüber der klassischen Dreiämterlehre bei Wolfhart Pannenberg, *Grundzüge der Christologie*, Gütersloher Verlagshaus Gerd Mohn, Gütersloh, 1964, S. 218-232, bes. S. 227.

Küng eigentlich in allen Religionen von derselben göttlichen Wirklichkeit ausgeht, der man sich freilich auf religionsspezifische Weise nähert. Dies ermöglicht dann auch einen Dialog mit den betreffenden Religionen, der ggf. (ausgeklammert die Fälle, wo es nicht so ist) gewisse Strukturähnlichkeiten feststellen kann, die faktisch aus dem Gottesbegriff der negativen (apophatischen) Theologie resultieren. Küng behandelt hierbei in einer Art dialektischem Spiel das Thema der Personalität oder Apersonalität Gottes sowie das damit verbundene Problem monistischer bzw. dualistischer Systeme und Anschauungen, kann jedoch, wir würden sagen, auf der Ebene philosophischen Denkens, einen durchaus gehaltvollen Dialog mit den nichtchristlichen Religionen beginnen, wenn wir etwa an bestimmte kosmogonische Konzeptionen im Hinduismus über das ‚Eine' denken, von dem „im Veda gesagt wird, dass es im Anfang nur das Eine gab und daneben nichts anderes vorhanden war (Rigveda X, 129, 2)", oder Themen wie ‚Nirvana', ‚Dharma' oder ‚Tao' usw. daraufhin befragen, wobei Küng in dieser Hinsicht dann doch besonders die Nähe und Verwandtschaft von Judentum, Christentum und Islam als eines ‚großen religiösen Stromsystems semitischer Herkunft und prophetischer Prägung' betont, was sich besonders in „einem **weithin ähnlichen Grundverständnis von Gott, vom Menschen, von der Welt und der Weltgeschichte** überhaupt" zeigt.[1019]

Bemerkenswert ist weiterhin, dass es sogar angesichts der grausamen Tragödie des ‚Holocausts' einen Dialog zum Gottesverständnis zwischen Judentum, Christentum und Buddhismus gibt.[1020] Ähnlich ist es auch hinsichtlich des interreligiösen Dialogs zur Anthropologie, wobei Küng hier aus christlicher Sicht zu Recht die unaufgebbare ‚Würde des Menschen' betont, die letztendlich in der Gottesebenbildlichkeit des Menschen begründet ist. Im Zusammenhang mit der Darlegung von Küngs Biografie und seiner Auffassung von

---

[1019] Hans Küng, *Der Islam. Wesen und Geschichte*, S. 89. Hervorhebung im Fettdruck von Hans Küng.
[1020] Christopher Ives (Hg.), *Divine Emptiness and Historical Fullness*.

Christentum und Kirche haben wir eine Übergewichtung des Motivs der ‚Selbstverwirklichung' wahrgenommen, bei seinen religionskundlichen Ausführungen hat dieses Thema u.E. jedoch sein rechtes Maß gefunden.

Dennoch bricht gerade im Zusammenhang der Anthropologie aus christlicher bzw. orthodoxer Perspektive eine Unausgeglichenheit oder Unausgewogenheit seines Systems durch, die dem Prinzip geschuldet ist, das angenommene oder tatsächliche Vorurteil des heteroreligiösen Dialogpartners zur Norm oder zum Kriterium für das eigene Denken zu machen, was dann unweigerlich zum Verlust wesentlicher Elemente der christlichen Tradition und insofern zu einer fundamentalen Umformung des christlichen Glaubens führen muss.

Im Bereich der Anthropologie bezieht sich dies z.B. auf die Auffassung, dass der Mensch ‚Sachwalter Gottes' sei, welche das biblische Grundthema, wonach der Mensch ‚zum Bilde und zur Ähnlichkeit Gottes' geschaffen ist, etwa für den islamisch-christlichen Dialog zurechtschleift. Wir verkennen nicht, dass es auch im Judentum der muslimischen Haltung völlig parallele Reserven gibt, die mit der Konzeption der ‚Bild- und Körperlosigkeit Gottes' und der daraus resultierenden Zurückhaltung gegenüber der christlichen Inkarnationslehre zusammenhängen,[1021] müssen aber – trotz des eben festgestellten Festhaltens an der biblischen Lehre von der Gottesebenbildlichkeit des Menschen – einen gewissen Mangel an Reflexion bezüglich dieser Thematik bei Hans Küng notieren, zumal sich dies mit einer – seit Karl dem Großen – in der nicht-orthodoxen (‚abendländisch-westlichen') christlichen Theologie bemerkbaren grundsätzlich bilderkritischen Haltung verknüpft.[1022] Dass diese Haltung dann

---

[1021] Schalom Ben-Chorin, *Jüdischer Glaube*, S. 78-97, 304; Schalom Ben-Chorin, *Der dreidimensionale Mensch in Bibel und Moderne*, Paulinus-Verlag, Trier, 1971, bes. S. 11-26, sowie Stefan Schreiner, *Kalif Gottes auf Erden*, der hier vor allem die jüdisch-islamischen Aspekte der Thematik behandelt.

[1022] Zur bilderkritischen Haltung bei Hans Küng, vgl. Hans Küng, *Das Christentum. Wesen und Geschichte*, S. 262-280. Zur Auseinandersetzung mit dem Pro-

auch in der Christologie zutage tritt, ist evident, zunächst im Vorschlag, den Sohnestitel (Christus – Sohn Gottes) besser durch ‚Sachwalter Gottes' zu ersetzen, als auch in der permanent wiederholten Kritik der ‚Hellenisierung des Christentums' und – damit verbunden – in der Kritik der ‚hellenistischen Konzilien', die sich zu einer grundsätzlichen, unerträglich ideologischen, dazu jedoch äußerst unzureichend reflektierten Dogmenkritik (vgl. seine Bücher: Unfehlbar, Christ sein, etc.) ausweitet.[1023] Wie absurd und widersprüchlich Küngs diesbezügliche Anschauungen sind, kann man sich auch an dem Knick verdeutlichen, den seine Begeisterung für Karl Barths ‚Kirchliche Dogmatik' erfahren hat. Während er sich z.B. bei der Wahl seines Doktorthemas noch in höchsten Lobestönen über Karl Barths Theologie ob ihrer Verwurzelung in und ihr Durchdrungensein von der Heiligen Schrift („ganz ausgerichtet auf die Christus-Mitte") ergeht,[1024] bewundert er in seinem großen Werk zum Judentum gerade noch formal die großartige Architektur von Barths ‚Kirchlicher Dogmatik', kritisiert dann aber hart den Einsatz der Theologie Barths bei der „ganz auf den hellenistischen Konzilien der alten Kirche aufbauenden Trinitätslehre und Christologie." Äußerst schwach reflektiert ist bei Hans Küng auch das ganze Gebiet

---

blem vgl. Wolfgang Wünsch, „The image of the church in Martin Luther's Theology – an orthodox perspective", in: Dumitru A. Vanca / Marc J. Cherry / Alin Albu (Hg.), *Ars Liturgica. From the Image of Glory to the Image of the Idols of Modernity*, Bd. 1, Alba Iulia, Reîntregirea, 2017, S. 401-411; sowie: Wolfgang Wünsch, „Ikone und religiöses Bild in der Theologie von Josef Ratzinger aus orthodoxer Perspektive", in: Mihai Himcinschi / Răzvan Brudiu / Andrei Motora (Hg.), *Icoană și misiune. Relația dintre chip și imagine în societatea actuală, Școala Internațională de vară a doctoranzilor teologie*, Ediția a V-a, Mănăstirea „Sfântul Mare Mucenic Dimitrie", Sighișoara, 10-14 iulie 2017, Reîntregirea, Alba Iulia, 2017, S. 349-368.

[1023] Soweit sich seine Kritik auf römisch-katholische Spezialdogmen wie z.B. die ‚Unfehlbarkeit päpstlicher Lehrentscheidungen ex cathedra', den Universalprimat des Papstes oder bestimmte, allein dem Katholizismus spezifisch eigene Mariendogmen handelt, mag man darüber diskutieren, obwohl die kirchenhistorische Arbeitsweise Küngs selbst hier äußerst unbefriedigend ist, doch geht der Tübinger Professor entschieden weiter und stellt faktisch die Lehre der einen, heiligen, apostolischen und katholischen Kirche selbst in Frage.

[1024] Hans Küng, *Erkämpfte Freiheit*, S. 168.

der biblischen Hermeneutik, man hat den Eindruck, dass Küng bei seiner Beschäftigung mit der Heiligen Schrift nur mit einigen Versatzstücken der klassischen Lehre vom ‚vierfachen Schriftsinn' vertraut geworden sei und deren Sinn nicht verstanden, geschweige denn zumindest die jüdische Bibelhermeneutik zum Vergleich herangezogen hätte.[1025] Dass sich der Autor selbst bei einfachen Bibelzitaten bisweilen die von ihm zitierten Texte nicht wirklich durchgelesen zu haben scheint, wollen wir dagegen hier übergehen. Festzuhalten bleibt allerdings Küngs Insistieren auf der ‚historisch-kritischen Methode' bei der Bibelexegese in ihrem ganzen Facettenreichtum („Text-, Literatur-, Form-, Gattungskritik, ... Motiv-, Traditions-, Redaktions- und Wirkungsgeschichte ..., ... archäologische Ausgrabungen (Stratigraphie), ... Oberflächenforschungen, ... sozialwissenschaftliche und strukturalistische Untersuchungen"), die er alle samt und sonders gegen das „vormodern-wörtliche" Verständnis der Heiligen Schrift stellt, wie es noch „die Mittelalterlichen oder auch noch die Reformatoren" praktiziert hätten.[1026] Ebenfalls unzureichend wird das Verhältnis der ‚jüdischen' bzw. der ‚Hebräischen Bibel', der christlichen Bibel und vor allem der ‚Septuaginta' reflektiert. Auf die Reduktion der ‚apostolischen Tradition' auf eine ‚rein menschliche' Größe und ihre Ineinssetzung mit der ‚kirchlichen Tradition' sind wir schon eingegangen.

Hier müssen wir unsere Aufmerksamkeit in aller Kürze der Sprachenfrage zuwenden, insofern eben die Sprachenfrage und auch der Übersetzungsvorgang von einem Sprachmilieu in ein anderes (Gen. 11 und Acta 2) zu den Grunddaten der biblischen Überlieferung, der apostolischen und kirchlichen Tradition sowie auch zum elementaren Bestand einer wohl verstandenen Ekklesiologie gehört. Küng notiert es zu Recht als einen schweren Fehler in der Kirchengeschichte, dass „gegen Ende des ersten Jahrtausends die Liturgie von den Germanen (anders von den Slawen!) statt in der Volkssprache in der allein sanktionierten

---

[1025] Hans Küng, *Erkämpfte Freiheit*, S. 291-294.
[1026] Hans Küng, *Das Judentum*, S. 50.

lateinischen Fremdsprache gefeiert wurde",[1027] begründet mit der auf orthodoxer Seite schon von den Slawenaposteln Kyrill und Method als falsch erkannten ‚Dreisprachentheorie', der gemäß (unter Bezugnahme auf Joh 19,20) die lateinische, griechische und die hebräische Sprache ‚heilige Sprachen' seien, „in denen es sich ziemt, Gott zu loben".[1028] Zu Recht sieht Küng genau hier ein wesentliches Element, das zu der bedauernswerten, aber scharfen Scheidung von Klerus und Laien, hierarchischem Lehramt und Kirchenvolk im römischen Katholizismus geführt hat,[1029] auf die er auch in seinen religionskundlichen bzw. religionswissenschaftlichen Arbeiten immer wieder zurückkommt. Nach unserer Überzeugung war die Bibelübersetzung Martin Luthers ein bedeutender Versuch, das Problem der Sprache zu beheben, hat aber das zweite – in der kirchlichen Tradition des Westens aufgebrochene – Problem einer angemessenen Relation von Klerus und Laien nur sehr unbefriedigend gelöst.

Wenn nun Küng anfänglich, gleichsam unreflektiert, von der ‚Inneranz der Bibel' ausging, im Zuge der Begegnungen und Erlebnisse beim Zweiten Vatikanischen Konzil – Schritt für Schritt – vom Konzept der Fehlerlosigkeit oder Verbalinspiration der Hl. Schrift abrückte, so sind die Weichen für den späteren spezifisch Küng'schen interreligiösen Synkretismus dennoch schon in seiner Doktorarbeit über Barths Rechtfertigungslehre gestellt.

Ausgangspunkt dafür ist der Hinweis auf die am Schluss der Dissertation Küngs genannte – im besten Sinne katholische – Frage Barths „nach dem Verhältnis des einen Wortes Gottes zu den andern Worten, die in ihrer Kreatürlichkeit dennoch wahre Worte sind oder sein können".[1030] Wie wir gesehen ha-

---

[1027] Hans Küng, *Das Christentum. Wesen und Geschichte*, S. 417.
[1028] Hans-Dieter Döpmann, *Die Orthodoxen Kirchen*, S. 39.
[1029] Als erhellendes und prägnantes Beispiel sei nur verwiesen auf den fatalen, etymologischen Zusammenhang von „Hokuspokus" und „hoc est corpus meus".
[1030] Hans Küng, *Rechtfertigung*, S. 344 mit Hinweis auf Karl Barth, KD, Bd. IV/3, Erste Hälfte, S. 122-188, das von Küng gebrachte Zitat (ohne Seitenangabe) findet sich S. 122.

ben, spricht Küng von den anderen Religionen als ‚möglichen Heilswegen', wobei er anfänglich von einer einzigen ‚wahren Religion' ausgeht,[1031] beschränkt sich dann aber pragmatisch auf die Skizzierung der „drei großen – überindividuellen, internationalen und transkulturellen – religiösen Stromsysteme" innerhalb der ‚einen religiösen Geschichte der Menschheit' (Wilfred Cantwell Smith)",[1032] wobei er bei den einzelnen Religionen in Anknüpfung und Applikation der von Thomas S. Kuhn im naturwissenschaftlichen Zusammenhang entwickelten ‚Paradigmentheorie'[1033] zwischen deren jeweiliger religiöser Substanz und den verschiedenen Paradigmen unterscheidet, welche diese Religionen entweder durchlaufen oder in welchen sie gewissermaßen ‚gleichzeitig' existieren.

Tatsächlich ist die Verquickung der keineswegs überzeugenden religionswissenschaftlichen Einteilung der verschiedenen Weltreligionen in die „drei großen religiösen Stromsysteme" (Stromsystem semitischen Ursprungs prophetischer Prägung: Judentum, Christentum, Islam; Stromsystem indischer Herkunft mystischer Prägung: Hinduismus, Buddhismus; Stromsystem chinesischer Herkunft weisheitlicher Prägung: insbesondere die chinesische Religion: u.a. Schamanismus, Konfuzianismus, Taoismus, chinesischer Buddhismus) mit dem Küng'schen Instrument der ‚Paradigmenanalyse' in Verbindung mit der dabei implizit doch immer vorausgesetzten ‚einen wahren Religion' das entscheidende Vehikel des spezifisch Küng'schen Synkretismus. Küng verweist darauf, dass in jeder Religion gleichsam ein Gemisch von Glaube und Aberglaube anzutreffen ist, berührt immer wieder das Thema ‚Volksreligion' und besteht darauf, dass Religion im Unterschied zum Aberglauben *nichts Bedingtes oder Relatives* als

---

[1031] Die Erörterung dieser Frage bei: Hans Küng, *Theologie im Aufbruch*, S. 274-306.
[1032] Hans Küng, *Projekt Weltethos*, S. 159 mit Hinweis auf: Wilfred Cantwell Smith, *Towards a world theology. Faith and the Comparative History of Religion*, Orbis Books, New York, 1981.
[1033] Thomas S. Kuhn, *Die Struktur wissenschaftlicher Revolutionen*.

absolute Autorität setzen würde, sondern sich eben immer auf diese oder jene Weise bezieht auf

> „jene allererste-allerletzte Wirklichkeit, die nicht nur Juden und Christen, sondern auch Moslems anbeten, und die die Hindus im Brahma, die Buddhisten im Absoluten und, selbstverständlich, auch traditionelle Chinesen im Himmel oder im Tao suchen."[1034]

Küng streift zwar die „Entdeckung des ‚Volkes' und des ‚Volksgeistes' (Giovanii Battista Vico, Johann Gottfried von Herder)", die wissenschaftsgeschichtlich einen Perspektivenwechsel in der Wertschätzung der Volksreligion mit sich brachte,[1035] geht aber auf die nüchternen soziologischen Aspekte des Themas (Frömmigkeit und religiöse Praxis in den verschiedenen Lebensbezügen des Menschen: Familie, Berufsleben, Öffentlichkeit) nicht tiefer ein, sondern kommt eher auf polytheistische Ausprägungen der Volksreligion zu sprechen, und gerade in diesem Zusammenhang im Hinduismus und im Taoismus auch auf dort vorhandene trinitarische Strukturen.[1036] Immerhin übergeht er nicht gewisse Strukturähnlichkeiten zwischen der christlichen Trinitätslehre und dem jüdischen Glauben,[1037] geht allerdings nicht explizit auf die von Julia Ching in den Raum gestellte ‚taoistische Dreiheit' ein, die bei einer christlich-orthodoxen Antwort auf die Herausforderung der Weltreligionen ebenfalls Beachtung finden sollte:

> „Das Tao erzeugt die Eins.
> Die Eins erzeugt die Zwei.
> Die Zwei erzeugt die Drei.
> Die Drei erzeugt alle Dinge."[1038]

[1034] Hans Küng, in: Hans Küng/ Julia Ching, *Chinesische Religion*, S. 85.
[1035] Hans Küng, in: Hans Küng/ Julia Ching, *Chinesische Religion*, S. 74.
[1036] Hans Küng, *Spurensuche 1*, S. 120f., 209.
[1037] Hans Küng, *Das Judentum*, S. 466-469.
[1038] Julia Ching, in: Hans Küng/ Julia Ching, *Chinesische Religion*, S. 175 mit Hinweis auf das 42. Kapitel des Tao-te ching.

Zwar legt sich Hans Küng bezüglich der Themen „Uroffenbarung", „Urmonotheismus" und „Urreligion" sehr große Zurückhaltung auf, verweist aber schon in seinen Ausführungen über die Stammesreligionen auf das von der neueren Forschung herausgestellte ‚Übereinander', die Gleichzeitigkeit bzw. das wechselseitige Sichdurchdringen der verschiedenen Phänomene und Phasen der Religion.[1039] Der Islam hingegen geht eindeutig von einem Urmonotheismus aus (Adam der erste Monotheist bzw. Muslim), wobei Küng ja in Richtung der Christen darauf drängt, Muhammad als echten Propheten und den Koran als ‚Wort Gottes' anzuerkennen.

Aus allen Religionen meint Küng ein ‚Urethos' gleichsam als Basis für sein ‚Weltethos-Projekt' herausdestillieren zu können, gleichsam einen ethischen Minimalkonsens, dessen entscheidende Stichworte zusammengefasst etwa so lauten:

> „Gewaltlosigkeit und Ehrfurcht vor dem Leben: ‚nicht töten', foltern, quälen; Solidarität und gerechte Wirtschaftsordnung: ‚nicht stehlen', ausbeuten, bestechen, korrumpieren, Toleranz und Wahrhaftigkeit: wahrhaftig sprechen und handeln, ‚nicht lügen', täuschen, fälschen, manipulieren; Gleichheit der Menschen und Partnerschaft von Mann und Frau: ‚Sexualität nicht missbrauchen', nicht betrügen, erniedrigen, entwürdigen; Humanitätsprinzip, Goldene Regel."[1040]

Küng meint, mit Hilfe dieses Minimalkonsensus das Verhältnis der Religionen untereinander und das Problem des Weltfriedens in den Griff bekommen zu können, übersieht dabei zum einen, dass es ja darauf ankommt, gerade *angesichts der Unterschiede* der einzelnen Religionen miteinander zu leben, und zum andern, dass die Reduktion der Religion auf das Humanitätsprinzip („Der Wille Gottes ist das Wohl des Menschen.") zu kurz greift und in keiner Weise das Wesen dessen erfasst, was ‚Religion' ausmacht,

---

[1039] Hans Küng, *Erlebte Menschlichkeit*, S. 304.
[1040] Der Text wurde von mir zusammengefasst und bietet die entscheidenden Stichworte, vgl. Hans Küng, *Der Islam. Wesen und Geschichte*, S. 780.

so sehr natürlich – im besten Fall – praktische Orientierung und Lebenshilfe überall mit dazu gehören.

Aufgrund unseres biografischen Einstiegs haben wir sehr aufmerksam beobachtet, wie sich die Position Hans Küngs als römisch-katholischer Priester, dem von seiner kirchlichen Oberbehörde seit Dezember 1979 ein immer noch nicht aufgehobenes Lehrverbot erteilt wurde, auf seine Darstellung der verschiedenen Weltreligionen ausgewirkt hat. Dabei kamen wir zu dem Schluss, dass überall dort, wo es sozusagen Unklarheiten oder Mängel in Küngs eigener Perzeption von Christentum und Kirche gab, diese sich unmittelbar auf sein Verhältnis zu den anderen Religionen ausgewirkt haben.

So überträgt sich z.B. sein gespaltenes (bzw. unreflektiertes) Verhältnis zu den Dogmen und der kirchlichen Dogmenentwicklung auf seine Wahrnehmung und Darstellung von Religionen, die von ihrer Struktur her ein ‚Dogma' nicht kennen. Wir haben auch darauf hingewiesen, dass die Spaltung zwischen ‚Dogma', kirchlichem Leben und ‚kirchlichem Lehramt' weit in die Geschichte des römischen Katholizismus zurückreichende Wurzeln hat.

Bei Küng hat diese Spaltung die – nachvollziehbare – Folge einer tiefen Skepsis gegenüber jedem Dogmenpositivismus und schlägt in die Bereitschaft um, sich einer interreligiösen synkretistischen Theologie und Praxis (Gebet, Meditation) zu öffnen, ohne freilich den *subjektiven* Wahrheitsanspruch des Christen aufzugeben, der für ihn in der universalen Bedeutung des ‚historischen' Jesus begründet ist. Ähnliches wie über Küngs Verhältnis zum christlichen Dogma ließe sich auch zum Thema ‚Ritus und Riten' sagen,[1041] wobei auch hier natürlich seine ‚jesuanisch-jesuitische' Prägung zu beachten bleibt, die sich in einer grundsätzlichen Neigung zur Einfachheit von Gottesdienst und Ritus ausdrückt, die ganz sicher etwa im

---

[1041] Das Thema in religionsgeschichtlicher Perspektive behandelt: Louis Bouyer, *Mensch und Ritus*, Matthias-Grünewald-Verlag, Mainz, 1964.

priesterlosen islamischen Gebetsgottesdienst eine wesentliche Parallele hat.[1042] Dennoch geht unser Eindruck dahin, dass bei Hans Küng im Zuge seiner Arbeit über die verschiedenen Weltreligionen sein Verständnis für das Thema ‚Ritus und Riten' gewachsen ist, jedenfalls gibt es ein sich verstärkendes Gefühl für die Zusammengehörigkeit von Innen und Außen. Weder reichen äußerliche Vollzüge aus, aber die reine Innerlichkeit bringt es auch nicht. Für das christliche Denken geht eine wichtige Schlussfolgerung aus den bei Hans Küng bezüglich Dogma und Ritus wahrgenommenen Problemen dahin, dass Liturgie (Gottesdienst), Theologie und Leben zusammengehören, das christliche Dogma ist – pointiert gesagt – Erfahrungssache, wobei es eben evident ganz unterschiedliche Stufen dieser Erfahrung gibt, weshalb das Glaubensbekenntnis der Kirche – kirchengeschichtlich gesehen – der Arkandisziplin unterlag. Hans Küng reflektiert diese Zusammenhänge nicht und wir können ihnen hier nicht weiter nachgehen.

Für das Gespräch mit den Weltreligionen dürfte es trotzdem bedeutsam sein, nicht von einem verzerrten Torso des Christlichen aus dieses Gespräch zu führen, so wertvoll der verbliebene Rest auch immer noch sein mag, sondern aus der Fülle der ungebrochenen christlichen Überlieferung, die ‚Kreuz' und ‚Auferstehung' unseres HERRN ungeteilt und untrennbar in sich vereint.[1043] Deshalb müssen wir das bei Hans Küng penetrant geforderte Verständnis des Christentums als ‚prophetische Religion', die sich ‚post Christum' von den anderen ‚großen religiösen Stromsystemen' der Menschheit geborgt habe, immer wieder borgen könne (oder borgen müsse), was ihr noch fehlt, eindeutig zurückweisen. Die diesbezüglichen argumentativen Anläufe Küngs mögen zwar den ‚immer düm-

---

[1042] Vgl. Hans Küng, *Der Islam. Wesen und Geschichte*, S. 172ff.
[1043] Vgl. Joseph Ratzinger, *Einführung in das Christentum*, S. 215-216, der dort darauf aufmerksam macht, dass im Katholizismus stärker das Moment der ‚Auferstehung' und im Protestantismus stärker das Moment der ‚Kreuzestheologie' bewahrt worden sei.

mer werdenden Einzelmenschen'[1044] zufriedenstellen, haben aber mit vorurteilsfreier Wissenschaft nichts zu tun.

Das bezieht sich sowohl auf das Verständnis der spezifisch christlichen Mystik, deren außerchristlichen Ursprung unser Autor mit krampfhafter, plagiativer Anstrengung – vergeblich – nahezulegen nicht müde wird,[1045] als auch auf das Faktum der ‚Fleischwerdung Gottes', die Küng faktisch nicht mehr als Grunddatum der Geschichte von Christentum, Kirche und Welt, sondern lediglich als Hypothese begreift, die aus der besonderen, von Experten zu eruierenden Erfahrung Jesu mit der Allerletzten-Allerersten Wirklichkeit entwickelt wird, aus der die transzendente Begründung des für das Überleben der Menschheit nötigen Weltethos-Projekts unseres Tübinger Professors erarbeitet wird. Dass dem Christen der lebendige, dreieine Gott auch und vor allem im Gottesdienst in der Kirche, in der göttlichen Liturgie begegnet, ist eine Erfahrung, die zwar in Büchern dargelegt, aber nur in der Teilnahme am Leben der Kirche erlangt werden kann.[1046] Denn Schwimmen lernt man nicht aus Lehrbüchern des Trockenschwimmens, sondern nur im echten Wasser.

[1044] Hans Küng, *Projekt Weltethos*, S. 13.
[1045] Dass es anders ist, hat mit bewundernswerter Klarheit wiederum Küngs Doktorvater Louis Bouyer nachgewiesen: Louis Boyer, *Einführung in die christliche Spiritualität*, Matthias-Grünewald-Verlag, Mainz, 1965, S. 262-280.
[1046] Vgl. Rudolf Schneider, „Vom Wesen der ostkirchlichen Eucharistie", in: Ernst Benz, *Die Ostkirche und die russische Christenheit*, Furche-Verlag, Tübingen, 1949, S. 141-172, aber auch Albert Klein, „Theologische Besinnung zur Neuordnung des Gottesdienstes", in: Albert Klein, *Ein Leben im Glauben für Kirche und Gemeinschaft. Selbstzeugnisse. Aus dem Nachlass herausgegeben von seinen Kindern und Enkeln zu seinem 100. Geburtstag am 16. März 2010*, Hermannstadt/ Sibiu, hora Verlag, 2010, S. 358-387.

Bibliographie

5.1 Quellentexte

1) Die Bhagavadgītā. Aus dem Sanskrit; Übersetzung, Einleitung und Anmerkungen von Klaus Mylius, Verlag Philipp Reclam jun. Leipzig 1980.

2) Die Bibel. Nach der Übersetzung Martin Luthers. Mit Apokryphen, Evangelische Bibelgesellschaft zu Berlin und Altenburg 1989.

3) Die Bibel oder die ganze Heilige Schrift nach der deutschen Übersetzung Dr. Martin Luthers (unrevidiert), hrsg. vom Missionsverlag der Evangelisch-Lutherischen Gebetsvereine e.V., Bielefeld 1993.

4) Biblia Hebraica Stuttgartensia, Deutsche Bibelgesellschaft Stuttgart, vierte verbesserte Auflage 1990.

5) Denzinger, Henrici, *Enchiridion Symbolorum, Definitionum et Declarationum de Rebus Fidei et Morum*, hg. Rahner SJ, Karl, Herder, 28. vermehrte Auflage, Freiburg/ Breisgau, 1952 (Enchiridion).

6) Denzinger, Heinrich, *Kompendium der Glaubensbekenntnisse und Kirchlichen Lehrentscheidungen.* Verbessert, erweitert, ins Deutsche übertragen und unter Mitarbeit von Hoping, Helmut, herausgegeben von Hünermann, Peter, Herder, 37. Auflage, Freiburg/ Basel/ Rom/ Wien, 1991.

7) Lutherischer Weltbund (LWB), Hahn, Udo/ Hauschildt, Friedrich (Hgg.), *Die Gemeinsame Erklärung zur Rechtfertigungslehre. Dokumentation des Entstehungs- und Rezeptionsprozesses*, Göttingen, 2009 (Gemeinsame Erklärung – Dokumentation).

8) Konfuzius. Gespräche (Lun-Yu). Aus dem Chinesischen. Übersetzt und herausgegeben von Ralf Moritz, Verlag Philipp Reclam jun. Leipzig 1982.

9) Der Koran, hrsg. von Rudolph, Kurt / Werner, Ernst, Verlag Philipp Reclam jun., Leipzig 1984.

10) Laudse, Daudedsching, Verlag Philipp Reclam jun., Leipzig 1978.

11) Ignatius von Loyola, *Die Exerzitien*. Übertragen von Balthasar, Hans Urs von, Kirchliche Druckerlaubnis des Bischöflichen Ordinariates Basel vom 2. April 1946, Johannes Verlag, 15. Auflage, Einsiedeln/ Freiburg, 2016 (Die Exerzitien).

12) Luther, Martin, *D. Martin Luthers Werke, Kritische Gesamtausgabe, Die Deutsche Bibel, Band 7*, Hermann Böhlaus Nachfolger, Weimar 1931.

13) *Novum Testamentum Graece*, hrsg. von NESTLE, Eberhard / NESTLE, Erwin / ALAND, Kurt et al., Deutsche Bibelgesellschaft Stuttgart 1976²⁶.
14) PLATON, *Der Staat*. Einleitung von GERLACH, Hans-Martin und SCHENK, Günther. Übersetzung aus dem Griechischen von APELT, Otto, X. Kapitel, Reclam, 2. Auflage, Leipzig, 1988.
15) Principaliores Pontificii Collegii Germanici et Hungarici Regulae (Magna ex parte ex Consitutionibus et Regulis ab ipso S. Patre Ignatio conditis depromptas), maschinenschriftlich.
16) *Psalter*. Aus dem Griechischen übersetzt von Dorothea SCHÜTZ, Kloster des Hl. Hiob von Počaev, München 1999.
17) *Septuaginta*, hrsg. RAHLFS, Alfred, Duo volumina in uno, Deutsche Bibelgesellschaft Stuttgart 1979.
18) *Die vier edlen Wahrheiten. Texte des ursprünglichen Buddhismus*, hrsg. von MYLIUS, Klaus, Verlag Philipp Reclam jun., Leipzig 1988.

5.2.1 Werke von Hans Küng

5.2.1. Monographien und Aufsatzsammlungen von Hans Küng

19) KÜNG, Hans, *Kirche im Konzil. Mit einem Bericht über die zweite Session*, Herder, Taschenbuch, 2. Auflage, Freiburg im Breisgau, 1963.
20) CONGAR, Yves / KÜNG, Hans / O'HANLON, Daniel (Hgg.), *Konzilsreden. Was sagten sie? Wie wird die Kirche morgen sein? Die authentischen Texte geben Auskunft*. Übersetzung von Christa Hempel, Einsiedeln, 1964 (Konzilsreden).
21) KÜNG, Hans, *Freiheit in der Welt. Sir Thomas More*, Benziger Verlag, 2. Auflage, Einsiedeln, 1965.
22) KÜNG, Hans, *Christenheit als Minderheit*, Benziger Verlag, 2. Auflage, Einsiedeln, 1966.
23) KÜNG, Hans, *Wahrhaftigkeit. Zur Zukunft der Kirche*, Herder-Bücherei, Freiburg im Breisgau, 1968.
24) KÜNG, Hans, *Menschwerdung Gottes. Eine Einführung in Hegels theologisches Denken* als *Prolegomena zu einer zukünftigen Christologie*. Mit einem Vorwort zur Taschenbuchausgabe, Piper, Erstausgabe 1970, München / Zürich, 1970 (Menschwerdung Gottes).
25) KÜNG, Hans, *Wozu Priester? Eine Hilfe*, Benziger, Zürich / Einsiedeln / Köln, 1971, (Wozu Priester?).

26) KÜNG, Hans, *Christ sein*, 2. Auflage, Piper, München, 1974 (Christ sein).
27) KÜNG, Hans, *Existiert Gott? Antwort auf die Gottesfrage der Neuzeit*, Piper, München/ Zürich, 1978 (Existiert Gott?).
28) KÜNG, Hans, *Unfehlbar? Eine Anfrage*, Ullstein Verlag, 1. Auflage 1970, Frankfurt/ Berlin/ Wien, Benziger, 1980 (Unfehlbar?).
29) KÜNG, Hans, *Kunst und Sinnfrage*, Benziger, Zürich/ Köln, 1980.
30) KÜNG, Hans/ LAPIDE, Pinchas, *Jesus im Widerstreit. Ein christlich-jüdischer Dialog*, Calwer, Stuttgart/ Kösel/ München, 2. Auflage, 1981.
31) KÜNG, Hans/ ESS, Josef van/ STIETENCRON, Heinrich von/ BECHERT, Heinz, *Christentum und Weltreligionen. Hinführung zum Dialog mit Islam, Hinduismus und Buddhismus*, Piper, München/ Zürich, 1984 (Hinführung zum Dialog).
32) KÜNG, Hans/ TRACY, David, *Theologie – Wohin? Auf dem Weg zu einem neuen Paradigma*, Benziger Verlag/ Gütersloher Verlagshaus Gerd Mohn, Zürich/ Köln, 1984 (Theologie – Wohin?).
33) KÜNG, Hans, *Rechtfertigung. Die Lehre Karl Barths und eine katholische Besinnung*. Mit einem Geleitbrief von Karl Barth, Piper, München/ Zürich, Taschenbuchausgabe, 1986, 2004 (Rechtfertigung).
34) KÜNG, Hans, *Freud und die Zukunft der Religion*, Piper, München/ Zürich, 1987.
35) KÜNG, Hans, *Strukturen der Kirche*. Mit einem Vorwort zur Taschenbuchausgabe und einem Epilog 1987, Piper, München/ Zürich, 1987 (Strukturen).
36) KÜNG, Hans, *Theologie im Aufbruch. Eine ökumenische Grundlegung*, Piper, München/ Zürich, 1987 (Aufbruch).
37) KÜNG, Hans/ CHING, Julia, *Christentum und Chinesische Religion*, Piper, München/ Zürich, 1988 (Christentum und Chinesische Religion).
38) KÜNG, Hans, *Menschwerdung Gottes. Eine Einführung in Hegels theologisches Denken als Prolegomena zu einer künftigen Christologie*. Mit einem Vorwort zur Taschenbuchausgabe, Piper, München, 1989 (Menschwerdung Gottes).
39) KÜNG, Hans, *Projekt Weltethos*, Piper, Zürich/ München, 1990 (Projekt Weltethos).
40) KÜNG, Hans / TRACY, David (Hgg.) *Das neue Paradigma von Theologie. Strukturen und Dimensionen*, Gütersloher Verlagshaus, Juni 1991 (Das neue Paradigma).

41) KÜNG, Hans, *Die Kirche*, Piper, 3. Auflage, München/ Zürich, 1992 (Die Kirche).

42) JENS, Walter/ KÜNG, Hans, *Dichtung und Religion. Pascal. Gryphius. Lessing. Hölderlin. Novalis. Kierkegaard. Dostojewski. Kafka*, Piper, München/ Zürich, 2. Auflage, 1992.

43) KÜNG, Hans/ KUSCHEL, Karl Josef (Hgg.), *Weltfrieden durch Religionsfrieden. Antworten aus den Weltreligionen*, Piper, Originalausgabe, München/ Zürich, 1993.

44) KÜNG, Hans, *Das Christentum. Wesen und Geschichte*, Piper, München/ Zürich, 1994 (Das Christentum. Wesen und Geschichte).

45) KÜNG, Hans, *Große christliche Denker*, Piper, München/ Zürich, 1994 (Große christliche Denker).

46) JENS, Walter/ KÜNG, Hans, *Menschenwürdig sterben. Ein Plädoyer für Selbstverantwortung*, Piper, München/ Zürich, 1995 (Menschenwürdig sterben).

47) KÜNG, Hans, *Credo. Das Apostolische Glaubensbekenntnis – Zeitgenossen erklärt*, Piper, 5. Auflage, München/ Zürich, 1995 (Credo).

48) KÜNG, Hans/ STIETENCRON, Heinrich von, *Christentum und Weltreligionen – Hinduismus*, Piper, München/ Zürich, Neuausgabe 1995 (Hinduismus).

49) KÜNG, Hans, *Ewiges Leben?*, Taschenbuchausgabe, Piper, 6. Auflage, München/ Zürich, 1996 (Ewiges Leben?).

50) KÜNG, Hans, *Mozart – Spuren der Transzendenz*, Piper, 3. Auflage, München/ Zürich, 1998.

51) KÜNG, Hans/ CHING, Julia, *Christentum und Weltreligionen. Chinesische Religion*, Piper, München/ Zürich, 2000 (Chinesische Religion).

52) KÜNG, Hans, *Weltethos für Weltpolitik und Weltwirtschaft*, Piper, München/ Zürich, ungekürzte Taschenbuchausgabe, August 2000.

53) KÜNG, Hans, *Das Judentum. Die religiöse Situation der Zeit*, Ungekürzte Taschenbuchausgabe, Piper, 2. Auflage, 2001, München/ Zürich (Das Judentum).

54) KÜNG, Hans, *Die Frau im Christentum*, Piper, München/ Zürich, 2001.

55) KÜNG, Hans, *Kleine Geschichte der katholischen Kirche*, Berliner Taschenbuchverlag, Berlin, April 2002.

56) KÜNG, Hans, *Erkämpfte Freiheit. Erinnerungen*, Piper, München/ Zürich, 2004 (Erkämpfte Freiheit).

57) KÜNG, Hans, *Iudaismul. Situația religioasă a timpului. Cu o introducere de Andrei Marga. Traducere din limba germană de Edmond

Nawrotzky-Török, Editura Hasefer, Bucureşti, 2005 (Iudaismul).

58) KÜNG, Hans, *Spurensuche. Die Weltreligionen auf dem Weg, Band 1: Stammesreligionen, Hinduismus, chinesische Religion, Buddhismus,* Piper, München/ Zürich, Ungekürzte Taschenbuchausgabe, November 2005 (Spurensuche 1).

59) KÜNG, Hans, *Der Anfang aller Dinge. Naturwissenschaft und Religion,* Piper, München/ Zürich, 4. Auflage, 2005 (Naturwissenschaft und Religion).

60) KÜNG, Hans, *Der Islam. Wesen und Geschichte,* Piper, München/ Zürich, Sonderausgabe, 2006 (Der Islam. Wesen und Geschichte).

61) KÜNG, Hans, *Umstrittene Wahrheit. Erinnerungen,* Piper, München/ Zürich, 2007 (Umstrittene Wahrheit).

62) KÜNG, Hans, *Musik und Religion. Mozart – Wagner – Bruckner,* Piper, München/ Zürich, 3. Auflage, 2007.

63) KÜNG, Hans/ BECHERT, Heinz, *Christentum und Weltreligionen. Buddhismus,* Piper, München/ Zürich, 5. Auflage, 2007 (Buddhismus).

64) KÜNG, Hans, *Spurensuche. Die Weltreligionen auf dem Weg, Band 2: Judentum, Christentum, Islam,* Ungekürzte Taschenbuchausgabe, Piper, 2. Auflage, München/ Zürich, Dezember 2007 (Spurensuche 2).

65) KÜNG, Hans, *Handbuch Weltethos. Eine Vision und ihre Umsetzung,* Piper, München/ Zürich, Originalausgabe, Oktober 2012.

66) KÜNG, Hans, *Erlebte Menschlichkeit. Erinnerungen,* Piper, München/ Zürich, 2013 (Erlebte Menschlichkeit).

67) KÜNG, Hans, *Jesus,* Piper, München/ Zürich, 2. Auflage, 2013 (Jesus).

68) KÜNG, Hans, *Was bleibt. Kerngedanken,* Hgg. Hermann HÄRING/ Stephan SCHLENSOG, Piper, München/ Zürich, 2013 (Was bleibt).

69) KÜNG, Hans, *Glücklich sterben? -* Mit dem Gespräch mit Anne Will, Piper, München/ Zürich, 2014 (Glücklich sterben?).

70) KÜNG, Hans, *Sämtliche Werke, Bd. 2: Konzil und Ökumene,* Herder, Freiburg/ Basel/ Wien, 2015 (Konzil und Ökumene).

71) KÜNG, Hans, *Sämtliche Werke, Bd. 4: Sakramente. Kirchenlehrer. Frauen,* (hgg. KÜNG, Hans/ SCHLENSOG, Stephan) Herder, Freiburg/ Basel/ Wien, 2015 (Sakramente. Kirchenlehrer. Frauen).

72) KÜNG, Hans, *Sieben Päpste. Wie ich sie erlebt habe,* Piper, München/ Berlin/ Zürich, 2015 (Sieben Päpste).

5.3.2. Artikel und Aufsätze von Hans Küng

73) KÜNG, Hans, Karl Barths Lehre vom Wort Gottes als Frage an die katholische Theologie, in: RATZINGER, Joseph / FRIES, Heinrich (Hgg.), *Einsicht und Glaube: Gottlieb Söhngen zum 70. Geburtstag am 21. Mai 1962*, Herder, 2. Auflage, Freiburg / Basel / Wien, 1962, S. 91-113.

74) KÜNG, Hans, Wie heute vom Heiligen Geist reden, in: KÜNG, Hans / MOLTMANN, Jürgen (Hgg.), *Der Heilige Geist im Widerstreit*, Concilium. Internationale Zeitschrift für Theologie, 15. Jahrgang, Heft 10, Oktober 1979.

75) KÜNG, Hans, Maria ökumenisch gesehen, in: MOLTMANN-WENDEL, Elisabeth / KÜNG, Hans / MOLTMANN, Jürgen, *Was geht uns Maria an? Beiträge zur Auseinandersetzung in Kirche, Theologie und Frömmigkeit*, Gütersloher Verlagshaus Mohn, Göttingen, 1988, S. 9-14.

76) KÜNG, Hans, Konzil und Wiedervereinigung. Erneuerung als Ruf in die Einheit, in: KÜNG, Hans, *Sämtliche Werke, Bd. 2: Konzil und Ökumene*, Herder, Freiburg / Basel / Wien, 2015, S. 61-212 (Konzil und Wiedervereinigung).

77) KÜNG, Hans, Das theologische Verständnis des ökumenischen Konzils (Antrittsvorlesung Universität Tübingen), in: ders., *Sämtliche Werke, Bd. 2: Konzil und Ökumene*, Herder, Freiburg / Basel / Wien, 2015, S. 235-257 (Antrittsvorlesung).

78) KÜNG, Hans, Grundlagendiskussion über das Verständnis der Heiligen Schrift: „Der Frühkatholizismus im Neuen Testament als kontroverstheologisches Problem", in: ders., *Sämtliche Werke, Bd. 2: Konzil und Ökumene*, Herder, Freiburg / Basel / Wien, 2015, S. 258-292 (Frühkatholizismus).

79) KÜNG, Hans, Ein vorkonziliares Reformprogramm „Ecclesia semper reformanda", in: ders., *Sämtliche Werke, Bd. 2: Konzil und Ökumene*, Herder, Freiburg / Basel / Wien 2015, S. 19-50.(Ecclesia semper reformanda).

5.3. Sekundärliteratur

5.3.1. Monographien und Aufsatzsammlungen

80) ADAM, Karl, *Das Wesen des Katholizismus*, Mosella-Verlag, 9. Auflage, Düsseldorf, 1940 (Wesen des Katholizismus).

81) ANAN, Kofi, *Brücken in die Zukunft. Ein Manifest für den Dialog der Kulturen. Mit einem Geleitwort von Joschka Fischer. Aus dem

Englischen von Klaus Kochmann und Hartmut Schickert, S. Fischer, Frankfurt/ Main, 2001 (Brücken in die Zukunft).

82) BALTHASAR, Hans Urs von, *Karl Barth. Darstellung und Deutung seiner Theologie*, Verlag Jacob Hegner, Köln, 1951.

83) BALTHASAR, Hans Urs von, *Verbum Caro*. Skizzen zur Theologie I, Johannes Verlag, Einsiedeln, 1960.

84) BALTHASAR, Hans Urs von / DEISSLER, Alfons/ GRILLMEIER, Alois u.a. (Hgg.), *Diskussion über Hans Küngs „Christ sein"*, Matthias-Grünewald-Verlag, 3. Auflage, Mainz, 1976 (Diskussion „Christ sein").

85) BARABANOW, Evgenij V., *Das Schicksal der christlichen Kultur*, Benziger Verlag, Zürich/ Einsiedeln/ Köln, 1977.

86) BARTH, Karl, *Die Kirchliche Dogmatik, Band I/ 1*: Die Lehre vom Wort Gottes. Prolegomena zur kirchlichen Dogmatik, 8. Auflage, EVZ-Verlag, Zürich, 1964 (KD, Bd. I/1).

87) BARTH, Karl, *Die Kirchliche Dogmatik, Band IV/ 3, Erste Hälfte*: Die Lehre von der Versöhnung, EVZ-Verlag, Zürich, 1959 (KD, Bd. IV/3, Erste Hälfte).

88) BARTH, Karl, *Theologische Fragen und Antworten. Gesammelte Vorträge*, Bd. 3, Evangelischer Verlag, Zollikon, 1957.

89) BASILIUS von Cäsarea, *De Spiritu Sancto. Über den Heiligen Geist.* Griechisch. Deutsch. Übersetzt und eingeleitet von SIEBEN SJ, Hermann Josef, *Fontes Christiani*, Bd. 12, Herder, Freiburg/ Basel/ Wien, 1993.

90) BEN-CHORIN, Schalom, *Jüdischer Glaube. Strukturen einer Theologie des Judentums anhand des Maimonidischen Credo. Tübinger Vorlesungen*, J.C.B. Mohr (Paul Siebeck), Tübingen, 1979 (Jüdischer Glaube).

91) BEN-CHORIN, Schalom, *Der dreidimensionale Mensch in Bibel und Moderne*, Paulinus-Verlag, Trier, 1971.

92) BENZ, Ernst (Hg.), *Die Ostkirche und die russische Christenheit*, Furche-Verlag, Tübingen, 1949.

93) BELKIN, Dmitrij, *„Gäste, die bleiben". Vladimir Solov'ev, die Juden und die Deutschen*, Philo, Hamburg, 2008.

94) BOBRINSKOY, Boris/ CLÉMENT, Olivier/ MEYENDORFF, John (Hgg.), *Der Primat des Petrus in der orthodoxen Kirche*, EVZ-Verlag, Zürich, 1961.

95) BOUYER, Louis, *Mensch und Ritus*, Matthias-Grünewald-Verlag, Mainz, 1964.

96) BOUYER, Louis, *Einführung in die christliche Spiritualität*, Matthias-Grünewald-Verlag, Mainz, 1965.

97) BOUYER, Louis, *Der Verfall des Katholizismus*, Kösel, München, 1970.

98) BOUYER, Louis, *Die Kirche I. Ihre Selbstdeutung in der Geschichte*, Johannes Verlag, Einsiedeln, 1977.

99) BOUYER, Louis, *Das Handwerk des Theologen. Gespräche mit Georges Daix*, Johannes Verlag, Einsiedeln, 1980.

100) BOUYER, Louis, *Liturgie und Architektur*, Johannes Verlag, Freiburg im Breisgau, 1993.

101) BUBER, Martin, *Das dialogische Prinzip. Ich und Du. Zwiesprache. Die Frage an den Einzelnen. Elemente des Zwischenmenschlichen. Zur Geschichte des dialogischen Prinzips*, Verlag Lambert Schneider, 6. Auflage, Gerlingen, 1992.

102) BÜHLMANN, Joseph, *Christuslehre und Christusmystik des Heinrich Seuse*, Stocker, Luzern, 1942.

103) CAPRA, Fritjof, *Das Tao der Physik. Die Konvergenz von westlicher und östlicher Philosophie*. O.W. Barth Verlag, 2. Auflage, Frankfurt/ Main, 2005.

104) CAPRA, Fritjof, *Wendezeit. Bausteine für ein neues Weltbild*. Aus dem Amerikanischen von Erwin Schuhmacher, Knaur Taschenbuchverlag, München, 2004.

105) CHING, Julia, *Konfuzianismus und Christentum*, Matthias-Grünewald-Verlag, Mainz, 1989 (Konfuzianismus und Christentum).

106) CH'UN-SHEN, Aloisius Berchmanns Chang, *Dann sind Himmel und Mensch in Einheit. Bausteine chinesischer Theologie*, Herder. Freiburg im Breisgau, 1984 (Himmel und Mensch in Einheit).

107) CULLMANN, Oscar, *Die Tradition als exegetisches, historisches und theologisches Problem*, Zwingli-Verlag, Zürich, 1954 (Tradition als Problem).

108) DECKERS, Daniel, *Der Kardinal. Karl Lehmann. Eine Biographie*, Knaur, München, 2004 (Kardinal Lehmann).

109) DÖPMANN, Hans-Dieter, *Die Orthodoxen Kirchen*, Verlagsanstalt Union, Berlin, 1991 (Die Orthodoxen Kirchen).

110) ELIADE, Mircea, *Istoria Credinţelor şi Ideilor Religioase*. Traducere şi postfaţă de Cezar Baltog, Univers Enciclopedic, Bucureşti, 2000.

111) ELIADE, Mircea, *Schamanismus und archaische Ekstasetechnik*, Rascher Verlag, Zürich/ Stuttgart, 1957.

112) EUSEBIUS von Cäsarea, *Kirchengeschichte, Buch I*.

113) EVDOKIMOV, Paul, *Das Gebet der Ostkirche. Mit der Liturgie des Hl. Chrysostomos*. Ins Deutsche übertragen von Wolfgang Sigel, Verlag Styria, Graz/ Wien/ Köln, 1986.

114) FEST, Joachim, *Die offene Flanke der offenen Gesellschaft*, Siedler Verlag, Berlin, 1993 (Die offene Flanke der offenen Gesellschaft).

115) FOERSTER, Friedrich Wilhelm, *Die jüdische Frage*, Herder-Bücherei, Freiburg im Breisgau, 1959 (Die jüdische Frage).

116) FRANKE, Herbert/ TRAUZETTEL, Rolf, *Das Chinesische Kaiserreich*, Fischer Taschenbuch, Frankfurt/ Main, 1968, (1981).

117) GHANDI, Mahatma, *Freiheit ohne Gewalt*. Eingeleitet, übersetzt und herausgegeben von Klaus Klostermeier, Verlag Jakob Hegner, Köln, 1968 (Freiheit ohne Gewalt).

118) GEISELMANN, Josef Rupert, *Die Heilige Schrift und die Tradition. Zu den neueren Kontroversen über das Verhältnis der Heiligen Schrift zu den nichtgeschriebenen Traditionen*, Herder, Freiburg/ Basel/ Wien, 1962 (Heilige Schrift und Tradition).

119) GRAFF, Paul, *Geschichte der Auflösung der alten gottesdienstlichen Formen in der evangelischen Kirche Deutschlands bis zum Eintritt der Aufklärung und des Rationalismus*, Göttingen, Vandenhoeck & Ruprecht, 1921.

120) GREINACHER, Norbert/ HAAG, Herbert (Hgg.), *Der Fall Küng. Eine Dokumentation*, Piper, München/ Zürich, 1980 (Der Fall Küng).

121) GUARDINI, Romano, *Das Wesen des Christentums*, Werkbund-Verlag Würzburg, Abt. die Burg, Burg Rothenfels am Main, 1938.

122) GUTHEINZ, Luis, *Chinesische Theologie im Werden. Ein Blick in die Werkstatt der christlich-chinesischen Theologie*, Matthias Grünewald Verlag, Mainz, 2012.

123) HÄRING, Hermann/ NOLTE, Josef (Hgg.), *Diskussion um Hans Küng „Die Kirche"*, Herder, Freiburg/ Basel/ Wien, 1971 (Diskussion um Hans Küng „Die Kirche").

124) HÄRING, Hermann, *Hans Küng: Grenzen durchbrechen*, Matthias-Grünewald-Verlag, 1993 (Grenzen durchbrechen).

125) HÄRING, Hermann/ KUSCHEL, Karl Josef (Hgg.), *Hans Küng. Neue Horizonte des Glaubens und Denkens. Ein Arbeitsbuch*, Piper, München/ Zürich, 1993 (Neue Horizonte. Ein Arbeitsbuch).

126) HÄRING, Hermann/ SCHLENSOG, Stephan (Hgg.), *Hans Küng. Was bleibt*, Piper, München/ Zürich, 2013 (Was bleibt).

127) HEILER, Friedrich, *Das Gebet. Eine religionsgeschichtliche und religionspsychologische Untersuchung*, Ernst Reinhardt, 5. Auflage, München, 1969 (Das Gebet).

128) HEINRICHS, Maurus, *Katholische Theologie und Asiatisches Denken*, Matthias Grünewald Verlag, Mainz, 1963.

129) HEMPEL, Christa, *Rechtfertigung als Wirklichkeit. Ein katholisches Gespräch: Karl Barth – Hans Küng – Rudolf Bultmann und seine Schule*, Peter Lang, Frankfurt/ Main, Herbert Lang, Bern, 1976.

130) HERZGESELL SJ, Johannes, *Das Christentum im Konzert der Weltreligionen. Ein Beitrag zum interreligiösen Vergleich und Dialog*, Verlag Friedrich Pustet, Regensburg, 2011 (Das Christentum im Konzert der Weltreligionen).

131) ISERLOH, Erwin/ GAZIK, Josef/ JEDIN, Hubert, *Handbuch der Kirchengeschichte, Bd. IV: Reformation – Katholische Reform und Gegenreformation*, Herder, Unveränderter Nachdruck der Ausgabe von 1985 Freiburg/ Basel/ Wien, 1999.

132) IVES, Christopher (Hg.), *Divine Emptiness and Historical Fullness. A Buddhist, Jewish, Christian Conversation with Masao Abe*, Trinity Press International, Valley Forge, Pennsylvania, 1995 (Divine Emptiness and Historical Fullness).

133) JASPERS, Karl, *Die massgebenden Menschen*, Piper, München/ Zürich, 9. Auflage, 1986.

134) JASPERS, Karl, *Nikolaus Cusanus*, Piper, München 1964, Neuausgabe, München/ Zürich, 1987.

135) JEDIN, Hubert/ REPGEN, Konrad (Hgg.), *Handbuch der Kirchengeschichte, Band VII: Die Weltkirche im 20. Jahrhundert*, Herder, Unveränderter Nachdruck der Auflage von 1985, Freiburg/ Basel/ Wien, 1999.

136) JENS, Walter/ KUSCHEL, Karl Josef (Hgg.), *Dialog mit Hans Küng. Mit Hans Küngs Abschiedsvorlesung*, Piper, München/ Zürich, 1996, (Abschiedsvorlesung).

137) JENS, Walter (Hg.), *Um nichts als die Wahrheit. Deutsche Bischofskonferenz contra Hans Küng. Eine Dokumentation* herausgegeben und eingeleitet von Walter JENS, Piper, München/ Zürich, 1978 (Um nichts als die Wahrheit).

138) JENS, Walter/ KÜNG, Hans, *Menschenwürdig sterben*, Piper, München, 1995.

139) JOEST, Wilfried, *Dogmatik, Bd. 1: Die Wirklichkeit Gottes*, Vandenhoeck & Ruprecht, 4. durchgesehene Auflage, Göttingen, 1995.

140) JÜNGEL, Eberhard, *Gott als Geheimnis der Welt. Zur Begründung der Theologie des Gekreuzigten im Streit zwischen Theismus und Atheismus*, J.C.B. Mohr (Paul Siebeck), Tübingen, 6. Auflage, Tübingen, 1992.

141) JÜNGEL, Eberhard, *Das Evangelium von der Rechtfertigung des Gottlosen als Zentrum des christlichen Glaubens. Eine theologische Studie in ökumenischer Absicht*, Mohr Siebeck, Tübingen, 6. Auflage, 2011.

142) Jurcan, Emil, *Maestrul Oriental și Duhovnicul Creștin*, Reîntregirea, Alba Iulia, 2002.

143) Jurcan, Emil, *Lumea religioasă veche. Mesaje antice despre revelația pierdută*, Editura Reîntregirea, Alba Iulia, 2003 (Lumea religioasă veche).

144) Jurcan, Emil, *Lumea religioasă contemporană. Evoluție și problematizare*, Editura Reîntregirea, Alba Iulia, 2004 (Lumea religioasă contemporană).

145) Karrer, Otto, *Das Religiöse in der Menschheit und das Christentum*, Herder, Freiburg im Breisgau, 1934.

146) Kasper, Walter (Hg.), *Lexikon für Theologie und Kirche. Band 1- 11*, Durchgesehene Ausgabe der 3. Auflage 1993-2001, Sonderausgabe, Freiburg/ Breisgau, 2006, (LThuK).

147) Kolping, Adolf, *Unfehlbar? Eine Antwort*, Verlag Gerhard Kaffke, Bergen-Enkheim bei Frankfurt am Main, 1971.

148) Köster, Hermann, *Symbolik des chinesischen Universismus*, Anton Hiersemann, Stuttgart, 1958.

149) Kuhn, Thomas S., *Die Struktur wissenschaftlicher Revolutionen*, Suhrkamp Verlag, 24. Auflage, 2014 Frankfurt/ Main, 1967.

150) Kümmel, Werner Georg, *Theologie des Neuen Testaments*, Vandenhoeck & Ruprecht, Göttingen, 1987.

151) Meyer-blanck, Michael, *Inszenierung des Evangeliums*, Vandenhoeck & Ruprecht, Göttingen, 1997.

152) Moltmann, Jürgen, *Weiter Raum. Eine Lebensgeschichte*, Gütersloher Verlagshaus, 2006.

153) Mühlen, Heribert, *Der Heilige Geist als Person. In der Trinität bei der Inkarnation und im Gnadenbund: Ich – Du – Wir*, Aschendorff, Münster, 4. Auflage, 1980.

154) Müller, Klaus, *Tora für die Völker. Die noachidischen Gebote und Ansätze zu ihrer Rezeption im Christentum*, Institut für Kirche und Judentum, Berlin, 1994.

155) Newmann, John Henry, *Die Kirche*. Übertragung und Einführung von Otto Karrer, Band 1, Benziger, Einsiedeln, 1945, Band 2, Einsiedeln, 1946.

156) Nowell, Robert, *A Passion For Truth. Hans Küng. A Biography*, Collins, St. Jame's Place, London, 1981 (A Passion).

157) Nowell, Robert, *Hans Küng - Leidenschaft für die Wahrheit. Leben und Werk*, Benziger, 2. Auflage, Zürich, 1993 (Leidenschaft).

158) NIKODIM. Metropolit von Leningrad und Nowgorod, *Johannes XXIII. Ein unbequemer Optimist*. Mit einem Geleitwort von Franz Kardinal König. Aus dem Russischen übertragen von Heinz Gstrein / Robert Hotz SJ, Benziger, Zürich/ Einsiedeln/ Köln, 1978.

159) NIKODIM. Metropolit von Leningrad und Nowgorod. *Johannes XXIII. Papst einer Kirche im Aufbruch*. Herausgegeben und eingeleitet von Hans-Dieter Döpmann. Aus dem Russischen übersetzt von Gisela Schröder, Union Verlag, ohne Jahr, Berlin.

160) PANNENBERG, Wolfhart, *Anthropologie in theologischer Perspektive*, Vandenhoeck & Ruprecht, Göttingen, 1983.

161) PANNENBERG, Wolfhart, *Grundzüge der Christologie*, Gütersloher Verlagshaus Gerd Mohn, Gütersloh, 1964.

162) PANNENBERG, Wolfhart/ SCHNEIDER, Theodor, *Verbindliches Zeugnis, Band 1: Kanon – Schrift – Tradition*, Herder/ Freiburg im Breisgau, Vandenhoeck & Ruprecht/ Göttingen, 1992.

163) PANNENBERG, Wolfhart/ SCHNEIDER, Theodor, V*erbindliches Zeugnis, Band 2: Schriftauslegung – Lehramt – Rezeption*, Herder/ Freiburg im Breisgau, Vandenhoeck & Ruprecht/ Göttingen, 1995.

164) PANNENBERG, Wolfhart/ SCHNEIDER, Theodor, *Verbindliches Zeugnis, Band 3: Schriftverständnis und Schriftgebrauch*, Herder/ Freiburg im Breisgau, Vandenhoeck & Ruprecht/ Göttingen, 1998.

165) PAVEL, Aurel/ TOROCZKAI, Ciprian, *Adevăratul și falsul ecumenism*, Editura Universiății „Lucian Blaga" din Sibiu Editura Andreiana, Sibiu, 2010.

166) PEACOCKE, Arthur, *Gottes Wirken in der Welt. Theologie im Zeitalter der Naturwissenschaften*, Matthias-Grünewald-Verlag, Mainz, 1998.

167) PESCH, Otto Hermann, *Das Zweite Vatikanische Konzil (1962-1965). Vorgeschichte. Verlauf – Ergebnisse. Nachgeschichte*, Echter, 2. Auflage, Würzburg, 1994 (Das Zweite Vatikanische Konzil).

168) PIEPER, Josef, Über den Begriff der Tradition, Arbeitsgemeinschaft für Forschung des Landes Nordrhein-Westfalen, Heft 72, Westdeutscher Verlag, Kön/ Opladen, 1958.

169) PIEPER, Josef, Überlieferung. Begriff und Anspruch, Kösel-Verlag, München, 1970.

170) Sfântul Iustin POPOVICI, *Biserica Ortodoxă și Ecumenismul*, ed. A II-a, Fundația Justin Pârvu, Suceava, 2012.

171) RAHNER SJ, Karl, *Die Kirche der Sünder*, Herder, Freiburg im Breisgau, 1948 (Kirche der Sünder).

172) Rahner SJ, Karl, *Schriften zur Theologie, Band VI: Neuere Schriften*, Benziger, Einsiedeln/ Zürich/ Köln, 1965.

173) Rahner SJ, Karl (Hg.), *Zum Problem Unfehlbarkeit. Antworten auf die Anfrage von Hans Küng*, Herder, Freiburg/ Basel/ Wien, 1971 (Zum Problem Unfehlbarkeit).

174) Ratzinger, Joseph, *Aus meinem Leben. Erinnerungen*, Deutsche Verlagsanstalt, München, 1998.

175) Ratzinger, Joseph, *Einführung in das Christentum. Vorlesungen über das Apostolische Glaubensbekenntnis*. Mit einem neuen einleitenden Essay, 6. Auflage, Kösel, München, 2005 (Einführung in das Christentum).

176) Ratzinger, Joseph/ Fries, Heinrich (Hgg.), *Einsicht und Glaube: Gottlieb Söhngen zum 70. Geburtstag* am 21. Mai 1962, Herder, 2. Auflage, Freiburg/ Basel/ Wien, 1962.

177) Ratzinger, Joseph, *Ergebnisse und Probleme der dritten Konzilsperiode*, Verlag J.P. Bachem, Köln, 1965.

178) Ratzinger, Joseph, *Glaube. Wahrheit. Toleranz. Das Christentum und die Weltreligionen*, Herder, Freiburg/ Basel/ Wien, 3. Auflage, 2004.

179) Remete, George, *Dogmatică Ortodoxă*, ediția a 5-a, Tipărită cu binecuvântarea Î.P.S. Arhiepiscop Irineu al Alba Iuliei, Reîntregirea, Alba Iulia, 2012.

180) Robinson, James M., *Kerygma und historischer Jesus*, Zwingli-Verlag, Zürich/ Stuttgart, 1960.

181) Митрополит Никодим (Ротов), Иоанн XXIII, папа Римский, in: Богословские Труды (БТ), Сборник Двадцатый (Nr. 20), Издание Московской Патриархии, Москва, 1979.

182) Sajak, Clauß Peter (Hrsg.), *Trialogisch lernen. Bausteine für eine interkulturelle und interreligiöse Projektarbeit*, Kallmeyer in Verbindung mit Friedrich Klett Verlag, Seelze-Velber/ Stuttgart, 2010.

183) Samartha, Stanley J., *Hindus vor dem universalen Christus. Beiträge zu einer Christologie in Indien*. Mit einem Vorwort von Professor Dr. Horst Bürkle, Evangelisches Verlagswerk, Stuttgart, 1970.

184) Scheffczyk, Leo, *Kursänderung des Glaubens? Theologische Gründe zur Entscheidung im Fall Küng*. Im Anhang: Die amtlichen Stellungnahmen der Kongregation für die Glaubenslehre und der Deutschen Bischofskonferenz, Christiana-Verlag, 2. Auflage, Stein am Rhein, 1980.

185) Schmaus, Michael, *Vom Wesen des Christentums*, Buch-Kunstverlag, 3. Auflage, Ettal, 1954.

186) SCHOLEM, Gershom, *Die jüdische Mystik in ihren Hauptströmungen*, Suhrkamp Taschenbuch Verlag, Frankfurt/ Main, 1980.
187) SCHOLEM, Gershom, *Über einige Grundbegriffe des Judentums*, Suhrkamp Verlag, Frankfurt/ Main, 1970.
188) SCHROEDER, Gerald L., *Schöpfung und Urknall. Die Übereinstimmung der modernen Naturwissenschaft mit der Bibel*. Übertragen aus dem Amerikanischen von Karl A. Klewer, C. Bertelsmann, München, 1990.
189) SCRIMA, André, Teme Ecumenice. Volum îngrijit și introducere de Anca Manolescu. Traducere de Anca Manolescu. Traducere din engeleză de Irinia Vainovski-Mihai, Humanitas, București, 2004.
190) SINJAWSKIJ, Andrej, *Der Traum vom neuen Menschen oder Die Sowjetzivilisation*, S.Fischer Verlag, Frankfurt/ Main, 1989.
191) SMITH, Wilfred Cantwell, *Towards a world theology. Faith and the Comparative History of Religion*, Orbis Books, New York, 1981.
192) SOLOWJEW, Wladimir, *Die nationale Frage in Russland. Der Talmud. Das Judentum und die christliche Frage*, Erich Wiewel Verlag, München/ Freiburg im Breisgau, MCMLXXII (1972), (Das Judentum und die christliche Frage).
193) STĂNILOAE, Dumitru, *Orthodoxe Dogmatik, Bd. I,* , Benziger & Gütersloher Verlagshaus Gerd Mohn, Zürich/ Einsiedeln/ Köln/ Gütersloh, 1984 (Orthodoxe Dogmatik); *Bd. II,* Benziger & Gütersloher Verlagshaus Gerd Mohn, Zürich/ Einsiedeln/ Köln/ Gütersloh, 1990 (Orthodoxe Dogmatik).
194) STĂNILOAE, Dumitru, *Spiritualitatea Și Comuniune în Liturghia Ortodoxă*, Carte Tipărită Cu Binecuvântarea Prea Fericitului Părinte Teoctist. Patriarhul Bisericii Ortodoxe Române, 2. Auflage, Editura Institutului Biblic și de Misiune Bisericii Ortodoxe Române, Bukarest (București), 2004.
195) TAKENAKA, Masao, *God is Rice. Asian culture and Christian faith*, World Council of Churches, Genf, 1986.
196) TROMP SJ, Sebastian, *De Sacrae Scripturae Inspiratione. Ad usum privatum*, Romae, Apud Aedes Universitatis Gregorianae, 1930.
197) TROMP SJ, Sebastian, *De Revelatione christiana*, Editio altera aucta et emendata. Ad usum auditorum, Romae, Apud Aedes Universitatis Gregorianae, Piazza della Pilotta, 1931 (De Revelatione).
198) VASILESCU, Emilian, *Istoria Religiilor*. Tipărită cu binecuvântarea Preafericitului Părinte Iustin, Patriarhul Bisericii Ortodoxe Române, Editura Institutului Biblic și de Misiune al Bisericii Ortodoxe Române, București, 1982 (Istoria Religiilor).

199) WALTER, Rudolf (Hg.), *Das Judentum lebt – ich bin ihm begegnet. Erfahrungen von Christen*, Herder, Breisgau, 1986.
200) Stiftung WELTETHOS, *Weltreligionen. Weltfrieden. Weltethos. Die Begleitbroschüre zur gleichnamigen Ausstellung*, Tübingen, 2. Auflage der überarbeiteten und ergänzten Auflage (2015), 2016.
201) WENZ, Gunther, *Grundfragen ökumenischer Theologie, Bd. 1: Gesammelte Aufsätze*, Vandenhoeck & Ruprecht, Göttingen, 1999.
202) WETTER, Gustav A., *Der dialektische Materialismus. Seine Geschichte und sein System in der Sowjetunion*, 5. Auflage, Herder, Wien, 1960.
203) WIRSCHING, Johannes, *Allah allein ist Gott. Über die Herausforderung der christlichen Welt durch den Islam*, Peter Lang/ Europäischer Verlag der Wissenschaften, Frankfurt am Main/ Berlin/ Bern/ Bruxelles/ New York/ Oxford/ Wien, 2002.
204) WOHLLEBEN, Ekkehard, *Die Kirchen und die Religionen. Perspektiven einer ökumenischen Religionstheologie*, Vandenhoeck & Ruprecht, Göttingen, 2001, (Die Kirchen und die Religionen).
205) ZAPELENA SJ, Timotheus, *De Ecclesia Christi. Pars Apologetica*, Romae, Apud Aedes Universitatis Gregorianae, 1940 (De Ecclesia Christi).

5.3.2. Artikel und Aufsätze

206) ALBERTO, Stefano, Art. Tromp, Sebastian SJ, in: *LThuK*, Bd. 10: *Thomaschristen bis Žytomyr*, Herder, Durchgesehene Ausgabe der 3. Auflage 1993-2001, Sonderausgabe, Freiburg/ Breisgau, 2006, Sp. 268.
207) BARABANOV, Evgenij V., Ästhetik des Frühchristentums, in: *Theologische Quartalsschrift* (ThQ), Tübingen, 156. Jahrgang, 1976, S. 259-276.
208) BARABANOW, Evgenij, „Christ sein" im Untergrund. Russische Erfahrungen, in: HÄRING, Hermann/ KUSCHEL, Karl Josef, *Hans Küng. Neue Horizonte des Glaubens und Denkens. Ein Arbeitsbuch*, Piper, München, 1993, S. 736-746.
209) BARTH, Karl, Die Not der evangelischen Kirche, in: *Zwischen den Zeiten*, 9. Jahrgang, 1931, Heft 2, S. 89-122 (Die Not der evangelischen Kirche).
210) BECKER, Karl J., Art. Zapelena y Subízar, Timoteo SJ, in: *LThuK*, Bd. 10: *Thomaschristen bis Žytomyr*, Herder, Durchgesehene Ausgabe der 3. Auflage 1993-2001, Sonderausgabe, Freiburg/ Breisgau, 2006, Sp. 1384.
211) BLANK, Josef, Secundum Scripturas. Ursprung und Struktur der theologischen Hermeneutik, in: KÜNG, Hans/ TRACY, David, Theologie

– Wohin? Auf dem Weg zu einem neuen Paradigma, Benziger Verlag/ Gütersloher Verlagshaus Gerd Mohn, Zürich/ Köln, 1984, S. 35-52 (Secundum Scripturas).

212) BOUYER, Louis, Enttäuschte Sympathie, in: HÄRING, Hermann/ NOLTE, Josef (Hgg.), *Diskussion um Hans Küng „Die Kirche"*, Herder, Freiburg/ Basel/ Wien, 1971, S. 43-57 (Enttäuschte Sympathie).

213) BRANDMÜLLER, Walter, Hans Küng und die Kirchengeschichte, in: RAHNER, Karl (Hg.), *Zum Problem Unfehlbarkeit. Antworten auf die Anfrage von Hans Küng*, Herder, Freiburg/ Basel/ Wien, 1971, S. 117-133.

214) BRÜLL, Margarete, Kunst, in: Stadt Freiburg i. Breisgau/ Städtische Museen Freiburg (Museum für Völkerkunde), *Die Kultur der Traumzeit*. Mit Beiträgen von Margarete Brüll, Corinna Erckenbrecht und Brigitte Ranft, Sammlungen aus dem Museum für Völkerkunde Freiburg, Band 1, Rombach Verlag Freiburg, o.J. (Kultur der Traumzeit).

215) DORÉ, Joseph, Art. Bouillard, Henri, SJ, in: *LThuK, Bd. 2: Barclay bis Damodos*, Durchgesehene Ausgabe der 3. Auflage 1993-2001, Sonderausgabe, Freiburg/ Breisgau, 2006, Sp. 615f.

216) DRUMM, Joachim, Art. Geiselmann, Josef Rupert, in: *LThuK, Bd. 4: Franca bis Hermenegild*, Durchgesehene Ausgabe der 3. Auflage 1993-2001, Sonderausgabe, Freiburg/ Breisgau, 2006, Sp. 366-367.

217) FRIES, Heinrich/ PANNENBERG, Wolfhart, Das Amt in der Kirche, in: *Una Sancta. Zeitschrift für Ökumenische Bewegung*, Kyrios-Verlag, Meitingen, 25. Jahrgang, 1970, S. 107-115 (Das Amt in der Kirche).

218) GATZ, Erwin, Art. Kollegien und Seminarien, römische. I. Allgemein, in: *LThuK, Bd. 6: Kirchengeschichte bis Maximianus*, Herder, Durchgesehene Ausgabe der 3. Auflage 1993-2001, Sonderausgabe, Freiburg/ Breisgau, 2006, Sp. 178-179 (Kollegien).

219) GRILLMEIER, Alois, Jesus von Nazareth – im Schatten des Gottessohnes, in: BALTHASAR, Hans Urs von/ DEISSLER, Alfons/GRILLMEIER, Alois u.a. (Hgg.), *Diskussion um Hans Küngs „Christ sein"*, Matthias-Grünewald-Verlag, Mainz, 3. Auflage, Mainz, 1976.

220) HÖFFNER, Joseph Kardinal, Stellungnahme des Vorsitzenden der Deutschen Bischofskonferenz zum Entzug der kirchlichen Lehrerlaubnis Prof. Dr. Hans Küngs (18. Dezember 1979), in: GREINACHER, Norbert/ HAAG, Herbert (Hgg.), *Der Fall Küng. Eine Dokumentation*, Piper, München/ Zürich, 1980, S. 92-98.

221) ICĂ JR., Ioan, Conciliul Vatican II, reforma Bisericii și dilemele epocii postconciliare. Reflecțiile unui teolog ortodox, în: *Studia theologica*,

Anul II, Numărul 4/2004, S. 209-228.

222) IONIȚĂ, Viorel, Recenziunea Hans Küng, Wozu Priester? Eine Hilfe, în: *Studii Teologice*, Jahrgang XXV, NR. 5-6, Mai-Juni 1973, S. 442f.

223) JEDIN, Hubert, Kirchengeschichte, in: ISERLOH, Erwin/ GLAZIK, Josef/ JEDIN, Hubert (Hgg.), *Reformation, Katholische Reformation und Gegenreformation, Handbuch der Kirchengeschichte, Bd. IV* (Hg. Hubert JEDIN), Freiburg/ Basel/ Wien, Herder, 1985, S. 577-582.

224) JEDIN, Hubert, Das Zweite Vatikanische Konzil. Johannes XXIII. Berufung und Vorbereitung des Konzils, in: JEDIN, Hubert/ REPGEN, Konrad (Hgg.), *Handbuch der Kirchengeschichte, Band VII: Die Weltkirche im 20. Jahrhundert*, Herder, Unveränderter Nachdruck der Auflage von 1985, Freiburg/ Basel/ Wien, 1999, S. 97-151.

225) JÜNGEL, Eberhard, Antwort an Josef Blank, in: KÜNG, Hans/ TRACY, Josef, *Theologie – Wohin? Auf dem Weg zu einem neuen Paradigma*, Benziger Verlag/ Gütersloher Verlagshaus Gerd Mohn, Zürich/ Köln, 1984, S. 66-71 (Antwort an Josef Blank).

226) KÄSEMANN, Ernst, Begründet der neutestamentliche Kanon die Einheit der Kirche?, in: ders., *Exegetische Versuche und Besinnungen, Bd. 1*, Vandenhoeck & Ruprecht, Göttingen, 1960, S. 214-223 (Kanon).

227) KÄSEMANN, Ernst, Das Problem des historischen Jesus, in: ders., *Exegetische Versuche und Besinnungen, Bd. 1*, Vandenhoeck & Ruprecht, Göttingen, 1964.

228) KASPER, Walter, Christ sein ohne Tradition?, in: BALTHASAR, Hans Urs von/ DEISSLER, Alfons/ GRILLMEIER, Alois u.a. (Hgg.), *Diskussion über Hans Küngs „Christ sein"*, Matthias-Grünewald-Verlag, Mainz, 3. Auflage, Mainz, 1976, S. 19-34 (Christ sein ohne Tradition).

229) KIRCHNER, Hubert, Hans Küngs Theologie des Dialogs. Bilanz und neuer Einsatz, in: *Theologische Literaturzeitung*, Evangelische Verlagsanstalt, Leipzig, 119. Jahrgang, Nr. 10, Oktober 1994, Sp. 867-874.

230) KLEIN, Albert, Theologische Besinnung zur Neuordnung des Gottesdienstes, in: ders., *Ein Leben im Glauben für Kirche und Gemeinschaft. Selbstzeugnisse*, Aus dem Nachlass herausgegeben von seinen Kindern und Enkeln zu seinem 100. Geburtstag am 16. März 2010, Hermannstadt/ Sibiu, hora Verlag, 2010, S. 358-387.

231) KNITTER, Paul F., Die Weltreligionen und die Endgültigkeit Christi. Eine Kritik von Hans Küngs „Christ sein", in: ders., *Horizonte der Befreiung. Auf dem Weg zu einer pluralistischen Theologie der Religionen*, hg. Bernd Jaspert, Verlag Otto Lambeck, Frankfurt/ Main, Bonifatius Verlag, Paderborn, 1997, S. 108-121.

232) KREMER, Jacob, Art. Schlier, Heinrich, in: *LThuK*, Bd. 9: *San bis Thomas*, Durchgesehene Ausgabe der 3. Auflage 1993-2001, Sonderausgabe, Freiburg/ Breisgau, 2006, Sp. 164.

233) LEHMANN, Karl, Küng hat die kirchliche Autorität überreizt (21. Dezember 1979) (Küng hat die kirchliche Autorität überreizt), in: GREINACHER, Norbert/ HAAG, Herbert (Hgg.), *Der Fall Küng. Eine Dokumentation*, Piper, München/ Zürich, 1980, S. 309-313.

234) LUTHER, Martin, Vorrede auf die Epistel S. Jacobi..., in: *D. Martin Luthers Werke, Kritische Gesamtausgabe, Die Deutsche Bibel*, Bd. 7, Hermann Böhlaus Nachfolger, Weimar, 1931.

235) MARGA, Andrei, O cotitura istorică, in: KÜNG, Hans, *Iudaismul. Situația religioasă a timpului. Cu o introducere de Andrei Marga. Traducere din limba germană de Edmond Nawrotzky-Török*, Editura Hasefer, București, 2005, S. I-XXVIII.

236) MARON, Gottfried, Die Liturgische Bewegung und die katholische Bibelbewegung, in: ders., *Die römisch-katholische Kirche von 1870 bis 1970*, Vandenhoeck & Ruprecht, Göttingen, 1972, S. 295-299.

237) MARTINA, Giacomo, Art. Gregoriana, in: *LThuK*, Bd. 4: *Franca bis Hermenegild*, Herder, Durchgesehene Ausgabe der 3. Auflage 1993-2001, Sonderausgabe, Freiburg/ Breisgau, 2006, Sp. 1029-1030.

238) RAFFELT, Albert, Art. Bouyer, Louis, Or., in: *LThuK*, Bd. 2: *Barclay bis Damodos*, Durchgesehene Ausgabe der 3. Auflage 1993-2001, Sonderausgabe, Freiburg/ Breisgau, 2006, Sp. 620.

239) RATZINGER, Joseph, Wer verantwortet die Aussagen der Theologie. Zur Methodenfrage, in: Hans Urs von BALTHASAR/ Alfons DEISSLER/ Alois GRILLMEIER u.a. (Hgg.), *Diskussion über Hans Küngs „Christ sein"*, Matthias-Grünewald-Verlag, Mainz, 3. Auflage, Mainz, 1976 (Methodenfrage).

240) RATZINGER, Joseph, Widersprüche im Buch von Hans Küng, in: RAHNER, Karl (Hg.), *Zum Problem Unfehlbarkeit. Antworten auf die Anfrage von Hans Küng*, Herder, Freiburg/ Basel/ Wien, 1971, S. 97-116.

241) Papst Johannes XXIII. (RONCALLI, Angelo), Ansprache zur Eröffnung des Zweiten Vatikanischen Konzils (11. Oktober 1962), in: KAUFMANN, Ludwig/ KLEIN, Nikolaus, *Johannes XXIII. Prophetie im Vermächtnis*, Edition Exodus, 2. Auflage, Friborg/ Brig., 1990, 116-150 (Eröffnungsansprache ZV).

242) ŠEPER, Franjo Kardinal, Präfekt und † HAMER, P. Jérôme o.p., Sekretär, Text der Erklärung zum Abschluß der Lehrverfahren gegen „Die Kirche" und „Unfehlbar", in: JENS, Walter (Hg.), *Um nichts als die Wahrheit. Deutsche Bischofskonferenz contra Hans Küng. Eine*

Dokumentation herausgegeben und eingeleitet von JENS, Walter, Piper, München/ Zürich, 1978, S. 142-145.

243) SCHNEIDER, Rudolf, Vom Wesen der ostkirchlichen Eucharistie, in: BENZ, Ernst, *Die Ostkirche und die russische Christenheit*, Furche-Verlag, Tübingen, 1949, S. 141-172.

244) SCHNEIDER, Theodor, Zur Trinitätslehre, in: BALTHASAR, Hans Urs von/ DEISSLER, Alfons/ GRILLMEIER, Alois u.a. (Hgg.), *Diskussion über Hans Küngs „Christ sein"*, Matthias-Grünewald-Verlag, Mainz, 3. Auflage, Mainz, 1976 (Zur Trinitätslehre).

245) SCHREINER, Stefan, Trialog der Kulturen. Anmerkungen zu einer wegweisenden Idee, in: SAJAK, Clauß Peter (Hrsg.), Trialogisch lernen. Bausteine für interkulturelle und interreligiöse Projektarbeit, Herbert Quandt-Stiftung, Kallmeyer in Verbindung mit Klett, Friedrich Verlag, Seelze-Velber 2010, S. 18-24.

246) SCHREINER, Stefan, Kalif Gottes auf Erden. Zur koranischen Deutung der Gottesebenbildlichkeit des Menschen, in: ders., *Die jüdische Bibel in islamischer Auslegung*, hg. von EISSLER, Friedmann / MORGENSTERN, Matthias, Mohr Siebeck, Tübingen, 2012, S. 19-31 (Kalif Gottes auf Erden).

247) SECKLER, Max, Art. Tübinger Schule. I. Katholische Schule, in: *LThuK*, Bd. 10: *Thomaschristen bis Žytomir*, Durchgesehene Ausgabe der 3. Auflage 1993-2001, Sonderausgabe, Freiburg/ Breisgau, 2006, Sp. 287-290.

248) SEYBOLD, Michael, Art. Michael Schmaus, in: *LThuK*, Bd. 9: *San bis Thomas*, Durchgesehene Ausgabe der 3. Auflage 1993-2001, Sonderausgabe, Freiburg/ Breisgau, 2006, Sp. 172f.

249) SPAEMANN, Robert, Weltethos als ‚Projekt', in: *Merkur. Zeitschrift für europäisches Denken*, Heft 9/10, 50. Jahrgang, Stuttgart, 1996, S. 893-904 (Weltethos als ‚Projekt').

250) SPLONSKOWSKI, Martina, Art. Institut Catholique, in: *LThuK*, Bd. 5: *Hermeneutik bis Kirchengemeinschaft*, Durchgesehene Ausgabe der 3. Auflage 1993-2001, Sonderausgabe, Herder, Freiburg/ Breisgau, 2006, Sp. 544.

251) WÜNSCH, Wolfgang, Grundlagen einer christlichen Kultur. Anmerkungen zu einem Büchlein von Augustinus von Hippo, in: KLEIN, Christoph/ TOBLER, Stefan (Hgg.), *Spannweite. Theologische Forschung und kirchliches Wirken. Festgabe für Hans Klein* zum 65. Geburtstag, Bukarest, 2005, S. 138-150.

252) WÜNSCH, Wolfgang, The image of the church in Martin Luther's Theology – an orthodox perspective, in: VANCA, Dumitru A. / CHERRY,

Marc J. / ALBU, Alin (Hgg.), *Ars Liturgica. From the Image of Glory to the Image of the Idols of Modernity*, Bd. 1, Alba Iulia, Reîntregirea, 2017, S. 401-411.

253) WÜNSCH, Wolfgang, Ikone und religiöses Bild in der Theologie von Josef Ratzinger aus orthodoxer Perspektive, in: HIMCINSCHI, Mihai / BRUDIU, Răzvan / MOTORA, Andrei (Hgg.), *Icoană și misiune. Relația dintre chip și imagine în societatea actuală*, Școala Internațională de vară a doctoranzilor teologi, Ediția a V-a, Mănăstirea „Sfântul Mare Mucenic Dimitrie", Sighișoara, 10-14 iulie 2017, Reîntregirea, Alba Iulia, 2017, S. 349-368.

254) WÜNSCH, Wolfgang, Überlieferung, Lehre und Glaube der Kirche. Überlegungen zu ihrer Einheit und Mission in orthodoxer Perspektive, in: HIMCINSCHI, Mihai / VANCA, Dumitru A. (Hgg.), *UNITATE ȘI MISIUNE ECLEZIALE. 100 de ani de la comuniunea spirituală a tuturor românilor*, Școala *Internațională de vară a doctoranzilor teologi*, Ediția a VI-a, Facultatea de Teologioe Ortodoxă, Alba Iulia, 15-17 mai 2018, Reîntregirea, Alba Iulia, 2018, S. 447-457 (Überlieferung, Lehre und Glaube der Kirche).

5.3 *Internetquellen*

255) GERL-FALKOVITZ, Hanna-Barbara, Vom Nutzen und Nachteil des Weltethos. Wider eine Entkernung der Religion, in: Konrad Adenauer Stiftung (Hg.), *Die Politische Meinung. Zeitschrift für Politik, Gesellschaft, Religion und Kultur*, Nr. 395, Oktober 2002, S. 44-50, https://www.kas.de/wf/de/33.888. Gesehen am 30. August A.D. 2018.

256) SHOKHIN, Vladimir, (Шохин, Владимир), https://www.pravmir.ru/hristianstvo-kak-religiya-politkorrektnosti-v-sovremennoy-evrope-illyuzii-i-realnyie-perspektivyi. Gesehen am 17. April A.D. 2019.

257) http://www.uni-tuebingen.de/fakultaeten/katholisch-theologische-fakultaet/lehrstuehle/institut-fuer-oekumenische-und-interreligioese-forschung/container/institut/geschichte.html. Gesehen am 24. August A.D. 2017.

258) http://www.rfo1971.ru/wp-content/uploads/2018/10/CHzhan-Baychun.pdf. Gesehen am 5. Juni A.D. 2019

259) http://www.weltethos.org/geschichte/. Gesehen am 28. August A.D. 2017.

260) http://www.weltethos.org/weltethos_bei_den_vereinten_nationen/. Gesehen am 28. August A.D. 2017.

Susanne Hausammann:

Gott ist anders

Gottesbild und Menschenbild im Feiern und Fasten des orthodox-byzantinischen Kirchenjahres.

Die Orthodoxe Kirche byzantinischer Herkunft bietet durch ihre traditionsgebundenen Gottesdienste in hervorragender Weise die Möglichkeit, nach dem Gottes- und Menschenbild, das sie vermittelt – beides gehört zusammen – zu fragen. Es geht dabei um das Problem, dass Gott in biblischen und kirchlichen Texten oft ambivalent erscheint: Als der Gütige und Allbarmherzige wird Er verkündet und gepriesen, aber ein strenges Gericht nach den Werken erwartet schuldig gewordene Menschen am Ende ihres Lebens. Sind Gottes Güte und Erbarmen also beschränkt? Muss der Mensch sich in diesem irdischen Leben durch seine Taten und seinen Glauben die Gnade des künftigen Richters verdienen? Dieser Frage nachzugehen und dabei dem Leser auch wichtige Informationen zur Geschichte des orthodoxen Gottesdienstes zu vermitteln, hat sich dieses Buch vorgenommen.

246 Seiten • Broschur • 22,00 Euro
ISBN 978-3-96321-042-6

EDITION HAGIA SOPHIA

Tel 0152 / 28 62 57 21 I Fax 0911 / 30 84 41 69 08 I kontakt@edition-hagia-sophia.de

P. Sergius Heitz / Susanne Hausammann:

Christus in Euch: Hoffnung auf Herrlichkeit
Orthodoxer Erwachsenenkatechismus.

Ein orthodoxer Erwachsenenkatechismus für deutschsprachige Leser. Der Leitfaden der Ausführungen ist das Glaubensbekenntnis von Konstantinopel 381, wobei im Zusammenhang des dritten Artikels das Vaterunser, die Zehn Gebote und die Seligpreisungen interpretiert werden.

Kirchen- und Dogmengeschichtlich interessierten Lesern bietet das Buch instruktive Erläuterungen. Insbesondere aber möchte es deutschsprachige orthodoxe Gläubige und Freunde ihrer Spiritualität tiefer in die Glaubensmysterien einführen und ihnen helfen, bewusst zu leben, was sie oft unverstanden aus der Tradition übernommen haben.

Der Katechismus wurde erarbeitet von Prof. Susanne Hausammann und Erzpriester Sergius Heitz, in Zusammenarbeit mit der serbisch-orthodoxen Mönchsskite des heiligen Spyridon in Geilnau.

314 Seiten • Broschur • 22,00 Euro
ISBN 978-3-96321-033-4